详细介绍辽金西夏学科的研究成果和相关的学术信息，通过这个平台，促进学术交流，实现学术资源共享。

中国社会科学院西夏文化研究中心
国家社科基金特别委托项目《西夏文献文物研究》 主办

辽金西夏研究

2011

景爱 主编

北京日报报业集团
同心出版社

《辽金西夏研究2011》

编委会

卷首语

《辽金西夏研究 2011》新增设两个栏目，一是“纪念陈述先生百年诞辰”，二是“哀悼佟柱臣先生”。陈述先生诞生于 1911 年 10 月 20 日，2011 年适逢百年诞辰，中国社会科学院民族学与人类学研究所于 10 月 22 日举行了纪念陈述先生百年诞辰学术研讨会。陈述先生关于达斡尔族是契丹族后裔的论证，为达斡尔族人所接受认同，故而在北京的达斡尔人士和内蒙古、黑龙江的达斡尔人士，分别于 2011 年 10 月 6 日、10 月 4 日举行纪念陈述先生百年诞辰学术座谈会。本书从中遴选了一组文章，特设“纪念陈述先生百年诞辰”一栏目。佟柱臣先生是本书学术顾问、中国社会科学院荣誉学部委员、考古研究所资深研究员，不幸于 2011 年 12 月 3 日逝世，故特设“纪念佟柱臣先生”一栏目。

出于编辑工作的需要，特邀中国社会科学院学部委员陈高华先生为本书的学术顾问。陈高华先生是海内外知名的历史学家，长于元史蒙古史研究，兼及辽金西夏史研究，撰有《宋辽金画家史料》，文物出版社 1984 年出版。陈高华先生出任本书学术顾问，是对本书的关怀和支持，使我们增加了编好此书的信心和责任感。我们向陈高华先生表示崇高的敬意。

目　录

2011 年研究综述

新世纪研究综述

学术动态

新书评论

博士论文摘要

论文摘要

专 稿

纪念陈述先生百年诞辰

纪念佟柱臣先生

学术会议

研究机构介绍

博物馆介绍

相关刊物介绍

文物考古发现

2011 年论著目录索引

2011年研究综述

辽史研究

辽宁大学 刘 雄 杜 鹃 陈程程 张国庆

在国内外辽史学者的共同努力下，2011年度辽史研究取得了较大进展。本年度出版的辽史著作，研究范围较为广泛，成果亦较丰富。其中，研究辽朝断代史或专史的著作较多，如蔡美彪的《辽金元史十五讲》（中华书局）一书，精选了蔡美彪先生关于辽金元史研究的重要成果，内容涉及辽金元三朝政治、军事、文化及社会生活等各个方面。宋德金的《一本书读懂辽金》（中华书局）一书，分辽、金上下两编，全景展示了辽金两朝的历史发展进程，从不同侧面透视了辽、金时期的政治、经济、军事、文化及社会生活图景。邢铁的《宋辽金时期的河北经济》（科学出版社）一书，以唐宋时期经济文化重心的南移为背景，深入考察了北宋时期河北经济的持续发展以及辽金时期河北经济发展的曲折历程。陈戍国的《中国礼制史：宋辽金夏卷》（湖南教育出版社）一书，阐述了宋辽金夏时期礼俗制度的大体轮廓，从礼俗礼制视角透视宋辽金夏时期的政治经济与思想文化，解决了礼制史、古礼文献与相关学科长期聚讼的一些疑难问题。陈永志的《契丹史若干问题研究》（文物出版社）一书，对契丹史研究中存有争议尚未定论的五个重大问题进行了详细考论，颇见一家之言。张国庆等的《中国妇女通史》（辽金西夏卷）（杭州出版社）一书，运用翔实的文献史料和大量的考古资料，对辽金西夏时期的妇女社会地位和女性社会活动等，进行了详尽论述，填补了此前相关研究中的某些空白。与之相关的学术著作还有：宋德金主编的《白话精华二十四史：辽史》（现代教育出版社），邱树森的《辽金史辞典》（山东教育出版社），蔡美彪等的《中国大百科全书名家文库：辽金西夏史》（中国大百科全书出版社）等。

本年度有关辽代军事方面研究的著作较少，王晓波的《宋辽战争论考》（四川大学出版社）一书，全面介绍了宋辽一百余年间发生的所有较大战事，展示了宋辽战争之全貌。与之相关的著作还有王曾瑜的《辽金军制》（河北大学出版社），朱增泉的《战争史笔记》（五代—宋辽金夏）（人民文学出版社）等。

本年度历史人物研究方面的著作主要有：李俊领等的《萧太后身世之谜》（人民日报出版社）一书，将历史文献和田野调查熔于一炉，讲述了萧太后的传奇一生，澄清了哪些是真实的历史，哪些是虚构的传说。相关著作还有：李强的《辽太祖阿保机的耶律家族》（金城出版社），刘喜民的《契丹大辽九帝》（内蒙古人民出版社）等。

方志、地理及文物考古研究方面的著作有：刘纬毅等的《宋辽金元方志辑佚》（上海古籍出版社）一书，辑录了宋辽金元失传方志之佚文，所收内容多来自于《永乐大典》残卷及《方舆胜览》、《舆地纪胜》等综合性地方志书，具有一定的史料价值。韩光辉的《宋辽金元建制城市研究》（北京大学出版社）一书，系统介绍了宋辽金元时期在城市管理制度上的一系列重大调整。段智钧等的《天下大同：北魏平城辽金西京城市建筑史纲》（中国建筑工业出版社）一书，系统梳理了北魏平城和辽金西京相关建筑遗存和文献记载，描绘了这两个大的时间段数百年间的城市建筑轮廓。辽宁省文物考古研究所的《关山辽墓》（文物出版社）一书，系统而全面地介绍了在阜新关山种畜场附近发现并发掘的辽代契丹萧氏贵族家族墓之状况。与此相关的著作还有：裴元博的《契丹文珍稀钱币考释图说》（时代出版传媒股份有限公司、安徽美术出版社），裴元博等的《契丹钱树鉴赏与投资》和《契丹文珍稀符牌考释图说》（时代出版传媒股份有限公司、安徽美术出版社）等。

文学与文化艺术研究方面的著作有：尹晓琳的《辽金元时期北方民族汉文诗歌创作研究》（民族出版社）一书，探讨了辽金元汉文诗词的创作与生成空间。王俊奇的《辽夏金元体育文化史》（人民出版社）一书，叙述了辽夏金元时期体育文化的历史和体育文化的演进，展现了辽夏金元体育文化的丰富内涵。韩荣的《有容乃大：辽宋金元时期饮食器具研究》（江苏大学出版社）一书，以该时期饮食器具发生发展之流变过程为线索，探讨了不同时期生活区域文化对饮食器具所产生的影响。

佛教文化研究方面，张国庆的《佛教文化与辽代社会》（辽宁民族出版社）一书，在仔细钩沉大量出土辽代石刻文字的基础上，结合历史文献，对前人未及关注的辽代佛教之“细微”之处，诸如僧官、寺职、法名等作了较全面的考探；于前人论及较少的佛教对辽代社会政治、经济、文学、艺术、民俗等方面的影响等，作了较为深入的论述。

本年度辽史学者发表有关辽史研究方面的学术论文，内容涉及政治、经济、民族、宗教、文化思想、历史地理、考古文物等多个方面，涉猎范围相当广泛，学术成果亦较丰富。

一、政治与外交、制度、家族及人物研究

政治与外交。本年度关于辽代政治与外交研究方面的论文有：孙伟祥的《北方民族政权年号寓意初探——以辽、西夏年号为中心的考察》（《东北史地》2011 年第 3 期）一文，通过比较分析北宋对辽、西夏年号以及辽和西夏年号制定的寓意及其不同特点的论述，阐明了辽和西夏在年号制定上的不同特点；认为辽的年号基本符合当时年号制定的基本规律，而西夏年号的制定相对较为混乱。李宇峰的《碑志所见辽代赴

西夏外交使臣事略考述》[《西夏学（第七辑）——第二届西夏学国际论坛专号》（上）2011 年 8 月] 一文，结合历史文献，对辽代墓志所见的两位赴西夏的外交使臣的家世、生平与事略，以及他们出使西夏的外交活动和对辽夏关系的影响等，进行了论述。张儒婷的《辽初对中原政策浅议》（辽宁省辽金契丹女真史研究会编《辽金历史与考古》第三辑，辽宁教育出版社 2011 年）一文，探讨了辽朝初年对中原政策的演变及其原因。郑毅等的《五代变局与契丹肇兴——以辽初统治者进取幽州为中心》（《社会科学战线》2011 年第 5 期）一文，叙述了契丹王朝和中原王朝围绕幽云地区的多次征战，并从多个角度分析了契丹最终取胜的原因。马元元等的《浅论辽宋“女主临朝”》（《兰台世界》2011 年第 28 期）一文，从出身背景、执政能力、消极影响和历史评价四个方面对辽和北宋中期两位摄政太后的执政经历、政绩得失等进行对比分析。孙任之《辽朝“因俗而治”政策的作用及思考》[《内蒙古农业大学学报》（社会科学版）2011 年第 6 期] 一文，阐述了辽朝“因俗而治”政策的内容，探究了“因俗而治”政策的积极作用以及留给当代人的思考。陈德洋的《辽朝社会保障措施述论》（《阴山学刊》2011 年第 5 期）一文，用现代社会保障概念，将辽朝社会保障措施划分为社会优抚、社会福利和社会救济三个部分，并进行了较充分的论述。

制度。比如教育科举制度，高福顺的《辽朝礼部贡院与知贡举考论》（《考试研究》2011 年第 2 期）一文，依据零散的辽朝科举史料，结合辽代承袭唐五代科举制度的特点，对辽朝科举制度中礼部贡院设置的时间和职掌进行了大致推断，并对知贡举问题进行了深入分析。黄楠《浅析辽朝的教育》[《赤峰学院学报》（汉文哲学社会科学版）2011 年第 6 期] 一文，分官学和私学两个部分对辽朝的教育状况进行了探讨。

比如职官制度，张国庆的《石刻所见辽代财经系统职官考——〈辽史·百官志〉补遗之一》（辽宁省辽金契丹女真史研究会编《辽金历史与考古》第三辑，辽宁教育出版社 2011 年版）一文，通过钩沉出土石刻文字资料，从五个方面对《辽史·百官志》漏载的辽代财经系统职官进行了系统补正。黄为放的《辽代北面宰相的渊源》（《齐齐哈尔师范高等专科学校学报》2011 年第 1 期）一文，探讨了辽代北、南宰相府的历史渊源，梳理并分析了北、南二府的建立时间、建立过程和建立方式。黄为放的《辽代诸行宫都部署院的职能及地位》（《绥化学院学报》2011 年第 3 期）一文，结合相关文献与辽代石刻内容，分析了诸行宫都部署院的主要职能及其在北面官中的独特地位。姚远的《辽代僧官的俗职研究》[《内蒙古农业大学学报》（社会科学版）2011 年第 3 期] 一文，论述了辽代僧官所奉的俗职、授职的特点和授职之原因。

比如封赏制度，张敏的《辽代公主及其封赏制度》[《赤峰学院学报》（汉文哲学社会科学版）2011 年第 8 期] 一文，论述了辽代对公主封赏的内容和途径，封赏制度由多到少的发展变化以及封赏制度对辽代公主的影响等。

比如军事制度，陈述先生遗作《契丹军制史稿》（辽宁省辽金契丹女真史研究会编《辽金历史与考古》第三辑，辽宁教育出版社 2011 年）一文，从部族传统的分法及其渊源、兵役性质和军队种类、征调行军和后勤补给、头下军、舍利军、拽剌军、汉军、统军机构、军事情报等几个方面，系统考证并论述了契丹辽朝军事制度的形成与发展。

比如礼乐制度，杨鹏云的《辽墓礼乐制度探微》（《边疆考古研究》2011 年）一文，借鉴唐代和宋代的官员品级制度，探讨了辽代墓葬乐舞图像中人数规模和墓主身份之间的关系，以及所体现的辽代礼乐制度之概况。

家族及人物。本年度诸学者在辽代世家大族及历史人物研究中，关于玉田韩氏家族及其成员的研究取得了较多的成果。都兴智等的《关于辽代玉田韩氏家族契丹化的几个问题》[《辽宁师范大学学报》（社会科学版）2011 年第 3 期] 一文，从民族同化过程和同化程度两个方面，论述了玉田韩氏家族契丹化的具体表现形式。齐伟的《浅议玉田韩氏家族对辽朝经略河西的贡献》[《西夏学（第七辑）——第二届西夏学国际论坛专号（上)》2011 年 8 月] 一文，通过对七位玉田韩氏家族成员所担任过的河西地区各种职官以及其所担负的职责进行了分析，论述了韩氏家族成员在各个时期对辽朝西南边境的稳定与巩固所作出的贡献。齐伟的《辽代的皇权争夺与玉田韩氏家族》（辽宁省辽金契丹女真史研究会编《辽金历史与考古》第三辑，辽宁教育出版社 2011 年）一文，论述了韩匡嗣、韩德让父子在景、圣两朝所起到的重要辅政作用，其后人耶律（韩）直心仍能保持家族在朝廷的政治地位，他们的政治活动即代表了家族政治地位的变化。

本年度辽代其他家族及人物的研究也有新的亮点。史风春的《契丹外戚房属世次考》[《内蒙古社会科学》（汉文版）2011 年第 6 期] 一文，依据历史文献和契丹小字资料，对拔里大父房、少父房和乙室已大翁房、小翁房所属问题作了深入探讨，厘清了部分外戚的房属世次。史风春的《耶律余睹事件考》[《内蒙古师范大学学报》（哲学社会科学版）2011 年第 1 期] 一文，对发生在公元 1121 年辽代最高统治集团内为争立储嗣而引发的文妃被害、晋王受牵连、耶律余睹降金等事件，进行了再次梳理与考证。周峰的《辽代前期汉人重臣高勋生平发微》（《北方文物》2011 年第 1 期）一文，将新近出土的墓志石刻文字和传统文献资料相互印证，确定了高勋的家族渊源和家族世系，论述了其一生从政历程及其在辽朝前期政坛中所起的作用。陈晓伟等的《辽代“杨晳（绩）”问题考辨》（《北方文物》2011 年第 3 期）一文，以《辽史 · 杨晳传》和《辽史 · 杨绩传》为考察对象，结合其他史料考证了二者记载的歧异之处，明确了杨晳（绩）的籍贯问题，以及他任山西路转运使、知兴中府、知涿州事和清宁以后所任诸职事的时间。张永翠的《王鼎其人考证》[《衡水学院学报》（社科版）2011 年第 2 期] 一文，将《辽代石刻文编》和旧有文献史料相结合，对《辽史 · 王鼎传》进行了校勘考证，指出《焚椒录》确为王鼎所作。向南《补辽汉臣世系表》（辽宁省辽金契丹女真史研究会编《辽金历史与考古》第三辑，辽宁教育出版社 2011 年）一文，依据出土石刻文字资料，对罗继祖先生的《汉臣世系表》进行补充，弥补了《辽史》汉臣记载之缺漏。

二、经济与经济制度研究

有关辽代经济问题的研究历来是辽史研究领域较为薄弱的环节，但本年度相关研究论文相对上一年却略有增加，并且所涉及的研究内容也稍显宽泛。王晔的《辽代幽云地区土地买卖的几个问题——以辽代石刻资料为中心》（《中国经济史研究》2011 年第 3 期）一文，利用石刻文字资料对辽代土地买卖活动进行了探讨，认为辽代的土地交易集中在农耕经济比较发达的幽云地区，并交代了该地区土地交易活跃的社会背景。杜成辉的《从应县木塔秘藏题记看辽代的雕刻印刷业》（《北方文物》2011 年第 2 期）一文，通过对应县木塔秘藏题记的分析，探讨了辽代出版印刷制度和出版机构的建立与完善等问题，认为应县木塔秘藏真实地反映了辽代印刷手工业的发展规模和实际水平。郑毅的《契丹对辽海地区经略探析》（《东北史地》2011 年第 2 期）一文，叙述了契丹进入辽海地区的历史进程、契丹人在这一地区的政治和经济活动等。夏宇旭的《浅析辽代农业科学发展状况》（《安徽农业科学》2011 年第 14 期）一文，叙述了辽代农业科学技术尤其是在生产工具和耕作技术等方面的长足进步，指出农业科学技术的发展，为辽代农业经济的繁荣创造了有利条件。李丽新的《浅谈辽代年号钱》（《北方文物》2011 年第 2 期）一文，通过考古资料对辽钱进行研究，将辽代铸币业的发展划分为三个阶段，并详细介绍了每一阶段钱币的铸额、品种、制作风格和主要特征等。

三、社会生活和思想文化研究

社会生活。梁姝丹的《从辽代莲花童子金耳坠看契丹人的社会生活》（辽宁省辽金契丹女真史研究会编《辽金历史与考古》第三辑，辽宁教育出版社 2011 年）一文，依据阜新出土的辽代莲花童子金耳坠，探讨了契丹人服饰、发式及佩饰之特征，为深入了解契丹人的社会生活提供了实物资料。李甍的《略论辽代契丹髡发的样式》（《考古与文物》2011 年第 1 期）一文，将辽代契丹髡发之形式区分为六种类型，并依据文献资料和墓室壁画资料，确定了髡发样式的定型时间和特征。李月新等的《辽代奚人的生活探析》（《长春师范学院学报》2011 年第 7 期）一文，从活动范围、经营方式、生活习俗三个方面探究了辽代奚人的社会生活，认为独特的自然地理环境和多民族杂居的人文环境使得奚人的生产经营模式与生活习俗都呈现出多元的色彩。葛华廷的《契丹“焚骨咒”含义浅探》（《北方文物》2011 年第 3 期）一文，以“焚骨咒”的内容为切入点，认为“焚骨咒”反映了契丹先民在生产力低下、生存极其困难的条件下，以亡故父母尸体作为狩猎诱饵的历史现象，作为一种丧葬习俗，焚骨时的祷祝又表现为契丹原始宗教——萨满教的一种宗教仪式。王子怡的《建都伊始衣冠变——辽代南京（今北京）服饰研究》（《艺术设计研究》2011 年第 4 期）一文，以服饰作为研究对象，探究了辽代南京地区在“北班国制、南班汉制”的服饰制度下，胡、汉服饰文化交相辉映的繁荣局面。

宗教。本年度辽代宗教史方面的论文仍然以佛教研究为主，其中张国庆教授是本年度充分利用碑志材料进行辽代佛教研究成果比较多的学者之一。诸如《辽代经幢及其宗教功能——以石刻资料为中心》（《北方文物》2011 年第 2 期）一文，依据辽代石刻文字资料并结合考古实物资料，将辽代经幢划分为四大类，并对各类经幢的建造场所、建造目的、经幢特点以及宗教功能等进行了细致研究；《辽代僧尼出家“具戒”考——以石刻文字资料为中心》（《浙江学刊》2011 年第 6 期）一文，列表将石刻文字资料中所见的辽代僧尼出家具戒之状况进行了详细梳理和分析，并从社会环境、家庭氛围、个人性格三方面论述了僧尼出家的原因，从皇帝下诏和试经两个角度探讨了辽代僧尼具戒形式和年龄；《辽代佛教“涉政”现象探析——“佛教文化与辽代社会变迁”研究之一》（《社会科学战线》2011 年第 5 期）一文，将辽代佛教“涉政”现象作为研究对象，从佛教对辽代政治的积极作用和消极影响，探讨了二者互为利用、互相依靠的特殊关系；《辽代僧尼法号、师德号与“学位”称号考——以石刻文字资料为中心》（《民族研究》2011 年第 6 期）一文，以辽代石刻文字资料为依据，对辽代僧尼法号、师德号与“学位”称号进行了深入细致的首创式分析与研究；《辽代高僧“杖锡”“挂锡”及相关问题探究——以石刻文字资料为中心》［《辽宁大学学报》（哲学社会科学版）2011 年第 6 期］一文，以石刻文字资料为中心，深入研究了辽代高僧“杖锡”“挂锡”活动的目的、路线、地点、时间与圆寂塔葬处，同时指出“杖锡”“挂锡”活动促成了辽代佛教“显密圆通”繁荣局面的形成，实现了佛教内部的沟通与融合。陈术石的《从阜新塔营子塔看辽代懿州萧氏家族的早期密宗信仰》（辽宁省辽金契丹女真史研究会编《辽金历史与考古》第三辑，辽宁教育出版社 2011 年）一文，通过考察塔营子塔身砖雕之内容，认为建塔人——辽代萧氏家族成员属于密宗佛教信仰者。康建国的《辽朝佛教中独特的文化现象初探》［《内蒙古社会科学》（汉文版）2011 年第 1 期］一文，分析了辽朝佛教中的回鹘文化、儒家文化及末法思想，以及三者之间的杂糅与融合，呈现出在辽代帝王及民众汲取其他地区、其他民族文化时所持有的、开放心理之下的具有多元文化色彩的契丹辽文化。尤李的《论唐幽州佛俗对辽代佛教的影响》（《兰州学刊》2011 年第 1 期）一文，主要利用出土石刻资料，从佛俗的角度来分析中晚唐时期幽州地区流行的佛教习俗和佛教文化对辽代佛教产生的重要影响。王姗姗的《从经幢看辽代佛教发展的时段性特征》［《赤峰学院学报》（科学教育版）2011 年第 8 期］一文，以出土的经幢为基本史料，结合相关史籍，将佛教在辽代的发展分为初期、全盛期和高峰期三个阶段。日本学者古松崇志著、姚义田译的《法均与燕京马鞍山的菩萨戒坛——大乘菩萨戒在契丹（辽）的流行》（辽宁省辽金契丹女真史研究会编《辽金历史与考古》第三辑，辽宁教育出版社 2011 年）一文，利用相关石刻资料，论述了法均在燕京马鞍山开设戒坛之状况，表明辽代后期契丹社会对菩萨戒的狂热信仰程度。康建国等的《辽朝宗教文化现象刍议》［《赤峰学院学报》（汉文哲学社会科学版）2011 年第 1 期］一文，介绍了辽境内各种宗教的传入时间、传入方式和基本内容，并形成了多种宗教并行传播、相互交融的局面，这种局面对辽代社会风俗亦产生了深远影响。

文化、文学与艺术。本年度在辽代文化、文学与艺术研究领域继承了上一年较为活跃的氛围，学者们围绕思想文化、诗歌、音乐歌舞、建筑艺术、壁画等方面发表了多篇论文，取得了较为丰硕的研究成果。任仲书的《医巫闾山与辽文化》［《辽宁工程技术大学学报》（社会科学版）2011 年第 6 期］一文，详细考证了医巫闾山的历史文化地位，通过对辽代国家和个人在医巫闾山进行的各类活动，探讨了医巫闾山在辽代的文化历史地位。李斯等的《南北面官制对辽朝文化的影响》［《文史博览》（理论）2011 年第 6 期］一文，以南北面官制为切入点，论述了南北面官制对辽朝多元文化的影响，认为南北面官制为辽朝文化的发展提供了一个较为宽松的制度环境，促进了辽朝境内的中原文化、契丹文化以及其他少数民族文化的有机融合，从而衍生出了独具特色的辽文化。桑秋杰的《儒学对辽代社会的影响》（《长春师范学院学报》2011 年第 5 期）一文，论述了儒家文化对辽朝的政治稳定、经济发展和社会进步起到了非常重要的作用。吴敬的《辽代契丹文化与汉文化的考古学观察》（《社会科学战线》2011 年第 5 期）一文，从考古学视角划分并讨论了辽代契丹文化考古遗存和汉文化考古遗存的特征，指出辽代文化是一个以时间和空间为转移的动态文化，契丹文化和汉文化在不同历史时期和地域内有着不同的地位，发挥了不同的历史作用。姜维东的《辽使儒化现象研究》（《社会科学战线》2011 年第 5 期）一文，从史籍和金石文献入手，对辽朝出使高丽使者的身份进行了辨析，认为使者中儒士占到很大的比例，同时探究了辽朝儒使在辽丽文化交流方面所起到的重要作用。杨柏怡的《从辽宋关系看辽对宋诗酒文化的影响》（《北方文物》2011 年第 4 期）一文，从辽宋关系角度探讨了辽对北宋诗酒文化发展所产生的影响，认为辽宋交往丰富了宋代诗酒文化之内容。张志勇的《辽朝行政伦理文化的特色》［《辽宁工程技术大学学报》（社会科学版）2011 年第 4 期］一文，从形成、内容、作用三个方面论述了辽朝的行政道德建设，探讨了辽代具有鲜明民族特色的行政伦理文化。沈文凡等的《宋辽交聘背景下的彭汝砺使辽诗》（《学习与探索》2011 年第 6 期）一文，以彭汝砺的 60 首使辽诗为依据，探究了诗歌所展现出的辽朝地域文化特色和作者的思想观念。王荣华的《萧观音〈回心院〉是否为“词”》（《陕西广播电视大学学报》2011 年第 1 期）一文，围绕萧观音的《回心院》是否为“词”这一问题，论证了作者认为“是”词和“非”词的主要理由。文华的《契丹族舞蹈艺术的形成过程与表现形式及特征》［《中央民族大学学报》（哲学社会科学版）2011 年第 3 期］一文，通过钩沉文献史料、壁画和雕刻图案资料，论述了契丹族舞蹈艺术的形成过程、内容、表现形式和特征。胡小满等的《宣化辽墓乐器与乐种图像的音乐学释读》（《中国音乐学》2011 年第 4 期）一文，立足于乐器学和乐种学，就辽墓壁画中所绘“散乐图”中的各种乐器的特质与乐种形态给予了音乐学释读。刘羽迪的《浅谈契丹音乐与北方少数民族音乐间的交流与传承》[《乐府新声》(沈阳音乐学院学报)2011年第3期]一文，从契丹的民族历史渊源、音乐形式、乐器等方面入手，探讨了契丹音乐与北方少数民族音乐之间的传承与交流过程，指出契丹音乐文化具有“承上启下”的重要意义。祝波的《辽代散乐与酒礼文化》[《贵州大学学报(艺术版)》2011年第1期]一文，利用文献和考古资料，对我国古代酒与音乐的关系、辽代独特的宴饮习俗等进行了探究，并分析了辽代独特的宴乐一体的酒礼文化及其兴盛之原因。王东东的《略议密宗对辽塔佛教艺术的影响——以辽宁朝阳北塔为例》(辽宁省辽金契丹女真史研究会编《辽金历史与考古》第三辑，辽宁教育出版社2011年)一文，认为朝阳北塔为辽代密宗金刚界佛塔，无论其塔身雕塑，还是塔内出土的佛教文物，无不深深打上密宗烙印，这为研究辽代佛教密宗金刚界曼荼罗艺术及佛教建筑艺术，提供了宝贵资料。孙勐的《浅谈北京辽代墓室壁画的特征》(《文物世界》2011年第1期)一文，分析了以韩佚墓为代表的北京辽墓壁画在画风和题材上的特点，体现了北京辽墓壁画鲜明的自身特色和区域性特征。冯恩学的《耶律羽之墓彩绘乐舞人物艺术形象的探讨》(《边疆考古研究》2011年)，通过对墓中彩绘壁画深入细致的分析研究，认为墓中的彩绘乐舞人物极有可能是渤海乐队的形制。孙立梅的《辽墓壁画展现的契丹服饰文化》[《赤峰学院学报》(汉文哲学社会科学版)2011年第7期]一文，通过分析辽墓壁画所绘制人物形象的服饰来探讨其所蕴含的文化内涵，认为契丹服饰体现了契丹民族特色和与中原文化交流融合的特点。张明星等的《对辽契丹墓室壁画出行图与归来图的探索与思考》(《文艺争鸣》2011年第18期)一文，分析了契丹墓室壁画出行图与归来图的特点及其内在含义，并从契丹民族的生活习俗与宗教信仰等视角对此现象进行了思考与探究。

四、民族、民族关系与政策

民族。本年度与辽代民族相关的研究文章相对数量较少。冯兆国的《浅析契丹走出西辽河流域的原因》(《黑龙江史志》2011年第11期)一文，从外在的地理环境驱使和内在的阿保机家族励精图治两个方面，探讨了契丹族统治者争霸草原并最终走上南下之路的原因和动机。杨军的《契丹部族组织中的石烈》(《黑龙江社会科学》2011年第6期)一文，以《辽史·营卫志》为基本资料，结合其他相关史料，探讨了契丹部族基层组织“石烈”的发展沿革、数量变化、管理机构和职官设置以及在斡鲁朵体制中的变革。邵海波等的《辽代契丹人与金代女真人汉化过程的对比研究——以陵墓材料为线索的考古学观察》(《草原文物》2011年第2期)一文，将陵墓作为考察对象，通过对辽金时期陵墓材料的整理与归纳，将两个民族在其王朝建立初期和发展过程中的葬俗汉化程度进行了对比，进而探求辽代契丹民族与金代女真民族在其汉化道路各自的发展轨迹及其异同。冯恩学的《辽墓反映的契丹人汉化与汉人契丹化》(《吉林大学社会科学学报》2011 年第 3 期)一文,利用辽墓实物资料,从辽西地区和燕云地区历史传统和民族构成的差异入手,对契丹人汉化与汉人契丹化的民族文化融合等问题进行了探讨。孙伯君的《〈天盛律令〉中的"契丹"和"女直"》(《东北史地》2011 年第 2 期)一文,指出西夏文"契丹"一词有两层含义,《天盛律令》中所记载的"契丹"主要是用于指代契丹国,西夏文献中对金国的称呼则沿用了契丹人的叫法为"女直"。

民族关系与政策。孙政的《耶律阿保机民族关系思想初探》[《烟台大学学报》(哲学社会科学版)2011 年第 4 期]一文,将耶律阿保机的民族关系思想概括为"广土众民之志"、"化家为国"、"因俗而治"、"分而治之"等四个方面,阐述了其民族关系思想的产生、确立、演变和实践过程;同时分析了耶律阿保机民族思想得以产生和发展的原因,以及其民族关系思想中存在的保守和失误之处。秦菲的《试论辽对渤海遗民的统治政策》(《黑河学刊》2011 年第 12 期)一文,探讨了辽朝统治者对渤海遗民采取的比较温和的民族统治政策,指出这种"因俗而治"的民族统治政策顺应了渤海故地政治、经济和文化继续发展的趋势。马晓丽等的《辽兴宗民族关系思想初探》[《烟台大学学报》(哲学社会科学版)2011 年第 2 期]一文,通过探讨辽兴宗在位期间辽宋关系和辽夏关系的变化,论述了在儒家思想影响下辽兴宗民族关系思想的主要内容、形成原因及其影响。张敏的《草原巾帼——论契丹女性对辽代民族关系的影响》[《赤峰学院学报》(汉文哲学社会科学版)2011 年第 11 期]一文,将辽代的联姻政策作为关注重点,论述了契丹族女性对辽朝民族关系的发展所起到的作用和影响。

五、历史地理研究

本年度有关辽代历史地理方面的研究成果亦较少。王绵厚的《辽代沈州属下未辨三县文献与考古学探证》(辽宁省辽金契丹女真史研究会编《辽金历史与考古》第三辑,辽宁教育出版社 2011 年)一文,结合对沈阳地区辽代古城址的实地考察,从文献记载、建置地理和考古学遗存的综合分析中,探证了《辽史·地理志》和《大元混一方舆胜览》中记载、迄今仍未确认的辽代沈州属下之乐郊、近城、灵源三县之地望。王淑兰等的《论辽代草原地区城市群体的特点——以上京道城市为例》[《中南大学学报》(社会科学版)2011 年第 1 期]一文,从历史地理学角度,以上京道城市群体为例,从人口来源、选址、空间分布和城市格局等方面探究了辽代草原地区城市群体的特点。吕昕娱等的《契丹建国前城邑建置考论》(《北方文物》2011 年第 4 期)一文,考证了契丹建国前城邑建置状况,阐述了契丹建国前城邑建置的特点,探讨了早期契丹城邑对契丹民族发展起到的重要作用。吴凤霞的《辽代显州的建置及其政治、军事地位》[《内蒙古社会科学》(汉文版)2011 年第 2 期]一文,探讨了辽代显州的建立、复杂的隶属关系及其在辽代中后期的政治与军事地位。苗威的《定安国考论》（《中国边疆史地研究》2011 年第 2 期）一文，利用现有的文献资料，对史学界存在争议的关于辽代定安国的建立者、地理位置、国王的擅替以及安定国的灭亡等几个问题，提出了新的见解。

六、墓志、文献与考古文物研究

墓志和文献。本年度对辽代墓志的考释又有新的进展。李龙彬等的《辽代平原公主墓志考释》（《考古》2011 年第 8 期）一文，以三方墓志为基础，依据文献和其他辽代碑志资料，对平原公主、驸马萧忠以及与该支国舅别部有关之事略进行了研究，并详细列举了萧忠六世家族之谱系。田高等的《辽代〈张懿墓志〉补考》（《北方文物》2011 年第 3 期）一文，在胡健先生的原有考释基础上，从《张懿墓志》所涉有关人员的职官、志主家族身份特点、所反映的崇佛习俗等进行了补考，并对墓志文作了重新释读。齐伟等的《辽张公恕妻陈氏墓志考释》（《苏州文博论丛》2011 年）一文，收录了辽宁省馆藏一方辽代张公恕妻陈氏墓志的铭文，并进行了简略考释。穆启文的《〈萧琳墓志铭考释〉补述》（辽宁省辽金契丹女真史研究会编《辽金历史与考古》第三辑，辽宁教育出版社 2011 年）一文，依据历史文献，结合其他辽代碑志资料，对《萧琳墓志铭考释》进行了补述。此外，左利军的《辽〈高士宁墓志〉考释》（辽宁省辽金契丹女真史研究会编《辽金历史与考古》第三辑，辽宁教育出版社 2011 年），张兴国的《巴林左旗辽韩匡嗣家族墓地发现耶律度剌墓志》（辽宁省辽金契丹女真史研究会编《辽金历史与考古》第三辑，辽宁教育出版社 2011 年），王利华等的《辽〈耶律宗福墓志〉校勘补述》（辽宁省辽金契丹女真史研究会编《辽金历史与考古》第三辑，辽宁教育出版社 2011 年），张力的《辽〈张守节墓志〉考》（辽宁省辽金契丹女真史研究会编《辽金历史与考古》第三辑，辽宁教育出版社 2011 年）等，亦均就近年来出土的一些辽代墓志文进行了考释或补述。

本年度对历史文献整理与研究的文章有：尤李的《〈焚椒录〉及其史料价值考释》（《古籍整理研究学刊》2011 年第 6 期）一文，考察了《焚椒录》的版本流传情况，把其内容与《辽史》、《契丹国志》等进行对比分析后，认为该书确为辽代王鼎所作，不是伪书，同时指出《焚椒录》保存了大量辽代资料，具有较高的史料价值。李月新的《〈辽史·世表〉史源考》[《赤峰学院学报》（汉文哲学社会科学版）2011 年第 8 期] 一文，将元修的《辽史》中《世表》一篇的内容和其他史料相互考证，认为《辽史·世表》的史料来源包括二十五史诸史中的辽代部分、辽人自修国史以及金人所修之《辽史》等。陈晓伟的《〈辽史·西夏外纪〉“西夏纪事”探源》[《西夏学（第八辑）——第二届西夏学国际论坛专号》（下）2011 年 8 月] 一文将《辽史·西夏外纪》“西夏纪事”部分和相关史料进行比对，指出其中存在的讹误和混乱之处。杨军的《耶律俨〈皇朝实录〉与〈辽史〉》（《史学史研究》2011 年第 3 期）一文，对《皇朝实录》和《辽史》从内容和体例两个方面进行相互对照后，结合前人的研究成果，提出《辽史》内容部分记载之所以混乱，是史料来源不同所致；而内容失之过略则是辽修的《实录》的通病。

考古文物。本年度关于考古文物的论文主要集中在考古、文物研究与文物鉴赏三个方面。其中关于墓葬及遗址考古方面的研究成果主要有：李龙彬等的《辽宁阜新县辽代平原公主墓与梯子庙 4 号墓》（《考古》2011 年第 8 期）一文，通过对辽宁阜新县辽代墓葬的墓群调查以及对平原公主墓和梯子庙 4 号墓的地理位置、墓葬形制、壁画和出土遗物等方面的研究，初步推断梯子庙 4 号墓的年代为辽代中期。曹建恩等的《内蒙古凉城县水泉辽代墓葬》（《考古》2011 年第 8 期）一文，对内蒙古凉城县水泉辽代墓葬形制、随葬品等进行了分析，特别是对出土的马具和蹀躞带等进行了重点考察，认为这两座墓葬应为辽代早期契丹化较深的突厥遗民之墓葬。董新林等的《内蒙古巴林左旗辽代祖陵陵园黑龙门址和四号建筑基址》（《考古》2011 年第 1 期）一文，从基址形制和出土遗物两方面介绍了考古工作者对龟趺山建筑基址进行考古发掘的过程和现状；通过研究遗址内的石碑残片，指正了部分文献资料中的缺略和错误，明晰了一些存在疑问的历史事实。此外，该年度与之相关的研究成果还有：张翠敏的《大连地区辽代考古发现与研究》（辽宁省辽金契丹女真史研究会编《辽金历史与考古》第三辑，辽宁教育出版社 2011 年），崔艳茹的《营口地区辽金时期的文化遗存》（辽宁省辽金契丹女真史研究会编《辽金历史与考古》第三辑，辽宁教育出版社 2011 年），李少兵等的《内蒙古林西县刘家大院辽墓发掘简报》（《北方文物》2011 年第 1 期），刘风亮的《北京东白塔辽墓发掘简报》（《文物春秋》2011 年第 6 期），韩国祥的《辽宁朝阳市姑营子辽代耿氏家族 3、4 号墓发掘简报》（《考古》2011 年第 8 期），刘焕民等的《沈阳市新民偏堡子遗址辽金时期遗存发掘简报》（《边疆考古研究》2011 年）等。

本年度关于辽代文物研究的成果主要有：孙建权的《固安王龙村经幢不是金代文物》（《文物春秋》2011 年第 6 期）一文，将文献史料和经幢资料相互印证，经过对其制作工艺的分析，认为这座经幢的大致建成时间应当是辽圣宗后期。李华的《北京地区辽金时期陶瓷器分期》（《文物春秋》2011 年第 6 期）一文，以北京龙泉务瓷窑遗址及龙泉务辽金墓葬发掘所获得的一批实物资料为基础，结合北京及周边地区同时期的纪年墓葬，对北京地区辽金时期常见的陶瓷器器型的流行时代、演变关系等进行了探讨。师小群等的《辽代鎏金龙纹银骨朵考释》（《文博》2011 年第 2 期）一文，以一件辽代骨朵为切入点，结合历史文献以及出土实物，论述了辽代骨朵的渊源、不同时期的形制、名称及用途等。孙勐的《北京出土的辽代输入瓷器——以墓葬、塔基中发现的器物为中心》（《收藏家》2011 年第 4 期）一文，以出土瓷器为中心，论述了北京地区（辽代南京）辽代输入瓷器的主要特点，并结合辽代遗迹的时代特征，将北京地区发现的辽代输入瓷器分为早、中、晚三期。杭志宏的《陕西历史博物馆新征集辽代文物》（《文博》2011 年第 2 期）一文，对陕西历史博物馆 2009 年征集的辽代文物进行了详细介绍，并根据文物自身的特征与已知的考古发掘资料进行排比，初步判定了这些文物的年代。韩荣等的《辽宋金元时期葫芦形注壶比较研究》（《中国陶瓷》2011 年第 2 期）一文，通过对这一时期葫芦形执壶的比较研究，探究了葫芦形执壶在结构形制上的特征、变化以及形制变化的社会缘由，认为葫芦形注壶呈现出多种文化相渗相溶的特色，是流行在辽宋金元时期的一种饮食器具。路智勇的《新发现辽代丝绸装饰材料及工艺研究》（《文物》2011 年第 2 期）一文，运用现代科技手段对瑞士阿贝格基金会收藏的一件辽代丝绵夹袜及其装饰图案进行了分析，指出了这件丝绵夹袜与常见的辽代丝绸装饰工艺的不同。张树范的《沈阳地区出土辽产陶瓷的类型简析》（辽宁省辽金契丹女真史研究会编《辽金历史与考古》第三辑，辽宁教育出版社 2011 年）一文，重点分析了沈阳地区出土的辽产陶瓷器的类型，包括釉色品种、装饰题材和基本形制等。贾玺增的《辽代金冠》（《紫禁城》2011 年第 11 期）一文，将辽代金冠的实物和文献资料进行梳理和对比分析，将其分为五大类，并从结构式样、制作形式、造型构成、图案纹样等方面进行了探讨。

七、书评与研究综述

书评。本年度书评类文章主要有：景爱的《评〈中国辽瓷研究〉》（辽宁省辽金契丹女真史研究会编《辽金历史与考古》第三辑，辽宁教育出版社 2011 年）一文，对佟柱臣先生的著作《中国辽瓷研究》作了客观评价，认为该书对辽瓷进行了全面、系统、深入研究，澄清了许多模糊认识，提出了许多新见解，是为辽瓷研究的重要里程碑。奇曼·乃吉米丁的《〈中国历史·喀喇汗王朝史·西辽史〉读后感》［《新疆大学学报》（哲学人文社会科学版）2011 年第 3 期］一文，认为《中国历史·喀喇汗王朝史·西辽史》一书并不是对《喀喇汗王朝史稿》、《西辽史研究》和《西辽史纲》的简单再版合辑，而是作者将文献与考古资料相结合，进行了深入研究，较之前著在史料上更丰富，论证更详尽，观点更具说服力，内容也更为全面和系统。聂鸿音的《〈契丹小字的新资料〉读后》（《满语研究》2011 年第 2 期）一文，对《契丹小字的新资料》一书的主要内容，尤其是对“萧敌鲁墓志”和“耶律详稳墓志”的译释进行了介绍，对学界关于契丹墓志的辨伪问题亦作出了比较分析，并提出了自己对于这一问题的认识。李西亚《历史上的萧太后与萧太后的历史——〈历史上的萧太后〉评介》（《黑龙江民族丛刊》2011 年第 2 期）一文，对景爱先生的大著《历史上的萧太后》一书给予了较高评价，不但澄清了人们关于萧太后的诸多错误认识，还原了她的本来面目，还客观评价了萧太后的历史地位与作用。爱新觉罗·乌拉熙春的《〈辽代石刻文续编〉读后》（《东北史地》2011 年第 1 期）一文，对向南等辑注的《辽代石刻文续编》从史料价值等方面给予了较高评价。

研究综述。本年度综述类文章数量不少，所涵盖的内容亦较丰富和全面。高正的《辽金历史与考古国际学术研讨会述评》（《东北史地》2011 年第 6 期）一文，对在沈阳召开的辽金历史与考古国际学术研讨会做了全面评述，详细介绍了部分与会学者在碑志、佛教、壁画等方面的优秀成果。毛巧晖的《“辽金元文学研讨会暨中国辽金文学学会第六届年会”在兰州召开》（《民族文学研究》2011 年第 5 期）一文，介绍了“辽金元文学研讨会暨中国辽金文学学会第六届年会”的概况，并从交流内容和研究方法等方面评价了该年会取得的成就。尤李的《2010 年辽金西夏史研究综述》（《中国史研究动态》2011 年第 4 期）一文，从政治、经济、文化、文物考古等几个方面，对 2009 年辽金史研究进行了比较全面的述评。李华瑞的《2010 年辽宋西夏金元经济史研究述评》（《中国经济史研究》2011 第 2 期）一文，从农业、手工业、城市市镇经济、交通运输、旅游、贸易经济、财政、货币金融、人口、社会阶层、环境、荒政、社会救济等方面，对 2010 年辽宋西夏金元经济史研究的相关成果做了梳理和评述。常建华的《近十年宋辽金元宗族研究综述》（《安徽史学》2011 年第 1 期）一文，从宋代宗族研究、辽金元宗族研究两个方面，对近十年关于宋辽金元宗族研究的成果、热点和趋势做了系统梳理。王凯的《20 世纪 80 年代以来奚族研究综述》（《东北史地》2011 年第 1 期）一文，从七个大的方面，对 20 世纪 80 年代以来奚族历史研究进行了较为全面的评述，同时也指出了该时段奚族历史研究上的不足之处。彭善国等的《近十年来东北、内蒙古东部辽金元考古的发现与研究》（辽宁省辽金契丹女真史研究会编《辽金历史与考古》第三辑，辽宁教育出版社 2011 年）一文，从墓葬、城址、村落及大型防御设施遗迹、陶瓷窑址、佛教遗存等几个方面，对 2000 年以来刊布的东北三省及内蒙古东部地区辽金元时期的主要遗存进行了初步梳理，并就研究的进展情况作了初步总结。

金史研究

吉林大学　孙红梅　赵永春

2011 年金史研究在研究内容和成果数量上均取得较为突出的成绩。据不完全统计，本年度共出版著作 20 余部，其中专题研究著作有王德朋的《金代商业研究》（社会科学文献出版社），王永的《金代散文研究》（中华书局），王曾瑜的《辽金军制》（河北大学出版社），崔彦的《<全金诗>韵部研究》（大连出版社），牛贵琥的《金代文学编年史》（安徽大学出版社），Linda Cooke Johnson《Women of the Conquest Dynasties: Gender and Identity in Liao and Jin China》（Univ of Hawaii Pr），景李虎的《宋金杂剧概论》（广东高等教育出版社），史金波的《中国妇女通史》（辽金西夏卷）（杭州出版社）等；断代史著作有蔡美彪、吴天墀的《中国大百科全书名家文库：辽金西夏史》（中国大百科全书出版社），蒋秀松编撰的《白话精评金史纪事本末》（辽宁古籍出版社），宋德金的《一本书读懂辽金》（中华书局），顾全芳、宋德金的《白话精华二十四史：金史》（现代教育出版社），蔡美彪的《辽金元史十五讲》（中华书局）等；人物研究中元好问仍是关注的焦点，主要成果有狄宝心《元好问诗编年校注》（中华书局），郑力民、宗福邦的《元好问诗选译》（修订版）（凤凰出版社）。此外，还有爱新觉罗·乌拉熙春、吉本道雅的《韓半島から眺めた契丹・女真》（京都大学学术出版会），辽宁省辽金契丹女真史研究会编《辽金历史与考古》（第三辑）（辽宁教育出版社），邱树森主编的《辽金史词典》（山东教育出版社），张国庆、韩志远、杨世文、祝尚书、李文泽等译注的《金史选译》（修订版）（凤凰出版社），朱增泉的《战争史笔记（五代—宋辽金夏）》（人民文学出版社），段智钧、赵娜冬的《北魏平城辽金西京城市建筑史纲》（中国建筑工业出版社），云飞扬的《中国通史经典故事——宋·辽·夏·金》（北方妇女儿童出版社）等相关研究成果。

本年度举办的学术会议有：7 月在兰州举办的“辽金元文学研讨会暨中国辽金文学学会第六届年会”，8 月在吉林长春举办的“辽金史国际学术研讨会”，9 月在辽宁沈阳举办的“辽金历史与考古国际学术研讨会”，10 月在北京举办的“辽金佛教研讨会”等。

本年度的发表的学术论文 200 多篇，现按照论文专题分类、择要述之，脱漏、不足敬请指正。

一、政治与政治制度研究

长期以来在西方中国史研究中存在“征服王朝”、“渗透王朝”的理论，将历史上我国北方少数民族及建立的政权排除在中国之外，视其为“外国”，认为中国是单一的华夏族民族的国家。这种理论不仅在西方的中国研究中具有重要的影响，而且也在一定程度上对国内北方民族及民族政权研究产生了影响。今天看来所谓“征服王朝理论”是不符合中国历史发展的实际的。上世纪 80 年代，张博泉、费孝通提出了“中华一体”和“中华民族多元一体格局”的理论，对认识中国自古以来就是统一多民族国家提供了理论根据，得到多数辽金史研究者的认同。但也有人认为“所谓的‘中华多元一体’观念”，“是一个政治概念而非学术概念”。赵永春的《“中国多元一体”与辽金史研究》（《中央民族大学学报》第 3 期）一文，以翔实的史料和严密的逻辑论证了“中国多元一体”理论，不仅是政治概念，也是学术概念，符合辽金自称“中国”也承认宋朝是“中国”的历史发展实际。辽金时期，辽人和金人都自称“中国”，同时也承认宋朝是“中国”，就是一种“中国多元一体”的观念。“中国多元一体”的命题，再次为辽金时期的中国并非为单一的华夏汉民族国家，辽金政权更不是所谓的外族和外国提供了强有力的理论依据，值得我们认真学习和进一步深入研究。杜文玉的《宋金时期西北地缘政治的变化及特点》（《史学月刊》第 7 期）一文运用“地缘政治”的理论，对西北地缘政治在宋金时期的地位、变化和特点进行了系统论述，弥补了此前研究的空白。文章指出北宋时期，西北地区是对西夏战争的最前线；宋金战争期间，它是保护入蜀道路的屏障；金朝末年，又是保护中原地区侧翼安全的屏障，具有极重要的战略意义。与隋唐时期相比，这一时期西北地区地缘的特点是，地域范围已经大为缩小，区域内的民族与政治关系异常复杂，地缘意义更多表现在军事方面，同时也具有一定的地缘经济与文化意义。

金代宰执制度研究成果有武玉环、孙孝伟的《赵翼“金中叶以后宰相不与兵事”考辨——兼论金朝中后期尚书省与枢密院的关系》（《学习与探索》第 4 期）认为金朝尚书省与枢密院的关系，赵翼认为“金中叶以后宰相不与兵事”的说法并不正确。金朝自熙宗至金末，宰相对军事的参与是一直存在的。金朝后期，枢密院独立性明显增强，但未脱离尚书省节制。天兴元年（1232），省院合一，枢密院取消，是金朝后期尚书省与枢密院关系的最终结局。孙孝伟的《金朝宰执与台谏关系略论》（《长春师范学院学报》第 1 期）认为金朝时期，朝廷有台谏回避宰执的规定，但台谏依附宰执的现象仍然存在。台谏监察宰执，宰执控制台谏，形成一种互相制约的关系，最终集权于皇帝。相关文章还有侯震的《金末汉族宰执品格素质研究》（《兰台世界》10 月下旬）对金末汉族宰执具有的品格素质进行了分析，认为金末汉族宰执在特殊的政治环境下，不仅具备较高的政治业务能力，而且还表现出良好的品格素质。该作者的另一篇文章《金末统治者对汉族宰执的任用研究》(《鸡西大学学报》第3期),认为金末统治者出于稳定统治的需要,对汉族宰执的任用采取了笼络和限制的双重政策。

与金代军政相关的研究成果有贾淑荣的《金代前期军事心理战论析》(《北方论丛》第6期)通过金代军事谋略心理战、将军事威慑心理战的分析,认为金代军事心理战的运用对战胜比自身强大的辽宋王朝的过程中发挥了重要作用。赵文坦的《关于金末山东淮海红袄军的若干问题》(《齐鲁学刊》第1期)一文,对金末山东淮海红袄军活动的特点及其成因试作考述,并指出对李璮之乱、贞祐兵灾与红袄军无关。此外,还有姜宾的《金中都城驻军初探》(《首都师范大学》2011年增刊),李迎春的《金末元初汉人地主武装初探——以今山东、河北地区为例》(《渤海大学学报》第5期),黄鹏的《略论金世宗的北疆经略——以对契丹、蒙古政策为例》(《佳木斯大学社会科学学报》第1期)等相关文章。

本年度关于金朝礼制研究成果突出,徐洁对金代礼制重要内容之一的庙制进行了卓有成效的研究。金代礼制作为中国古代国家礼制发展的重要阶段之一,目前学界虽有研究,但多是在纵论礼制通史过程中所涉及,而作为王朝礼制最重要的内容之一的皇家宗庙制度,更是罕有着墨(或虽有涉及却有失简略,未作深入探究),几乎处于空白状态。金代太庙是国家宗庙礼制的重要组成部分,其具体庙制史料乏载,迄今未见学者对此详加剖析。本年度徐洁的几篇关于金代太庙制度文章的问世,填补了目前金代宗庙礼制的空白,更有助于推动金代礼制研究的进一步深入。徐洁的《金上京太庙考述》(《北方文物》第1期)对金初熙宗创建太庙及皇家宗庙制度的史实进行梳理、考论,提出金初实行的是"七世之庙"制度。《金中都太庙之制解读》(《学习与探索》第1期)认为金中都太庙属"同堂异室"之制,且基本实行"七世之庙"制度。在特殊情况下,庙室经历了一个变易的过程,出现"八世十二室"的局面。作者的另一篇文章为《金汴京太庙探微》(《黑龙江民族丛刊》第4期)对金汴京太庙的历史和制度进行了详细考论。

论述金代女性参政的相关文章有,范歆玥的《金朝贵族女性涉政问题初探》(《东北史地》第1期)认为金朝贵族女性涉政行为主要包括"干预朝政"、"进言劝谏"及"参与征战"等几个方面,其涉政受到当政者及社会舆论反对和否定,其摄政影响有积极与消极两个方面。王对萍的《论金代女性的政治作为》(《内蒙古农业大学学报》第1期)指出金代女性的政治作为形式多样,主要有后妃干政,作为政治工具的女性及反抗领袖,认为从表象上看是金代女性的荣耀,但实质上却无关女性整体的命运。张宏的《金代后妃的选纳范围与标准》(《兰台世界》第11期)一文,指出金代选立皇后必须出自徒单、唐括、蒲察、仆散、纥石烈、乌林答、乌古伦、裴满等女真族的名门望族。至于选妃以及采选宫女则无明确选纳范围和选纳标准,在全国范围内皆可选纳。

与金代政治和政治制度相关文章还有刘肃勇的《完颜亮改革及其历史地位》(《北方文物》第 2 期),王雷、赵少军的《金代吏员集团对经济的影响》(《黑龙江史志》第 17 期),栗红的《浅析金朝的建立与其内地建制》(《黑龙江史志》第 13 期),曹凛的《金朝船只的建造与监察》(《中国船检》第 1 期)等。

二、经济与经济制度研究

本年度经济与经济制度的研究在研究内容和成果数量上较上年有所突破,其中王德鹏关于金代商业经济的研究成果突出。近年来金代商业经济的研究取得了一定的成果,尤其是对金代农业、畜牧业、手工业等金代商业发展的社会基础问题的研究成果丰硕。对金代货币问题的研究进展显著,有了一些颇有建树的学术成果。但金代商业经济的某些重要问题,如物价问题,政府的商业管理体系问题仍少有研究或处于空白状态。而且将"金代商业经济"看做一个整体,作为一个独立的研究方向,对金代商业经济内部诸要素给予细致分析,根据金代商业不同时期发展的不同特点,进行定时、定量分析,则仍是一个重要的课题。本年度王德朋先生的两篇关于金代商业经济的论文及一部专著《金代商业经济研究》(社会科学文献出版社)的问世,就是运用历史学、考古学、经济学等多学科理论对金代商业自身的内容、特点、规律展开独立、系统探讨的学术成果。王德朋的《金代交钞制度新议》(《河南大学学报》第 6 期)认为金代钞的问世主要不是缘于社会经济的充分发展,而是缺少铜矿等客观因素制约的结果。金代交钞制度的演进是典型的强制性变迁,国家是导致这种变迁的主要力量。政府无视货币规律,最终导致了金代交钞制度的崩溃。作者的另一篇文章《论金代的粮食生产与粮食交易》(《黑龙江社会科学》第 4 期)认为金朝建国后,采取了一系列措施大力发展粮食生产,成效显著。金代不同地区粮食的供应能力和交易价格差距较大,政府以设立常平仓、开展和籴等方式对粮食市场进行调控,保证粮食供应和市场稳定。总体而言金代粮食生产和交易落后于宋,但较辽有了较大进步。金代经济研究的相关成果还有黄金东的《金章宗时期货币制度改革失败原因探析》(《史学集刊》第 4 期),探讨了海陵王、世宗、章宗三朝货币政策的变化,并以此为切入点,分析了金章宗货币制度改革失败的原因,揭示金朝货币制度的固有弊端。宋立恒的《论金朝女真族农业平民经济状况的特殊表现》(《内蒙古社会科学》第 3 期)认为女真族农业平民与以汉族为主的其他民族的农业平民相比,经济状况明显不同,主要表现在经济占有和赋役负担、造成贫困化的原因、国家解困的措施方面。李洪权的《论金元时期全真教的物质消费特征》(《求是学刊》第 4 期)一文,指出全真教在金初形成之初以乞食为生,蒙古入主中原后其虽受宠于蒙古统治者,给予诸多经济特权,但其始终具有自律性极强的物质消费观念。金元时期全真教在物质消费上主要表现有崇尚俭朴,自食其力,聚财为公三个特征。夏宇旭的《简论金代契丹族二税户及驱奴》(《吉林师范大学学报》第1期）一文，对金代契丹族二税户和驱奴的变化、地位以及生活状况作了探讨和分析，认为金代契丹二税户和驱奴尽管有很多被放良，但是依然大量存在，他们的地位还很低下，从事繁重的劳役。贾淑荣的《论金世宗时期临潢府（路）经济的发展》（《兰台世界》9月下旬）指出金世宗时期，对临潢府（路）实行休养生息的裕民政策，使这里的经济得以恢复和发展，并逐渐赶上和超过辽统治时期的上京，而金世宗开明的外交政策又给这里创造了相对稳定的和平环境，出现了“其地肥沃”“异于他处”的繁荣景象。曹小波的《论南宋与金对峙时期淮河下游的榷场贸易》（《南昌教育学院学报》第3期）认为宋金绍兴和议后，地域上虽然人为的分裂了，但由于双方经济发展的不平衡性，经济交流却是十分密切，双方在边界建立了众多榷场进行贸易，在这些众多的榷场中，位于淮河下游的盱眙、泗州场分别是双方最大的榷场，建置的时间也最早，其为双方经济交流作出巨大的贡献。陈喜波的《金代北京地区粮食物流实践研究》（《中国储运》10期）一文，对金代北京地区的粮食物流实践情况进行了梳理，重点考察了粮食物流实践中的运输、仓储等物流环节，认为金代北京地区粮食物流实践具有承前启后的经验和特点，为以后王朝建都北京，实行物流实践奠定了坚实基础。此外还有胡泽学的《三晋地区宋辽金元时期的农具》（《当代农机》第7期），李莹的《从金代遗存看女真冶铁业的发展》（《黑龙江史志》第11期）等相关文章。

三、文化史研究

金代文化研究仍是本年度的热点，除三部专著出版外，相关文章近百篇。主要涉及文学（包括诗词赋等内容）、戏剧、宗教、语言文字、教育等方面的内容。

文学。李静的《金初词人群体的心理认同与词的创作》（《文学评论》第1期）和《“盛世”气象与金代中期本土词人群体》（《文艺研究》第6期）两篇文章分别对金前期和中期词人群体对当时词坛的影响进行了论述。认为金初“借才异代”时期的词人群体，在词中表现的是沦落天涯之愁与去国怀乡之思，是金代初年“借才异代”时期“遗民”与“移民”心态共同化合的结果。而到了金朝中期，国势渐趋强盛，本土词人崛起，使得此时的词在内容、题材、风格上呈现出不同于金初时期的特征，是“盛世”局面下词人心态的外化。牛海蓉的《金代前中期赋钩沉与探析》（《南京大学学报》第3期）探讨了金赋概况及存少的原因，对金前期和中期词赋进行了钩沉和分析，指出金代前中期主要为科举赋和文人赋，此外还出现了佛教赋、医学赋、相学赋，反映了律赋向非文学领域的渗透。白显鹏、于东新的《论金代初年“贰臣”文人词》（《民族文学研究》第3期）认为金初“贰臣”文人词具有三个显著特征：抒情主体的“贰臣”身份，词作内涵的“贰臣”意识，词学旨趣的故国传统与北地品格。金初“贰臣”文人词是北宋词风在北地的一种延续，更是民族文化撞击交融时期的心灵回声，显示出不同于北宋词和南宋词的北派风貌。相关文章还有牛海蓉的《辽金元赋诗存目及残句考》(《民族文学研究》第4期),于东新的《论多民族文化语境下的金代词文学》(《北方民族大学学报》第4期),赫兰国的《金学杜特点及其原因初探》(《中华文化论坛》第3期),王永的《金代散文分期与特色新论》(《中国海洋大学学报》第4期),李玉君、黄震云的《论金源皇族的文学创作》(《民族文学研究》第5期),刘达科的《金诗中的佛禅意蕴》(《齐鲁学刊》第1期),许伯卿的《金元词体诗化理论发皇》(《中国韵文学刊》第3期),尹晓琳的《论辽金元时期北方民族汉文创作三维模式的建构》(《延边大学学报》第6期),魏景波的《〈中国古代文学作品选〉"宋辽金部分"献疑》(《学术界》第10期),王昊的《论金词与元词的异质性——兼析"词衰于元"传统命题》(《文学遗产》第2期),裴兴荣的《〈中州集〉小传所载诗句篇什述略》(《山西大同大学学报》第3期),武勇的《汉文化影响下的金大定、明昌词》(《安庆师范学院学报》第5期),樊运景的《金末"宗唐得古"之风的历史考察》(《兰台世界》8月下旬),刘定勇的《金代寿词论纲》(《山东青年政治学院学报》第3期),于潇的《宋金相争时期女性词的人类学解读》(《攀枝花学院学报》第4期),莫军苗的《金元柳宗元文章接受史》(《柳州师专学报》第2期),王辉斌的《论宋金元的杂体诗创作》(《吉林师范大学学报》第5期),刘辉的《洛学在金代的流传与影响》(《东北史地》第1期),王昕的《女真崛起的经验——"借才异代"》(《兰台世界》10月下旬),王昊的《论金代全真道士词人对柳词的接受》(《兰州大学学报》第1期),蒋振华的《金元碑志体散文的文化价值考察——以道教人士碑志为中心》(《学术研究》第7期),解秀玉、于东新的《论金代王重阳与全真七子的"杂体诗词"创作》(《时代文学》1下半月),刘达科的《金朝"孔门禅"及其文学体现》(《太原师范学院学报》第1期)等。

本年度通过人物个案来研究金代文学依旧十分活跃,成果较多。元好问研究一直是学界关注的焦点,本年度相关研究依旧十分活跃,除三部著作外,相关论文多篇。主要有胡传志的《论元好问的跨民族交往》(《民族文学研究》第5期),王辉斌的《元好问的乐府诗创作》(《南都学坛》第4期)、《论元好问与金代的乐府诗》(《贵州师范学院学报》第5期),王素美的《元好问丧乱诗的突破》(《忻州师范学院学报》第1期),黄春梅的《论宋词对元好问词的影响》(《长春理工大学学报》第7期),赵丽的《试论元好问对儒家思想文化的传承》(《吉林师范大学学报》第2期),杨辰的《元好问的"通达"和"守节"——以〈内翰王公墓表〉为例》(《时代文学》8月上半月)等。

除元好问外,金代文学研究中对刘祁、赵秉文、王若虚、王庭筠、王寂等人给予了较多关注。主要有白显鹏的《行身立志卓尔不群——论金代文人刘祁〈归潜志〉士人群体品评的价值取向》(《东北师大学报》第1期),姚晓飞的《金代文学批评家刘祁风格论刍议——以〈归潜志〉为中心》(《内蒙古民族大学学报》第1期),王昕的《金儒赵秉文与宋儒叶适的比较研究》(《文艺评论》第2期),苏静的《论赵秉文拟诗中的三重文化身份》（《石家庄学院学报》第1期），王昕的《金人赵秉文拟作论析》（《哈尔滨学院学报》第1期），刘辉的《王若虚的经学思想研究》（《社会科学战线》第3期），靳丽维的《浅析王若虚的诗文批评思想》（《山西农业大学学报》第10期）和《浅析王若虚对黄庭坚与江西诗派的批判思想》（《太原城市职业技术学院学报》第7期），胡蓉的《论“以意为主”文艺思想在先唐时期的衍变——王若虚文艺思想》（一）[《时代文学》（下半月）第1期]、《论〈滹南诗话〉“以意为主”文艺思想——王若虚文艺思想研究》（二）[《时代文学》（上半月）第2期] 以及《论王若虚诗学理论及其形成》（《西南农业大学学报》第3期），于东新的《论金代渤海词人王庭筠——兼论民族融合语境下词人的艺术取向》（《黑龙江民族丛刊》第5期），李强、于东新的《论金源词坛的“南派”——渤海族王庭筠的词》[《时代文学》（下半月）第8期]，郭锐的《金代文学家王寂与佛教》（《北方文物》第1期），许鹤的《王寂生平与思想考辨》（《阜阳师范学院学报》第3期），于东新、张靖的《金代遗民文人李俊民生平行迹述考》（《重庆师范大学学报》第5期），聂立申的《金朝党怀英泰山行迹考述》（《山东农业大学学报》第4期），李瑞的《从人际交往中看雷渊其人》（《安徽文学》第2期），张福勋的《一代霸主的遗世之作——金主完颜亮仅存八首诗词》（《南阳师范学院学报》第7期），张艳的《金元之际杨果诗文创作初论》（《濮阳职业技术学院学报》第3期）等。

戏剧。延保全的《宋金元时期北方农村神庙剧场的演进》（《文艺研究》第5期）认为宋代北方神庙剧场的创立阶段，金代是北方神庙剧场的改进阶段，元代是北方神庙剧场的规范化阶段，并对各个时期神庙剧场的布置格局作了具体分析。相关文章还有牛贵琥的《论董解元〈西厢记诸宫调〉与金代社会及文坛的关系》（《太原理工大学学报》第1期，张海媚的《金代两种诸宫调中外来语成分考察》（《河南理工大学学报》第3期），延保全的《宋金元戏曲化妆考略》（《上海戏剧学院学报》第1期），彭超的《河南宋墓戏曲图像与山西金墓戏曲图像的初步梳理》（《中央戏剧学院学报》第3期），于新洁的《略论金元时期诸宫调音乐作品》（《南昌教育学院学报》第7期），牛白琳的《宋金时期并州地区戏剧及舞台考略》（《沧桑》第4期）等。

宗教。李辉的《金朝临济宗源流考》（《世界宗教研究》第1期）认为金朝临济宗承北宋，其法脉主要有三支，一支是琅琊慧觉的法脉，另两支分别是杨岐方会再传弟子五祖法演的法脉及黄龙慧南的法脉。其中以五祖法演这一支脉影响最大。陈广恩、黄橙华的《金代伊斯兰教初探》（《北方民族大学学报》第3期）对金朝伊斯兰教的流传情况做较为细致的梳理，认为伊斯兰教在金代宗教中，远不及佛道两教，伊斯兰教在金代流传过程中，也存在华化的现象。申喜萍的《金元之际儒生社会地位考论》（《孔子研究》第5期），赵湘萍的《萨满教在金代社会中的作用》（《黑龙江史志》第13期），马宁的《辽金元时期呼和浩特地区的回回人与伊斯兰教的传入》（《内蒙古统战理论研究》第3期）等。

语言文字。聂鸿音的《“女真”译音考》（《宁夏社会科学》第5期）认为“女真”一词的译音规则与宋元史籍中其他词语的译音规则不符，这是因为“女真”的译音来自唐代盛行的汉语西北方言，而宋元史籍中其他词语的译音来自宋以后的中原方言。唐均的《楔形文字和女真文字中音补结构比较研究》（《中国海洋大学学报》第3期）认为通过对楔形文字和汉字式的女真文字中音补结构的细致比较，不仅有助于深化构拟尚未完全释读的女真文字所记录的语言，而且充分体现了音补成分在普通文字学上的深远意义。张平忠的《中古时期唇音韵字开合在金元时期的演变》（《湖南城市学院学报》第3期）从唇音的角度探讨中古到金元时期语音系统所发生的开合变化。认为在实际语音中，韵母属开属合，应该是明确的，不是开口就是合口，反之亦然，没有哪个韵母可以是既开又合或不开不合的。张靖人的《“东西”起源于金代考》（《河北教育学院学报》第5期）认为“东西”一词产生于金代，是在女真语与汉语接触过程中，由“底、等”字音转而来。

教育。兰婷、王一竹的《金代书院考》（《史学集刊》第6期）一文，考证得出金有书院11所，其中新建书院6所、修复和延续前朝书院5所。这些书院集中分布在中原地区的山东、河南、河北、山西等地，是汉人地区的办学行为。办学途径均为民办书院，其建筑与当地的传统民居相结合，呈现出地域特点和民俗风格。兰婷、王一竹的《金代教材体系成因探析》（《吉林师大大学学报》第5期）认为金代“尊孔崇儒”文教政策的推行、统治者的重视、刻书业的发达、稳定的教材印制发行机构的建立，以及丰富的官私藏书等是促使金代较为完善教材体系形成的重要因素。此外还有王龙的《金代的女真文和契丹文阅读》（《图书馆理论与实践》第4期），王永胜的《金元时期平阳成为刻书中心的背景分析》（《晋图学刊》第3期）等相关文章。

科技文化。本年度科技文化的研究涉及医学、刻书等方面内容。主要成果有杨久云、诸锡斌、付开聪、张绍云的《中医学史上的学派争鸣——以金元“王道”与“霸道”为例》（《广西民族大学学报》第1期），黄鑫、宋宁、熊瑜、张宁的《金元四大家方剂补泻配伍规律探述》（《广西中医药》第3期），孙丰雷《金元四大家论治消渴病思想浅析》（《山东中医杂志》第9期），刘灿梅、房明东的《金元四大家论咳嗽》（《安徽中医学院学报》第1期），温长路的《金元时期医学流派发展的历史反思》（《环球中医药》第1期），朱星的《浅谈金元四大家对疮疡的证治特色》（《中医药导报》第12期），王广军、石学敏的《金朝的移民和酒与医之关系——兼论河间寒凉派的起源》（《中医药文化》第1期），谷建军、赵艳的《试论金元医学的文化多样性》（《江苏中医药》第4期），张晶、李成文、马艳春、王琳的《宋金元时期方剂学发展特点探讨》（《中华中医药杂志》第3期）等。

文化研究除涉及上述诸多方面外，还有王守民的《论金代党怀英书法及其篆书艺术之创新》（《赣南师范学院学报》第4期），贾英哲的《从女真贵族完颜晏墓葬出土文物看汉文化对女真族的影响》（《黑龙江史志》第8期），李艳红的《金代金源设计艺术初探》(《民族艺术》第 3 期),张英的《金代文化遗产探秘》(《艺术市场》第 1 期)等相关文章。

四、社会史研究

本年度金代社会生活研究方面的文章数量不多,但研究内容较上年有所拓展。王孝华的《驴在金代交通工具中的作用初议》(《北方文物》第 3 期)通过有关金代驴与马史料的研究对比,认为金代驴不仅可以载物拉车,还是金代人们日常出行的主要骑乘工具,即使是在金宋重要的交通驿道上,驴也是必不可少的交通工具之一。李润民的《金代状元刘撝娶转运使雷思之女献疑》(《山西大同大学学报》第 1 期)通过研究刘、雷两家的族谱后认为刘撝和雷思的年龄差距较大,结合他们自己及后代中进士的时间及生卒年推算,认为刘撝不可能娶雷思之女为妻,而很可能娶的是雷思之姑或姊。杨田、赵利生的《泾川女真完颜氏与汉族女神皇甫圣母之情缘——对泾川女真完颜氏皇甫圣母信仰的人类学调查》(《社科纵横》第 11 期)对泾完颜氏皇甫圣母信仰进行了解读,分析了皇甫圣母信仰与女真人的多元互动以及圣母信仰的功能。周峰的《最后的奚人——金元时期石抹也先家族考》(《东北史地》第 6 期)通过翔实的史料对金元时期石抹也先家族世袭及其生平事迹进行了详细考证。相关文章还有杨田的《金女真完颜氏祭祖初探——对泾川完颜氏的人类学调查》(《甘肃理论学刊》第 5 期),綦岩的《金代十始祖研究之"绥可"问题略考》(《佳木斯大学学报》第 4 期),朱期林、魏彪的《金代女真人的骑射体育活动》(《山西大同大学学报》第 2 期),于为的《从辽金饮食词语对比看金朝东北地区饮食文化》(《长春师范学院学报》第 4 期),苏兆翟的《宋金时期黄河下游自然环境与人口变迁关系初探》(《传承》第 5 期)等。

五、文献与史学研究

薛瑞兆的《〈金文最〉校札——署名问题及其他》(《江苏大学学报》第 1 期)一文,依据史实订正了《金文最》中失名可考而未考、署名有误而未考、误收非金人作品、混入假冒金人文章等方面的讹误,有利于学界更好地继承与利用这部文献。胡平、陈春风、王晓朴的《〈新修玉篇〉编纂体例探究》(《保定学院学报》第 2 期)一文从收字、注音、释义、引证等方面对金代邢准所撰的《新修累音引证群籍玉篇》(简称《新修玉篇》)的编纂体例进行阐释和分析。李瑞振的《金元庄学文献考》(《图书馆学刊》第 1 期)一文,指出金元庄学文献作为金元庄学的载体,涵盖了专著、论文、序跋、刊本刻本、戏剧文学等诸多形式,并对其进行整体的梳理和简要的分析。张建伟的《论王若虚〈史记辨惑〉之史评》(《渭南师范学院学报》第 9 期)认为金代王若虚的《史记辨惑》对《史记》中的众多人物作了评价,由于时代不同,王若虚拘于儒家思想，不能理解司马迁的作史意图，对诸如天命说、对孔子的态度等方面的评价多有不当之处。

尚衍斌的《沙刺班与〈金史〉编修》（《史学史研究》第 3 期）指出真正参与编修《金史》的沙刺班又名刘伯温，是张掖人，与同名的畏兀儿人沙刺班无涉，他们两人在元代的经历和活动亦各不相同。吴凤霞的《契丹族史官与金代史学的发展》（《史学史研究》第 2 期）认为金代契丹史官不仅在《辽史》编纂中充当了主力，而且在修起居注和编修实录中也奉献了才智。同时，他们还在弘扬和传承优秀史学文化方面扮演了重要的角色，为金代史学金代史学增添了民族特色，也为推动金代史学的发展作出了卓越的贡献。王耀明、施建雄的《民族交融的五代辽金元时期历史编纂的文化取向》（《陕西师范大学学报》第 6 期）通过对五代、辽金、元时期修史情况的考察，认为五代、辽金、元时期的少数民族统治者有目的地撰写国史和前朝史的意识，表明 10 至 13 世纪，沙陀、契丹、女真、蒙古等各少数民族建立的政权将自己与以往汉族政权的历史自觉地连在一起，也就是用一种自觉意识将各民族贯穿在一个相互联系的纽带上加以反映，因而超出了纯粹政治上的策略考量，而上升到一种文化的选择，这正是中国历史由分裂最终走向统一，由各民族相互纷争最终走向民族融合的最重要因素之一。赵梅春的《王鹗与元代金史撰述》（《史学集刊》第 6 期）指出王鹗不但是元代金史纂修的倡导者与开启者，而且所撰写的《汝南遗事》一书与所辑集的金代史事，为金史的撰述提供了珍贵的史料。他的史学活动为元末《金史》编纂奠定了坚实的基础。

六、民族关系研究

本年度民族关系研究主要集中在金宋关系，还涉及金丽、金夏关系。杨高崴的《陈康伯〈亲征诏草〉与绍兴辛巳宋金大战》（《江西师范大学学报》第 5 期）分析研究了陈康伯的《亲征诏草》与绍兴辛巳宋金大战的关系，对陈康伯的《亲征诏草》给予了充分肯定，认为它为绍兴辛巳宋金大战（1161）南宋的胜利奠定了宣传舆论的基础，为君臣、军民一心抗战，作出了保证，是一跨越时空，光复中原的宏伟篇章。汪圣铎、乔东山的《史浩与宋金和战——以德顺之败和隆兴北伐为中心》（《浙江学刊》第 2 期）一文，以德顺之败和隆兴北伐为中心，分析了史浩关于宋金和战的基本立场，认为史浩并不是苟安分子或投降派；其反对隆兴北伐而提出的理由都是符合当时宋金实际的，其反战主和的主张也是在认真分析当时局势后作出的正确选择。相关文章还有陈慧的《中国女真族的领土意识初探》（《史学集刊》第 1 期），唐春生、孟颖的《宋代翰林学士与契丹（辽）及金的交聘》（《重庆师范大学学报》第 5 期），郭鹏的《宋金文学交流初探》（《鲁东大学学报》第 1 期），孙建权的《金丽交聘路线考》（《东北史地》第 6 期）指，赵永春、夏莉的《金章宗对宋政策论析》（《吉林师范大学学报》第 6 期），袁晓阳的《金朝与西夏关系初探》（《黄河科技大学学报》第 3 期），武玉环、孙孝伟的《宋金关系中的崔与之——以嘉定年间为中心的考察》(《北方文物》第2期),郭磊的《宋金关系变化与斥堠铺、摆铺的置废》(《德州学院学报》第3期),冷秉程的《论宋金〈海上之盟〉的平等性》(《世纪桥》第7期)等。

七、历史地理与文物考古研究

历史地理。杨雨舒的《渤海国时期与辽金时期的吉林城镇》(《辽宁工程技术大学学报》第5期)对渤海国时期和辽金时期吉林的城镇进行了介绍,并指出尽管辽金时期与渤海国时期吉林城镇的发展有着某些相似之处,但由于辽金时期与渤海国时期所面临的内外形势不同,发展基础各异,因此,它们各自的城镇建设与发展情况也是有所不同。那海洲、张相和、郭长海的《徽钦二帝在金"行宫"及其境遇状况考》(《满族研究》第3期)认为今依兰城南45公里的土城子才是当年金人在胡里改路圈禁徽钦二帝之地即"行宫"的所在。同时又对徽钦二帝在"行宫"期间的境遇状况进行了具体考证。赵永军的《金上京城址发现与研究》(《北方文物》第1期)从梳理文献史料出发,将金上京城的历史分为初建、扩建、毁弃、重建、废弃5个阶段。通过对金上京城址发现与研究的历史与现状进行总结,指出对金上京城址加强田野考古工作、深入进行考古学研究的必要性和紧迫性。石维娜的《辽金西京大同的军事地位》(《山西大同大学学报》第2期)从辽金西京大同的地理环境和战略形势、边防作用、强化统治与军事经略作用等方面对其军事地位进行考察,指出西京大同不仅是辽金时期的军事中心,也是政治中心。王禹浪、李福军的《辽宁地区辽、金古城的分布概要》(一、二、三)(《哈尔滨学院学报》第1、2、3期)对辽宁省辽金两朝古城的分布规律、建筑特点、行政建置、道路交通、城市规划、防御工事等问题进行深入研究。

文物考古。本年度文物考古研究成果仍呈现出单篇论文较多的特点,现择要述之。井黑忍的《山西翼城乔泽庙金元水利碑考——以〈大朝断定使水日时记〉为中心》(《山西大学学报》第3期)一文,从政治史、地域史、水利史三个研究视角出发,对《大朝断定使水日时记》给予了详尽的分析,认为只有将三个要素结合考察,才能了解其全部内容,作为一项完整的研究,并不能将其分开单独解读。韩荣、吴文苑的《辽金时期游牧、渔猎民族陶瓷饮具研究》(《江苏大学学报》第3期)指出辽金时期游牧、渔猎民族的陶瓷饮具发展中始终具有适应放牧、渔猎活动需要及食物贮藏需要的特点,饮品种类的丰富及生产技术的发展,对陶瓷饮具的形制产生了重要影响。相关文章还有刘晓飞的《金代墓饰中的宗教因素》(《青海民族大学学报》第4期),邓菲的《宋金时期砖雕壁画墓的图像题材探析》(《美术研究》第3期),万大勇的《黑龙江嘉荫县靠江屯金代墓葬调查简报》(《北方文物》第2期),易晴的《宋金中原地区壁画墓"墓主人对(并)坐"图像探析》(《中原文物》第2期),吕军、周高亮的《山西、河北地区出土的金代红绿彩瓷器的比较研究》(《文物世界》第2期)和《金代红绿彩的考古发现及其历史传承》(《中原文物》第 3 期),彭超、穆宝风的《金代晋南地区墓葬中杂剧人物的艺术表现》(《艺苑》第 2 期),赵学锋的《女真文化与磁州窑瓷器》(《收藏》第 6 期),刘建民的《汾阳金墓壁画与中国古代钱币兑换业》(《中国钱币》第 3 期),金德平的《金代银铤考》(《中国钱币》第 2 期),唐国文的《大庆地区金代窖藏铜钱的几个问题》(《大庆社会科学》第 2 期),刘丽萍的《金代兵器浅谈》(《东北史地》第 5 期),孙勐的《浅谈北京地区金代佛教考古的发现》(《北京联合大学学报》第 1 期),王岗的《北京宣南地区的辽金寺庙与碑刻》(《北京联合大学学报》第 4 期),吉磊的《关于卢沟桥金代石狮的商榷》(《装饰》第 7 期),尚咏黎的《金代齐国王墓出土的靴鞋袜与冠巾》(《哈尔滨学院学报》第 6 期),刘亚萍、朱毅的《金代东北地区家具初探》(《艺术与设计》第 2 期),史晓雷的《对山西屯留宋村金代墓葬壁画所绘农具的分析》(《文物世界》第 1 期),孟庆沄的《金代总领之印考》(《文物鉴定与鉴赏》第 11 期),高耀伟的《河南新安县博物馆藏金代官印》(《文物》第 10 期),张桂莲的《金元时期四种钧釉瓷器断代研究》(《文物世界》第 1 期),王凯、王俊的《山西吕梁汉画像石馆藏宋金元瓷器选介》(《文物世界》第 6 期),张靖人、张静的《〈简帖和尚〉成文于金代考》(《商丘职业技术学院学报》第 1 期),刘德珍的《泰来县辽金元时期的主要文物》(《黑龙江科技信息》第 1 期),李艳红的《试论金代金源地区女真人设计观念》(《美术大观》第 7 期)和《金源女真设计风貌探析》[《美与时代(上)》第 6 期] 等。

八、研究回顾与书评

赵永春的《20 世纪 40 年代以来欧美学者金史研究概述》(《东北史地》第 1 期)对 20 世纪 40 年代以来欧美学者金史研究情况进行了概况和总结,并指出欧美学者在研究金史过程中对一些具体问题的考证和研究,也多有可取之处。霍明琨、武志明的《20 世纪欧美学界的女真研究——以〈女真统治下的中国:金代思想与文化史〉为例》(《东北史地》第 1 期)对 20 世纪欧美学界女真研究作以简要介绍,对《女真统治下的中国:金代思想与文化史》一书给予了评述。常建华的《近十年宋辽金元宗族研究综述》(《安徽史学》第 1 期)对国内外近十年来宋辽金元宗族研究的成果进行了系统的总结和评述。李华瑞的《2010 年辽宋西夏金元经济史研究述评》(《中国经济史研究》第 2 期)一文,系统梳理了 2010 年度辽金西夏元四朝经济史研究的成果。尤李的《2010 年辽金西夏史研究综述》(《中国史研究动态》第 4 期)对 2010 年辽金西夏史研究成果进行了总结。宋德金的《陈述与当前辽金史研究的进展》(《中国社会科学报》)认为纪念陈述诞辰 100 周年,最好的行动就是尽快把中国辽金史研究提高到一个新水平。从目前辽金史研究形势来看,这个领域在不久的将来定会有长足的进展。赵永军、李陈奇的《黑龙江金代考古述论》(《北方文物》第 3 期)对黑龙江区域金代考古的历程及发现与研究现状作了回顾与总结，并对其进行反思，提出方案，作出规划，以期深化金代考古学研究。乌兰巴根的《清初辽、金、元三史满文、蒙古文翻译研究述评》（《民族研究》第4期）从学术评介的角度，就三史满文、蒙古文翻译的研究状况做一梳理，根据相关成果的特点，分为存本著录、译本出版及学术研究三个问题，逐一进行评述，总结得失，提出相关研究要领。高正的《辽金历史与考古国际学术研讨会述评》（《东北史地》第6期）从辽代碑志研究、辽代佛教研究、辽代壁画研究等方面对辽金历史与考古国际学术研讨会所提交的论文给予了介绍。王昕的《赵秉文研究述评》（《古籍整理研究学刊》第3期）就金元明清与近现代以来对赵秉文的研究成果进行了述评。孙红梅的《2010年金史研究综述》（《东北史地》第6期）对2010年度金史研究成果进行了介绍和总结。

书评类成果主要有周惠泉的《拓展金文学研究疆域的思考——从〈佛禅与金朝文学〉谈起》（《社会科学战线》第6期）对刘达科的《佛禅与金朝文学》（江苏大学出版社2010年）一书给予了较高的评价，并由此想到中国古代北方民族文学研究工作进一步发展的问题，认为利用北方民族口传心授的范式创作了可观的口头文学，以及影响和制约金文学发展和走势的社会的、文化的因素还有很多，诸如儒学、科举、道教、佛教、皇权、官制、党争乃至文人生活、家族文化、地域文化以及宋金关系、正统观念和夷夏意识等，都理应引起我们足够的重视，以扩展研究的视野，加深对金代文学的认识。刁培俊、贾铁成的《〈中国家庭史·辽宋金元时期〉评介》（《中国史研究动态》第4期）认为《中国家庭史·辽宋金元时期》（广东人民出版社2007年）作为目前所见第一部以贯穿中国千年文明社会的家庭作为研究对象的通史性著作，与以往相关论著不同的是，作者希望特征鲜明地显现“历史学”的“家庭史”。在这一学术理念下，本书既在观察视角上注意了法制史、经济史、社会史三个维度，又在内容上进行了精心编排，意在对各个历史时期的家庭有一个全方位的描述。

综上所述，本年度金史研究成果丰硕，研究内容、研究方法、研究视角均有不同程度的进展。从研究内容来看，金代文学研究始终是近年来金代文化研究内容中的焦点，无论是在成果数量上还是在研究内容上均明显处于领先地位。同上年相比金代的经济史研究有所深入，成果显著。金代社会史研究在研究方法有所拓展，如通过人类学的实地调查方法来研究女真完颜氏家族的宗教信仰。但社会史研究仍是金史研究中的薄弱领域，社会史中的某些方面如民族物质文化生活、风俗习惯等内容成果较少，还有待进一步深入研究。

西夏学研究

宁夏大学 彭向前 金洪成

2011年，国内西夏学研究硕果累累，据不完全统计，共出版著作3部。杜建录主编，高国祥、彭向前副主编的《党项西夏文献研究》（中华书局，2011年12月），全书按人、地、官、年等要素分为六卷，从资料索引、词条标注、异名对照三方面着手，总字数达500万，是一部具有百科全书性质的关于党项与西夏历史研究的工具书。漆侠的《辽宋西夏金代通史》（人民出版社2011年4月），是一部包括10至13世纪中国境内全部政权的断代通史，共分为政治军事卷、典章制度卷、社会经济卷、教育科学文化卷、宗教风俗卷、周边民族与政权卷和文物考古史料卷，堪称一幅全景式的中华民族新断代通史画卷。张国庆、韩志远、史金波著《中国妇女通史·辽金西夏卷》（杭州出版社2011年4月），以详尽的资料为依据，将视野从杰出妇女扩展到妇女群体，并按不同阶层、民族、地位，对辽、金、西夏妇女状况进行了研究。另发表论文200余篇。现分别从文献考释和语言、文字研究，经济、政治、法律和社会，文化、艺术和宗教，族群和民族关系，考古和文物，书评、综述和学术史等方面作如下概述。

一、文献考释和语言、文字研究

西夏文献考释依然是本年度西夏学研究的重要部分。首先看对西夏文佛经的翻译与考证。聂鸿音相关文章有三篇，《华严“三偈”考》（《西夏学》第8辑2011年10月），本文考释了西夏译本《注华严法界观门通玄记》卷尾的一段讲疏，指出作为其解说对象的“三偈”系来自此前不为人知的一个异本。《西夏文〈禅源诸诠集都序〉译证》（上、下）（《西夏研究》2011年第1、2期），对俄罗斯科学院东方文献研究所收藏的西夏刻本《禅源诸诠集都序》进行全文校录和译释，在此基础上复原的译文可以补正通行汉文本的讹脱。林英津的《西夏语译〈尊胜经〉释文》（《西夏学》第8辑2011年10月），叙述了现有西夏语译《尊胜经》文本收藏及版本内容之比较，并指出西夏故地流传的汉文本《尊胜经》与《大正藏》所收诸汉译本实为异本异译。孙伯君的相关文章有六篇：《西夏文〈正行集〉考释》（《宁夏社会科学》2011年第1期），本文指出№146号文献实据白云宗祖师清觉的《正行集》的某个略注本译成，译自元代，当归入佛教著作类。《〈佛说阿弥陀经〉的西夏译本》（《西夏研究》2011年第1期），首次对俄藏8个编号的西夏文本《佛说阿弥陀经》进行了全面介绍和对比。《元代白云宗译刊西夏文文献综考》（《文献》2011年第2期），指出元刊《河西藏》中的西夏文佛经有很多是元代白云宗的西夏裔僧侣新译的。《黑水城出土西夏文〈大手印定引导略文〉考释》（《西夏研究》2011年第4期），判定俄藏西夏文 Инв. No. 0875号佛经题名为《大手印定引导略文》。《元刊〈河西藏〉考补》（《民族研究》2011年第2期）该文综合西夏文《过去庄严劫千佛名经》发愿文和《普宁藏》所收汉文发愿文，以及存世碑铭资料，补充梳理了元刊《河西藏》的情况。《西夏文〈妙法莲华心经〉考释》（《西夏学》第8辑2011年10月），首次刊布了俄藏西夏文《妙法莲华心经》的录文，并参考鸠摩罗什汉译本《妙法莲华经》对西夏文本做了全文翻译。胡进杉的《西夏文〈七功德谭〉及〈佛说止息贼难经〉译注》（《西夏学》第8辑2011年10月），本文主要对这两部佛经的内容进行翻译，并分别与汉、藏逐字对勘，并校注其同异。杨志高的《国家图书馆藏西夏文〈慈悲道场忏法序〉译考》（《西夏学》第8辑2011年10月），对该序进行了译释和初步考证。段玉泉的相关文章有两篇，《英藏西夏文献中的一幅版画及发愿文考证》（《宁夏社会科学》2011年第3期），指出英藏Or. 12380－3197号西夏文献存留4个残叶为西夏文《佛说圣大乘三归依经》某个刻本前面的一幅说法图，后两叶为仁宗为施印《佛说圣大乘三归依经》所作发愿文的残留部分。《武威亥母洞遗址出土的两件西夏文献考释》（《西夏学》第8辑2011年10月），指出西夏文《大白伞盖陀罗尼经》译自藏文，并考察了一组汇编在一起的陀罗尼和陀罗尼经集。惠宏的《英藏西夏文〈金光明最胜王经〉残叶考》（《西夏研究》2011年第4期），辨识补正了误题、失题的几件残叶，指出这一译本较多地显示出了规范的西夏语表达及个别的藏式风格。苏航的《〈圣胜慧到彼岸功德宝集偈〉梵、藏、夏、汉本对勘研究——第一品（一）：第1－10颂》（《西夏学》第8辑2011年10月），在对《圣胜慧到彼岸功德宝集偈》梵、藏、夏、汉各本进行细致对勘的基础上，考察了各本的特点及相互关系。王培培相关文章有两篇，《俄藏西夏文〈佛说诸佛经〉考释》（《宁夏社会科学》2011年第6期），对西夏文《佛说诸佛经》进行了译释，指出其译自汉文施护译本。《英藏西夏文〈维摩诘经〉考释》（《宁夏社会科学》2011年第3期），对英藏3片西夏文《维摩诘经》的残片进行了译释。黄延军的《俄藏黑水城西夏文〈佛说金耀童子经〉考释》（《西夏学》第8辑2011年10月），指出俄藏4738号残片为宋天息灾所译汉文本佛经《佛说金耀童子经》的西夏文译本。孙颖新的《西夏文〈佛说斋经〉译证》（《西夏研究》2011年第1期），本文对俄藏 Инв. №4446号西夏本《佛说斋经》残叶进行翻译和校注，同时指出《斋经》中对诸天寿命的计算错误。韩潇锐的《英藏黑水城出土〈大手印引定〉残片考》（《西夏学》第8辑2011年10月），对英藏Or. 12380－3231（K. K. Ⅱ. 0236. 1）号西夏文残片做了释读，建议把其题名改定为《大手印引定》。彭海涛的《黑水城所出八件佛经残片定名及复原》（《西夏学》第 8 辑 2011 年 10 月），对黑水城出土的原定名为佛经残页的 8 件文书给出了准确定名。文志勇、崔红芬的《英藏西夏文残叶考补》（《宁夏社会科学》2011 年第 2 期），文章对英国国家图书馆藏《圣胜慧到彼岸功德宝集偈》西夏文佛经残叶进行考释。崔红芬的《武威博物馆藏西夏文〈金刚经〉及赞颂残经译释研究》（《西夏学》第 8 辑 2011 年 10 月），认为把这些残经笼统定名为《金刚般若波罗蜜经》欠妥，因这些残叶不仅有经文，还有赞颂内容。刘景云的《西夏文〈十界心图注〉考》（《西夏学》第 8 辑 2011 年 10 月），指出俄藏 Инв. №2538 西夏文《十界心》版画对研究天台宗“十界唯心”的传承和西夏佛教的发展，以及西夏艺术具有重要参考价值。于光建、黎大祥的《武威博物馆藏 6746 号西夏文佛经〈圣胜慧到彼岸功德宝集偈〉考释》（《敦煌研究》2011 年第 5 期），论述了该件西夏文佛经的刊刻年代、翻译者以及翻译底本。于光建、徐玉萍的《武威博物馆藏 6721 号西夏文佛经定名新考》（《西夏学》第 8 辑 2011 年 10 月），认为该佛经应该是《佛说决定毗尼经》残件。梁继红、陆文娟的《武威藏西夏文〈志公大师十二时歌注解〉考释》（《西夏学》第 8 辑 2011 年 10 月），探讨了《志公大师十二时歌注解》在西夏文献学上的价值。李晓明的《英藏西夏文〈七宝华踏佛陀罗尼经〉的误定与考证》（西夏学第 8 辑 2011 年 10 月），该文对《英藏黑水城文献》中几份误定为《七宝华踏佛陀罗尼经》的西夏文佛经残叶进行试释和重新定名。于业勋的《英藏西夏文〈华严普贤行愿品〉残叶考》（《西夏学》第 8 辑 2011 年 10 月），对英藏编号为 Or. 12380 – 3203RV 的西夏文佛经残叶进行释读考证，判定为西夏文《大方广佛华严经入不思议解脱境界普贤行愿品》的一部分。王龙的《英藏黑水城文献〈法华经〉残叶考释》（《西夏学》第 8 辑 2011 年 10 月），对英藏编号为 Or. 12380 – 3193 的一件西夏文佛经残叶进行翻译考释，判定此件佛经残叶为西夏文《妙法莲华经》卷五第十五品“从地涌出品”的一部分。邹仁迪的《英藏西夏文〈大般涅槃经〉写本残叶考》（《西夏学》第 8 辑 2011 年 10 月），对英藏 Or. 12380 – 3600（K. K. Ⅱ. 0238. g. iii）残叶进行了释读，判定为西夏文手抄《大般涅槃经》的一部分。

西夏文世俗文献研究方面，克恰诺夫著，张海娟、王培培译的《夏圣根赞歌》（《西夏学》第 8 辑 2011 年 10 月），对西夏文《夏圣根赞歌》进行了全文翻译和校注。克恰诺夫著，王培培译的《黑水城所出 1224 年的西夏文书》（《西夏学》第 8 辑 2011 年 10 月），对一件编号为 Инв. No. 2736 的黑水城守将给西夏皇帝的奏表进行了全文翻译。佐藤贵保、刘宏梅的《未刊俄藏西夏文〈天盛律令〉印本残片》（《西夏研究》2011 年第 3 期），对未刊俄藏西夏文〈天盛律令〉印本残片 Инв. №2586 作了释读，指出该残片与《天盛改旧新定律令》卷 19 第 4 条文第 9 页之内容相当。张清秀、孙伯君的《西夏曲子词〈杨柳枝〉初探》（《宁夏社会科学》2011 年第 6 期），通过对《贤智集》中“显真性以劝修法”的全文译释，展示了西夏曲子词《杨柳枝》的范式。贾常业的《西夏文译本〈六韬〉解读》（《西夏研究》2011 年第 2 期），本文对夏译本《六韬》进行了全文点校、解读。梁松涛的相关文章有两篇，《西夏文〈宫廷诗集〉用典分析》（《西夏研究》2011 年第 3 期），该文指出现存西夏文《宫廷诗集》中既大量使用汉民族的典故，又使用了本民族典故。所有的典故都具有儒家文化的特征。《西夏文〈宫廷诗集〉版本考》（《宁夏社会科学》2011 年第 4 期），本文对编号 Инв. No. 121V 的《宫廷诗集》写作及版本等问题作了考订，认为这件抄本的写作时间应在乾祐十六年（1185）至光定辛巳年（1221）之间。

世俗文献研究中，医药文献研究是个亮点。惠宏、段玉泉的《西夏文医方“消风散”考释》（《西夏学》第 8 辑 2011 年 10 月），本文依据《太平惠民和剂局方》，识录出一篇基本清晰、完整的西夏文“消风散”。梁松涛的相关文章两篇，《俄藏 Инв. №911 号医书第 14－2 页药方考释——兼论西夏文医药文献的来源及特点》（《西夏学》第 8 辑 2011 年 10 月），认为此药方为治疗湿热恶痢及祛痛消滞的“芍药檗皮丸”，来源于金刘完素的《宣明论方》。《黑水城出土西夏文医药文献价值刍议》（《保定学院学报》2011 年第 6 期），指出黑水城出土西夏文医药文献保存了西夏本民族的医药文献，补充了民族医学内容，是中医文献的组成部分。汤晓龙、张如青、刘景云、丁媛的《俄藏黑水城西夏文医药文献“治偏头疾方”破释探析》（《西夏研究》2011 年第 3 期），认为该方在唐宋时期同类方剂基础上调整了药物组成，在当今临床治疗偏头痛病证中仍具一定的实用价值。

汉文西夏文献研究方面，李华瑞的《西夏社会文书补释》（《西夏学》第 8 辑 2011 年 10 月），参照《宋史》为《俄藏黑水城文献》西夏社会文书中的榷场文书、扑买文书及手实文书提供了一些有益于释读、研究的背景知识，可以加深对西夏社会文书的理解。孙继民、许会玲的相关文章有两篇，《西夏汉文“南边榷场使文书”再研究》（《历史研究》2011 年第 4 期），认为文书提供了西夏南边榷场使汉文文书的实物样本，反映了西夏官方汉文公文制度、外贸统计制度和扭算制度、外贸管理体制和管理方式等。《西夏榷场使文书所见西夏尺度关系研究》（《西夏研究》2011 年第 2 期），通过对西夏榷场使文书的比较研究得知，西夏以“赤”代“尺”的写法有可能受到宋代的影响，西夏 1 匹应为 35 尺。潘洁的《黑水城文献中的豌豆小考》（《西夏学》第 8 辑 2011 年 10 月），指出《天盛律令》中豌豆是京城五郡县之一华阳县要交纳的税粮，以往误译作黄豆，应当改正。杜立晖的《关于两件黑水城西夏汉文文书的初步研究》（《西夏学》第 8 辑 2011 年 10 月），指出 Инв. №2150A 与 2150B 的两件西夏汉文文书实为同一件文书，涉及西夏官职体系中的三司、中书副提点、汉都案、案头等问题，是研究西夏职官制度的第一手资料。屈耀琦的《对黑城出土的一件祭祀文书的考释》（《西夏研究》2011 年第 4 期），对《中国藏黑水城文献》第 7 册收录一组“亦集乃支祭祀费用”文书进行了较详细的研究和叙录。翟丽萍的《〈续资治通鉴长编〉人名标点勘误八则》（《西夏学》第 8 辑 2011 年 10 月），对关于西夏蕃号的八则标点错误作了纠正。陈晓伟的《〈辽史·西夏外纪〉“西夏纪事”探源》（《西夏学》第 8 辑 2011 年 10 月），认为《辽史·西夏外纪》的记载与《宋史·夏国传》的取材相同，应取资宋朝实录。

西夏文献方面总论性质的文章有：克恰诺夫、崔红芬的《俄藏黑水城西夏文佛经文献叙录·绪论》（《西夏研究》2011年第1、4期），全面介绍了黑水城出土西夏文佛经文献，并对西夏译经史、僧人师号、寺院、"佛塔"的封存时间及塔内藏品来源等作了分析和研究。克恰诺夫著、闫廷亮译的《西夏文本学》（《西夏学》第8辑2011年10月），主张把西夏文文书区分为译自汉文的文书、译自藏文的文书以及西夏人自己编纂的反映其自身文化传统的文书三大类。

西夏语言和西夏文字研究方面，聂鸿音的《汉语西北方言泥来混读的早期资料》（《方言》2011年第1期），本文举出西夏文献中汉语泥、来混读的例子，证明西北方言里这两个声类的合口洪音混读至迟在12世纪末就已经出现，而细音的混读则可能是一种相对晚起的现象。韩小忙的相关文章两篇，《西夏文韵书〈同音〉残片的整理》（《西夏研究》2011年第3期），对分藏于世界各地的《同音》残片进行了一次集中整理。《〈同音背隐音义〉书名的拟定及其成书年代》（《宁夏社会科学》2011年第3期），该文指出，《同音背隐音义》是针对此前所称"《音同》（丁种本）背注"这个文献题名而拟定的正式书题。推断其形成的年代应该在12世纪中晚期。荒川慎太郎的《内蒙古文物考古所收藏的西夏文陀罗尼残片考》（《西夏学》第8辑2011年10月），从语言学的角度介绍和探讨了内蒙古文物考古研究所收藏的一些西夏文陀罗尼断片的内容。贾常业相关文章两篇，《西夏文齿音、喉音佚失字形结构的复原》（《西夏学》第7辑2011年10月），依据《文海》、《音同文海宝韵合编》所提供的字形结构范例为基准，按照字形结构原理，构拟、复原出西夏文齿头音六品所佚缺的174个字形结构材料、正齿音七品162个字形结构材料、喉音八品164个字形结构材料。《夏译本〈论语全解〉、〈孝经传〉中的避讳字》（《宁夏社会科学》2011年第4期），初步发现了9个避讳字，分别避讳年号、尊号、名讳和皇姓。佟建荣的《汉文文献中党项与西夏人名、族名异译字的语音分析》（《西夏学》第7辑2011年10月），本文从各类汉文文献中搜集出西夏人名、族名的同音异字3组，并对这批资料反映的北宋西北方音现象进行了归纳分析。孙颖新的《贺兰山拜寺沟方塔所出佚名诗集用韵考》（《西夏学》第7辑2011年10月），通过归纳拜寺沟方塔所出佚名诗集的用韵来考察作者方言的韵母特征，得出作者的口语不属于学界习称的宋代西北方音系统，而可能代表了当时陕西某地的方言面貌的结论。

索弗罗诺夫著、孙颖新译的《〈西夏语语法〉绪论》（《西夏学》第7辑2011年10月），依次介绍了索弗罗诺夫对西夏语的研究方法、研究内容和研究现状。研究内容包括语音构拟、语法构拟和揭示西夏字义三个方面。西田龙雄、鲁忠慧的《西夏语研究的发展历程》（《西夏研究》2011年第3期），本文介绍中国学者罗福苌、罗福成、王静如对西夏语研究的情况，特别提出了聂历山对西夏语研究的贡献。克平、段玉泉的《西夏语的动词》（《西夏研究》2011年第1期），指出西夏语有6个完成体前缀，它们指示一定动作的趋向，具有表示完成体的相同意义。有5个祈求式前缀，它们亦表达一定的动作趋向。林英津的相关文章两篇，《论西夏语“不知云何作记”》（《西夏研究》2011年第3期），本文尝试求解西夏文“云何”的内部结构，及西夏文“何”、“云”个别的语义或语法性质。《试论西夏语的堡 sju^2 与泸 $dzjo^1$ 及其相关问题》（《西夏学》第7辑2011年10月），探讨了西夏语翻译佛经与“譬喻”相关的两个重要语。张佩琪的《论西夏语动词的态范畴》（《西夏学》第7辑2011年10月），指出西夏语态范畴有二：一为自动及使动态，二为互动态。彭向前的《夏译汉籍中的“颠倒”译法》（《民族语文》2011年第5期），指出夏译者对汉语中联合式合成词和一些并列复句的翻译，次序往往是颠倒的。这种“颠倒”译法非夏译汉籍所独有，而是当时中国西北少数民族共同的习惯。

此外，武内绍人、杨富学的《后吐蕃时代藏语文在西域河西西夏的行用与影响》（《敦煌研究》2011年第5期），该文指出敦煌出土文献中藏语文献多达57件，时代均在10世纪末或11世纪初。西夏文献中也有藏语文献。西藏本土缺乏9世纪中叶以后至12世纪以前的藏文文献，这些写本与印本的发现，具有补白价值。杨浣、王军辉的《〈蒙古秘史〉中的西夏》（《西夏学》第七辑2011年10月），指出《阿萨拉格齐史》对于《秘史》中的西夏部分的蒙古文复原工作具有重要的参考价值。安娅的《普宁藏本〈密咒圆因往生集〉的梵文——八思巴文对音研究》（《西夏研究》2011年第1期），对普宁藏本《密咒圆因往生集》中的八思巴字与梵文进行对比，考知其间的音译规律，为八思巴字研究提供资料。

西夏文的电子处理、识别受到重视。景永时的《西夏文数字化的现状与未来》（《西夏学》第7辑2011年10月），指出西夏文的数字化中字库设计在技术层面上逐渐成熟，但亟待一款更为标准的西夏字体以满足学术要求。门光福、潘晨、柳长青的《基于弹性网格的西夏文字识别》（《中文信息学报》2011年第5期），主张采用弹性网格方法及线性判别分析（Linear Discriminant Analysis，LDA）方法对西夏文字识别进行了研究。柳长青的《在线夏汉电子字典的设计与实现》（《宁夏大学学报》自然科学版，2011年第4期），利用计算机技术实现了西夏文、汉文和英文之间的在线双向翻译。《西夏文计算机数字化现状与展望》（《西夏学》第7辑2011年10月），本文在分析了西夏文数字化的研究现状的基础上，对西夏文计算机数字化的工作展望。

二、经济、政治、法律和社会

经济方面，涉及手工业、税收等。牛达生的《丰富多彩的西夏纸品》（《西夏学》第7辑2011年10月），本文根据丰富的海内外西夏文献实物，对西夏纸品做了进一步研究。孙寿岭的相关文章两篇，《西夏酒都——西夏时期武威的酿酒业》(《发展》2011年第10期)，指出西夏时凉州不但酒的质量好，而且品种丰富，主要有白酒、葡萄酒、醪酒、奶酒、芦酒、黄酒等。《西夏瓷都——西夏时期武威的陶瓷制造业》(《发展》2011年第11期)，该文对西夏王朝以西凉府（武威）上古城为基础的制瓷业和西夏瓷器的制作工序和制作技术作了介绍。董昊宇、董雅慧的《从天盛律令看西夏官库的收支》(《承德民族师专学报》2011 年第 4 期)，本文基于《天盛改旧新定律令》，对西夏的官库的收支进行探讨。潘洁的《元代亦集乃路赋税考——黑水城出土税票考释》(《中国经济史研究》2011 年第 1 期)，指出刻本税票占主流，代表元代末期税票基本格式，并揭示出亦集乃路赋税征收制度方面的诸多问题。

政治方面，包括官制、军制和年号。聂鸿音的《〈辽史·西夏外纪〉中的“团练使”和“刺史”》(《东北史地》2011 年第 2 期。人大复印资料《宋辽金元史》2011 年第 3 期)，本文依据西夏文献寻找并分析《辽史·西夏外纪》里的“团练使”和“刺史”两个官职与西夏官阶的对应关系，指出党项语中相当于“刺史”的“城主”一词在人们心目中只相当于县令。彭向前的《释“负赡”》(《东北史地》2011 年第 2 期。人大复印资料《宋辽金元史》2011 年第 3 期)，指出西夏军事制度中的一个重要术语“负担”，乃“负赡”之形讹，澄清了以往学界对西夏军抄构成的错误认识，有裨于今后西夏军事制度研究。许伟伟的《〈内宫待命等头项门〉中的职官问题》(《西夏学》第 7 辑 2011 年 10 月) 该文对西夏内宫职官进行了分类陈述，并着重考察了门楼主、巫、阴阳这三个比较具有特点的西夏职官。魏淑霞的《西夏相权初探》(《西夏研究》2011 年第 4 期)，探讨了西夏宰相的职权范围，相权与皇权、后党之关系，西夏相权与皇权斗争中伴随的蕃汉文化的斗争，以及西夏宰相民族成分反映出的西夏统治阶级开明的用人政策。孙伟祥的《北方民族政权年号寓意初探——以辽、西夏年号为中心的考察》(《东北史地》2011 年第 3 期)，认为两国在年号的制定中呈现不同的特点，辽朝年号基本符合了当时年号制定的规律，而西夏年极力保留不同于中原政权的差异性。

法律方面的研究，主要是依据西夏法典《天盛律令》展开的。邵方的相关文章两篇，《西夏法典对中华法系的传承与创新——以〈天盛律令〉为视角》(《政法论坛》2011 年第 1 期)，指出西夏法典《天盛律令》受《唐律疏议》的影响，在立法思想、立法模式上与中华法系的特征和基本精神是一致的，同时西夏法典中所包含的党项民族特有的内容，是西夏法律对于中华法系的发展和创新。《西夏厩牧法简议》(《法学评论》2011 年第 4 期)，本文分析比较西夏厩牧法与中原王朝法典厩库律的异同，指出西夏厩牧法是对以唐宋律为核心的中华法系的丰富和发展。董昊宇的相关文章两篇，《〈天盛律令〉中的比附制度——以〈天盛律令〉“盗窃法”为例》(《宁夏社会科学》2011 年第 5 期)，该文指出西夏的立法者将中原王朝的比附制度寓于本国法典之中，成为西夏法律重要的组成部分。《论西夏的“以赃断盗”——以〈天盛律令〉为中心》(《西夏学》第 7 辑 2011 年 10 月)，指出讨脏论罪原则是西夏《天盛律令》处断盗罪的一般性原则。宋国华的《论西夏法典中的拘捕制度》(《宁夏社会科学》2011 年第 5 期)，指出《天盛律令》对拘捕主体、拘捕运行、拘捕赏罚进行了详细规制。拘捕运行遵循效率原则、保护原则。李娜的《略论西夏妇女的法律地位——基于〈天盛改旧新定律令〉分析》(《内蒙古农业大学学报》2011 年第 2 期)，本文从《天盛律令》的法律条文看，西夏妇女在人身权利、婚姻形态等各个方面，与同时期宋、辽、金五朝有相似的一面，也有党项民族自身的特点。

社会方面的研究集中在地理环境、区域、婚丧习俗等。陈冠男的《浅析环境的变迁对党项政权都城选择的影响》（《宝鸡文理学院学报》2011年第2期），本文介绍了党项政权经历了两次迁都，指出除了政治上的考虑外，环境变化是推动党项政权迁都比较重要的原因之一。王东的《自然灾害与党项社会——论宋初夏州政权的经营》（《宁夏社会科学》2011年第5期），认为宋初夏州党项生活区域自然灾害频发，影响到该地区的社会经济以及夏州政权统治者的经营。金勇强的《气候变化对宋夏战事的影响再议》（宁夏社会科学2011年第5期），在重建北宋和西夏各自的气温序列与水旱指数的基础上，探讨了宋夏两国各自的气候变动与两国之间战事的关系。史金波的《西夏时期的武威》（《西夏学》第七辑2011年10月）该文全面搜罗目前所能见到的汉文、西夏文以及文物考古资料，对西夏时期武威的地位、政治、经济、文化、宗教、习俗进行系统的阐述。王晓晖的《西夏河西地区基层社会考察》（《西夏学》第七辑2011年10月），本文指出河西地区的基层社会的特征是乡里制度与部落制度并行，乡里基层管理人员、部落的中小首领等成为官府与民户之间的中介，并且形成一定的地方力量。佛将的兴盛，也使基层社会深深地打上了宗教的印迹。蔡晓樱的《从武威的西夏墓看西夏葬俗》（《西夏学》第7辑2011年10月），本文试图从甘肃武威发现的七座颇具特色的西夏火葬墓来了解西夏火葬的形制及其特点。

三、文化、艺术与宗教

文化方面的文章围绕西夏佛教及其与儒学的关系，西夏文化特征以及西夏科举、历法、占卜等方面而展开。索罗宁的《白云释子〈三观九门〉初探》（《西夏学》第8辑2011年10月），指出圣彼得堡藏西夏文《三观九门》反映了北宋时代的华严禅思想。宋坤的《从俄藏黑水城所出〈慈觉禅师劝化集〉看宗赜佛教思想的儒家化倾向》（《西夏学》第8辑2011年10月），从“忠君”、“孝道”两个方面对宗赜佛教思想的儒家化倾向进行了探讨，并对其“融儒入佛”思想形成的原因做了简单分析。

杨满忠的《西夏酒文化述略》（《西夏学》第7辑2011年10月），从酒酿、酒器、酒礼、酒务、酒法等几个方面介绍了西夏的酒文化，指出西夏酒文化既是对我国唐宋酒文化的继承，又是党项民族酒文化的创新发展。崔星、崔凤祥的《论党项夏国的骑射文化》（《黑龙江民族丛刊》2011年第5期），本文通过对党项族艰苦的生活环境、狩猎生产习俗、频繁的军事斗争、精于骑射的君王、西夏战马、西夏骑兵“铁鹞子”、西夏弓、骑射教育等几个方面论述了党项的骑射文化。崔凤祥、崔星的《从西夏岩画看党项族的尚武精神》（《军事历史研究》2011年第3期），本文通过对西夏岩画中的一些射猎、“圣象”骑兵、精良兵器等尚武的内容的描述和相关史籍的研究，探讨了党项族的尚武精神。李志鹏《浅谈西夏人的孝道观念》(《传承》2011 年 31 期),该文指出西夏在原有民族意识的基础上融合了中原儒家文化与佛教思想,形成了西夏人特有的精神世界,表现在孝道方面有重视伦理、忠孝为先、质直尚义、敬老尊贤等观念。

周腊生的《西夏贡举钩沉》(《孝感学院学报》2011 年第 2 期),指出西夏首开贡举于乾顺时期,可能只是单开童子科。夏人庆四年起至亡国约开进士举 27 次,应有状元 27 人。许生根的《英藏黑水城出土西夏历书概述》(《西夏研究》2011 年第 4 期),认为西夏历书种类丰富,深受中原文化的影响,同时保存党项和其他北方边疆民族文化的特色,使得西夏历书具备了多种多样的特点。胡若飞的《西夏京房易汉文写本残佚爻象考略》(《西夏研究》2011 年第 4 期),对俄藏黑水城写本《六十四卦图歌》的残佚爻象作了考辨。

艺术方面主要涉及建筑艺术、佛经版画和石窟壁画等。陈育宁、汤晓芳的《西夏官式建筑再探》(《西夏学》第七辑 2011 年 10 月),该文系统地谈论了西夏官式建筑及其艺术特征,尤其结合图像和汉文记载,挖掘西夏文文献中陛阶、斗拱、石顶、琉璃等建筑方面词汇的史料价值。陈冠男的《西夏建筑文化小探》(《渭南师范学院学报》2011 年第 3 期),本文梳理和分析了西夏建筑的形制、材料、类型等诸多信息,指出了西夏的建筑是以本民族地域为基础,充分吸收中原及周边各国建筑文化,最终形成了自己独特的建筑艺术。

克平著、彭向前译的《西夏版画中的吐蕃和印度法师肖像》(《西夏研究》2011 年第 3 期),对西夏译本《现在贤劫千佛名经》卷首版画《夏译佛经竣工图》中的僧人作了考察,认为不能简单地根据他们的党项式或汉式姓氏来判断其族别。郑怡楠的《俄藏黑城出土西夏水月观音图像研究》(《敦煌学辑刊》2011 年第 2 期),指出俄藏两幅水月观音图与榆林窟、东千佛洞绘制之水月观音像风格同出一辙。在 X-2439 号有目前仅存的西夏乐舞图像。

张宝玺的《西夏瓜州旱峡石窟》(《西夏学》第 7 辑 2011 年 10 月)本文主要对瓜州境内的一座经西夏重修的石窟——旱峡石窟的壁画内容作了介绍。岳健的《敦煌西夏石窟断代的新证据——三珠火焰纹和阴阳珠火焰纹》(《西夏学》第 7 辑 2011 年 10 月),该文对安西榆林窟的西夏壁画与元代壁画分期断代问题进行了探讨,认为三珠火焰纹和阴阳珠火焰纹是西夏时期独有的纹饰图案。史伟的《西夏河西石窟壁画中的绿度母探源》(《西夏学》第七辑 2011 年 10 月),文章探讨了西夏河西石窟壁画中的绿度母绘画风格及其源流。霍永军的《西夏壁画药师佛像的出现与造像特点》(《读者欣赏》2011 年第 1 期),探讨了西夏药师佛壁画风格的变化。李文倩、贾一亮的《榆林 29 窟西夏供养人侍从服饰复原研究》(《舞台》2011 年第 10 期),本文对该窟西夏供养人侍从服饰的款式、色彩、面料进行解读。曲小萌的《榆林窟第 29 窟西夏武官服饰考》(《敦煌研究》2011 年第 3 期),以该窟男性供养人壁画为例,结合相关文献及图像资料,对西夏武官之官帽、发式、袍服等具体形制进行了较为深入的考证。罗延焱的《安西榆林窟第3窟壁画艺术初探》(《美术向导》2011年第5期)，本文阐述了榆林窟西夏后期的第3窟壁画的内容特征和艺术风格，认为既有中原的画风，又有藏传佛教的特征，还有中亚回鹘的影响，绽放出诸多风格混合的艺术魅力。

苏银梅、张惠霞的《浅谈西夏文物中的花卉纹装饰艺术》(《西夏学》第七辑2011年10月)，指出西夏文物中的花卉纹装饰艺术反映出西夏人对唐宋以来内地花卉纹装饰艺术以及波斯、吐蕃、契丹、女真、回鹘等其他民族文化元素的传承、吸纳，同时体现了该民族特有的精神价值、创造性思维及丰富的想象力。王艳云的《西夏文献版式设计中的小装饰》(《装饰》2011年第3期)，本文主要探源西夏文献中在页眉、页脚和行文空白处小装饰的来源、意图和功用。

艺术研究方面带有总论性质的文章有，陈育宁、汤晓芳的《西夏艺术研究及特征认识》(《西夏研究》2011年第1期)，着重回顾了西夏艺术发现与研究的过程，重点梳理归纳了西夏艺术的主要特征。

宗教方面。韦兵的《黑水城文献汉文普礼类型礼忏文研究》(《西夏学》第8辑2011年10月)，认为黑水礼忏文继承延续了敦煌礼忏文，同时也可以看到西夏佛教对礼忏文有所改造和发展。崔红芬的《泉州清源山三世佛造像记考论》(《民族研究》2011年第3期)，对泉州造像功德主阿沙和"肃州碑"中的阿沙进行了分析考证，认为两处阿沙并非同一人。崔云胜的《西夏建张掖龙王庙史迹考述》(《西夏学》第七辑2011年10月)，指出始建于西夏的张掖黑河龙王庙，与黑河流域民众的生产、生活关系密切。

四、族群和民族关系

族群方面，涉及党项族源、党项折氏以及契丹、女直。克恰诺夫著，王颖、张笑峰译《唐古特国的起源问题》(《西夏学》第七辑2011年10月)，文章主要从羌族人的早期历史、羌族与古代三苗部落联盟的关系以及唐古特主要历史时期的民族起源及社会经济制度发展等方面对唐古特国的起源问题进行了考察。熊永翔的《宗教视域下西夏人与普米族的族属关系》(《宗教学研究》2011年第2期)，本文根据调查材料，从宗教人类学的角度对两族关系进行初步探讨，认为西夏人与普米族在不同时代所呈现的宗教信仰的相似性，反映了同为古羌民族共同的源流、亲缘及迁徙的历史痕迹。赵海霞的《鲜卑折掘氏与党项折氏》(《西北民族研究》2011年第2期)，该文指出鲜卑折掘氏与党项羌经历了长期的民族融合，至唐末五代时期，鲜卑折掘氏逐渐融入党项羌，并开始以党项折氏之名见于史籍。孙伯君的《〈天盛律令〉中的"契丹"和"女直"》(《东北史地》2011年第2期。人大复印资料《宋辽金元史》2011年第3期)，指出《天盛律令》中所记载的"契丹"主要是用于指代契丹国，而对金国的称呼沿用了契丹人的叫法为"女直"。

民族关系涉及党项西夏与辽、宋、金诸朝以及吐蕃之间的关系。李宇峰的《碑志所见辽代赴西夏外交使臣事略考述》(《西夏学》第七辑 2011 年 10 月)，对辽代墓志所见赴西夏的外交使臣韩栒、秦德昌的生平事略及出使西夏的外交活动作了初步探索。齐伟的《浅议玉田韩氏家族对辽朝经略河西的贡献》(《西夏学》第七辑 2011 年 10 月)，本文指出韩氏家族在各个时期对辽西南边境的稳定与巩固所做的贡献，从侧面反映了辽朝对西夏及其与之关系密切的党项诸部的外交政策和军事攻略。张多勇的《宋代大顺城址与大顺城防御系统》(《西夏学》第七辑 2011 年 10 月)，文章认为二将城遗址为宋代大顺城遗址，并提出安疆寨、白豹城、金汤城与柔远寨、荔原堡、大顺城构筑环庆路东部的大顺城防御系统，在宋夏战争中发挥了至关重要的作用。李永磊的《从古渭寨到通远军——北宋御夏政策转变的个案分析》(《西夏研究》2011 年第 1 期)，认为古渭寨的设置是北宋对西夏"和戎"政策的反映，王韶对古渭寨的积极经营则是北宋御夏政策转变的开始，熙宁五年古渭寨升格为通远军是北宋御夏政策从保守到积极转折的一个标志。刘治立的《北宋在环庆原诸州的防御措施》(《西夏研究》2011 年第 3 期)，主要介绍了为了巩固边防，北宋政府注意加强环、庆、原诸州的防御体系建设，采取了驻扎军队、修筑堡寨、实行兵民结合、加强与附近州的军事策应等措施来防御西夏铁骑的进攻。袁晓阳的《金朝与西夏关系初探》(《黄河科技大学学报》2011 年第 3 期)，指出金与西夏外交关系先后经历了对抗时期、八十多年的和平时期、十多年的战争时期，以及重修旧好这几个阶段。孙颖慧、余目的《宋夏吐蕃间的西凉府》(《西夏研究》2011 年第 4 期)，本文梳理了西凉六谷蕃部依宋击夏的根源及其覆灭经过。

西夏历史方面，带有总论性质的文章有，李蔚的《西夏历史与文化》(《西夏研究》2011 年第 2 期)，本文从夏国建立前的夏州割据政权，夏国的兴亡，西夏遗民，制度、经济、文化与社会生活等五个方面，比较全面地介绍了神秘的西夏王国的概况。

五、考古和文物

考古方面，涉及西夏王陵、古城、遗址和石窟分期问题。张雯的《西夏陵其制度不"仿巩县宋陵而作"》(《西夏学》第 7 辑 2011 年 10 月)，本文利用考古发掘资料研究西夏陵陵园布局与建筑特点，表明西夏陵不是仿宋陵而建，是经过吸收汉族文化、佛教文化、党项族文化，又混合了政治与皇帝个人意志而后创造出来的。张笑峰的《西夏皇陵何处寻》(《寻根》2011 年第 6 期)，该文从西夏皇陵的位置及各陵的分布、帝陵的考察及相关研究、西夏皇陵考古与保护等几个方面对西夏皇陵进行了叙述。许伟伟的《西夏都城兴庆府建制小考》(《西夏学》第七辑 2011 年 10 月)，本文对西夏都城兴庆府的诸门、机构设置、都城形制等作了考察。胡静的《大夏古城——统万城的历史演变》(《山西师大学报》2011 年 9 月)，本文从统万城名字的由来、建城前的历史背景、兴建统万城的过程及最后被废毁的历史，进行了全面、系统的阐述。党寿山的《被埋没的西夏千佛阁遗址》(《西夏学》第 7 辑 2011 年 10 月)，指出永昌县圣容寺旁所谓的元高昌王墓是一处被焚毁的西夏千佛阁遗址。张先堂的《瓜州东千佛洞第5窟西夏供养人初探》(《敦煌学辑刊》2011年第4期)，认为此窟是由身为寺主、名叫智远的和尚监督指导，由来自多个不同党项族、汉族姓氏的武官、文官家族的男女成员共同合作出资营造的功德窟。公维章的《敦煌莫高窟第465窟主室壁画绘于西夏补考》(《西夏学》第七辑2011年10月)，论证莫高窟第465窟主室壁画绘制于西夏时期。

王惠民的《敦煌西夏洞窟分期及存在的问题》(《西夏研究》2011年第1期)，本文回顾了几十年来对敦煌石窟中约100个西夏洞窟的考察，并分析了其中的得失。沙武田的《敦煌西夏石窟分期研究之思考》(《西夏研究》2011年第2期)，该文指出学术界对敦煌西夏石窟艺术的介绍和研究，大多仍停留在敦煌文物研究所时期最初的分期意见，有待深入。

对西夏文物的研究包括碑刻、钱币、符牌诸方面。吴峰天的《"凉州重修护国寺感通塔碑铭"再认识》(《西夏学》第8辑2011年10月)，作者在仿制"凉州重修护国寺感通塔碑"的技术工作的过程中，对版式、相关文字和图饰做了较系统的整理和研究，找到一些新的发现。彭向前、杨浣的《保定出土明代西夏文石幢名称考》(《宁夏社会科学》2011年第4期)，本通过对《佛顶尊胜陀罗尼经》在西夏同一时期的汉文、西夏文、藏文三种文本经题的对勘，对保定西夏文石幢名称重新作了翻译和解释，认为额题当按照西夏人自己的译法译为"胜相幢"无疑，"胜相"指"顶尊胜相"，是《佛顶尊胜陀罗尼经》的藏式简称。彭向前的《西夏〈黑河建桥敕碑〉藏文碑铭补注》(《西夏学》第8辑2011年10月)，本文通过对"都大勾当"一词汉、西夏、藏文三种文本的对勘，并根据唐代官制中的"亲事官"，认为黑河建桥敕碑藏文碑铭所载职官名称spyivi－zhal－snga－ba，系出于对唐代"亲事官"的模仿，当译为"总亲［事］官"即"总干办"，而非"驾前总管"。周峰《甘肃合水安定寺石窟金代党项人题记考释》(《西夏学》第8辑2011年10月)本文对甘肃省合水县安定寺金代石窟题记进行了考释。认为题记主人是党项人，并认为金代军事制度中西北边疆边将系统和巡检系统实际上是合二为一的。张玉海、张琰玲的《〈打剌赤碑记〉考释》(《西夏学》第8辑2011年10月)，指出《打剌赤碑记》真实地反映了宋与西夏、青唐之间在熙河地区的复杂关系及其宋沿边政策的变化与边防形势。保宏彪的《从晚唐墓志中的党项史料看唐朝与党项的关系》(《西夏研究》2011年第2期)，本文通过对八方晚唐墓志中党项材料的考证与分析，从另一个侧面审视晚唐时期因实力下降而采取武力打击与和平招抚相结合的方式处理与党项关系的史实。陈玮的《后晋定难军摄节度判官兼掌书记毛汶墓志铭考释》(西夏学第8辑2011年10月)，指出墓志铭记载了墓主毛汶的家族世系及其本人于后梁至后晋朝在定难军的仕宦经历，是研究唐末五代定难军幕府职官制度的重要文物资料。

黄绍锦的《西夏"大德通宝"》(《收藏界》2011年第3期)，对本人收藏的一枚

“大德通宝”的样式和文字进行了分析和介绍。梁松涛、李文龙的《河北大学博物馆藏西夏文铜牌考释》(《文物春秋》2011 年第 11 期)，考证河北大学博物馆收藏的一枚西夏文铜牌属于西夏的守御牌。党菊红的《武威出土的西夏铜壶、铜观音像、石磨》(《西夏学》第 7 辑 2011 年 10 月)，认为这几件器物都是西夏时期的，铜器反映了西夏高超的冶铜水平，出土的石磨对研究西夏的农业具有重要的价值。赵生泉的《西夏竹笔新解》(《西夏学》第 7 辑 2011 年 10 月)，认为武威所出西夏时期的两支竹笔源自吐蕃文化，属于藏笔，其使用者或所有者与吐蕃文化关系密切。

六、书评、综述和学术史

书评。陇夫的《西夏史研究的新成果——评李蔚著〈西夏史〉》(《西夏研究》2011 年第 3 期)，李蔚的《中国历史卷》第十分册《西夏史》是在《简明西夏史》的基础上修订增补而成，堪称一部历史与逻辑相统一的历史专著。彭向前的《〈西夏社会文书〉评介》(景爱主编《辽金西夏研究 2010》同心出版社 2012 年 5 月)，认为杜建录、史金波合著的《西夏社会文书研究》首次以专书的形式对新发现的西夏社会文书作了史学上的深层次研究。该书整理规范，图文并茂。探幽索隐，研究深入。涉及西夏的户籍、农业租税、借贷、扑买、榷场税收、军抄等方面，填补了西夏文献品种和西夏社会研究内容上的诸多空白。焦荣的《评〈宋夏关系史〉》[《剑南文学》(经典教苑) 2011 年第 8 期]，指出李华瑞的《宋夏关系史》，客观公正，结构新颖，立论科学，见解独到，是部具有重要学术价值的著作。史金波的《〈西夏与周边关系研究〉序》(《西夏研究》2011 年第 2 期)，称杨富学、陈爱峰的《西夏与周边关系研究》在借鉴前人研究成果基础上又有新的考论，尤其是提升了对西夏与回鹘关系的认知。

综述方面，年度研究和新世纪研究综述有，彭向前、王舒宇的《2010 年西夏学研究综述》(景爱主编《辽金西夏研究 2010》同心出版社 2012 年 5 月)，对 2010 年西夏学领域出版的 3 部专著和发表的 160 余篇论文，分别从文献考释和语言、文字研究，经济、政治、法律和社会，文化、艺术和宗教，族群和民族关系，考古、文物和遗民，书评、综述和其他等方面作了概述。认为 2010 年西夏学诸层面皆有不同程度的拓展，西夏文献整理和译释方面成绩突出。在新形势下，对已发现的西夏文献作史学上的阐释，未来会成为新的生长点。马淑萍的《2008 年—2010 年西夏学研究文献统计分析》(《西夏学》第七辑 2011 年 10 月)，对 2008 年—2010 年的西夏学研究成果进行了统计分析和评述。马淑萍的《21 世纪西夏文献整理与考释述略》(《西夏研究》2011 年第 2 期)，从西夏文佛经、西夏文世俗文献、汉文西夏文献三个方面对 21 世纪以来西夏文献整理与考释进行了述论，涉及著作近 30 部，论文 70 余篇。

专题综述包括法律、户籍、地理、佛教美术和丝绸之路等。姜歆《黑水城出土法律文献的整理与研究概述》(《西夏研究》2011 年第 3 期)，文章对收藏于俄罗斯与英国的黑水城法律文献整理与研究的现状和存在的困难进行了概述。韩潇锐的《西夏户籍研究综述》(《东北史地》2011 年第 2 期)，指出西夏户籍文书的研究始于俄国学者克恰诺夫，中国学者史金波对之进行了深入研究。近年来学者也开始通过黑水城发现的汉文献研究西夏乃至元代的户籍制度。王晓磊的《近十年来西夏地理研究综述》(《西夏研究》2011 年第 2 期)，本文对十年来的西夏地理研究成果进行了梳理。王晓玲的《跨世纪西夏佛教美术研究述略》(《大众文艺》2011 年 23 期)，论述了西夏佛教美术研究在分期、考古、造型风格与渊源和影响等方面所取得的成果。杨蕤的《五代、宋时期陆上丝绸之路研究述评》(《西域研究》2011 年第 3 期)，本文就五代、宋时期中原政权与陆上丝绸之路、辽、金政权与西方世界、西夏政权与陆上丝绸之路等内容的研究状况进行了梳理。

会议综述。第二届西夏学国际学术论坛于 2011 年 8 月在武威召开，杜建录的《第二届西夏学国际学术论坛综述》(《西夏学》第七辑 2011 年 10 月)，对 120 余名中外专家提交的 106 篇论文的主要内容、创新点与不足作了简单的述评。赵天英的《西夏学研究的盛会——武威西夏学国际学术论坛综述》(《西夏研究》2011 年第 4 期)，对学者们对西夏学研究的讨论内容作了概述。此外，陈瑞青、张重艳的《黑水城文献整理与研究学术研讨会综述》(《西夏研究》2011 年第 1 期)，对参会论文从社会经济、政治制度、宗教信仰和文学作品等方面进行了概述。

学术史方面，介绍了已故西夏学专家黄振华、陈炳应先生的学术成就和治学方法。唐均的《黄振华先生西夏学研究述评》(《西夏学》第七辑 2011 年 10 月)，介绍了黄振华先生在西夏文辞书整理、西夏语音体系构拟、长篇西夏文语料译释、西夏社会历史文化信息的钩稽等方面的成就，指出重视各民族语言之间的相互影响和关联是黄先生西夏学研究不断取得突破的关键。赵天英、陈虎的《陈炳应先生对西夏学的贡献与垂范》(《西夏学》第七辑 2011 年 10 月)，介绍了陈炳应先生对西夏学的复兴与发展作出的重要贡献与垂范：一是治学范围广博，涉及西夏历史文化重要专题；二是研究方法多样，兼收文字、文物与文献互证之果；三是学术成果丰硕，惠及学林与社会。

综上所述，2010 年西夏学研究有两个显著特点，一是在研究内容上，仍然是西夏文献整理和译释方面成绩突出，但一度被“边缘化”的西夏历史研究开始有回升的迹象。二是研究队伍不断扩大，发表论文数量持续递增，再创新高。本年度的文章多达 200 余篇，比上年又多出 40 余篇。不足之处表现在研究手段的单一上，能够直接从西夏文文献中挖掘第一手资料，佐以汉籍取证、考核而成的文章不是太多，培养精通西夏文、具有多种治学手段的西夏学人才，是今后西夏学进一步发展的关键。

在西夏学这片学术天地，大有可为！西夏文献数量之多、内容之丰，丝毫也不逊色于甲骨、敦煌、简牍文献。我们期望有更多的有识之士加入西夏研究的行列，期望与相邻学科加强沟通，促进交流，早日实现西夏学由“绝学”向“显学”的转型跨越。

辽金文学研究

安徽师范大学　胡传志　裴兴荣

2011 年，辽金文学研究成果丰硕。据笔者不完全统计：本年度共出版了研究著作 4 种，古籍整理与注释 3 种，在各类期刊公开发表学术论文 100 多篇，还有硕士论文 20 余篇，博士论文 2 篇。以下就 2011 年度的辽金文学研究状况作一综述。

一、辽金文学研究著作与古籍整理

本年度辽代文学研究没有专门的研究著作问世，只有张国庆的《佛教文化与辽代社会》（辽宁民族出版社 2011 年 6 月）设一章，为《辽代文学作品中的禅意与佛缘》，从两个方面探讨了辽代文学与佛禅的关系：一、以禅入诗：诗歌类作品中的禅意；二、因缘业报：故事类作品中的佛缘。

在金代文学研究方面，本年度推出了一项重要成果，那就是《金代文学编年史》（安徽大学出版社 2011 年 3 月）。该书多达百万字，资料非常丰富，仅涉及地方志就有 400 余种，新发现诗、词、文近 300 多篇、首。作者并非对这些资料作简单的堆积，而是有详有略，综合分析，在对各个时代的史料进行索引、考据、归类、比较，探讨文学与社会生活的相互关系以及文学与历史进程的相互影响，展示金代各族人士的心灵世界。该书纵向演进层级清晰，横向钩连精彩纷呈，感发议论时出新见，是继《唐五代文学编年史》、《魏晋文学编年史》和《元代文学编年史》之后又一断代文学编年史力作。

牛贵琥还与张建伟主编出版了《女真政权下的文学研究》（三晋出版社 2011 年 8 月）。本书以牛贵琥所撰同名长文为名，另有 12 篇论文，出自众人之手。牛文宏观上从历史、民族、科举、传承等各个角度对金代文学进行考察，尤其对新兴的曲、小说、戏剧进行论析，多有抑扬评骘，虽时见新意，但有时亦未必很允当；其他论文对金代初期、盛期、末期的代表作家进行了不同的考证和论述，参差不齐。金代散文研究历来是薄弱环节，王永的《金代散文研究》（中国社会科学出版社 2011 年 9 月）对金代散文的文献流传、发展历程、各体特色、名家成就、理论传承、文化根源等作了较全面、系统的研究，具有突出的开拓性。另外，崔彦的《〈全金诗〉韵部研究》（大连出版社 2011 年 3 月）研究《全金诗》近体诗韵部、古诗诗韵部以及特殊韵脚字，其结论是近体诗和古体诗都能够反映语音，但是二者反映实际语音的程度和方式并不相同，因此要分别对待不同的研究材料。

在金代文献整理方面，狄宝心的《元好问诗编年校注》（中华书局 2011 年 1 月）为金元大家元好问诗集的全新整理本，是改革开放以来元好问研究的标志性成果。全书分校勘、编年、注释三部分。校勘方面，以明毛晋本为底本，以明代李全本、李诗本、清代施国祁本为主校本，采取“求真不求善”的校勘原则。编年方面不仅纠正了前人凌廷堪、李广廷、缪钺等人的失误，也纠正他本人的《元好问年谱新编》中的失误。该书于注解用力最多。对元好问诗中涉及的金源史实、人物、地理、职官以及用典、疑难词语等，都一一出注。详略得当，对于前人之注，“正其所失，补其未备”。当然，该书在编年和注释方面，间有可商之处。如将《台山杂咏十六首》诗中“知被钱郎笑寒乞，不将锦绣裹山川”的“钱郎”理解为钱起、郎士元，其实钱郎当是将“山林皆覆以锦”的五代吴越国王钱镠。本年度还出版了两种选本：郑力民译注的《元好问诗选译》（凤凰出版社 2011 年 5 月）和陶然、施议对编选的《金元词一百首》（岳麓书社 2011 年 1 月）。

另外，刘纬毅等编辑的《宋辽金元方志辑佚》（全二册）（上海古籍出版社 2011 年 12 月）、邱树森主编的《辽金史辞典》（山东教育出版社 2011 年 2 月），也可供辽金文学研究者参考。

二、辽金文学综论

对古代文学作宏观的、整体的综合研究常常涉及文化、政治、民族、宗教、家族、地域等方面。在具体的研究中，既有单一视角的深入探讨，也有多元视角的综合研究。

民族文化与辽金文学研究。

尹晓琳的《论辽金元时期北方民族汉文创作三维模式的建构》（《延边大学学报》2011 年第 6 期）从民族、政治和文化多个视角对辽金元时期北方民族汉文创作模式进行综合研究。作者认为辽金元时期，少数民族政权的相继建立，促进了多元民族文化的融合，为汉文创作的生成与发展提供了政治基础。同时，北方民族自身所具有的文学传统也为其汉文创作奠定了根基。良好的文化基础使得北方民族文学系统在特定历史时期建构起民间/作家、口传/书面、民族文字/汉文创作这种多元化、立体化的文学模式，它们之间有承继、有交叉，形成了独具特色的文学现象。

任仲书的《医巫闾山与辽文化》（《辽宁工程技术大学学报》2011 年第 6 期）一文，认为契丹人在医巫闾山读书绘画，修身养性，修建陵墓，娱乐游猎，设置州城，处理政事，使医巫闾山成为契丹辽文化传播及与中原文化交融的历史印证。医巫闾山凝结着中原文化的诸多因素，也反映了契丹辽文化的重要特征。郭康松的《论辽文化对唐文化的继承》（《辽宁工程技术大学学报》2011 年第 3 期）一文则是从精神文化、制度文化和物质文化三个层面详细分析了辽文化对唐文化的继承。

颜庆余的《金代文学与北宋的传统》（《民族文学研究》2011 年第 6 期）认为宋室南迁后，北宋的遗产，包括文物、书籍、人才和思想，并未全部转移，多数仍然留存北方。金和南宋同样是北宋文明的延续，同源异派，并无根本的差异。因此，金代文学深受北宋的影响，金代文学实际上是北宋文学的余脉。

（二）金代家族与文学研究

家族文学研究也是近年来引人注目的一个题目。杨忠谦《科举文化视野下的金代家族与文学》（《民族文学研究》2011 年第 6 期）认为科举制度激发了金代家族学以为政的热情，促使众多军功家族、方技家族、寒门庶族等转型成为科宦家族，从而使金代文学家族数量增多，客观上带动了文学创作的繁荣。李梅的《金代王庭筠家族及其文学研究》（山西大学硕士学位论文 2011 年）以金代辽东熊岳的王庭筠家族作为研究对象，并对王氏家族的文学创作成就和地位进行了初步探讨。

（三）宋金文学关系研究

宋金对峙被称为中国历史上第二次南北朝，政治上敌对的双方在文学、文化方面也有一定范围和一定程度的交流。近年来，胡传志致力于宋金文学关系研究，作出了一些富有启发意义的探索。在胡传志发表《论南宋使金文人创作》之后，本年度又有学者继续进行这一话题的研究。刘珺珺的《从“觇国”视角探析南宋使金诗文》（《殷都学刊》2011 年第 3 期）认为宋廷赋予使者“觇国”的秘密使命，宋使通过目睹、耳闻、言挑来获取金国实情：他们记地理，以备守战之用；问民生，以观民心向背；志风物，以申华夷之辨。有些南宋使节确实“觇国”之举，但也有不少使节没有“觇国”意识。温斌的《〈北征〉一曲叹陆沉，文化交汇有余情——析范成大使金诗的文化内涵》（《阴山学刊》2011 年第 6 期）主要从内容入手，侧重分析范诗的文化内涵。还有两篇相关硕士学位论文：黄玲的《宋代使金行记文献研究》（陕西师范大学 2011 年）和王丽萍的《范成大使金文学研究》（四川师范大学 2011 年）。前者对宋代使金行记的研究意义、研究现状、产生背景、存佚辑注状况、作者使金心态等方面作了具体的分析，重点对宋代使金行记的内容进行分类研究，并指出其独特的文献价值。后者对范成大的 72 首使金诗和《揽辔录》进行研究，内容涉及诗人出使前的政治环境、出使原因、出使路线、创作心态以及使金诗对南宋的影响等方面。从宏观上研究宋金文学交流的论文有郭鹏的《宋金文学交流初探》（《鲁东大学学报》2011 年第 1 期），该文旨在以宋金对峙时期的一些线索和材料来证明宋金文学交流存在的事实。宋金文学交流，早为学界所认可，作者还作此“初探”，意义有限。

本年度还有两篇从政治与文学的视角进行选题的硕士学位论文：杨爱敏的《“仕金宋儒”之心态与创作》（河北大学 2011 年）和高素珍的《仕金宋人诗歌研究》（辽宁大学 2011 年）。前文对宋金鼎革之际，由宋入金、仕金的文人的诗文创作进行研究，指出他们同中有异的创作心态和多样化的艺术风格，认为他们的创作呈现出向唐风靠拢的倾向，为金代文学的发展奠定了一个较高的起点。后文也以仕金宋人诗歌作为研究对象，运用对比的方法，把金初仕金宋人与南北朝时期的庾信和南渡宋人进行比较分析，指出他们不同的故国情结和归隐情怀，并分析形成其差异的原因。文章还对仕金宋人诗歌的艺术特色、学唐的可能条件及具体表现以及对金初、金中叶以至贞祐南渡后诗歌创作的影响甚至在中国诗歌史上的地位进行了探讨。

（四）金代文学与宗教研究

刘达科近年来致力于“佛教与金代文学”研究，本年度又发表了两篇论文：一是《金诗中的佛禅意蕴》（《齐鲁学刊》2011 第 1 期），认为金诗中的佛禅意蕴突出地反映在三个方面：用诗歌体悟、宣达对佛禅思想的理解，反映了当时儒者、士大夫把握佛禅哲学意识的水平；援借、化用来自佛禅典籍的事、语，丰富了作品的底蕴，深化了对玄道妙谛的感悟；通过对禅修生活、环境和高僧禅师形象以及相关的山水物态的摹写刻画，传递出主体从方外人生中获得与佛禅相投契的乐趣，展示了文人精神生活的一个特定的侧面。二是《金朝“孔门禅”及其文学体现》（《太原师范学院学报》2011 年第 1 期），文章认为“孔门禅”是唐宋以来三教融通历史潮流的结晶，是金明昌时期至蒙古统一中国北方后的数十年间重要的历史文化现象，反映了儒、佛二家的互相渗透、融契。金朝中后期是孔门禅的发轫、深化阶段。赵秉文和李纯甫是金朝“孔门禅”的中坚人物。“孔门禅”与文学活动有着密切的联系，二者的互动、互融在金朝主要通过赵秉文、李纯甫的诗文创作和理论得以体现。郭锐的《金代文学家王寂与佛教》（《北方文物》2011 年第 1 期）认为金代文学家王寂畅游佛寺，结交高僧，具有浓厚的佛教情结；而佛教对其人际交往、诗文创作、生活态度都产生了极大的影响，反映了文人与佛教的良性互动。

从道教的视角研究金代文学的有关海龙的《金代全真道教主马钰词探析》（宁波大学硕士学位论文 2011 年）。该文认为马钰词的创作紧紧围绕着全真教的宗教活动而展开，在思想内容上将“三教合一”的宗教观、“尊师感恩”的情怀、“清净无为”的内丹思想融入其中；在艺术形式上运用铺叙手法，强化词中的主体意识和主体形象，采用口语化的表达方式和“同字韵”、“嵌字体”等表达技巧，对流传甚广的宋代俗词亦有所继承和借鉴，这使得他的词朝着趣味化、大众化的方向发展，迎合了市民阶层的审美趣味，扩大了其词的影响力，对后世全真教文人的文学创作也产生了积极地影响。相关的论文还有解秀玉、于东新的《论金代王重阳与全真七子的“杂体诗词”创作》（《时代文学》2011 年第 1 期）等。

（五）接受史研究

接受史研究是近年来热点之一，这在辽金文学研究中也有所体现。尚永亮的《一位有争议的诗人与一个被忽略的朝代——金源诗人对白居易的接受及其诗史意义》（《文学与文化》2011 年第 5 期）认为金源时期围绕白居易诗展开的争论，是一个看似偶然实则具有某种必然性的事件，它一方面预示了宗唐与宗宋两派在诗学旨趣上的对立，另一方面也代表了宗唐诗人对尖新浮艳诗风的针砭和对正确创作方向的探寻。此期出现的崇白风潮，特别是将白居易与陶渊明相提并论，说明白居易的价值及其诗品得到人们的重新认知，这既是对旧有权威观点的挑战和驳正，也是金源白居易接受史上的一个理论创举。赫兰国的《金人学杜特点及其原因初探》（《中华文化论坛》2011 年第 3 期）认为金代在杜诗学发展史上有着独特的地位和特点，“杜诗学”这一概念是由金人元好问明确提出的，这无疑对“杜诗学”的发展有着重要的意义。而金人学杜却甚为薄弱和另类，其中有着复杂的原因，政治上的高压和金代文人的品节有亏等是主要原因。石迎丽的《论蔡松年对陶渊明的接受——以“酒”意象为角度》（《内蒙古民族大学学报》2011 年第 6 期）认为蔡松年将陶渊明作为异代知音，对陶渊明诗歌的意象做了全面接受，其中“酒”在蔡松年诗词中共出现了 70 次，足见其对“酒”意象的喜爱。

三、金代各体文学研究

金代各体文学中，以诗、词成就最高，研究成果也相应较多。从本年度的研究状况来看，与往年大体相类。

（一）金诗研究

薛敏的《金章宗后期〈燕子图〉组诗研究》（山西大学硕士学位论文 2011 年）就金章宗泰和四年的《燕子图》组诗的创作背景、写作特点以及对当时文学的影响进行探讨，认为《燕子图》组诗表面写的是燕子和田器之间的真情实感，实质上表达的是文士们对时代历史和社会现实的深刻感受。在一定程度上意味着文人自我意识的觉醒和对文学作品价值的重新认定，也象征着中国文学“抒真情”传统的回归。樊运景的《金末“宗唐得古”之风的历史考察》（《兰台世界》2011 年第 4 期），认为金贞祐南渡后，诗坛兴起了一股宗唐得古思潮，这种风气受到了当时动荡的社会形势的影响，是金代士人正统观念在诗学中的反映，也是金末文学发展的内在诉求。王辉斌的《元初的“金宋遗老”及其诗歌创作》（《华夏文化论坛》2011 年第 4 期）对《元诗选》癸集所收的 160 位金宋遗老的诗歌创作作了初步的探讨，总结了他们在创作方面的三大特点：结社、同题集咏式创作和雅好近体诗。

（二）金词研究

金词研究本年度取得一些重要成果。吉林大学的王昊发表了两篇重要的论文，一是《论金词与元词的异质性——兼析“词衰于元”传统命题》（《文学遗产》2011 年第 2 期），认为金词属于“歌本”与“辞本”同体统一的“声学”，其创作接受系文学—文化现象；元词的创作和传播方式走向案头化，大部已仅是“辞本”的案头之作。金词是词史北派风格典型体现者，元词则由于金词和南宋词北、南两个遗留性发生源的存在，北、南词风交汇而逆向嬗递，难称总体性之“北派”词，以故金词与元词异质。从词史定位言，金词对元词的发生和演化虽不无影响，但金词属于词史高峰进程中的产物，元词则是词史高峰后的余波，两者分野于不同的词史阶段。二是《论金代全真道士词人对柳词的接受》（《兰州大学学报》2011 年第 1 期），认为王重阳通过柳词的“象喻性”，以隐喻方式言说修“真”悟“道”的体验，其接受的内在契合根据则在于全真之“心游不离身游”的“游”观。王重阳等全真道士词人对柳词的接受，具有揭示金词词史格位的意义。同是吉林大学的李静在《金词生成史研究》（中国社会科学出版社 2010 年）之后，发表了两篇研究金词的论文：一是《金初词人群体的心理认同与词的创作》（《文学评论》2011 年第 1 期），该文认为，囿于北宋旧臣的独特身份与经历，以宇文虚中、吴激、蔡松年等人为领军的金初词人群体在心理上明显地表现出对金王朝的拒斥，他们自始至终以“客”自居，把故宋当做自己的精神皈依，唱出了一曲曲沦落天涯、去国怀乡、客愁盼归的人生之歌，这是金代初年“借才异代”时期“遗民”与“移民”心态共同化合的结果。虽有新意，但其中将入金宋人视为北宋“遗民”，未必允当。二是《“盛世”气象与金代中期本土词人群体》（《文艺研究》2011 年第 6 期），认为金王朝自海陵王以迄大定、明昌时期，承平日久，国势强盛，以蔡珪、刘仲尹、刘迎、党怀英等金代中期本土词人的崛起为标志，创作主体已经迥异乎金代初年“借才异代”时期的词人群体，题材也由金代初年的去国怀乡之思转为闺阁情怀和闲适之趣的表达，风调亦以清新疏朗为主，这是“盛世”局面下词人心态的外化。

还有几篇文章从民族文化融合的视角研究金词。白显鹏、于东新的《论金朝初年“贰臣”文人词》（《民族文学研究》2011 年第 3 期），认识金初宇文虚中、高士谈、吴激、蔡松年等“贰臣”文人的词作呈现出三个显著特征：抒情主体的“贰臣”身份；词作内涵的“贰臣”意识；词学旨趣的故国传统与北地品格。金初“贰臣”文人词是北宋词风在北地的一种延续，更是民族文化碰撞交融时期的心灵回声，带有一种强烈的文化阵痛感，显示出不同于北宋词，也迥异于南宋词的北派风貌。于东新的《论多民族文化语境下的金代词文学》（《北方民族大学学报》2011 年第 4 期）认为女真族入中原后，以雄豪粗犷为审美风尚的北方民族文化打破了汉文化原有的和谐平衡，原始的野性、豪爽自然的因子进入词体，冲破了几百年来词学传统中的“文化层积”，词文学在转型的同时也获得了新生和活力，具体表现为：民族多元的创作主体，清劲伉爽、雄健磊落的审美风格，俚俗与典雅共存的词体，而这也正是金词在词学史上的独特价值和意义。武勇的《汉文化影响下的金大定、明昌词》（《安庆师范学院学报》2011 年第 3 期）认为金词在大定、明昌时期走向成熟，金词中的华夏正统意识及其对宋代词风的继承，表明金词深受汉文化影响。

王定勇的《金代寿词论纲》（《山东青年政治学院学报》2011 年第 3 期）一文对金代寿词的发展过程、意象选择、写作套路和用语习惯作了研究，认为金代寿词迥异于同时的南宋寿词，而这与北方的苏学流衍、贱老之俗以及全真教的传播有很大关系。此外，李强、于东新的《论金源词坛的"南派"——渤海族王庭筠的词》（《时代文学》2011 年第 8 期）、于东新的《论金代渤海词人王庭筠——兼论民族融合语境下词人的艺术取向》（《黑龙江民族丛刊》2011 年第 5 期）两篇文章对金代渤海族文人王庭筠的词作了论述。

（三）诸宫调、辞赋、散文、小说等文体研究

对诸宫调的研究本年度出现了两篇论文。牛贵琥的《论董解元〈西厢记诸宫调〉与金代社会及文坛的关系》（《太原理工大学学报》2011 年第 2 期）认为《董西厢记》是金代少数民族政权下统一的区域文化形成后的产物，其核心不是反封建，而是女真统治者观念的反映；其写作主旨和元好问等金代文士一致，体现的是金代文学发展的总趋势；其写情和叙事的潮流，是元代文学兴盛的基础。

金代辞赋研究历来薄弱，本年度牛海蓉发表两篇论文。一是《金代前中期赋钩沉与探析》（《南京大学学报》2011 年第 3 期），该文认为金朝以律赋取士，律赋大行于世，佳作颇多，但作为科场之文，弊端不一而足。南渡以后古学兴起，古赋渐盛。由于末期兵乱、文人不喜刊刻文集、律赋弊端等原因，金朝现存赋作很少。金朝前期献赋之风较盛，赋题与当时君主的活动或时政相联系，科举赋则反映了金朝崇尚武功，并向往汉族文治，欲一统天下的情况。中期科举赋在海陵正隆二年之前日趋揣摩逢迎，此后走向规范化，从五经、三史正文内出题。文人赋或说理记事，或咏物抒情，律、古兼工，成就较高。前中期还出现了佛教赋、医学赋、相学赋，反映了律赋向非文学领域的渗透。一是《辽金元赋存目及残句考》（《民族文学研究》2011 年第 4 期）对辽金元三代辞赋进行了钩沉与辑佚，得辽代辞赋存目 15 篇，金代辞赋存目 40 篇，赋集 2 种，残句 5，元代辞赋存目 19 篇，赋集 4 种，残句 2。

本年度有关金代散文、小说和戏曲研究的论文各有 1 篇。王永的《金代散文分期与特色新论》（《中国海洋大学学报》2011 年第 4 期）认为流行的金代散文发展"三期说"并不确切，而以"四期说"更为合理，金代散文具有风格雄健劲直、情韵真率自然、叙事热情高涨和内容传奇志异等鲜明特色。张靖人、张静的《〈简帖和尚〉成文于金代考》（《商丘职业技术学院学报》2011 年第 2 期）认为被冯梦龙收入《古今小说》

的《简帖和尚》，不是成于宋代、元代、明代，而是成于金代。文章从小说内容、流传过程等方面予以论证。彭超的《河南宋墓戏曲图像与山西金墓戏曲图像的初步梳理》（《戏剧》2011 年第 5 期）一文通过实地考察，对上个世纪以来在河南宋墓和山西金墓中陆续发掘出的戏曲图像进行了初步梳理，并从几个不同的角度对两省出土的戏曲图像进行比较，探究同一题材图像在两地因时空变化而产生的差异和传承关系。

四、元好问研究

元好问研究历来是金代文学研究的重头戏，本年度也不例外。以下从六个方面进行简要的介绍：

（一）元好问诗歌研究

詹杭伦的《论元好问七言律诗的审美结构》（《民族文学研究》2011 年第 3 期）一文讨论了元好问七言律诗的审美结构，比较系统而深入地分析了元好问七言律诗的写作规范。王素美的《元好问丧乱诗的突破》（《忻州师范学院学报》2011 年第 1 期）认为元好问的丧乱诗直承杜甫，且有突破创新。王辉斌在本年度发表了两篇探讨元好问乐府诗的论文。其一是《元好问的乐府诗创作》（《南都学坛》2011 年第 4 期），认为元好问的乐府诗主要为“即事名篇”的新题乐府，且以“丧乱乐府”、“农村乐府”、“都城乐府”三大系列最具代表性。紧扣时代脉搏与鲜明的时代特征，构成了元好问乐府诗最明显的特点。其二是《论元好问与金代的乐府诗》（《贵州师范学院学报》2011 年第 5 期）认为以元好问为代表的金代乐府诗，是乐府诗史上值得注意的一座艺术高标。金人继承了杜甫“忧黎元”、白居易“补时阙”的创作宗旨，推出了一批具有鲜明时代特征、闪耀着现实主义光芒的新乐府诗。由于元好问等人对歌行类乐府的雅好，使得七言歌行在当时成为了一种创作时尚。两宋乐府因与音乐脱离了关系，成为一种仅供人们阅读的案头文学，金代乐府诗则使这种案头文学又回归到了“原生态”时期，即其大都可配乐而唱，这种回归是乐府诗史上的一大进步。吴照明的《元好问赠酬七绝的抒情色彩》（《安徽科技学院学报》2011 年第 6 期）认为元好问的赠酬诗在体裁上以七言绝句为主，其优秀的赠酬七绝中贯穿着亡国之悲、遗民之痛和人生感喟，表现了诗人的“真情”和“品性”，凸现了诗人的士人情怀和别具一格的精神风貌。

（二）遗山词研究

本年度对元好问词的研究论文首推赵维江、夏令伟的《论元好问以传奇为词现象》（《文学遗产》2011 年第 2 期），该文认为元好问在东坡“以诗为词”和稼轩“以文为词”的道路上继续开拓，以传奇为词，在词里不避险怪，述奇事，记奇人，写奇景。这一现象是唐宋以来词体形式及其观念不断演化的结果。词序功能的进一步扩展，转踏、鼓子词等民间通俗文艺的说唱形式，稼轩“以文为词”的创作范式，为传奇体词的创作提供了可操作的平台和取材、结构、语言等方面的启发与借鉴。遗山“以传奇为词”有着广泛的背景和深厚的土壤：仙道思想及好奇尚异的审美观，小说的志怪传奇传统及诗歌的好奇风尚，“以词存史”的词学观念，对于“以传奇为词”现象的形成都有着不同程度的影响。黄春梅的《论宋词对元好问词的影响》（《长春理工大学学报》2011 年第 7 期）认为作为金代首屈一指的词人，在继承宋词传统方面，元好问表现出一种兼收并蓄、勇于超越的自负与自信；在抒情范式和章法结构等方面元氏超越了“豪放”与“婉约”的樊篱，形成了独特的词风；在宋词对金词的熏染以及金词对宋词吸纳过程中，他又起到了整合、创新甚至提升的作用。研究遗山词的论文还有肖阳、赵韡的《遗山乐府中酒的媒介作用及其文化学阐释》（《安徽文学》2011 年第 12 期）。

（三）元好问诗文理论研究

对元好问的诗文理论，尤其是对《论诗三十首》的研究，代不乏文。邝健行的《元好问“排比铺张”论诗绝句审读补议》（《忻州师范学院学报》2011 年第 1 期）细致辨析《论诗三十首》第十“排比铺张”与元稹评杜诗的“铺陈”的差异：“铺张”指铺排张扬，“铺陈”指铺排陈述，前者贬而后者褒。其恶喜不同缘于不同的时代风气。改“陈”为“张”，与元稹原意不符。方满锦的《元好问〈论诗三十首〉的师承探析》（《忻州师范学院学报》2011 年第 1 期）认为《论诗三十首》中若干诗篇就是受师承影响而作。元好问从游的名师，如王中立、路铎、郝天挺、赵秉文和王若虚等人，对元好问的诗学观和人生观都有所涵育和启发。相关成果还有孙芳芳的《从元好问〈论诗绝句三十首〉等诗歌理论看论诗诗》（《鸡西大学学报》2011 年第 2 期）、叶俊莉的《元好问诗歌理论浅析》（《西昌学院学报》2011 年第 4 期）等。

当然，元好问的诗文理论并不局限于《论诗三十首》，本年度另外几篇文章即从其他方面对元好问的诗文理论进行探讨。

王树林的《从〈诗文自警〉看元好问的散文审美理论》（《江苏大学学报》2011 年第 1 期）认为后人辑佚所得的十五则《诗文自警》系统地反映了元好问的散文审美理论。儒家的“中和”思想是其理论基石，“不随人后，自成一家”是其审美追求。此外，张文澍的《元遗山诘江西诗派辨》（《文艺研究》2011 年第 3 期）、王飞的《元好问杜诗学研究》（西南大学硕士学位论文 2011 年）和赫兰国的《辽金元时期的杜诗学》（四川师范大学博士学位论文 2011 年）也对元好问的诗学思想进行了探讨和分析。

（四）元集整理研究

本年度关于元好问文献研究的论文有 3 篇。狄宝心、陈艳秋的《〈遗山文集〉原本讹误考》（《江苏大学学报》2011 年第 5 期）对《遗山文集》原本中的碑、记部分讹误的文字进行改订，并分析其成因，皆按原有次序胪列考述，凡15则，有助于研究者们进一步探讨。詹杭伦的《元好问墓之修葺与题诗考述》（《北京化工大学学报》2011年第3期）一文采用实地调查和文献考证相结合的方法，对明清和民国期间五次修葺元好问墓和两次征诗、一次续征诗进行了细致的梳理，罗列了许多题诗，特别是莫棠藏本《元遗山墓图并题辞》，尚不为人所知，具有重要的文献价值，可以补《元好问资料汇编》之不足，可以充实元好问接受史研究。赵兴勤、赵韡的《元遗山阙题残诗考释》（《民族文学研究》2011年第5期）指出，《元好问全集》所收“花啼杜宇归来血，树挂苍龙蜕后鳞”非遗山所作，而是南宋文天祥好友邓郯之作，所论证据确凿可信。

（五）元好问接受史研究

赵兴勤、赵韡的《近现代学者对元遗山的接受与诠释——以诗话为中心》（《河池学院学报》2011年第1期）认为近现代话中散存大量的遗山研究资料，却不被人们所注意，如加以搜辑、整理、利用，既可使遗山及其作品传播与接受的历史链条趋于完整，又可觇近世诗风趣尚之流变。张静的《清人对元好问论诗绝句的仿效及其意义》（《社会科学辑刊》2011年第5期）认为清人的群体效仿丰富了论诗绝句的内容，巩固和发展了其形式，拓展了其生存空间，推动了清人对元好问论诗绝句的接受，促进了元好问论诗绝句的经典化。

（六）其他研究

本年度还有些论文涉及元好问的生平、思想、人格与交游等方面。杨辰的《元好问的“通达”和“守节”——以〈内翰王公墓表〉为例》（《时代文学》2011年第8期）认为《内翰王公墓表》是元好问在“崔立碑事”发生10年之后写成的一篇碑志文，具有“以史为文”的特征，包含元好问对于“通达”和“守节”独特的体会，体现出他的自省和反思。胡传志的《论元好问的跨民族交往》（《民族文学研究》2011年第5期）认为跨民族交往是民族融合的必由之路。金亡前后，元好问借助其文坛地位与汉语文学创作，与金王朝的女真贵族文人完颜璹、女真将领完颜斜烈兄弟、契丹将领移剌瑗、蒙古新政权官员耶律楚材、耶律铸等人多有交往，这些交往从不同角度推动了民族融合的进程，其间汉语文学始终发挥着积极的媒介作用。

张文澍的《国可亡而史不可灭——论元遗山治史之文学方法》（《民族文学研究》2011第3期）总结元好问亡国以后，以手著史书、编辑前朝诗歌总集、撰著诗文等三重角度，保存故国之信史。这种修史方法对元代虞集、清代钱谦益等人产生了深远影响。赵丽的《试论元好问对儒家思想文化的传承》（《吉林师范大学学报》2011年第2期）认为元好问是金末元初的文学家和史学家，虽然出身于北方少数民族，但自幼拜名儒为师，儒学功底深厚，一生以传承儒家文化为己任，修史著书，为保存中原文化作出了巨大的贡献。

五、其他重要作家作品研究

（一）辽金皇族后妃的创作研究

辽代文学家中尤以皇室、后族的创作成就显著。本年度仅有王荣华的《辽道宗懿德皇后萧观音留世作品探析》（《陕西广播电视大学学报》2011 年第 3 期）一文，对萧观音作品从体裁、内容、风格、思想、传承等方面进行分析和考述，并与其他作家作品作了比较。

相比较而言，对金代皇族文学创作的研究要充分一些。李玉君、黄震云的《论金源皇族的文学创作》（《民族文学研究》2011 年第 5 期）探讨女真皇室的文学成就、发展历程、风气特征、民族特色，认为皇室中以金世宗一系的成就最为突出，以肃杀断戟、清刚之音为特色。文中个别文章论证不力，如认为金皇室文学“对宋朝的文学产生积极的影响，成为中国文学的生机源头之一”，就缺少必要的论证。张福勋的《一代霸主的遗世之作——金主完颜亮仅存八首诗词》（《南阳师范学院学报》2011 年第 7 期）强调完颜亮诗词的特色和成就，以突出其在文学史上的地位。郭帅的《论完颜亮的创作与金初文学关系》（山西大学硕士学位论文 2011 年）认为完颜亮是第一位真正意义上的金代本土文人，其意义还在于他对文学承前启后的作用，在于他对豪放之风不遗余力地学习与推广，在于他为诗词题材的拓展作出了贡献，尤其是将白话与口语引入作品，使金词的发展向着更宽更广的道路迈进。孔远征的《对女真词人完颜璹的文化考察》（《集宁师专学报》2011 年第 2 期）认为完颜璹的词作在文化心理上有着明显的汉民族倾向，在创作中也经常利用前人诗词名句及典故，但又保留了北方少数民族率真、洒脱的冰霜之“清”。

相关的研究论文还有：薛瑞兆的《论女真字文化的兴衰》（《民族文学研究》2011 年第 6 期）、王龙的《金代的女真文和契丹文阅读》（《图书馆理论与实践》2011 年第 2 期）。

（二）赵秉文研究

赵秉文是金代文坛大家，本年度对其研究有所突破。王昕的《赵秉文研究》（黑龙江大学博士学位论文 2011 年），结合金代社会的发展和思潮，综合分析赵秉文的人生轨迹、文化心态和交游情况、文学创宗唐意识、赵秉文与李纯甫的文学争鸣以及对金末文风与科举颓势的抨击和匡正等方面；此外，还将赵秉文与欧阳修进行比较，以见其在文学史上的地位与影响，并且以此来揭示金代文学的思想倾向与艺术价值所在。王昕还发表了 3 篇研究赵秉文的论文：《赵秉文研究述评》（《古籍整理研究学刊》2011 年第 3 期）就金元明清与近现代时期学人对赵秉文的评价和研究进行了述评；《金儒赵秉文与宋儒叶适的比较研究》(《文艺评论》2011 年第 2 期) 对赵秉文与叶适的生活空间、社会环境、思想成就、文献地位等方面进行了对比研究;《金人赵秉文拟作论析》(《哈尔滨学院学报》2011 年第 1 期) 对赵秉文的"师古"理论、拟作诗词及其创作目的进行了探讨。苏静的《论赵秉文拟诗中的三重文化身份》(《石家庄学院学报》2011 年第 1 期) 认为赵秉文的三重文化决定其创作的选择:作为金朝诗人,由于宋金政权的对峙,他选择宗唐而非学宋;作为文坛盟主,他借拟诗标榜诗歌"正体";作为士大夫文人,拟诗体现了他的秉性才情。

(三) 王若虚研究

1. 王若虚诗文理论

靳丽维的《浅析王若虚的诗文批评思想》(《山西农业大学学报》2011 年第 10 期) 认为王若虚的诗学理论独具特色:他提倡诗文内容要"以意为主",要"与元气相侔";诗文形式要"巧拙相济"、"一文一质",诗歌鉴赏要重在体会其妙处,而不是吹毛求疵等。这些观点对于扭转当时诗坛弥漫的务奇争险的不良诗风起到了一定的积极作用。苏利国的《出经入史 尚疑好辨——也谈王若虚的文学观》(《河北北方学院学报》2011 年第 6 期) 认为王若虚的文学批评理论既有实际创作的具体指导,又有宏观体系的力图建构,对金末元初的文坛产生了深远的影响。相关论文还有靳丽维的《浅析王若虚对黄庭坚与江西诗派的批判思想》(《太原城市职业技术学院学报》2011 年第 7 期) 和胡蓉的三篇论文:《论王若虚诗学理论及其形成》(《西南农业大学学报》2011 年第 3 期)、《论"以意为主"文艺思想在先唐时期的衍变——王若虚文艺思想 (一)》(《时代文学》2011 年第 1 期)、《论〈滹南诗话〉"以意为主"文艺思想——王若虚文艺思想研究 (二)》(《时代文学》2011 年第 2 期) 等。

2. 王若虚的经史观念

刘辉的《王若虚的经学思想研究》(《社会科学战线》2011 年第 3 期) 认为王若虚是金代经学成就的代表,他继承和吸纳了汉唐、宋代的经学成就,形成了揆以人情约之中道、依经立意崇实求真、重经而不废传、遍引诸子断以己意的解经原则和特色,得到了当世学人的推重和后代儒者的认可。陈良中的《论王若虚〈尚书义粹〉的解经特色》(《重庆师范大学学报》2011 年第 1 期) 认为王若虚的《尚书义粹》解经有鲜明的特色:提倡义理解经,以探究《尚书》经世价值为宗旨;在训诂方法上注重上下文内在联系,并融入个人思想,反映出鲜明的宋学特色。王若虚经学方法与思想与宋儒展现为同一脉络,通过《尚书义粹》可以揭示宋金文化交流之面向。

张建伟的《论王若虚〈史记辨惑〉之史评》(《渭南师范学院学报》2011 年第 9 期) 认为王若虚在《史记辨惑》对《史记》中的众多人物作了评价,拘于儒家思想,不能理解司马迁的作史意图,其评论多有不当。

（四）刘祁与《归潜志》研究

刘祁是金末元初重要文人，他的《归潜志》是研究金代文学、史学的重要文献。本年度有两篇相关硕士学位论文：一是樊玲的《刘祁〈归潜志〉综论》（辽宁师范大学2011 年），论文对刘祁的生平、《归潜志》的成书过程、版本流传及价值进行探讨，重点对《归潜志》与《中州集》中的文人（以金末文坛的两大代表人物赵秉文、李纯甫为例）进行分类研究。二是姚晓飞《〈归潜志〉文学思想研究》（内蒙古民族大学 2011 年），该文对《归潜志》的诗学思想、散文思想的基本观点和形成原因进行探讨，认为《归潜志》文学思想的形成受金代末年的社会文化思潮和金末文学批评的语境的影响，是金代多民族文化融合的产物。另外，姚晓飞还发表了《金代文学批评家刘祁风格论刍议——以〈归潜志〉为中心》（《内蒙古民族大学学报》2011 年第 1 期）一文。

白显鹏亦有两篇研究刘祁与《归潜志》的论文，其一是《行身立志 卓尔不群——论金代文人刘祁〈归潜志〉士人群体品评的价值取向》（《东北师大学报》2011 年第 1 期），认为刘祁的《归潜志》在对金代中后期士人群体的记述与品评中体现出作者的价值取向，既承袭了以儒家思想为核心的中原文化因素，也融入了贞刚任气的北方地域文化品格。其二是《金代文人刘祁〈归潜志〉对女真人的认同心理及文学活动》（《满族研究》2011 年第 3 期），认为刘祁的《归潜志》不仅是一部重要的史料笔记，也是一部反映民族文化融合的典范之作。刘祁在对金朝女真士人的记述与评论中，体现出对女真族政权、文化、文学等诸多方面的认同心理。

（五）王寂及其作品研究

许鹤的《王寂生平与思想考辨》（《阜阳师范学院学报》2011 年第 3 期）一文结合王寂的诗词文等资料，对其生卒年、宦海浮沉及思想作了考辨。郑静娴的《王寂〈拙轩集〉诗作研究》（河北师范大学硕士学位论文 2011 年）对《拙轩集》的诗作进行了注释和研究。内容涉及作者生平、版本流传、研究现状、诗作分析等方面，重点是对其诗作进行了分类研究和注释。

（六）王庭筠家族文学研究

李梅的《金代王庭筠家族及其文学研究》（山西大学硕士学位论文 2011 年）一文对王庭筠家族的谱系、代表人物的生平经历和文学创作进行了较为详细的考察和研究，对王氏家族在金代文学发展过程中的地位、价值和意义作了客观公正的评价。李强、于东新的《论金源词坛的“南派”——渤海族王庭筠的词》（《时代文学》2011 年第 8 期）、于东新的《论金代渤海词人王庭筠——兼论民族融合语境下词人的艺术取向》（《黑龙江民族丛刊》2011 年第 5 期）两篇文章则对王庭筠词作的思想情感和艺术风格等方面进行了论述。

（七）李俊民研究

于东新、张婧的《金代遗民文人李俊民生平行迹述考》（《重庆师范大学学报》2011 年第 5 期）对李俊民的生卒年、仕宦经历、避难襄阳、归隐泽州、支持忽必烈称帝等问题作了考述。郭凤明、李艳春的《金代词家李俊民的遗民情怀》（《内蒙古民族大学学报》2011 年第 3 期）认为李俊民的词反映了思念故国家乡的遗民情怀。曹焕焕的《李俊民诗歌研究》（黑龙江大学硕士学位论文 2011 年）结合李俊民的生平经历对其诗歌进行研究，认为其诗歌创作感时伤乱，颇多幽愤之音，思想内容多以系念邦宗为主，诗风或幽愤激烈，或冲淡平实，形成了独特的艺术风格，对金末元初文坛有着重要影响。此外，还有段永贤的《金末元初的泽州长官段直与大儒士李俊民》（《太行日报》2011 年 11 月 27 日）。

（八）其他金代文学家研究

胡文川的《李纯甫怪奇诗风的内涵及形成原因》（山西大学硕士学位论文 2011 年）一文对金末李纯甫的诗文进行系统的分析和梳理，纵向从文学主张、创作历程及其对金末文人的影响等方面来分析其创作风格；横向从社会背景、文人心理等方面来分析其风格形成原因，以期从整体上把握李纯甫的创作及其影响下的“后怪奇诗派”。

王健的《朱弁研究》（广西师范大学硕士学位论文 2011 年）对南宋初期使金诗人朱弁的人生经历、思想来源、学术观念以及他与晁说之家族的交往进行探讨。论文对他的《风月堂诗话》、《曲洧旧闻》以及留存不多的诗文作品作了重点研究，并且高度评价了他对金代文学的影响。

贺勇峰的《金源文学的奠基人》（《内蒙古民族大学学报》2011 年第 6 期）认为宇文虚中是金代“借才异代”时期的重要文人，他的创作在思想主题和艺术风格方面都直接规定了金代文学的气质走向。宇文虚中在金代文坛上具有肇始之功，是金源文学的奠基人。

还有李润民的《金代状元刘撝娶转运使雷思之女献疑》（《山西大同大学学报》2011 年第 1 期）、聂立申的《金朝党怀英泰山行迹考述》（《山东农业大学学报》2011 年第 6 期）、李瑞的《从人际交往中看雷渊其人》（《安徽文学》2011 年第 2 期）等都是关于金代文学家的生平考证之作。

六、辽金文学文献研究

文献整理与考订是文学研究的基础，这已是学界的共识，辽金文学的基础文献虽少，但仍亟须加强。本年度有关辽金文学文献的研究论文不多，主要有：薛瑞兆的《〈金文最〉校札——署名问题及其他》（《江苏大学学报》2011 年第 1 期），作者依据史实订正了《金文最》在署名上的部分讹误，有助于学界更好地利用这部文献。罗海燕有两篇论文，一是《〈全辽金文〉校补——孟攀鳞生平、交游及佚文辑考》（《集宁师专学报》2011 年第 1 期，本文又见《玉林师范学院学报》2011 年第 3 期），对金末元初文人孟攀鳞的生平、交游详加考证，并补充其佚文 1 篇。二是《〈全辽金文〉辑佚 11 篇》（《西南交通大学学报》2011 年第 5 期），该文从方志及石刻资料中发现孔元措佚文 1 篇、杨奂佚文 5 篇、姬志真佚文 4 篇、孟攀鳞佚文 1 篇，并且抄录标点，可补《全辽金文》之阙。此外，裴兴荣的《〈中州集〉小传所载诗句篇什述略——兼论其文献价值》（《山西大同大学学报》2011 年第 3 期）一文，对《中州集》小传中引录的诗句篇什进行论述，认为这些诗句篇什题材广泛、内容丰富；体式多样、实用性强；形式各异、风格众多；数量既多、质量又高，可补《中州集》选诗不足之缺憾，具有很高的文献价值。

综上所述，2011 年度的辽金文学研究成果较为突出，研究涉及范围较广，研究视角和手段多元化，整体水平较高。但也存在一些问题，诸如基础文献的整理仍嫌不力，辞赋、小说、散文、戏曲等文体的研究有待加强，有些论文新意不足，水平不高，少数观点失之偏颇。

新世纪研究综述

新世纪达斡尔族起源研究述评

中国文化遗产研究院 景 爱

一、序言

民族研究要有源有流。族源是研究民族的起点，树有根，水有源，民族的研究也是如此。民族产生以后，一般都有发展演变的过程，有的民族加入了其他民族之中，被称作民族融合或同化；有的民族后裔长期存在下去。民族最后的演变，也是民族研究的重要组成部分，是不能或缺的。陈述先生说，研究契丹民族要“溯其源，正其流，方为有始有终。”

陈述先生对契丹族的研究，为我们树立了榜样。他在《契丹史论证稿》（后改名为《契丹政治史稿》，人民出版社于1986年重印）一书中，用了很大的篇幅论证契丹族的起源；又以“辽廷瓦解以后的契丹人”为题，论述了契丹、达斡尔的渊源承继。后来，他又撰写了《达斡尔史论证》（草稿）和《达斡尔族史稿》。这是契丹史研究的延伸和深入。

达斡尔族的起源，是达斡尔族研究中最重要的问题。只有正确地解决了这个问题，才能科学地研究达斡尔族的历史和其社会发展。为此，我们先介绍以前的研究情况，在此基础上评述新世纪以来的研究，会有助于加深认识和了解。

二、20世纪的研究

清乾隆年间，敕撰《辽金元三史国语解》，将《辽史》中的大贺氏改为达呼尔。同治十年（1871），朝廷派人到达斡尔族聚居区调查其族源，称是女真族后裔。朝廷不相信这种说法，光绪六年（1880）或光绪二十二年（1896），又派人前去调查，称是契丹裔[①]。宣统二年（1910），黑龙江省亦曾派人到西布特哈（即今莫力达瓦）进行民族

① 傅乐焕：《关于达呼尔族的民族成分识别问题》，《辽史丛考》326～364页，中华书局1984年版。

调查，撰《近世达呼尔索伦民族史稿》，称：达呼尔系辽国皇族后裔，天祚之时，迁至黑龙江北格尔必齐河一带居住①。这种说法影响很大，为多数人所接受。

民国二十二年（1933），阿勒坦噶塔撰《达斡尔蒙古考》，提出达斡尔为蒙古族的一支，应称作达斡尔蒙古。此说在民国年间颇有影响，钦同普的《达斡尔民族志稿》、何维中的《达古尔蒙古嫩流志》，都采用了达斡尔蒙古之说。

关于达斡尔的起源，除契丹说、蒙古说以外，还有一些其他说法，不过影响甚小。源于契丹、蒙古二说，在20世纪50年代甚为流行。傅乐焕认为达斡尔族既不源于契丹，也不源于蒙古，而是一个独立的民族②。陈述先生对达斡尔族的起源进行了全面深刻地论证，其结论是：

> 达斡尔人主要是契丹后裔，包括辽末、元末北迁的和辽、金、元时代留居鄂嫩河、库烈儿山地带的。在长期历史过程中，不可避免会有新成分渗入……直接承袭契丹人传统最多的一部分即现在的达斡尔③。

陈述先生关于达斡尔族来源于契丹族的论证，为国内外大多数学者采纳接受，也为达斡尔族人所认同，成为达斡尔族起源研究的里程碑，对达斡尔族的历史研究，产生了深远的影响。

三、朱学渊的种种谬说

有朱学渊者，自称是物理学博士，在美国太平洋企业公司工作，曾撰文论证西域族名与东北亚部族名的关系④。其文称："判定一个民族的族源，首先要确认它的族名的读音"。相近相同的族名、地名确实不少，于是，他不考虑历史事实，将相近相同的族名、地名一律视为有亲缘关系。结果出现了许多谬误，今例举若干加以说明。

例1，作者称

> 有古人说："月氏"应读"肉支"，现在大概很少有人相信这个古训了。其实"月"是读"乌"的，吴语方言它又音近"讹"。因此，"月氏"可能读"乌氏"或"讹氏"……东北亚族名"兀者"则应是"月氏"的源音……"月氏"就是"兀者"。

按：首先，"月氏"作为族名、国名，至今仍读"肉支"。《新华字典》释文："月

① 沈斌华、高建纲：《中国达斡尔族人口》1页，内蒙古大学出版社1998年。
② 傅乐焕：《关于达呼尔族的民族成分识别问题》，《辽史丛考》326~364页，中华书局1984年版。
③ 陈述：《试论达斡尔的族源问题》，《民族研究》1959年节8期。
④ 朱学渊：《西域族名与东北亚族名之关联》，《满语研究》2002年1~2期。

氏（Yuè zhī），我国古代西部民族名。”《现代汉语词典》释文：“月氏（Yuè zhī），汉朝西域国名。”作者称现在无人读（Yuè zhī）这个古音了，是与事实不符的。大概作者周围的工程技术人员或小学生不知道“月氏”的正确读音，便误认为大家都不会读它的正音。其次，作者用吴语的发音将“月氏”读作“乌氏”、“讹氏”，也是错误的。吴语是上海、苏南、浙江的方言，而月氏是在大西北，用东南方言解读西北族名，自然是南辕北辙，相差甚远。其道理显然，而作者却不知晓，反映出作者缺乏语言学基本知识。第三，兀者即金代兀的改，元代称兀的哥、斡拙、吾者，清代称乌德赫，俄国今称乌德海，居住在黑龙江下游和库页岛，非常落后，有野人之称。把兀者说成月氏，是风马牛不相及，令人好笑。反映出作者缺乏历史知识。

例2，作者又称：

> 从语言上看，族名“乌孙”（Osin）可能是“爱新”（Asin）之转音……“乌孙”即是“爱新”。

爱新觉罗·启孮是乾隆皇帝后人，属于清朝皇族，曾撰文谈爱新觉罗之由来。《清太祖武皇帝实录》注说：“爱新，华言金也。觉罗，姓也。”启孮辨之曰：“爱新觉罗一姓，其实姓是觉罗，‘爱新’只是‘徽称’，犹有瓜尔佳氏有苏完瓜尔佳，那拉有叶赫那拉、辉发那拉一样。据此可知，爱新不是姓氏，而是徽称。”① 满族出现于明代后期，乌孙早在汉代就出现了，爱新比乌孙晚出现了1300多年，二者并没有直接的接触，其族名何以能相互影响？岂非怪事。

朱氏还以很大篇幅论述达斡尔族的起源，称中亚的大宛、大夏、吐火罗就是达斡尔。他对达斡尔、达呼尔、打虎儿与朵豁剌、睹货罗、吐火罗一组名词进行比较以后，得出结论说：

> 根据这一目了然的音变机制，“大宛”是“达斡”，“大夏”就是“达呼”，“吐火罗”是“达斡尔”，应该是非常合理的结论……从诸多方面来看，大宛、大夏、吐火罗、睹货罗等，都是东胡异名“达斡尔”的别写。它与月氏或兀者一样，既是北狄，亦为西戎，陕甘宁青曾是他们的据点，河西走廊则是他们的通道。

研究北方民族的人都知道，“达斡”、“达呼”、“达斡尔”本是一回事，作者却将它一分为三，说明作者无知到了极点。达斡尔与大宛、大夏、吐火罗存在于不同时代，前后相差13个世纪之久，他们是怎样通过河西走廊迁徙的？这倒是一个非常重要的问题，然而作者却没有具体的说明。其实，作者也无法说明，因为达斡尔与大宛、大夏、吐火罗是没有任何关系的不同时代的不同民族。作者将达斡尔说成是东胡的异名，也

---

① 金启孮等：《爱新觉罗氏三代满学论集》205~211页，远方出版社1996年。

是错误的，证明其缺乏历史常识，犯了常识性错误。

这位朱先生在物理学上有多大成就，我们不得而知。不过他对于西域族名与东北亚族名关系的论述，实在不大高明，错误百出。从事历史研究的学者都明白，论证民族之间的异同，所依据的不是族名国名的相近相似，而是他们的历史活动有无关系。只靠国名、族名来做文章，所涉及的只能是表面现象，无法接触到历史实际问题。朱先生的大作向学者们敲响了警钟：单靠音变、转音的论证来解决民族关系是不可以的，讨论这类问题必须找出历史事实。

四、萨吉哈勒迪汗的错误解释

花灵阿的《达斡尔和索伦源流考》记载了一则达斡尔人的传说："据古代长老之传授言，于喀剌木伦之地方，曾有达斡尔、索伦之主哈冉达哈汗。其后裔萨吉哈勒迪汗，仗其骁勇且精悍，好于俘虏，频频与邻国交战。后来兵败，萨吉哈勒迪汗……朝着格尔必齐河，直向北海退避而去……渐次退避于黑龙江之山谷云。"

这则民间传说广为流行，据20世纪50年代调查，共有30多个版本，其情节大同小异。傅乐焕对此传说进行了分析，指出它附会了许多不相干的内容，例如将金代修建的边壕说成是萨吉哈地汗和其儿媳为了争功而挖掘的。其中心内容为："他是达呼尔人的领袖，曾经几次迁徙"；"在时代方面，如果我们相信孟定恭和钦同普所传的故事，萨吉尔迪汗是元末明初人。"①

莫日根迪对这个传说进行了分析，提出了新的意见，这些意见证据不足，疏漏甚多，使人难以相信②。

（1）其文先说"萨吉哈勒迪汗的原居住地是辽河上游地区……而达斡尔人北迁的时代应是辽末金初的时期"，并引元代许谦的《总管黑军石抹公行状》加以论证；然而其结语部分却称："萨吉哈勒迪汗是契丹人，曾是出自唐代契丹遥辇部的历史人物之一"，"萨吉哈勒迪汗是唐朝人"。这使读者困惑不解：萨吉哈勒迪汗到底是唐朝人还是辽朝末年人？是什么时代率众北迁的？在同一文章中，其说法前后不一，自相矛盾，还有什么科学性可言？

（2）为了证明萨吉哈勒迪汗是从西刺木伦、喀剌木伦出发北迁，作者引用了萨满教祭词作为证明。祭词中有"我于绰尔河流血了，我于阿伦河弃尸了"。绰尔河、阿伦河的名字是在清代见于记载的。如果萨满祭词翻译不误的话，证明萨吉哈勒迪汗的北迁，是发生在明代或清代。

---

① 傅乐焕：《关于"萨吉尔迪汗"和"根特木耳"的资料》，《辽史丛考》365～395页，中华书局1984年。

② 莫日根迪：《关于萨古哈勒迪传说的问题》，《达斡尔族研究》第8辑209～220页，内蒙古大学出版社2005年。

（3）哈冉达哈汗、萨吉哈勒迪汗，本是传说人物，作者认为：“以我之见，唐代出自遥辇部的痕德堇可汗和鲜质可汗，便是在达斡尔族民间传述的哈冉达哈汗和萨吉哈勒迪汗。对于哈冉达哈汗，《布特哈志略》作哈兰德坎汗，与痕德堇可汗在字音上如此相近，绝非偶然的巧合，而是反映了历史上确实有过该人物的问题。鲜质可汗应被理解为萨吉哈勒迪汗的简称。”

哈兰德坎 ha－lan－de－kǎn 与痕德堇 hen－de－jiān 字音相差很大，并不是什么相近，岂能把他们视为同一人？将鲜质可汗视为萨吉哈勒迪汗的简称，有何为证？作者根据自己的需要，可以随意曲解文字记载，还有什么科学性可言，岂能令人相信！

（4）称萨吉哈勒迪汗“朝着格尔必齐河，直向北海退避而去。”北海指贝加尔湖，格尔必齐河（俄文 Горбица）是俄国人东侵黑龙江流域时所起的名字。它是石勒喀河的支流，在 17 世纪才广为人知。说明萨吉哈勒迪汗逃往格尔必齐河、北海，不可能发生在唐代。

（5）民间传说中，哈冉达哈汗与萨吉哈勒迪汗是父子关系。本文作者出于论证的需要，却把他们的父子关系颠倒过来，萨吉哈勒迪汗是父亲，哈冉达哈汗是萨吉哈勒迪汗的儿子。其理由是，“萨吉哈勒迪汗传说……在达斡尔族民间口述相传一千多年的漫长过程中，不可能将此二汗的世次传的准确无误。因此，颠倒其世次，这也是难免的，不足责怪的事情。”萨吉哈勒迪汗的传说有多种版本，都说哈冉达哈汗与萨吉哈勒迪汗是父子关系，说明这是可信的。本文作者硬把他们的世次颠倒过来，其理由竟是“难免的，不足责怪的”，要求人们承认他篡改是正确的。根据自己论证的需要，竟肆无忌惮篡改民间传说的内容，哪有这种道理，这种做法证明作者缺乏实事求是的态度，这样的论述读者怎么敢相信！

五、将萨吉哈勒迪视作奇首无据

巴图宝音对将萨吉哈勒迪汗当做鲜质可汗提出了批评。“有人说萨吉哈勒迪，有可能是契丹遥辇氏联盟时期的九代可汗中的第五代可汗——鲜质可汗。从‘鲜质‘和’‘萨吉’谐音上很像，鲜质可汗的历史功绩也很大，但我认为不可能。”巴图宝音称：“经研究，我认为（萨吉哈勒迪汗）是契丹的始祖可汗——奇首可汗。”那么，他的根据是什么呢？

作者把“萨吉哈勒迪”分成两部分来研究，认为“萨吉”就是《辽史·太祖纪赞》提到的审吉。原文是，“辽之先，出自炎帝，世为审吉国。其可知者盖自奇首云。”炎帝和黄帝一样，是传说中的人物，所谓审吉国也是传说之国，史无记载，仅此一见。

作者在分析萨吉哈勒迪时，认为“萨吉”与《辽史》提到的“审吉国”谐音，因此，“萨吉”就是“审吉国”。哈勒就是达斡尔的氏族组织哈勒，达斡尔语称作哈拉。也就是说奇首可汗的哈勒名称是萨吉。史籍上写为“审吉国”，这里的国与国家的国是两回事。我认为这里的国就是哈勒，指氏族即部族而言。又称："萨吉哈勒并非可汗的尊名，而是可汗的大氏族部族名。可汗的尊名是奇首，因为不能有直呼其名，就呼其大氏族部族名为'萨吉哈勒迪汗'（sa ji ha le di ke han），也就是说，奇首是属于萨吉哈勒迪可汗。"①

作者的这种分析，着实让人头昏眼晕，摸不到头绪。其实，萨吉 sa - jí 与审吉 shěn - ji 很难说是谐音；退一步讲，即使是谐音也不一定就是一回事，因为谐音字实在太多了。萨吉本是人名中的一部分文字，与审吉国名一点关系也没有。这种移花接木的办法，读者是不能接受的。

不直呼其名，就是古代所说的避讳，是文化发达的产物。奇首可汗是传说中的人物，既非真有其人，又处于契丹人的早期阶段，属于契丹古八部以前时期。当时，社会文明初开，岂能有避讳之举？明末清初的巴尔达齐、博穆博果尔是部长酋长，颇受族人的尊敬，然而部民直呼其名，不见有避讳别称，契丹的早期阶段也是如此。这种用自己的想象来代替历史事实，提出种种没有根据的异说，令人叹为观止。

作者论述的目的，是将萨吉哈勒迪汗说成是契丹的始祖，比莫日根迪之说在时代上又向前推进了一大步，用以彰显达斡尔族的伟大。说明作者不明白史学研究是以历史事实为证，竟用自己的想象来代替史实，这样的研究往往会适得其反，有哲人早就说过：真理再前进一步，就会变成谬误。愿从事科学研究的专家学者，都能铭记这句警示名言。

六、达斡尔始祖为始均说不能成立

恩和巴图提出：达斡尔族的始祖萨吉勒迪汗，就是拓跋鲜卑北魏的始均。其著文说：达斡尔人世世代代相传自己的祖先的"唯一独尊的神圣皇帝"萨吉勒迪汗，就是《魏书·序纪》（公元551—554年成书）所记的"始均帝"。"萨吉勒帝"与"始均帝"两个名称的语音是相对的，其业绩也相对吻合……达斡尔族同拓跋鲜卑同为始均帝即"萨吉勒帝汗"的后裔。达斡尔族是在尧舜时代以前到达呼尔里亚地区的。他们曾多次迁出，但其主体部分仍留在故地，发展成为达斡尔族。②

上述说法有许多毛病，是不能令人信服、不能成立的，我们试作分析。

1. 萨吉帝与始均帝非对音

所谓对音，是指两种不同语言译音之间的对勘而言。例如契丹译成英文作 kitai，其读音与契丹二字完全相同，属于对音；俄国外贝加尔地区有个城市，俄文作 ЧНТА，译成汉文叫赤塔，二者读音完全相同，赤塔与契丹属于对音。恩和巴图称"萨吉勒帝"

① 巴图宝音：《论达斡尔民间所反映的氏族足迹》，《达斡尔源于契丹论》89~101页。中国民族出版社2011年。
② 恩和巴图：《达斡尔族的始祖就是萨吉勒帝汗"始均帝"》，《黑龙江民族丛刊》2008年第1期。

与“始均帝”语言相对，说的就是对音。实际上萨吉勒 sa－ji－lei 与始均 shi－jun 并不是属于对音，所谓他们语音相对，是错误的说法。其实，“始均”是魏收编纂《魏书》时，凭空杜撰出来的人名，是指“始君”而言，并无真实的姓名。不过有些人将“始均”当成人名，轻信了魏收之言，属于上当受骗。

2. 篡改人名用字

《魏书·序纪》载：“皇帝以土德王……其裔始均，入仕尧世。”① 作者在始均之后凭空加了一个“帝”字，证明始均是皇帝；又将萨吉勒迪汗改作“萨吉勒帝汗”，证明他也是皇帝。他们二人的名字都带有“帝”字，造成此二人身份相同的假象，使读者误信他们是同一个人。用这种篡改文字的方法蒙蔽读者，属于研究中的造假手段，违背了研究人员的职业道德规范，是不允许的。作者的品格如此低下，实在令人匪夷所思。

3. 用想象代替事实

作者认为，达斡尔族是在尧舜以前就到达了达呼里亚地区，若果真如此，达斡尔族便是黑龙江流域最早的民族了。那么，证据何在？在文献中有何记载？任何科学的论断都必须以事实为据。作者没有列举出事实，说明这是出于作者的想象。凭空进行推断，岂能令人相信？据说作者是从事蒙古语教学和研究的专家，语言研究是否靠想象代替事实，外人不太了解，不过历史研究是以史实为依据，有多少证据说多少话，在没有证据的条件下，任何一个有修养的史学家都不敢放空炮。这是史学研究的通例和原则，看来作者对此通例和原则，大概并不清楚。

从以上可以看出，达斡尔族始祖为始均说是不能成立的，说达斡尔族在尧舜以前就到达了黑龙江达呼里亚地区，更是荒谬不经之言。

七、对基因检测结果要进行科学分析

基因（DNA）检测被广泛地应用于生物学、医学和法医鉴定，被认为是比较科学的手段。近年基因检测又用于人类学研究，企图通过基因检测来确定不同民族之间的血缘关系。然而对契丹人的基因检测，却得到了不同的结论。中国医学科学院杨焕明、刘春运、吴东颖为主的课题组，对阿鲁科尔沁旗耶律羽之家族墓和耶律琪墓出土的墓主骨骼（牙齿、头盖骨）提取基因检测的结果，与今日达斡尔、鄂温克、蒙古和汉族基因相比较，认为达斡尔与契丹具有最近的遗传关系；与云南“本人”基因相比较，“本人”和达斡尔具有相似的父系起源，本人很可能是“契丹远征军”的后裔。②

此后，吉林大学边疆考古研究中心试验室和生命科学院许月、张雷、张全超、崔

---

① 《魏书》卷1，《序纪》。中华书局校点本第1页。

② 吴东颖：《契丹古尸分子考古学研究》，《莫力达瓦达斡尔族达斡尔学会会刊》2001年第9期。

银秋、周慧、朱泓组成的课题组，对23个契丹人骨骼样本进行基因检测，结果表明：契丹与外蒙古的遗传关系最近，与达斡尔的关系比较近，但是达斡尔不一定是契丹的直接后裔。①

同样的基因检测，其结果却有些不同。原因在哪里呢？我们试作分析。

第一，基因检测的取样标本不同，会直接影响到检测的结果。同样是契丹人，却有纯血统、混血统的不同。契丹人曾与异族通婚，即使是宗室贵族也不例外。契丹建国以前就和异族通婚，太祖淳钦皇后述律平就是回鹘后裔。建国以后仍和异族通婚，太宗靖安皇后萧氏，是述律平之弟室鲁之女，世宗怀节皇后萧氏，是述律平另一个弟弟阿古只之女，都具有回鹘血统。辽代中后期以后，契丹与异族通婚现象更多了。同是契丹人，其血统纯还是不纯，显然会影响到基因检测的结果。

第二，与契丹人相对比的达斡尔人、蒙古人、云南“本人”也有血统纯与不纯的问题。达斡尔人在黑龙江北时，多与鄂温克人通婚；南迁以后，多与满族人、蒙古族人、汉族人通婚。其血统之混杂，可想而知。蒙古人、云南“本人”也与异族通婚，故而他们的血统也相当复杂。因此，检测取样时，很难断定其血统状况是纯或不纯，也会对基因检测产生影响。

由于上述原因，基因检测出现偶然性（或然率）是很正常的，甚至可以说是难以避免的。至于基因检测操作是否科学，那就另当别论了，非这行的专业人员是无法说三道四的。

必须明白，人类学、民族学上的基因检测，比现代的亲子基因鉴定要复杂得多。它很难测定某族就是某族的直接后人。这是因为，无论古代的契丹族，或当代的达斡尔族，云南“本人”以及蒙古人，都是在不断融合、吸收异族人的血统发展成长中。从这个角度来说，今日的达斡尔不同于昨日的达斡尔，也不会同于今后的达斡尔。

有鉴于此，对民族基因结果的利用和宣传，要留有一定的余地，不宜断然肯定说“是”或“不是”，应当换一个说法，即可能性大，或可能性小，说到这种地步就可以了。须知，基因检测只是判定民族亲缘的一个因素，此外还有史实论证和体质人类学检测多种方法，要进行综合性的研究。换句话说，基因检测代替不了史实论证。陈述先生早在20世纪50年代，经过充分的论证，指出：“达斡尔人主要是契丹后裔……直接承继契丹人传统最多的一部分，即现在的达斡尔。”② 其遣词造句，经过了仔细地斟酌，并没有说现代的达斡尔就等于古代的契丹，是留有余地的。表现了他的大家风范和良好的史家修养。基因检测证实了半个世纪以前陈述先生的论证是非常正确的，即达斡尔与契丹并非完全相同，不可以画等号。现在有人认为达斡尔就是契丹，达斡尔的历史应包括契丹历史在内，是非常错误的，与历史的实际情况不合，既不尊重历史，

---

① 许月等：《古代契丹与现代达斡尔遗传关系分析》，《吉林大学学报》（理学版）2006年。

② 陈述：《试论证达斡尔的族源问题》，《民族研究》1959年第8期。

又缺乏实事求是的原则，对达斡尔来说，只能是有害无益。

八、结　语

新世纪以来，有些所谓的学者常常利用对音、音变、音转的方法，比较人名、地名、族名的相似相同，来论证历史问题。然而必须明白，这只是史学研究的一种辅助方法。历史研究所依据的主要是历史事实，史实不清不准，只靠人名、地名、族名的对音，是容易出错误的。中国各地称黑水、乌江、黑龙江的河名很多，都是以水色得名；称黄河、黄水、金沙江的河流也很多，也是以水色得名。不能说河名出现的早晚不同，此河影响了彼河。况且古代汉字的读音与现代并不完全相同，要进行语音的比较，不精通古音韵学是不行的，是造成某些人考证频频失当的重要原因。

民间传说也是史学研究的参考资料，不过民间传说往往附会有许多不相干的人和事，在利用民间传说时，必须经过仔细辨别和筛选，不能都信以为真。史家有句口头禅：传说不等于信史，说的就是这个道理。因此，利用民间传说研究历史，必须慎重再慎重。

不能夸大基因检测的作用，基因检测只提供了民族间亲缘关系概率的大小，确定民族亲缘关系主要靠史实的论证，况且民族不是以血缘为基础，有些人认为基因相同的人群，就是同一个民族，显然是不正确的。云南保山地区有个别“本人”，据基因检测结果，改“本人”为达斡尔族，毛病就出在这里，后来被地方政府制止。[①]

---

① 云南“本人”约15万人（1990年以前），改为达斡尔族的只有200人左右。

学术动态

国家社科基金特别委托项目

——《西夏文献文物研究》获准立项并顺利开局

一个世纪以来，西夏文献、文物有重大发现。西夏文文献多流失海外，长期以来很少面世。近些年由于中国社会科学院与俄国科学院东方学研究所合作出版大型文献丛书《俄藏黑水城文献》，与国内其他部门合作出版《中国藏西夏文献》，使西夏文文献大量刊布。西夏研究资料的激增，给西夏研究带来新的契机。中国社会科学院作为具有深厚西夏研究基础的部门，更应抓住这一时机，设立项目，在原有的基础上引领西夏研究潮流，在西夏文献文物、整理和深入研究方面有较大的发展和创新，作出新的贡献，努力使西夏研究成为中国社会科学院在基础学科，特别是在特殊学科方面取得重要突破的领域。

由中国社会科学院学部委员、中国社会科学院西夏文化研究中心主任、民族学与人类学研究所研究员史金波申请的综合科研项目“西夏文献文物研究”，在陈奎元院长的直接关怀和指导下，在社科院科研局的支持下，经全国哲学社会科学规划领导小组批准，立为国家社科基金特别委托项目，2011 年 3 月 7 日国家社科规划办正式下达立项通知，责任单位为中国社会科学院科研局，首席专家为史金波同志。

中国社会科学院科研局确定由中国社会科学院西夏文化研究中心进行项目组织实施，由民族学与人类学研究所具体管理。

全国社科规划办要求，根据项目申请报告内容，认真组织项目实施，整合全国相关学术力量和资源集体攻关，确保取得高质量研究成果。

一、落实组织管理

“西夏文献文物研究”正式立项后，项目负责人积极联络、整合全国西夏研究力量，按部就班地开展各项工作。此项目确定宁夏大学西夏学研究院为主要合作单位，宁夏大学西夏学研究院院长、中国社会科学院西夏文化研究中心副主任杜建录为课题第二负责人，并于今年 4 月由中国社会科学院西夏文化研究中心和宁夏大学西夏学研究院签订协议书。

根据国家社科规划办的要求，制定了“国家社科基金特别委托项目《西夏文献文物研究》管理办法”和“国家社科基金特别委托项目《西夏文献文物研究》经费管理办法”。

为保障项目的顺利实施，健全项目组织管理，成立了项目专家委员会，负责项目的集体领导和管理，由首席专家史金波任主任，杜建录（常务）、孙继民（河北省社科院副院长）、李华瑞（首都师范大学教授）、沈卫荣（中国人民大学国学院教授、副院长）任副主任。同时聘请与西夏学有关的著名学者蔡美彪（中国社会科学院荣誉学部委员）、陈高华（中国社会科学院学部委员）、樊锦诗（敦煌研究院院长）、陈育宁（宁夏大学原校长、教授）为学术顾问。设置办公室负责实施项目具体事务。

二、制定工作计划

项目负责人对此为期八年的项目精心组织、稳妥开局，在立项申请书的基础上制定扎实的工作计划。工作计划将此项目分为第一、第二两期，各约4年。工作主要内容和预期成果为：

（1）搜集、整理、出版西夏文献和文物；

（2）建立西夏文文献资料库和西夏研究网站；

（3）充分利用丰富的资料出版一批研究成果，要求在相关领域创新，打造精品力作，这是项目的工作重点；

（4）培养一批西夏研究人才，包括招收博士生和硕士生、举办西夏文学习班、读书班进行培训，这是项目推进和持续发展的基础；

（5）召开不同类型的学术研讨会，推动西夏研究深入展开。

三、设立项目子课题

在充分做好前期准备、与拟承担子课题的负责人反复交流的基础上，5月、6月和12月分别在宁夏和北京召开了三次本项目的子课题开题论证会，各位拟承担子课题的负责人在会上作了子课题论证报告。承担子课题的专家既有资深的语言学家、历史学家、宗教学专家，如孙宏开（中国社会科学院民族所研究员、博导）、杜建录（宁夏大学西夏学研究院院长、教授、博导）、孙继民（河北省社会科学院副院长、研究员、博导）、李华瑞（首都师范大学教授、博导）、沈卫荣（中国人民大学国学院副院长、教授、博导）等，又有中青年专家，课题涵盖了西夏文很多领域，内容丰富。

专家委员会对三次论证会进行了研究和评审，认为子课题论证认真，方向明确，重点突出，都很重视第一手文献资料的使用，可望取得具有较高的学术价值的成果。还认为三次开题会相当于小型的学术研讨会，很有学术分量。会上专家们对子课题的论证报告提出了修改意见和更高要求。共有 28 项子课题得到立项，其中研究课题立项重大项目 4 项、重点项目 10 项、一般项目 11 项，数据库与网站建设立项 3 项。

项目专家委员会提出了项目实施的要求：严格子课题立项，把好入口关；提倡刻苦钻研，强调创新；定期检查，科学管理，严格结项，把好出口关；树立良好学风，强调严谨治学。

在银川宁夏大学举行开题报告会会场。前排左杜建录（宁夏大学西夏研究院院长）、右孙昌盛（宁夏文物学术研究所所长）

在北京中国社会科学院民族学与人类学研究所举行子课题开题报告会会场。正面左史金波、右张昌东（中国社会科学院民族学与人类学研究所党委书记兼副所长）

中国社会科学院西夏文化研究中心和宁夏大学西夏学研究院联合举办西夏文研修班

作为国家社科基金特别委托项目《西夏文献文物研究》组成部分的第一届西夏文研修班于2011年4月12日至2011年5月9日在宁夏大学举办。该班由中国社会科学院西夏文化研究中心和宁夏大学西夏学研究院联合主办，中国社会科学院学部委员、著名西夏学专家史金波先生讲授。

来自中国社会科学院、英国爱丁堡大学、河北省社会科学院、内蒙古大学、内蒙古额济纳旗文物管理所、内蒙古额济纳旗文化广播电视局、甘肃省博物馆、甘肃武威博物馆、陕西师范大学、宁夏大学、宁夏社会科学院、西夏王陵管理处、贺兰山岩画管理处、宁夏博物馆、北方民族大学、宁夏人民出版社等16个单位的70名学员参加了学习培训，这些学员有的是西夏学学术骨干，有的是西夏文史在读硕、博士研究生，有的是西夏文化爱好者，既有青年学生，又有中年教授。参加研修班的学员多是已从事西夏研究的专家或准备从事西夏研究的人员。可以说这次研修班是中国西夏学研究者的一次大聚会。

西夏文研修班课程共有十四讲，主要包括西夏历史和社会、西夏文文献、西夏文字构造、西夏语的语音和词汇、西夏语语法、西夏文社会文书及其翻译方法，西夏文文献的翻译和断句等内容。其中西夏语语法为最主要的授课内容，包括西夏语的词组和词序、句子、格和格助词、存在动词、动词前置助词，动词的人称呼应和语音转换以及专有名词和亲属称谓等。

学习西夏文，一方面可以深入研究西夏语言文字，另一方面可以解读西夏文文献。西夏文文献数量很大，内容十分丰富，包含历史、文学、法律、社会、经济、文化、宗教、语言、文字、医学、历法、建筑等方方面面的资料，多方位地反映出西夏社会历史和文化，是一份重要的传统文化遗产。通过解读这些文献，可以深入探讨西夏党项民族、西夏王朝的历史文化，填补历史文化认识的空白。近些年来西夏文文献大量刊布，显得西夏文人才稀缺。举办此读书班目的就是为解读西夏文文献培养更多的人才。

通过一个月的紧张学习，多数学员了解了西夏文和西夏文献，学习并掌握一定数量的常用西夏文字词和基本语法；通过学习西夏文献的翻译和解读，基本达到能利用西夏文工具书初步译释西夏文文献的水平。将来通过继续深入学习和翻译实践，可逐步译释西夏文文献，从事西夏文史及其他相关学科的研究。

这次西夏文研修班的圆满举办，只是《西夏文献文物研究》培养西夏学研究人才工作的第一步，明年拟在此基础上举办更高一级的读书班。

西夏文研修班开学典礼。（左）王燕昌（宁夏大学副校长）、（中）史金波、（右）杜建录

在西夏文研修班结业式上史金波与学员合影

新书评论

评《中国辽瓷研究》

中国文化遗产研究院　景　爱

序　言

辽瓷是中国陶瓷百花园中的一株奇葩，不过国人对辽瓷的认识和研究，远不及宋瓷早。最初人们常常把辽瓷误作宋瓷或元瓷。最先认识、研究辽瓷的学者，一是辽阳人金毓黻，二是大连复县人李文信。金氏1930年在沈阳孙允中墓中发现了青釉黑花瓶，曾撰《辽金旧墓记》加以记述，其后1935年又到内蒙古赤峰地区考察窑址，发现了缸瓦窑遗址，断定为辽代官窑所在，见《静晤室日记》。李氏专事考古研究，其功力尤深。在20世纪30年代至40年代，他发掘了辽上京窑址、赤峰缸瓦窑址，并考查了沈阳博物馆（今辽宁省博物馆）近千件辽瓷，先后发表了《辽代之陶瓷》(1947)、《辽瓷简述》(1958)。对辽瓷的基本情况有所评介。不过由于篇幅所限，有些论述不够详细。特别是20世纪60年代以后辽代墓葬（特别是纪年墓）所出土的大量辽瓷，为其所未见到，尚留有许多值得深入研究的空间。

中国社会科学院荣誉学部委员佟柱臣先生，是我国资深考古专家，对新石器时代考古研究卓有建树，闻名海内外，为学术界所熟知。此外，他还对中国辽瓷有深入研究。早年，他曾作为李文信的助手，1944年发掘了赤峰缸瓦窑遗址，其撰作的《青峰缸瓦辽代窑址发掘通信》，被《盛京时报》所连载。此后，他连续实地考察了内蒙古和东北的辽金遗址，仔细研究了遗址中出土的辽金陶瓷。故而到了耄耋之年，仍以惊人的毅力完成了《中国辽瓷研究》的撰作，令人钦佩不已。

此书在前人的基础上，对中国辽瓷进行了全面、系统、深入的论述，成为20世纪以来最权威的集大成之作。拜读以后，为之眼睛一亮，深受启发、大长知识，有不能不说之话语。综观全书，有以下数事最为重要。

一、明确提出了辽瓷的定义

什么是辽瓷？这是辽瓷研究中最重要的问题。李文信《辽瓷简述》称："此处所谓辽陶瓷，系指辽土烧造和辽人使用的输入辽瓷器而言。"此说稍嫌含糊。佟先生在此书中，对辽瓷的定义特别明确：

> 辽瓷的定义：第一，属于辽国210年间的瓷器；第二，属于辽国历史辖境内出土的瓷器。这两个条件具备了，才可称为辽瓷。辽瓷还可以分为广义与狭义两种，狭义的辽瓷是指契丹人使用的传统的鸡冠壶、凤首瓶、鸡腿坛、辽三彩和从中原输入的青瓷、白瓷等。广义的辽瓷是指辽代辖境内契丹人、汉人、渤海人、女真人的用瓷，如定窑、越窑、景德镇窑、耀州窑等窑出产的瓷器，以及白霫等历史上其他少数民族的用瓷。（序第1页）

辽瓷的定义明确了，辽瓷的范围也就界定了，可以防止鱼目混珠现象。本书论述的重点是契丹人瓷器，兼及其他各族瓷器。主次异常分明，这从本书各章节的安排和论述的详略，可以看得很清楚。

二、研究材料的真实性可靠性

任何一项科学研究，其所利用的材料必须真实可靠，因为只有真实可靠的材料，才能成为实施研究的基础，才能得出科学的结论。这已成为专家学者的共识。因此，每一项科学研究都必须对所利用的材料进行甄别，去伪存真，材料的不准确往往会引出错误的结论。对于文物考古研究而言，由于其所研究的对象是实物，尤其应当注意到这个问题。海龙县杨木林山石刻的真伪引起学术界的高度关注，因为其真伪直接涉及金国初年的历史。

辽代的陶瓷材料，就其来源而言有两种。一种是民间保存的传世品，另一种是考古发掘所得。传世品由于出土地点不明，其科学价值很低，不能作为科学研究的依据，只能作为参考材料而已。科学发掘所得，不仅地点明确，又常常伴随有纪年的碑刻墓志，甚至还有刻划文字的陶瓷器。这类陶瓷成为研究辽瓷的可靠材料。佟柱臣先生在从事辽瓷研究时，主要是利用墓葬和遗址出土陶瓷。他曾亲自发掘赤峰缸瓦窑遗址，因此，他的认识非常明确。本书第三章标题称"辽瓷的编年"，辽瓷编年所用的材料，几乎都是考古发掘所得，由于多见碑刻墓志，纪年相当明确。在此基础上研究辽瓷（特别是契丹人瓷器）器形的演变和烧造技术的进步，就可以得心应手，作出科学的结论。诚如本书所言："对这类有纪年墓葬辽瓷的研究，不仅有利于对辽瓷的鉴定，也有利于对辽瓷演变规律的揭示"（第57页）。本书编制有"辽瓷年表"，不仅有文字说明

（见第68~82页），而且还绘出各个不同时期鸡冠壶、盘口长颈凤首瓶典型器物器形的演变（见第83~84页），直观生动地显示了辽瓷的演变，给读者留下了极为深刻的印象，更有助于了解本书的结论，展示了作者别具匠心，以事实来证明其说有据的大家风范。很值得我们学习和模仿。

三、辽瓷地理分布揭示的道理

根据纪年墓和遗址出土辽瓷的大量真实可靠的材料，本书对辽代瓷器的地理分布进行了深入研究。辽代共有五京道，是最高的地方行政区。每一京道辽瓷的分布不仅数量多少不同，其种类和器形也有很大的差别。

以鸡冠壶为代表的辽瓷分布的四至，北到黑龙江朱家坎，南到江苏南通，西到内蒙古阿拉善左旗红旗乡，东到辽宁法库叶茂台。如果按辽代五京道而言，上京道内辽瓷最为丰富，不仅有上京瓷窑、白音戈勒茶绿釉窑，在上京城内还有辽三彩窑，同时还发现了定州窑白瓷、景德镇青白瓷、灰青瓷或青瓷，还有白釉、黄釉鸡冠壶以及皮囊式鸡冠壶、木质鸡冠军壶、“官字款”盘口穿带瓶。“这些都证明辽上京道是辽瓷分布的中心地带”。中京道设立以后，“因为契丹人从上京逐渐南移，所以契丹人墓葬中的瓷器很多，不仅有各式鸡冠壶，还有一些带‘官’字款的碗、盘”。东京道“较多的是中下级汉族官吏，所以这里的辽瓷很难与上京道的相比较”。南京道汉族高官很多，赵德钧墓、韩佚墓、韩相墓，都是汉族高官之墓，发现了“官”字款、“新官”款瓷器碗底、辽三彩、青瓷水注以及鸡冠壶。西京道大同附近辽墓仅见白瓷和陶器，宣化下八里张姓大族墓仅见白瓷、青瓷和三彩，唯不见鸡冠壶，“可见契丹人在这里活动很少，这或许因为这里本来就是归化州汉人居住的地方”。

“从上述辽瓷的分布情况可以得出结论，上京道、中京道鸡冠壶和盘口长颈瓶发现较多，是契丹人主要聚居地区，东京道、南京道、西京道鸡冠壶和盘口长颈瓶等带有明显辽瓷特征的瓷器较少或不见，是汉人居住区”。从所绘制的辽瓷分布图上，辽瓷的地理分布一览无余，实为良法。将辽瓷的地理分布揭示出来，正与《辽史》中关于契丹人的分布记载相互印证、相互补充，有助于补充《辽史》记载之不足，为辽史研究提供了新资料。

四、辽瓷器形产生的社会原因

辽瓷中的鸡冠壶、盘口长颈瓶和鸡腿坛，是具有代表性的典型器物，也是最有民族特点的瓷器，人们一望即知这是契丹人的瓷器。契丹人的瓷器为什么如此奇形怪状？本书科学地回答了这个问题，指出与沙漠草原的地理环境和契丹人的游牧生活直接相关。

本书指出："各式辽瓷，都是为适应辽人的生活需要而烧制的。反映出契丹人的爱好与习尚，也表现出契丹人的游牧经济形态。所以鸡腿坛、长颈瓶、水注、盆、碗、盘、罐以及其他杂器，都代表着辽瓷的特征。"（第158页）

辽代的鸡冠壶，"辽代称为携瓶，即携带之瓶，为容器无疑，或装水，或盛奶。宋吕大临《考古图》卷十绘有携瓶……李氏录云吏部苏尚书子容，顷使虏中，于帐中尝见之。苏子容于契丹帐中所见到的携瓶，应为鸡冠壶。"（第29页）

鸡腿坛又称牛腿坛，其用途当为盛乳、榨乳器。"北方游牧民族将马牛羊乳放入瓷质或木质的鸡腿坛或罂瓶中，不断搅拌，使脂肪、酥酪分离，各应其用。"（29~30页）

盘口长颈瓶是"运水、储水器"，盖碗、圈足碗、蔡式盘、高足盘、葫芦形酒注是"草原契丹人宴饮器"。这些都是契丹人生活用瓷。

汉族人的用瓷与契丹人不同，盘、钵、瓶、坛、托盏等，是"辽代汉人宴饮器"（第32页）。瓜棱壶、执壶、盏托、茶碾等，是汉族人备茶器。

契丹人、汉人用瓷器形不同，是因为他们有不同的生活方式。契丹人是游牧民族，骑马、食奶是他们的生活习俗，所以他们习用鸡冠壶、盘口长颈瓶、鸡腿坛。汉族属于农业民族，日常饮食以粒食为主，他们习惯用的碗、盘、碟、盆都是适应粒食的生活需要。这样，从器形上一眼就可以看出，哪些为契丹人用瓷，哪些为汉族人用瓷，这种分析十分妥当、正确，给人以深刻的启发。

五、辽瓷的产生及影响

辽代契丹人瓷器的产生及影响，在本书中有详细论述。契丹人是东胡、鲜卑之后人，在物质文化上得到印证。辽代早期的篦纹陶，源于舍根文化，舍根文化具有鲜卑文化特征。会同四年（942）的耶律羽之墓和科尔沁左翼后旗契丹墓，发现有篦点纹陶瓷，最有代表性。在耶律羽之墓中还出土了白瓷皮囊式鸡冠壶、褐色皮囊式鸡冠壶，具有皮囊的褶痕，属于早期鸡冠壶。契丹人特有的鸡冠壶，在唐代中后期即已出现。不同形式的鸡冠壶，一直持续到辽代中晚期，辽三彩是受唐三彩影响出现的，辽初已见雏形，中后期得以发展，成为极具民族特点的器物。在一定程度上，可与唐三彩相媲美。

辽朝灭亡以后，辽瓷对后世产生了一定的影响，到了金代，更可以看到辽代鸡腿坛与篦纹的延续，各族之间的关系，是很久远的。在山东淄博市磁村瓷器上可以见到篦纹。"这应是辽代陶瓷中篦纹的延续，也表明辽瓷对金瓷的影响。"金代也有三彩器，被称作金三彩。在山西大同青瓷窑，还出土了很多鸡腿坛。在辽瓷分布的地区，发现了大量元代瓷器。这些都表明，辽瓷的遗风保留了很长时间，在历史上占有重要地位。

六、辽瓷的工艺、纹饰与作款

辽瓷虽属日用器物，不过在史书中几乎不见记载。因而辽瓷的研究主要依靠实物。本书根据大量的辽瓷实物作品，对辽瓷工艺、纹饰与作款诸问题都进行了详细记述。

瓷器烧造要经过拉坯、印坯、贴塑、挂釉成形以后，才能入炉焙烧。本书根据实物所见对各道工序都进行了仔细描述。由于瓷胎有杂色，采用了先施白色化妆土，在此基础上挂釉，可以保证釉色纯正。可知对辽瓷的观察极为仔细，才能注意到此细节。对窑具、装烧，也有细致描述。

爱美之心人人有之，古今相同。辽瓷上多有花纹，制作花纹的技法有划花、雕花、剔花、捏褶四种。捏褶技法见于鸡冠壶，是模仿皮囊的重要证据。辽瓷的纹饰很多，有人物、家畜、野生动物、渔猎、昆虫以及花草树木等等。契丹人活跃在辽阔的大草原上，水草丰美，随水草，就畋猎。辽瓷上的纹饰内容，与契丹人的居住环境和生活特点息息相关，反映了生活习尚，对了解契丹人的生活实景有所帮助。

辽瓷的作款有划、刻、书三体，字款包括了“官”、“新官”、姓氏、年款、地名、物类等等许多内容。其中“官”字款、“新官”款最为重要，“官”字款证明有官窑，赤峰缸瓦窑出土“官”字款瓷器，证明缸瓦窑为官窑。“新官”款的性质，目前尚无一致的认识，应历八年（958）赵德钧墓“官”、“新官”款瓷碗并存，证明辽代早期就有了“新官”款瓷器。这一问题尚待有新的实物发现，才能进行深入研究。

七、辽瓷与草原丝绸之路

汉唐以来的丝绸之路，是古代通往西亚的商路，除丝绸以外，瓷器也是其中重要的商品。本书就辽瓷的外传问题，作了详细介绍。

蒙古国杭爱省哈尔和林遗址最下层，出土了辽三彩片、刻花圆盘。

苏联图瓦省克泽尔城南，出土了西辽瓷器残片和白瓷棋子。

埃及福斯塔特遗址出土了辽代白釉盘口瓶、三彩凤首瓶、“官”字款白瓷、篦点纹青瓷片。

伊朗波斯湾港口西拉夫出土辽白瓷碗，尼沙布尔出土有辽三彩。

伊拉克萨马拉遗址出土有辽三彩。

地中海岸出土有辽三彩。

以上的标本表明：“辽瓷已经散布到北亚的苏联、蒙古人民共和国；西亚的伊朗、伊拉克、地中海东岸，北非的埃及等地，地域十分广大，展示了草原丝绸之路的畅行和海上交通之路的风帆往来，展示了契丹族历史上的辉煌和辽帝国的兴盛，也显示了辽代陶瓷的发达。”

八、辽史研究的必读之书

辽史研究不能只限于政治史，还要研究经济史、社会史、文化史。瓷器是人们日常生活的必需品，其加工制造表现了辽朝的科学技术水平，具有鲜明的民族特点，契丹人用瓷与汉人用瓷在造型上、风格上有所不同。辽瓷的作者，既有汉人也有契丹人，瓷器上的契丹文应是契丹人所书写。辽瓷外传到北亚、西亚、北非，证明了辽朝国势强大，草原丝绸之路相当畅通无阻。这些都是辽史研究中的重要问题。

辽金史研究的一代宗师、大师陈述先生非常重视辽金文物考古研究，契丹女尸、辽代壁画墓、应县木塔文物的发现，使他惊喜万分，反复强调辽金史研究离不开文物考古，他认为契丹考古填补了不少空白。他在为《契丹女尸》一书所作的序言中指出："契丹女尸的出土，形成了契丹考古的里程碑。这一重要发现，不仅为契丹人习俗、墓葬方面增添新材料，更为科学、技术历史提供了实证。"

佟柱臣先生在高龄之年出版《中国辽瓷研究》一书，不仅推动了中国陶瓷史的研究，也为辽史研究提供了重要的参考文献，弥补了辽史研究的空白，成为辽史研究的必读之书。特别是卷首的彩色图版、黑白图版和卷末所附《辽瓷文献解题》、《金瓷文献解题》，为辽金史研究提供了种种方便，更值得一读。为此，我们应当向佟柱臣先生表示崇高的敬意和衷心的感谢。

《辽金西夏研究2010》评介

吉林师范大学　李西亚

《辽金西夏研究2010》由景爱先生担任主编，于2012年5月由北京日报报业集团同心出版社出版，是《辽金西夏研究年鉴》系列年度出版物中的第二部。此年鉴以促进辽金西夏学科的学术交流，实现学术资源共享为宗旨，详细介绍了2010年这一研究领域的研究成果和相关学术动态。

综观全书有以下五个方面的特点：

栏目设置丰富，覆盖面较全

全书的结构上共设有18个栏目。涵盖了年度综述、新书评介、论文摘要、学者介绍与访谈、学术会议与活动、研究机构介绍、相关刊物介绍、文物考古与区域考古发现及论著目录索引等。

研究综述仍是本书最主要的部分，分为“2010年研究综述”与“新世纪研究综述”两个栏目。“2010年研究综述”一栏中刊登了周爽、都兴智（辽宁师范大学）所撰的《辽史研究》；孙红梅、赵永春（吉林大学）所撰的《金史研究》；宁夏大学彭向前、王舒宇合作的《西夏学研究》及安徽师范大学胡传志、李定乾的《辽金文学研究》。全面细致地为读者提供上年度本领域的研究成果及发展方向。

提供了辽金西夏史研究的方法指导

在本书的专稿部分收录的是景爱先生的《辽金史研究的理论方法与实践》一文，此文具有重要的学术价值与社会价值，在《东北史地》2012年第1期发表后，即被《新华文摘》第七期摘编。该文在肯定辽金史研究取得丰硕成果的同时，指出现在的研究水平还需要进一步提高，为使辽金史研究者创作出更多的精品之作，景爱先生在总结辽金史研究中存在的主要问题的基础上，提出了非常有价值的研究理念与研究方法。文章第一部分探讨了研究成果的原创性问题，指出原创性“是衡量学术研究水平高低的主要标准”，研究成果必须具备创造性，即要有“新观点、新材料、新方法”。第二部分“彻底走出正统观的阴影”，因为辽金为少数民族建立的政权，所以正统观对辽金史的研究还有着不小的影响，这里作者列举了从古至今的各种实例来说明正统观的不良影响。第三部分“慎读宋人的著作”，指出虽然宋人的著作为辽金史研究提供了许多资料，但有些记载不准确，在使用时要仔细辨识其真伪，提高史学修养。在第四部分“读书与思考”中，作者谈到“读书是研究的基础”，现在研究中许多人读书不多，以至研究时妄下结论，并举实例说明这种研究状况的危害性。读书之时，善于思考也是必不可少的，否则同样会出现理解上的错误或偏差。最后作者指出辽金史研究还有许多问题需要深入研究，仍有空白需要填补，如契丹文、女真文的研究；辽金医学、艺术；辽金碑志的整理等问题都应受到重视。该文看到了辽金史研究存在的普遍性问题，并提出了有益的指导性意见，对促进辽金史研究具有重要意义。

该书中针对辽金西夏史研究学者所设的“学者介绍”、“学者年谱”、“学者自述”和“学者访谈”四个栏目也起到了学术研究指导的作用。在这一栏目中报道了辽金西夏研究中的著名学者的学术研究生涯，学术研究的著述目录等。其中景爱先生撰写的《陈述先生的学术活动》介绍了陈述先生一生在辽金史研究中所作出的重要贡献，特别是在辽史研究方面所做的奠基性工作。其他文章有《罗福成著述目录》（李勤璞），《韩荫晟》（杜建录），《蔡美彪先生简历及著述简目》（柴怡赟），《阎万章先生生平简历和学术活动年表》（王绵厚），《魏国忠自述》、《牛达生访谈录》（王培培）。从这些辽金西夏史研究大家的经历和学术活动中，后人能够学习其科学的研究方法、严谨的研究精神。

刊登的文章信息含量大，论述深入透彻

本年鉴的一个重要特色是所收录的文章有许多是大篇幅的长文章。使得对某一问题的探讨能够做到内容翔实，论述全面而有深度，改变有些年鉴的报道浅尝辄止，不够充分的缺陷。正如本书的顾问徐苹芳先生所评价的：“《辽金西夏研究年鉴》编辑得不错，在篇幅上要比《中国考古学年鉴》大了许多，《中国考古学年鉴》受篇幅所限，文章都比较短小，说得不够充分，倒是很有特点的。”

如“新世纪研究综述”中由魏国忠（黑龙江社科院）所撰写的《渤海史研究》一文充分证明了这一点。该文近两万字，对近10年渤海史研究所取得的丰硕成果从十个方面进行了全面梳理与评价。关于渤海政权称号问题学界一直存在争议，魏国忠在其著作《渤海国史》和系列论文中对渤海国号为“靺鞨”的观点进行了论证：一是运用中外古籍互为佐证，二是中外文献与考古资料交相印证，三是对“高丽说”所据史料逐一剖析，四是进行严密充分的逻辑推理，五是说明“靺鞨”与“震国”之称并不互相冲突。从多角度、多方面，运用多种方法论证了渤海最初的国号为“靺鞨”。在渤海

主体民族的族属问题上，先后有魏国忠、姜守鹏、郝庆云、武玉环、郑永振等人对“靺鞨说”进行了论证，最后否定了之前的“高丽说”。另外，文章还介绍了对“渤海族”的研究，渤海政权的性质与归属的研究，渤海疆域与交通的研究，典章制度的研究，考古成就，对外关系、社会生活、文化习俗及古籍解读等问题的研究状况。作者指出“我国渤海史的研究在许多方面取得了较大进展，在一些重大争议问题的研究上获得了学术性的突破。不仅推进了渤海学科的建设与发展，也有力地驳斥了某些国外学者在一系列问题上的谬论。”这篇综述的特点是对以上各问题中的不同观点作出了详细的介绍和深入的评论，读后使人对渤海史研究的整体情况及其中的许多争议性问题有了清晰的认识，对了解新世纪渤海史的研究具有重要价值。

张国庆（辽宁大学）的《辽代石刻研究》一文也有一万三千字，对2000年以来辽史学者利用辽代石刻文字资料研究辽史的学术成果进行了整理与评价。在“辽代石刻与辽朝国号改复研究”中评价了景爱先生利用辽代石刻资料考证出辽代在200年间改国号达18次之多，而非文献记载的三四次。此外，还介绍了学者们利用石刻对辽人丧葬礼俗的研究。评论了利用辽代石刻文字中蕴含丰富的佛教文化信息，对辽代佛教文化进行研究的成果。对《辽史·百官志》的补遗以及在契丹文字的补遗方面所取得的成果。

栏目设置上不断改进，逐步完善

本年鉴在编辑上遵循着不断完善的宗旨，在《辽金西夏研究年鉴2009》出版之后，收到学者们的反馈，认为应该增加博士论文方面的信息，故增设了“博士论文摘要”和“论文摘要”两个栏目。博士论文的写作要求具有较高的创新性，选题多是学界研究不足或是未做探讨的问题，所以，这一栏目的文章对于学者们了解新的研究动态具有一定的价值。本期共收录辽金西夏领域的博士论文8篇。其中吉林大学文学院高福顺的《辽朝科举制度研究》，该文创新之处在于注意到辽朝科举制度诸要素在地域分布上的特点，“呈现地域不平衡性和相对滞后性”；“通过对辽朝科举考试生源的教育基础的研究，发现辽朝对科举考试的生源培养十分重视，呈现多层次化的倾向。”还考察了辽朝科举考试的次数与录取的人数。是对辽朝科举制度的首次全面、系统的研究。

吉林大学李西亚的《金代图书出版研究》一文是对金代图书出版的首次系统研究。对金朝图书出版管理制度和家宅刻书进行了开创性的探讨，通过考察得出统治者对图书出版采取较为宽松的政策，是金朝图书出版繁荣的重要因素。从金统治者对图书出版的积极的支持态度，也可以透视出其对汉文化的认同感。该文增补了《金史·艺文志》29部和金代刻书地点8处。首次将图书出版的各个流程综合起来进行研究，揭示彼此之间相互影响，相互制约的关系。

另外，年鉴还根据年度内发生的特别事件，随机增设一些内容。如该书为纪念已逝本年鉴的学术顾问徐苹芳先生增设了“哀悼徐苹芳先生”专栏。收录了由景爱撰稿的《怀念徐苹芳先生》和由其单位提供的《徐苹芳先生生平简介》、《徐苹芳先生年表》三篇文章。

提供了大量资料检索的目录性信息

提供了丰富的目录信息是本年鉴的另一特点。如在“博物馆介绍”栏目中对巴林左旗和巴林右旗博物馆的概况与馆藏进行了介绍，为研究者提供了详细的博物馆馆藏文物。文物作为实物资料，在学术研究上具有不可替代的价值，而这方面信息的获取途径又不多，因此，对这些博物馆的介绍具有重要的资料参考价值，方便了学者查找与利用。

书后是“辽金西夏 2010 年论著目录索引”及“专题论著目录”共收录论著条目 1500 条左右，按类编排，以满足读者检索的需求。

综观本年鉴，栏目丰富，刊登的文章信息性较强，能够将一年内辽金西夏学科研究重要事项均予以报道，呈现了年度内的发展动态，为了解辽金西夏研究提供了一年内全面、真实、系统的事实资料，是帮助学者们了解辽金西夏研究现状和研究发展趋势较实用的资料性工具书。

博士论文摘要

全真教与金元北方社会

吉林大学　李洪权

全真教是金朝初年产生于北方地区的一个道教新派，它是在民族矛盾的剧烈刺激下，少数汉族人士为逃避现实而推动发展起来的。金元之际，全真教臻于极盛，教徒和宫观遍布北方。作为一个具有深厚民间基础的教派，全真教在发展过程中与社会广泛接触，对当时社会产生了深远影响。同时，全真教也随着当时北方社会形势的变迁，不断地进行自身的调整，从而使这一庞大教团的命运与社会紧密地联系在一起。本论文从四个方面对全真教与金元时期北方社会的关系进行了论述。全文分绪论、正文和结语三部分，正文分四章。

第一章即绪论，主要说明本选题的原因和价值、本课题研究的状况以及相关问题的说明。关于金元时期的全真教，学界虽已有相当数量的成果，但主要集中在对其发展情况的叙述和其本身宗教特质的探索，以及对丘处机个人所进行的研究，至于它与北方社会的关系，则缺乏整体性和系统性的研究。其实，全真教与当时社会的关系是不可忽视的重要课题，因为无论从经济、政治方面，还是从社会伦理和社会救济方面，全真教都在金元时期的历史舞台上留下了深刻的印记。对这一问题进行全面的探索，不仅有助于我们了解全真教这一庞大教团的生存状况，还可从宗教的视角来观察金元时期北方社会的发展情况。因此，有必要对这个问题给予全面、系统的研究。

第二章探讨了全真教的经济概况。从经济生活方式上看，全真教在金元时期主要出现了乞食、耕作和寄生等几种情况，从时间上划分，大致是金末乱前以乞食为主，金元之际以耕作相尚，而入元后它在保持耕作的同时，部分道士又出现了坐享饱食的寄生情况。相应地，全真教道观经济的来源，除教徒本身创造外，有相当大的部分则来自世俗社会的捐赠和施舍。捐献的内容在金元之际主要以道观、土地、财物为主，入元后则似乎以施舍钱钞为多。但从整体上看，全真教对财富的获得基本坚持鄙视财货、以义取利和公而忘私的观念，在消费上也以粗衣粝食、自食其力和扩大教门为信念。综合来看，全真教在经济上的生活方式和社会来源受社会环境的制约较大，而其经济、消费观念则与全真教本身的教制戒律息息相关。

第三章论述了全真教在政治上与北方社会的关系。总体而言，对全真教，金朝最高统治集团以压制为主，而蒙古统治者则以优遇为主。但由于全真教起自民间，它在地方上与各级官吏一直都保持着密切关系，甚至在金朝稳定时期，有些全真教徒与地方权贵也颇有交游，至于蒙古统治下的地方权贵，全真教则始终都与其保持着紧密联系。值得注意的是，金朝末年，全真教在北方错综复杂的政治局势下，它与蒙古、金朝、南宋、世侯甚至起义军都保持着交往。在政治观念上，全真教主张无为而治，希望统治者与民休息，减轻民众负担，这其实与全真教在民间的深刻体验有直接的关系。

第四章分析了全真教与社会伦理道德的关系。由于金元时期战乱的影响，传统的社会伦理道德遭到空前破坏，而作为儒士渊薮的全真教，在力所能及的范围内本能地对传统伦理道德进行了宣扬和维护，并取得了一定效果。它通过劝善止恶的教化，使当时趋恶的人性有所归善；通过对孝道的广泛阐扬，使当时冷漠的人际关系有所缓解；通过对纲常的坚持和维护，使当时的社会秩序多少有些恢复。这种情况，与全真教本身的儒家品格有着本质的、内在的关系。

第五章考察了全真教对北方社会的救济情况。金元时期是汉族民众生活较艰窘的时期，尤其在社会动荡的情况下，百姓生活更加困苦。从金朝末年起，全真教利用蒙古统治者给予的经济特权，开始大规模地垦田耕作，这为它实施社会救济提供了必要的物质基础。这种救济主要表现在两个方面，一是物质赈济，一是医术疗疾。当然，全真教在社会救济方面虽然作出了很大贡献，但作为宗教组织，它只能为部分贫苦百姓缓解燃眉之急，而不可能真正脱人于苦难。不过即便如此，全真教的这些济世善举在中国古代宗教史上仍是值得特别注意的。

金朝宰相制度研究

吉林大学　孙孝伟

在学术界已有成果的基础上，对金朝宰相制度进行全面的研究，通过考察金朝宰相制度的来源和演变，金朝宰相的任免，金朝宰相职权的行使，金朝宰相间、宰相与左右司和六部、宰相与其他中央机构的关系，金朝宰相与皇帝的关系，揭示金朝宰相制度的历史作用、特点、历史地位。全文共分为绪论、正文、结语三个部分。

第一部分，绪论。这一部分首先对基本概念进行了界定，然后对选题原因和价值进行了分析，接着对学术界的研究现状作了述评，继而对创新点和难点进行了总结，并阐释本文的研究思路。

第二部分，正文，共分五章。

第一章阐述了金朝宰相制度的来源和演变。金朝宰相制度有两个来源，其一是女真旧制，其二是唐、辽、宋三朝的宰相制度。金朝宰相制度经过了长期的演变过程，在各阶段有所不同。

第二章考察了金朝宰相的任免情况。在界定金朝宰相的范围的基础上，统计金朝宰相的实际任职人数为159。通过考察金朝宰相选任的决策过程，认为金朝宰相任命的最终决策权，一般是掌握在皇帝手中的。金朝宰相的出身，在入仕途径、前任职务、民族宗族、地域分布四个方面有所不同。金朝宰相任职过程中，以逐级升迁为主，在各民族间有明显差别。一般情况下，皇帝通过宰相的任免保持宰相群体中女真宰相人数上的相对优势。金朝宰相的去职，有出任其他职官、削职为民、致仕和死亡四种情况。

第三章考察了金朝宰相职权的行使情况。宰相通过行使权力实现对皇帝的匡辅，其权力一是议政权，二是行政权。宰相通过行使议政权，即御前奏事和议事，尚书省会议，主持百官集议和个人疏奏、咨询、谏诤、封驳，集中百官的意见，参与中央的决策，纠正皇帝的过失。宰相通过行政权的行使，即发布诏令、监督执行、亲自处理政务和兼任其他职务，把皇帝的决策贯彻到中央各部门和地方路府州县，实现对天下的治理。

第四章考察了金朝宰相间、宰相与左右司六部、宰相与其他中央机构的关系。金朝宰相群体，是由皇帝控制的，首相具有一定地位的宰相集体负责的群体。金朝时，左右司令史和左右司官负责具体政务的处理，宰相监督左右司官和左右司令史，皇帝通过左右司对宰相进行一定程度的牵制。宰相通过六部官员推行政令，通过赏罚监督六部工作。皇帝在宰相与六部的关系中发挥了一定作用，六部经常对宰相表现出一定的独立性。金朝宰相与枢密院的关系是相辅相成的。宰相与皇帝共议军事，并经常领兵出征。台谏监察和弹劾宰相，宰相对台谏有任命和奖惩的权力。台谏与宰相斗争的结果，是皇帝权力的集中和加强。近侍收集信息和传达旨令，承担其他任务，有稳定的预政途径。宰相力量逐渐减弱，近侍力量则逐渐增强，是一个基本趋势。

第五章阐述了金朝宰相与皇帝的关系。金朝宰相制度是政务运行的枢纽。金朝时，皇帝对宰相有一定的控制机制。行政、军事、监察等各种权力，宰相不能兼而有之，皇帝因而集权于己。各个方面的权力掌握在女真人手中，他们能够保证皇权的稳定。宰相多级多员，首相职位递降，皇帝驾驭方便。皇帝通过多种途径收集信息和传达政令，防止宰相控制信息传播途径。皇帝通过限制进士任相，防止进士形成监督和限制皇权的集团性力量。金朝宰相与皇帝关系的具体情况，在各阶段有所不同。

第三部分是结语，在总结全文的基础上，阐述金朝宰相制度的历史作用、特点、历史地位。金朝时期，宰相在皇帝和百官间议事和行政，行使职权，尚书省是政务运行的枢纽。金朝宰相制度的特点有三：一是宰相多级多员，种族交参，坚持女真至上的原则。二是宰相机构是尚书一省，议政和执行合一，政令制定和执行方便。三是皇帝控制宰相，坚持君主臣辅和君定臣行，实行君主集权。金朝宰相制度是中国古代宰相制度史上的一环，具有重要的地位。

论文摘要

“女真”译音考

中国社会科学院　聂鸿音

金朝统治民族的名称在蒙古语里叫做*jürčin*（女真），中原王朝把*jü*译成“女”令人感到有些异样，因为在宋元史籍里与“女”相对的外民族语音一般是*n*－而不是*j*－。后代学者大多遵从《大金国志》的判断，以“朱里真”为正译，以“女真”为讹译。然而从中国的翻译史上我们知道，不同译名的出现只不过是由于译者所据的语言或者方言不同。由此想到，“女真”之所以被《大金国志》判断为讹译，必是因为当时的人们忽略了这样的差别。

“女真”在柏林本《女真译语》里写作“[illegible]”，汉字对音是“朱先”，从对音汉字“朱”和“诸”判断，*jürčin*和*jüšen*的起首音一定读作清声母（相当于国际音标的tÃ－或Ã－），这符合近代蒙古语和满语的读法。如果采纳阿尔泰语言学界的普遍意见，认为近代语言中的不送气清辅音在某个较古的阶段读作浊辅音（tÃ < ＊dÃ），那么就可以为“女真”这一译名寻找到一种可能的解释。

在公元12世纪，有史书以外的材料显示了汉语娘母字可以用来对译外民族语的浊塞擦音［dÃ－］。例如在西夏骨勒茂才编写的《番汉合时掌中珠》里，西夏字“[illegible]”［dÃju］的对音汉字为“女”。这样我们就可以相信，以“女真”对译*jüčin*并非讹译，而是有其特定的汉语方言基础。这个古代方言的地域东起长安，西至敦煌，广泛分布于古丝绸之路沿线——正是人们常说的“西北方言”。按照马伯乐的描述，中古中原方言和西北方言有一个显著的区别，即中原方言把“明”、“泥”、“娘”、“疑”、“日”等声母读成像现代那样的普通鼻音m、n等，对应于梵文的鼻音，而西北方言则把这几个声母的阴声字和入声字读成带除阻成分的mb－、nd－等，对应于梵文的不送气浊塞音或者浊塞擦音。这个结论恰可以解释“女真”一词与宋元史籍中其他词语译音规则不符的缘故。“女真”这个汉译词的语音基础必是长安方言，只不过10世纪时女真人的活动地域与唐王朝的政治中心地带相距遥远，并没有发生民间的实质性交往，所以中原人知道的也仅仅是“女真”一个词而已。到了12世纪，女真人占据了中国北方的大片土地，女真语词才开始大量为汉人所知，而这时中原的政治中心已经转移到了今天的河南、河北一带，人们若再需把女真语词音译成汉语，则其语音基础当是以汴洛话为代表的中原方言。唯有“女真”这个汉译词，尽管后来的中原人已经感觉到它的译音有些异样，但由于早已沿用成习，当然是想改也不可能了。

论金词与元词的异质性

——兼析“词衰于元”传统命题

吉林大学　王　昊

金词仍是音乐文学，与元词有着“异质性”，处于词史不同发展阶段，这是笔者自研究金词以来所持有和强调的一个基本观点，也是笔者在金词词史定位、分期等问题上不同于时贤的一个内在视角。将金元词合观而又笼统错置于南宋词之后，这在当代词学研究中并不少见。迩来时贤复倡“北宗词”论说，认为金、元词同质于“北宗词”。“北宗词”说的内涵实质是豪放词风的地域风格化推衍。“事实上，金词与南宋词各为中国词史在北南的共时一环；而金词与元词既有连续性又更有不同时、不同质的一面，忽视词体的音乐性、声学特征，仅从文学风格合观金、元词是片面的。”（王昊、崔海正《二十世纪金词研究的回顾、反思与展望》，《南阳师范学院学报》2007年第7期）

即以总体风格特征论，金词“移植性发生”后亦完成“北派风格”的本土化建构；元词则由于金词和南宋词北、南两个遗留性发生源的存在，北、南词风交汇而逆向嬗递，难称总体性之“北派”词。而元代部分文人词的浅俚、俳谐化正是元词受曲体文学影响“曲化”的结果。从词史定位言，金词对元词的发生和演化虽不无影响，但金词属于词史高峰进程中的产物，元词则是词史高峰后的余波，两者分野于不同的词史阶段。

金词属于“歌本”与“辞本”同体统一的“声学”，其创作接受系文学—文化现象。词体文学在金源是作为燕乐歌舞活动的一部分，在宫廷大宴、州府和仕宦豪右的公私宴集以及市井秦楼楚馆、瓦舍勾栏演唱的。词乐输入之始，伴随流播而变异，成宫廷、民间两线分流，即被整合入金源宫廷曲、教坊曲的“大传统”（包括太常雅乐、教坊散乐、教坊鼓吹乐），流行于宫廷大宴和公私宴集；金代音乐文化中的“小传统”则主要是由流行于民间的女真“本朝曲”和汉族时调等构成，所受北宋燕乐冲击、影响有限。女真本朝曲金世宗时虽经世宗力倡而进入金源音乐文化的“大传统”，但却很少能转化进入词乐。

金代音乐文化的大、小传统发生强势与弱势的易位变化而终致“词曲递变”发生。

在北方路向的金词与北曲间的“词曲递变”中，曲体文学经历了一个由民间俚歌到“文人律曲”的过程，也经历了一个民间歌场中词、曲共生并行、“亦词亦曲”以至被元人共相地看成“乐府文学”流衍的过程，其时限约当是金末至南宋灭亡前的蒙元时代。此后的所谓“元词”在一定时期内虽仍属可歌，但传唱范围主要限于文人宴集，且歌法已有变异。而随着元词“创作形态”中“民间词”的消亡，代之在勾栏、行院等市井民间歌场传唱和搬演着被后来称为“散曲”的“今乐府”和后来称为“杂剧”的“院本”、“传奇”。因无论词体文学还是曲体文学都是“辞本”与“歌本”的统一体，这从根本上决定词、曲的并行是阶段性的，亦从根本上决定了词体脱离音乐的彻底蜕变，元词创作、传播方式向案头化的必然衍化。从元词合乐的内部情况具体考察，迟至延祐（1314—1320 年）元词已不可歌。

传统“词衰于元”命题大体代表了对元词词史定位的基本看法。张惠言和陈廷焯等“词衰于元”说的基本出发点在于“曲化”而“正声”消亡，内含正变之义、雅俗之辨。其对于词体和曲体文类等级的看法渊源自四库馆臣。民国诸词学家重申“词衰于元”，“正变之义”已淡化，着重于曲兴词衰的衍化史实而已。所谓“词衰于元”的内涵首先指词体在元代发生了脱离音乐的根本性蜕变，元词已开始成为不可歌的案头文学，从而开启、进入了词史进程中“案头之词”的阶段。如果不受清人的词曲“代降”文体观和 20 世纪确立、流行的一元线性“代胜”文学史观的局囿，从“文化建构文学史观”观照 12 至 14 世纪词体文学内部的宋金元词演化和外部的“词曲递变”，那么“词衰于元”这一命题可以阐释为：词史进程中同属音乐文学的金词与南宋词的“整体性”，反映着词体文学在雅俗二维文化构型的“近世文学”转型后的模态和质态；而金词与元词的“异质性”和“词曲递变”的发生也正表明近世文学二维文化构型中雅消俗长、文化权力下移的趋势和必然结果，从而最终完成了文体层面从“化俗为雅”的词体尊体到“由雅入俗”的曲体建构的回旋运动，以及审美理想上“真善统一”、“情志统一”的“和谐雅美”向“以真为美”、“情趣至上”的“偏至俗美”倾斜转。

专 稿

关于辽金的"正统性"问题

——以元明清"辽宋金三史分修"问题讨论为中心

吉林大学　赵永春

辽宋金对峙时期，宋人自称"中国"、自称"正统"，辽人和金人也自称"中国"、自称"正统"。元人自从议修辽宋金三史之始，就围绕着纂修义例问题，展开了长达百余年的激烈争辩，绝非仅仅是史书编纂体例问题，而是有关辽宋金"正统性"的大问题。直至元朝末年，才由脱脱拍板，最终确立了辽宋金"三国各与正统，各系其年号"① 的修史方案，承认了辽金的"正统"地位。明清时期，有人反对辽金的"正统性"，也是围绕着辽宋金"三史分修"问题展开。有人认为，"明代士人普遍否认辽金正统"，"彻底颠覆宋辽金三史的正统体系"，"清朝统治者从北方民族王朝立场转向中国大一统王朝立场之后，最终也否定了辽金正统"，"从一个侧面彰显了近千年来华夷观念的演变轨迹"。这种说法恐怕与史实相去甚远。实际上，关于辽金正统性问题，在明清时期仍然是一个存有争议的话题。明代确实有人意欲通过"颠覆宋辽金三史的正统体系"而否认辽金的正统性，但并非是"普遍否认辽金正统"，甚至可以说试图否认辽金正统一派的观点在明代并非占据主流地位，主流观点仍然承认辽宋金"各与正统"的地位，"宋辽金三史的正统体系"并未被颠覆。清朝也没有"颠覆宋辽金三史的正统体系"，不管是在坚持北方民族王朝立场阶段还是转向中国大一统王朝立场之后，多数人都赞成辽宋金三史分修，并认为"辽宋金三史修"、"各与正统"问题，早已经成为定论，仍然承认辽金的正统性。其实，古人所津津乐道的"正统"问题，今天看来，已经没有什么意义了，但他们所说的"正统"，主要指政权的合法性②，涉及辽金历史地位以及华夷之辨等问题，不可不辨。因作此文，就教于方家。不正确之处，欢迎批评指正。

---

① （元末明初）权衡撰，任崇岳笺证：《庚申外史笺证》卷上，中州古籍出版社1991年版，第44页。

② 古人所说"正统"，涵义很多，有帝统（即君统，帝王受命之统）、治统（正位以统理天下）、法统、道统、一统等等，此外，还有所谓的儒有儒统（也称道统）、佛有佛统，道有道统，文有文统（即文化正统和文学正统），乐有乐统，天有天统，地有地统，人有人统，史有史统，历法也有"正统"等等。本文所讨论的"正统"问题，主要指政权的合法性问题。

一、元朝官方承认辽宋金“各与正统”

辽宋金对峙时期，宋人自称“中国”、自称“正统”，辽人和金人也自称“中国”、自称“正统”①。辽人和金人承认宋朝是“中国”，但不承认宋朝是“正统”②，宋人既不承认辽金是“中国”，也不承认辽金是“正统”。元朝取代金宋以后，对宋人自称“正统”没有疑义，而对辽金自称“正统”则存在不同看法，后经过长时期的激烈争辩，最终由官方确定，承认了辽宋金“各与正统”的地位。

元人对辽金“正统性”问题的讨论，主要是围绕着辽宋金三史的纂修及其纂修义例问题展开。

据史书记载，金朝灭亡以后，几位金朝遗民就曾讨论过将来应该如何纂修国史的问题，有人认为“自唐已降，五代相承，宋受周禅，虽靖康间二帝蒙尘，缘江淮以南，赵氏不绝。金于宋史中亦犹刘、石、苻、姚一载记尔”，认为宋辽金对峙时期，宋是正统，辽金不是正统，主张将来撰写辽宋金历史时，以两宋为正统，像《晋书》一样，将辽金列入载记。修端极力反对以宋为正，以辽金为闰的观点，认为“宋受周禅有中原一百六十余年，辽为北朝，世数如之”，宋每年要向辽“岁贡银绢二十万两匹（当为三十万两匹，后增为五十万两匹）”。“宋自靖康已来”，向金“称臣侄，走玉帛，岁时朝贡，几于百年”。又说“若以居中土者为正，则刘、石、慕容、苻、姚、赫连所得之土，皆五帝三王之旧都也；若以有道者为正，苻秦之量，雄材英略，信任不疑。朱梁行事，篡夺内乱，不得其死。二者方之统，孰得焉?”即认为，如果“以居中土者为正”、“以有道者为正”，则刘、石、慕容、苻、姚、赫连亦当为正，也就是说，有如苻秦一样由少数民族建立的辽金政权亦应为“正统”。因此，他主张，将来纂修辽宋金三史时应仿照李延寿《南史》和《北史》之体例去修纂，以为“辽自唐末，保有北方，又非篡夺，复承晋统，加之世数名位，远兼五季，与前宋相次而终，当为北史；宋太祖受周禅，平江南，收西蜀，白沟迤南悉臣于宋，传至靖康，当为宋史；金太祖破辽克宋，帝有中原百余年，当为北史；自建炎之后，中国非宋所有，宜为南宋史。”③ 这种主张按照《宋史》、《北史》、《南宋史》的编纂体例编写辽宋金三史，就是承认辽宋

① 参见赵永春《试论辽人的“中国”观》，《文史哲》2010年第3期；赵永春《试论金人的“中国”观》，《中国边疆史地研究》2009年4期。

② 有的金人承认北宋是“正统”，南宋不是“正统”。

③ 修端：《辨辽宋金正统》，见苏天爵《国朝文类》卷45，四部丛刊初编本。关于修端《辨辽宋金正统》之系年，学界有不同认识，饶宗颐依据文中“书讨论此事，岁在甲午”，按“可能是至元三十一年（1294）”（参见饶宗颐《中国史学上之正统论》，上海远东出版社1996年版，第53页）。李治安依据文中有“今年春正月，攻陷蔡城”一语，考订其文撰于元太宗六年甲午（1234），即金朝灭亡的那一年（参见李治安《修端<辨辽宋金正统>的撰写年代及正统观考述》，《内陆亚洲历史文化研究——韩儒林先生纪念文集》，南京大学出版社，1996年）。

金都是“正统”的意思。修端强调“宋受周禅”、辽“承晋统”，又谈到“以居中土者为正”、“以有道者为正”等古人探讨正统问题的标准，绝不是谈史书修纂中的文化传承问题，而是指政权的合法性问题。这应该是最早提出了辽宋金都应该是“正统”的思想认识。

修端提出《宋史》、《北史》、《南宋史》三史修史方案，承认辽宋金都是正统的思想理论之后，虽未取得世人的普遍认同，但对后世产生了十分重要的影响。元世祖忽必烈即位之初，宋朝尚未灭亡，金末状元王鹗就以“宁可亡人之国，不可亡人之史”之说[①]，劝忽必烈设立史局，“纂就实录附修辽金二史”[②]。商挺亦“建议史事，附修辽金二史”[③]。忽必烈颇纳其言，“命修国史，附修辽金二史”[④]。按照中国史学的传统观念，某个王朝纂修前朝历史，就是对前朝具有正统性以及本朝是前朝法统继承者的承认。王鹗、商挺等人建议纂修辽金二史并得到忽必烈的同意，说明他们具有承认辽金“正统性”的意思。

至元十三年（1276），元朝灭亡南宋以后，董文炳又建议说：“国可灭，史不可没。宋十六主，有天下三百余年，其太史所记俱在史馆，宜收以备典礼”[⑤]，世祖又诏令词臣通修辽、金、宋三史。元成宗时，应奉翰林文字、兼国史院编修官袁桷上《修辽金宋史搜访遗书条例事状》，请求纂修辽宋金三史[⑥]。英宗时，右丞相拜住监修国史，曾下决心要修成三史。文宗以后，也是屡诏史馆纂修三史等等。元朝虽然多次下诏纂修三史，但修史工作实际上并未展开，其中主要的原因就是三史编纂体例确定不下来，也就是人们对三国“正统性”问题没有形成统一认识，而是“互以分合论正统，莫克有定”[⑦]，也就是人们对有关辽宋金“正统”问题确定不下来。实际上，人们对宋朝是“正统”没有疑义，主要是对辽金是否具有“正统性”的认识存在较大分歧。据王圻《续文献通考》记载，元人在讨论纂修辽宋金三史之时，“或欲如《晋书》例，以宋为《世纪》，而辽金为《载记》。或又谓辽立国先于宋五十年，宋南渡后常称臣于金，以为不可。待制王理者，祖谢端（即修端）之说，著《三史正统论》，欲以辽金为《北史》，太祖至靖康为《宋史》，建炎以后为《南宋史》。一时士论，非不知宋为正统，然终以元承金，金承辽之故疑之，各持论不决”[⑧]。也就是说，当时虽然有人主张纂修辽宋金三史应以宋为正统，仿《晋书》体例，以辽金为《载记》，但反对的人也不在

① 苏天爵：《元朝名臣事略》卷12《内翰王文康公》，中华书局1996年版，第239页。

② 黄淮、杨士奇编：《历代名臣奏议》卷277《国史》，上海古籍出版社1989年版，第3621页。

③ 宋濂等：《元史》卷159《商挺传》，中华书局1976年版，第3740页。

④ 苏天爵《元朝名臣事略》卷12《内翰王文康公》，中华书局1996年版，第239页。

⑤ 宋濂等：《元史》卷156《董文炳传》，中华书局1976年版，第3672页。

⑥ 袁桷《清容居士集》卷41《修辽金宋史搜访遗书条例事状》，四部丛刊初编本。杨士奇等《历代名臣奏议》作《修辽金宋史搜访遗逸条例事状》。

⑦ 虞集：《道园学古录》卷32《送墨庄刘叔熙远游序》，四部丛刊初编本。

⑧ 王圻：《续文献通考》卷176《经籍考·正史》，明万历三十年刻本。

少数，所以导致“持论不决”，说明主张承认辽金“正统性”一派的势力也不容小视。

辽宋金“正统”问题长期确定不下来，引起社会各阶层士人的普遍关注。状元宋本就曾在“乡试策问”中出了一道“左氏、史迁之体裁何所法？凡例、正朔之予夺何以辨”的有关三史纂修义例问题的试题，全题如下：“赵宋立国三百余年，辽金二氏与之终始。其君臣孅恶，其俗化隆污，其政事号令、征伐礼乐之得失，皆宜传诸不朽，为鉴将来。然当世史官记传丛杂，不可尽信。虞初稗官之书，又不足征。昔《晋书》成于贞观，《唐史》作于庆历，盖笔削之公，必待后世贤君臣而始定。圣天子方以人文化天下，廷议将并纂三氏之书，为不刊之典，左氏、史迁之体裁何所法？凡例、正朔之予夺何以辨？诸君子其悉著于篇，用备采择。”① 这些参加科举考试的士人答卷持何观点，由于当时的试卷没有保存下来，我们已经不得而知，但有一点是可以肯定的，那就是这些士人的观点也不会统一，仍然存在较大分歧。

到了元统甲戌（即元统二年，1334 年），虞集又在主张仿《晋书》体例、以宋为《世纪》、而辽金为《载记》以及以宋为《宋史》、以辽金为《北史》的两种修史方案的基础上，又提出了一个新的修史方案，主张“三家各为书，各尽其言而核实之，使其事不废可也，乃若议论则以俟来者。诸公颇以为然”②。即提出了三史分修的各自成书的主张。至正三年（1343），右丞相脱脱再次请修三史，并在虞集提出“三家各为书”的基础上，独断曰“三国各与正统，各系其年号”③，于是，由皇帝下“诏辽宋金各为史”④，最终由官方确立了“三史分修”各自成书的修史方案，承认了辽宋金“各与正统”的地位。

以上可以看出，元朝关于涉及辽宋金三国“正统性”的三史纂修义例的讨论，主要形成三种意见，一种意见主张独尊宋统，仿《晋书》体例，以宋为正统，以辽金为《载纪》，否定辽金的“正统性”；第二种意见主张以宋和辽金为南北朝，以辽金为《北史》、两宋为《宋史》；第三种意见主张“三国各与正统”，三史各自成书。后两种意见虽然在史书编纂体例上有所不同，但都承认辽金的“正统性”。可见，元朝虽然有人主张独尊宋统，但反对者大有人在，并通过激烈争辩，最终由官方确定“三国各与正统”，承认了辽金的正统性。据刘浦江查证，元朝“主张独尊宋统者无一例外全是南人”，而主张承认辽金正统者多为原来金朝统治下的汉人及少数民族人物，“两种对立的正统观在一定程度上反映了元代汉人和南人的政治倾向”。说明，“主张独尊宋统者”具有强烈的“夏尊夷卑”观念，他们主要是通过强调“夷夏之辨”而否定辽金的正统性，其正统观具有排他性，具有狭隘性。而主张辽宋金“三国各与正统”的学者，则激烈反对“夏尊夷卑”的传统观念，并在承认以汉族为主建立的两宋政权为“正统”

---

① 宋本：《乡试策问》，苏天爵：《国朝文类》卷 47《策问》，四部丛刊初编本。

② 虞集：《道园学古录》卷 32《送墨庄刘叔熙远游序》，四部丛刊初编本。

③ 权衡撰，任崇岳签证：《庚申外史签证》卷上，中州古籍出版社 1991 年版，第 44 页。

④ 王圻：《续文献通考》卷 176《经籍考·正史》，明万历三十年刻本。

的基础上，为以少数民族为统治者建立的辽金政权争得一席之地，具有一定的包容性，无疑是对传统的“夷夏之辨”思想进行了有力的冲击，对传统的“正统”观念进行了新的挑战。这不仅是史学编纂思想方面的重大突破，也是有关华夷关系理论和正统思想的重大突破，是对中国是一个多民族国家的承认，无疑具有重大的历史进步意义。

二、明人并非“普遍否认辽金正统”

元人在纂修辽宋金三史时，对辽金“正统性”问题存有较大争议。当元朝史官按照辽宋金“三国各与正统，各系其年号”的编纂体例修成辽宋金三史以后，一些反对以辽金为正统的人心有不甘，极力诋毁元朝所修辽宋金三史，并伺机翻案，对明人产生了十分重要的影响。有人认为“明代士人普遍否认辽金正统”，指出“明代大概是中国历史上华夷观念最为强烈的一个时代，比起元人来，明朝士大夫对于宋辽金三史更加不能容忍，必欲取代之而后快”，“与元朝正统之辨所不同的是，这个问题的结论在明代几乎是没有争议的。因此，彻底颠覆宋辽金三史的正统体系，自然是明朝士大夫汲汲于心的一件事情”①。应该说，明代确实有人意欲通过反对辽宋金三史正统体系而否定辽金的“正统性”，但并非是“普遍否认辽金正统”，主流观点仍然承认辽宋金“各与正统”的地位，“宋辽金三史的正统体系”并未被颠覆。

据史书记载，辽宋金三史成书不久，杨维桢就写成《正统辨》一文，认为“契丹之有国矣，自灰牛氏之部落始广，其初枯骨化形，戴猪服豕，荒唐怪诞，中国之人所不道也”，“金之有国矣，始于完颜氏，实又臣属于契丹者也”，因以元承宋统而排斥辽金。又以“孟子没，又几不得其传千有余年，而濂、洛、周、程諸子传焉。及乎中立杨氏，而吾道南矣。既而宋亦南渡矣，杨氏之传，为豫章罗氏、延平李氏及于新安朱子。朱子没，而其传及于我朝許文正公”等所谓的“道统”之说，而谓“道统不在辽金而在宋”②。杨维桢以辽金为外国立论，斥辽金“戴猪服豕，荒唐怪诞”，无疑具有强烈的“尊夏而外夷”的思想，又以“宋统不受周禅”而“承唐”，“唐之承隋、承晋、承汉”，“隋承陈不承周”等，亦少有人同意。至于所说“道统”，更无科学根据，任何人都可以编造出一部所谓的“道统”统系图来，尤难服人。杨维桢自己曾说“仆所著三史统论，禁林已韪余言，而司选曹者，顾以流言弃余”③。清朝四库馆臣在他们所作《辍耕录·提要》中曾指出，杨维桢所作《正统辨》“持论殊为纰缪，后维桢编《东维子集》，不载此文，盖已自悟其谬而削之”④。说明不赞成杨维桢《正统辨》观点

---

① 刘浦江：《德运之争与辽金王朝的正统性问题》，《中国社会科学》2004年2期。

② 杨维桢：《正统辨》，见陶宗仪：《南村辍耕录》卷3，中华书局1958年版，第32～37页。

③ 杨维桢：《东维子文集》卷27《上宝相公书》，四部丛刊初编本。

④ 参见文渊阁四库全书本《辍耕录·提要》。清永瑢等编《四库全书总目·辍耕录》提要（中华书局1965年版）无此段文字，大约是乾隆作《命馆臣录存杨维桢正统辨谕》之后删去。

之人不在少数，后来杨维桢未将其文收入自己的《文集》，或许有如四库馆臣所说，“自悟其谬”，亦未可知。

虽然有人不赞同杨维桢《正统辨》的观点，但其思想对明人仍然产生十分重要的影响。周以立、解缙入明以后仍持独尊宋统的观点。方孝孺也依据传统的华夷之辨理论，撰成《释统》三篇和《后正统论》等文，提出正统和变统之说，谓“有天下而不可比于正统者三：篡臣也，贼后也，夷狄也。”① 依据“华夷之辨”和“夏尊夷卑”的思想观念及标准，将辽金等少数民族建立的政权一概斥之为非正统王朝。明宣宗和英宗以后，周叙继承其父周以立“以宋辽金三史体例未当”②，“当以宋为正统”③ 之志，对元修三史“不以正统归宋，遂分列而为三，且不曰宋辽金，而以辽金加于宋首”④，大为不满，诋毁“当时修史诸臣，学识未裕，道德未隆，既鲜世业之垂，复无位望之重”，上书请求朝廷遴选文学宏博之士重新修成一部“以宋为正史，附辽金于其后”的“明夷夏之分”的宋史⑤。

明朝前期，虽然有人多次上疏请求颠覆辽宋金三史正统体系，重修宋史，但均未获得朝廷支持。比如，周叙等人多次上疏请求重修宋史，不是为翰林院官员“西墅曾学士（棨）、东墅周（述）庶子尼”，就是“为曹（鼐）、陈（循）二学士尼”⑥。后来，奏书上达，英宗又在周叙“年衰多疾”的情况下，批复“不必择人，叙其自修”⑦，明显是不同意由朝廷设官置局重修宋史。周叙多次上书未获支持，仍不甘心，又提出愿意“自办家赀赡用，不费官给，以成圣明删前代不公之史，贻万世永远之规，杜夷狄猾夏之祸”⑧，朝廷的回答不是“钦奉圣旨，不准”⑨，就是“奉圣旨，未谐”⑩，还是不答应周叙等人重修宋史的请求。说明朝廷有人不赞成否定辽宋金三史分修“各与正统”的地位，并非是“明代士人普遍否认辽金正统”，承认辽宋金“各与正统”地位的官员和学者仍然大有人在，并且居于主导地位。

---

① 方孝孺：《逊志斋集》卷2《后正统论》，四部丛刊初编本。

② 张廷玉等：《明史》卷152《周叙传》，中华书局1974年版，第4198页。

③ 金幼孜：《金文靖集》卷10《题周氏世直集》，文渊阁四库全书本。

④ 周叙：《石溪集》卷2《正统丙寅奏疏》，《北京图书馆古籍珍本丛刊》102册，书目文献出版社1988年版，第36页。

⑤ 周叙：《论修正宋史书》，黄宗羲编《明文海》卷174，文渊阁四库全书本。

⑥ 周叙：《石溪集》卷1《与吴先生致仕都副御史》，《北京图书馆古籍珍本丛刊》102册，书目文献出版社1988年版，第23页。

⑦ 《明实录·英宗睿皇帝实录》卷165，正统十三年四月己巳条，台湾中央研究院历史语言研究所1962年校印本，第3196～3197页。

⑧ 周叙：《石溪集》卷2《景泰元年奏疏第三》，《北京图书馆古籍珍本丛刊》102册，书目文献出版社1988年版，第47～48页。

⑨ 周叙：《石溪集》卷2《景泰元年奏疏第一》，《北京图书馆古籍珍本丛刊》102册，书目文献出版社1988年版，第46页。

⑩ 周叙：《石溪集》卷2《景泰元年奏疏第六》，《北京图书馆古籍珍本丛刊》102册，书目文献出版社1988年版，第52页。

明宪宗成化以后，由于受明英宗一度被瓦剌所俘、明蒙关系激化的影响，夷夏大防思想再度抬头，出现一股试图否认元统并进而否认辽金正统的思潮。明中期，否定辽金正统也是围绕着辽宋金“三史分修”问题展开，到了嘉靖和万历时期，进入明人否定辽宋金“三国各与正统”的重修《宋史》的高峰期。据史书记载，成化二十二年（1486），蒋谊以《春秋》“尊中国而攘夷狄”之意，撰成否定辽金元正统并以明朝直接宋统的《续宋论》；嘉靖十三年（1534），安都撰成以宋为正统，“附辽金于宋纪”，并将《辽史》、《金史》移除中国正史系列的《十九史节定》；嘉靖二十五年（1547），视“夷夏之辨”为“人类禽兽之辨”的王洙，依据“辟夷狄，尊中国”的传统观念，撰成以明继宋，将“夷狄之国”辽金列于外国传并否认元朝正统的《宋史质》；嘉靖三十四年（1555），柯维骐以“宋辽金三史并列，尤失《春秋》之义”，重新撰成一部以宋为正统、列辽金于外国的《宋史新编》等等。

这些书均从严夷夏大防、强化华夷之辨和“夏尊夷卑”的理论出发，试图通过“颠覆宋辽金三史的正统体系”而否认辽金的“正统性”。但这种思潮主要兴起于一些汉族士人之中，均属于私人修史性质，只代表个人或一部分人的观点，并不代表全部明人的观点。这种思潮虽然对朝廷产生一些重要影响，但朝野上下仍然没有形成否定元统并进而否定辽金正统的一致意见，仍然存在反对否定辽宋金“各与正统”地位的不同意见，尤其是官方，还是没有否认元统并进而否认辽宋金“各与正统”的意图。就在明中期试图通过颠覆“宋辽金三史的正统体系”而否定辽金具有“正统性”的思想形成高潮之时，由代表官方的南京国子监和北京国子监刊行了包括《辽史》和《金史》在内的中国正史“二十一史”，正式承认了辽宋金三史分修“各与正统”的地位。

明朝从嘉靖七年（1528）开始，由南京国子监负责校刊中国正史。南京国子监在宋代“十七史”的基础增入《辽史》、《宋史》、《金史》和《元史》，正式形成中国正史“二十一史”之说①。至嘉靖十一年（1532），“二十一史”全部印行，史称南监本“二十一史”。到了万历时期，南京国子监又重新补版印刷了“南监二十一史”，同时，北京国子监也“奏请重刊二十一史”②，并获得万历皇帝的批准，于是，北京国子监又以“南监二十一史”为底本重新校勘了“二十一史”并进行印刷，史称“北监二十一史”。“南监二十一史”和“北监二十一史”合称监本“二十一史”。监本“二十一史”在崇祯年间又重新进行了校订和印刷③，在明代一直广泛流传。

研究中国历史的学者都知道，中国古代有一个传统，某个王朝纂修前朝历史，就是对前朝是正统王朝的承认；某个王朝将以前某些王朝的史书列入中国“正史”系列，也是对那个王朝是正统王朝的承认。章炳麟曾指出，“正史云云，又有当论述者，正统

---

① 参见钱大昕：《十驾斋养新录》卷6《十七史》、《监本二十一史》，上海书店出版社1983年版，第119～120页。

② 沈德符：《万历野获编》卷25《国学刻书》，中华书局1959年版，第637页。

③ 陆启宏：《客燕杂记》，参见清王士禛《王士禛全集·杂著·居易录》，齐鲁书社2007年版，第3694页。

之说是也。《隋志》于正史之外，别有霸史，以霸匹正，则正言正统，霸言僭伪割据也。”[①] 学界虽然对何为“正史”之说存在一些不同认识，但对凡是将某个王朝的史书列入中国正史系列，即是对该王朝具有正统地位承认的传统认识则没有异议。

嘉靖皇帝和南京国子监的官员，在一些士人试图否定辽宋金“各与正统”而主张重修宋史的高潮时期，将需要购求善本和重新雕版的《辽史》和《金史》列入中国正史“二十一史”之中[②]，足以说明那时的官方包括一些大臣和文人并不赞成否定辽宋金三史分修“各与正统”的地位。不然，他们完全可以将《辽史》和《金史》排除在中国正史系列之外，像元朝曾先之和明朝梁孟寅、安都那样，只校刊“十八史”或“十九史”[③]。或用重新编撰的否定辽金正统地位的《宋史》来取代辽宋金三史，均可以产生否认辽金正统地位的积极效应。如果说嘉靖时期校刊“南监二十一史”之时还没有人撰写出一部能够否定辽宋金三史分修“各与正统”地位的《宋史》的话，那么，到了万历时期重新校刊“南监二十一史”和刊行“北监二十一史”之时，王洙的《宋史质》（嘉靖二十五年成书）、柯维骐的《宋史新编》（嘉靖三十四年成书）等颠覆“宋辽金三史的正统体系”而以宋为正统的著作早已问世，万历皇帝完全可以用其中的某一种书取代辽宋金三史，只印十九史，或者在“二十一史”之外增入某一种否定辽金正统的著作，形成“二十二史”等，也可以起到否定辽金正统地位的积极效应。而嘉靖皇帝、万历皇帝及其南北国子监的官员和士人们并没有这样做，也说明嘉靖和万历时期，官方并没有否认辽宋金“各与正统”的意思。

明朝后期，虽然仍然有人试图否认辽宋金“各与正统”的地位，坚持重修《宋史》，但多未成书，只有王惟俭于天启三年（1623）修成《宋史记》一书[④]，且未明确说明正统归属，反对对辽金用兵使用“入寇”一词，而主张使用“犯”、“侵”等词语，否定辽宋金“各与正统”一派的思想影响，日见衰微。而嘉靖和万历时期印行的包括《辽史》和《金史》在内的“二十一史”，则深受社会各阶层人士的重视和欢迎，“二十一史”开始成为一个专有名词迅速为社会各阶层人士所接受并迅速传播开来，一些士人不但认真学习和研究“二十一史”，而且用“二十一史”作为自己著作的名称，说明“二十一史”之说包括辽宋金“各与正统”的思想认识已为大多数人所接受[⑤]。

以上可以看出，有关辽宋金“各与正统”的问题在明代虽然是一个存在争议的话

---

① 参见章炳麟：《国学讲演录·史学略说》，江苏文艺出版社 2007 年版，第 111 页。

② 顾炎武著、黄汝成集释：《日知录集释》卷 18《监本二十一史》，上海古籍出版社 1985 年版，第 1371 ~ 1372 页。

③ 钱大昕《十驾斋养新录》卷 6《十八史十九史》称“元曾先之撰《十八史略》二卷，盖于十七史之外益以宋事也。明初临川梁孟寅益以元事，称《十九史略》”，均未将《辽史》和《金史》列入其中（上海书店出版社 1983 年版，第 120 页）。明中期安都撰有《十九史节定》，亦将《辽史》和《金史》排除在正史之外。

④ 关于王惟俭《宋史记》成稿时间，学界存在不同意见，陈学霖《柯维骐〈宋史新编〉述论》认为成稿于万历末年（《宋史论集》，台北东大图书公司，1993 年），侯虎虎、贺小娜《试论明人的 <宋史> 研究》认为成稿于天启三年（《延安大学学报》2005 年 3 期），这里采用后说。

⑤ 参见赵永春《“宋辽金三史的正统体系”在明代未被颠覆》，《学术月刊》，2012 年 6 月号。

题，但试图否认辽金正统一派的观点并未为主流正统观念所采纳。我们完全可以说，以官方为代表的主流观点仍然承认辽宋金三史分修“各与正统”的地位，“宋辽金三史的正统体系”并未被颠覆。我们不能无视中国正史“二十一史”包括《辽史》和《金史》这一史学常识而随意去说“明代士人普遍否认辽金正统”，“彻底颠覆宋辽金三史的正统体系”，更不能说“这个问题的结论在明代几乎是没有争议的”。

三、清人赞成辽宋金“三史分修”，承认辽宋金“各与正统”

清人对辽宋金“三史分修”、“各与正统”问题也存在分歧意见。由明入清的一些汉人，仍然坚持“华夷之辨”、“夏尊夷卑”的思想观念，反对辽宋金“三史分修”、“各与正统”。但在清朝，这一问题成为比较敏感的颇有忌讳的话题，因此，较少有人公开地大张旗鼓地进行讨论。因此，从表面上看，辽宋金“三史分修”、“各与正统”似乎成了不成问题的问题。

有人认为，清朝前期，有意提高辽金王朝的历史地位，顺治二年（1645），增祀辽太祖、金太祖、金世宗于历代帝王庙；康熙六十一年（1722），又增祀辽太宗、景宗、圣宗、兴宗、道宗及金太宗、章宗、宣宗等于帝王庙，是“欲伪宋而正辽金”，但“到了乾隆时代，清朝统治者的正统观念已经发生蜕变”，乾隆皇帝也转向“尊宋统，抑辽金”。这位学者引用乾隆《命馆臣录存杨维桢〈正统辨〉谕》及《题〈大金德运图说〉》诗序等文中有关“宋虽南迁，正统自宜归之宋，至元而宋始亡，辽金固未可当正统也”等论述，认为“清朝统治者从北方民族王朝立场转向中国大一统王朝立场之后，最终也否定了辽金正统”①。其实，这位学者所说的清朝前期有意提高辽金历史地位之时，并未“伪宋”，因为他们在增祀辽金皇帝于帝王庙之时就已经在帝王庙中崇祀宋太祖等宋朝皇帝，并将曹彬、潘美、韩世忠、张浚、岳飞等宋朝大臣列为配享功臣等，说明清朝初期增祀辽金帝王只是在承认宋朝历史地位的同时，也承认辽金的历史地位而已。到了乾隆时期，不但未将辽金皇帝移除历代帝王庙，又在崇祀金太祖等于帝王庙的基础上增祀金哀宗于帝王庙，为何反倒变成“否定辽金正统”了呢！实际上，乾隆皇帝在录存杨惟桢《正统辨》以及《题〈大金德运图说〉》诗序时虽然说过“辽金未可当正统”的话，但在其他场合以及有关事件中，又表达了许多与此不相一致的思想认识，其主流思想仍然承认辽宋金“三史分修”、“各与正统”的地位。

首先，乾隆并未“抑辽金”。

据史书记载，乾隆皇帝从未回避南宋曾经向金朝称臣称侄、地位低于金朝的历史事实，并对一些汉儒鄙视辽金十分不满。乾隆四十年（1775），乾隆在如何修撰《四库全书》的有关批示中即对以前各史在翻译少数民族语言之时如“书回部者，每加犬作

---

① 刘浦江《德运之争与辽金王朝的正统性问题》，《中国社会科学》2004年2期。

(狗)”等使用侮辱少数民族语言的行为表示强烈不满，谓那些“见小无识之徒，欲以音义之优劣，强为分别轩轾，实不值一噱。”① 对四库馆臣有关“两宋屈于强邻，日就削弱，一时秉笔之人，既不能决胜于边圉，又不能运筹于帷幄，遂译以秽语，泄其怨心，实有乖纪载之体”② 等论述表示赞同，因命馆臣在编修四库全书时将这些有辱少数民族的语言全部厘正。

乾隆四十二年（1777），乾隆又对修撰《四库全书》的馆臣们批示：“前此批阅《通鉴辑览》，以石晋父事辽国，而宋徽钦之于金，亦称臣称侄。旧史于两国构兵，皆书‘入寇’，于义未协，因命用列国互伐之例书‘侵’，以正其误。”乾隆反对旧史有关辽金对中原用兵“皆书‘入寇’”的书法，主张“用列国互伐之例书‘侵’”，无疑是将辽宋金等各国均视为“列国”，认为辽宋金之间的用兵属于“列国互伐”③，就是主张对这些政权应该同等看待，不应该歧视辽金的意思。

乾隆四十七年（1782），乾隆皇帝在命皇子及军机大臣订正《通鉴纲目续编》时又说“朕披阅《御批通鉴纲目续编》，内《周礼发明》、张时泰《广义》，于辽金元事，多有议论偏谬，及肆行诋毁者。《通鉴》一书，关系前代治乱兴衰之迹，至《纲目》祖述麟经，笔削惟严，为万世公道所在，不可稍涉偏私。试问孔子《春秋》内，有一语如《发明》、《广义》之肆口嫚骂所云乎。”“若司马光、朱子，义例森严，亦不过欲辨明正统，未有肆行嫚骂者。”对汉儒在《通鉴纲目续编》一书中鄙视辽金使用嫚骂性语言对辽金元肆意诋毁表示了强烈不满。接着，乾隆又说，“至于东夷西戎，南蛮北狄，因地而名，与江南河北，山左关右何异？孟子云：舜为东夷之人，文王为西夷之人。此无可讳，亦不必讳。但以中外过为轩轾，逞其一偏之见，妄肆讥讪”，“桀犬之吠，固属无当”，“至史笔系千秋论定，岂可骋私臆而废正道乎”，“如宋徽钦之称臣称侄于金，以致陵夷南渡，不久宗社为墟，即使史官记载，曲为掩饰，亦何补耶！”对史官使用谩骂性语言记叙辽金等少数民族事迹以及掩饰宋朝向金称臣称侄之事表示强烈不满。因下令“所有《通鉴纲目续编》一书，其辽金元三朝人名地名，本应按照新定正史，一体更正。至《发明》、《广义》内三朝时事不可更易外，其议论诋毁之处，著交诸皇子及军机大臣量为删润，以符孔子《春秋》体例。”④ 乾隆在这里所表达的主要思想是反对歧视辽金等少数民族的思想，反对在史书中对辽金等少数民族使用谩骂性质的语言，反对史官掩饰宋朝向金称臣称侄、地位低于辽金之事，根本看不到乾隆有“抑辽金”的思想倾向。

第二，乾隆允许四库馆臣在编修四库全书时持辽宋金“各与正统”的观点。

---

① 《清实录·高宗纯皇帝实录》卷983，乾隆四十年五月甲子条，中华书局1985年影印本，第121页。

② （清）永瑢等《四库全书总目》卷47，《史部·编年类·御定通鉴纲目三编》，中华书局1965年版，第431页。

③ 《清实录·高宗纯皇帝实录》卷1034，乾隆四十二年六月丙午条，中华书局1985年影印本，第863页。

④ 《清实录·高宗纯皇帝实录》卷1168，乾隆四十七年十一月庚子条，中华书局1985年影印本，第666～667页。

明朝有一些士人，对元人所确立的辽宋金“三史分修”的“三史正统体系”十分不满，编写了一系列“颠覆宋辽金三史的正统体系”的著作。四库馆臣在编修《四库全书》时，对这些著作表示强烈不满。

如四库馆臣为明王洙《宋史质》作提要称：“是编因宋史而重修之，自以臆见，别创义例。大旨欲以明继宋，非惟辽金两朝，皆列于外国。即元一代年号，亦尽削之。”“荒唐悖谬，缕指难穷，自有史籍以来，未有病狂丧心如此人者。其书可焚，其版可斧。”① 对王洙编写的以宋为正统的《宋史质》一书大加挞伐。又为明柯维骐《宋史新编》作提要称“元人三史并修，诚定论也。而维骐强援蜀汉，增以景炎、祥兴，又以辽金二朝，置之外国，与西夏、高丽同列，又岂公论乎？”② 又为明王思义《宋史纂要》作提要称“以辽、金史附宋之后，等诸晋书之载刘、石，尤南北史臣互相诟厉之见，非公论也”。③ 又为明陈邦瞻《宋史纪事本末》作提要称：“书中纪事，既兼及辽金两朝，当时南北分疆，未能统一，自当称宋辽金三史纪事，方于体例无乖，乃专用宋史标名，殊涉偏见。”④

可见，四库馆臣在编修《四库全书》时一直持辽宋金“各与正统”的观点，称“元人三史并修，诚定论也”。并认为强调以宋为正统“而抑辽金”的观点，“非公论也”。乾隆皇帝在修四库全书时，曾谕四库馆臣“其中书法体例，有关大一统之义者，均经朕亲加订正，颁示天下”⑤。也就是说，四库馆臣在编写《四库全书》时，凡遇到有关“正统”的问题，都需要上奏，经过乾隆皇帝亲自审定，才可以颁行天下。今天，我们在《四库全书》以及《四库全书总目提要》中仍然可以看到大量赞同辽宋金“三史分修”、“各与正统”的相关论述，这种现象的出现，或是四库馆臣敢于抗旨，遇到有关辽宋金“正统”问题并不上奏，私自进行改纂。或是他们已经上奏，而乾隆皇帝对四库馆臣在编修四库全书时所持辽宋金“三史分修”、“各与正统”的观点并未“订正”。从各种迹象分析，后一种可能性要更大一些。如是，完全可以说明，乾隆皇帝并不反对辽宋金“三史分修”、“各与正统”的观点，亦赞成四库馆臣有关元人“三史并修，诚定论也”的思想认识。

第三，乾隆皇帝不反对辽宋金“三史分修”、“各与正统”的观点，从乾隆钦定中国正史“二十二史”、“二十三史”、“二十四史”也能看出来。

元明清有关辽金正统地位的争论，主要围绕辽宋金三史纂修问题展开。元人承认辽金的“正统”地位，也是从确立辽宋金“三国各与正统，各系其年号”的三史修纂方案之时正式开始，明朝有人反对辽金“正统”地位也是反对辽宋金三史分修的“正

---

① 永瑢等：《四库全书总目》卷50《史部·别史类存目》，中华书局1965年版，第454页。
② 永瑢等：《四库全书总目》卷50《史部·别史类存目》，中华书局1965年版，第454～455页。
③ 永瑢等：《四库全书总目》卷65《史部·史钞类存目》，中华书局1965年版，第581页。
④ 永瑢等：《四库全书总目》卷49《史部·纪事本末类》，中华书局1965年版，第439页。
⑤《清实录·高宗纯皇帝实录》卷1168，乾隆四十七年十一月庚子条，中华书局1985年影印本，第666页。

统体系”，主张编成一部包括辽宋金三国史事的《宋史》，清朝乾隆皇帝说过“正统在宋”的话，也是针对杨惟桢有关辽宋金三史编修问题的《正统辨》时所作出的批示，照理说，乾隆皇帝如果同意杨惟桢的“正统”思想，就应该赞成杨惟桢有关合辽宋金三国史事为一史的主张，将辽宋金三国史事修成一部《宋史》，“彻底颠覆宋辽金三史的正统体系”。然而，事实的发展并非如此，乾隆皇帝不但没有按照杨惟桢的意思，开馆置局，重新编写出一部合辽宋金三国史事为一史的《宋史》，相反，倒承认明人所确立的包括《辽史》和《金史》在内的中国正史“二十一史”，又在“二十一史”的基础上，钦定了包括《辽史》和《金史》在内的中国正史“二十二史”、“二十三史”和“二十四史”，说明乾隆并不反对辽宋金“三史分修”、“各与正统”的修史体例，仍然承认辽宋金“各与正统”的地位。

据史书记载，清朝初年，在《明史》正式修成之前，一直沿用中国正史“二十一史”之称，曾根据社会需要，重新刊刻“监本二十一史”，并“将十三经、二十一史诸书，购买颁发，交与各该学教官接管收储，令士子熟习讲贯。”①

乾隆即位之后，又在明朝“二十一史”的基础之上，“钦定《明史》”，“合之为二十二史”②。“又诏增《旧唐书》为二十有三。近搜罗四库，薛居正《旧五代史》，得裒集成编，钦禀睿裁，与欧阳修书并列，共为二十有四。”即在明朝“二十一史”的基础上增入《明史》以成“二十二史”，又增入《旧唐书》以成“二十三史”，又增入《旧五代史》以成“二十四史”，均由乾隆皇帝亲自裁定。四库馆臣曾表示，“凡未经宸断者，则悉不滥登。盖正史体尊，义与经配，非悬诸令典，莫敢私增。”③

明代一些士人试图否定辽金的正统地位，就是不满意元人有关辽宋金“三史分修”、“各与正统”的修史体例，试图重新修成一部以宋为正统的《宋史》，实际上就是不满意将《辽史》和《金史》列入正史之中。乾隆皇帝所钦定的“二十二史”、“二十三史”和“二十四史”都没有将《辽史》和《金史》从正史中移除，也没有仿照增列《旧唐书》、《旧五代史》于正史之例，将明人柯维骐编写的《宋史新编》或其他否定辽金正统的书籍增列于正史，也没有令四库馆臣开馆再重新撰成一部以宋为正统的《宋史》并列于正史之中，完全可以说明乾隆皇帝并不反对辽宋金“三史分修”的“三史正统体系”，不反对辽宋金“三国各与正统”的正统观，也就没有否定辽金“正统性”的意思。

四、结束语

通过以上论述，可以看出，辽宋金对峙时期，宋人自称“中国”，自称“正统”，

① 《钦定大清会典事例》卷388《礼部·学校·颁行书籍》，光绪朝重修本，第120页。
② 《清实录·高宗纯皇帝实录》卷286，乾隆十二年三月丙申条，中华书局1985年影印本，第729页。
③ 永瑢等：《四库全书总目》卷45《史部·正史类》序，中华书局1965年版，第397页。

辽人和金人也自称“中国”，自称“正统”，并经过一系列争论之后，最后得到了元朝官方的承认。到了明朝时期，确实有人意欲通过“颠覆宋辽金三史的正统体系”而否定辽金的正统地位，但并未获得官方支持，官方仍然承认辽宋金“三史分修”的“正统体系”，并在其基础之上确立了包括《辽史》和《金史》在内的中国正史“二十一史”。这既可以说明并非是“明代士人普遍否认辽金正统”，“这个问题的结论在明代几乎是没有争议的”，也可以说明在明代“宋辽金三史的正统体系”并未被颠覆，说明有关辽宋金“三史分修”、“各与正统”的问题在明代仍然是一个存有争议的话题，而试图否认辽金“正统”地位的一部分士人的观点不但不具有普遍性，也没有占据主导地位。到了清朝，人们对辽宋金“三史分修”、“各与正统”问题仍然存在不同看法，但并非是“清朝统治者从北方民族王朝立场转向中国大一统王朝立场之后，最终也否定了辽金正统”，而是清朝统治者无论是在坚持北方民族王朝立场阶段还是从北方民族王朝立场转向中国大一统王朝立场之后，都承认辽宋金“三史分修”、“各与正统”的地位。乾隆皇帝并没有“抑辽金”，他允许四库馆臣在编修《四库全书》时持辽宋金“三史分修”、“各与正统”的观点，并钦定了包括《辽史》和《金史》在内的中国正史“二十二史”、“二十三史”和“二十四史”，说明清朝统治者从北方民族王朝立场转向中国大一统王朝立场之后，“宋辽金三史的正统体系”亦未被颠覆，辽金的“正统”地位并未被否定。至于一些汉族士人仍然坚持反对辽金的“正统性”则不占主导地位。

民国以后，由于中国受到日本帝国主义以及西方列强的侵略，一些爱国学者，为了激发人们的反侵略热情，常常把历史上的宋辽金战争与当时中外战争相比附，视辽金为外国，否定辽金“正统性”的思潮又有所抬头。如金毓黻先生在20世纪40年代出版的《中国史学史》一书中，即主张“以宋史为正史”，并对明人柯维骐所撰《宋史新编》给予极高评价，对历史上没有将柯维骐《宋史新编》列入正史表示强烈不满，谓“柯劭忞之《新元史》，藉政府之力得入正史，则维骐之作，何为而不得列入正史？前后二柯，互相辉映，吾知终必有实现之一日也”，极力主张“取柯书列于正史，而称为《新宋史》”①，肯定宋朝的正统地位，而对辽金的“正统性”则持否定态度。但到了1949年以后，金毓黻又改变了自己的看法，在其书再版时删去了此段文字，说明金毓黻又开始承认辽宋金“三史分修”、“各与正统”地位。此后，辽宋金“三史分修”、“各与正统”的认识得到了学界的普遍认同。

元明清对辽宋金“三史分修”、“各与正统”问题的讨论，意见分歧很大，主要原因是对所谓“正统”的标准问题认识不一。换句话说，古人虽然对所谓的“正统”问题津津乐道，但对何为正统的问题则没有形成统一认识。梁启超曾总结出古人衡量“正统”与“非正统”有六条标准：“一曰以得地之多寡而定其正不正也，凡混一宇内

① 金毓黻：《中国史学史》，重庆商务印书馆1944年初印本，第147页。

者，无论其为何等人，而皆奉之以正，如晋、元等是；二曰以据位之久暂而定其正不正也，虽混一宇内，而享之不久者，皆谓之不正，如项羽、王莽等是；三曰以前代之血胤为正，而其余皆为伪也，如蜀汉、东晋、南宋等是；四曰以前代之旧都所在为正，而其余皆为伪也，如因汉而正魏，因唐而正后梁、后唐、后晋、后汉、后周等是；五曰以后代之所承者、所自出者为正，而其余为伪也，如因唐而正隋，因宋而正周等是；六曰以中国种族（主要指汉族，笔者注）为正，而其余为伪也，如宋、齐、梁、陈等是。"①

从梁启超总结出的古人衡量"正统"与"非正统"标准中可以看出，人们在讨论少数民族政权是否具有"正统性"问题时，并没有与汉化问题联系起来②。在一些汉人眼里，判断少数民族政权是"正统"还是"非正统"，只依据一条标准，那就是"以中国（主要指汉人）种族为正，其余为伪也"，也就是强调"华夷之辨"、"夏尊夷卑"，并依据《春秋》内华夏，外夷狄，尊华夏，斥夷狄等理论，确定"正统"与"非正统"。在这些人眼里，辽金是夷狄，不是"中国"，自然不是正统。元明清时期，那些反对辽宋金"三史分修"、"各与正统"之人，尤其是一些汉人，无不如是说。如，郑思肖即认为"君臣华夷，古今天下之大分"，"夷狄行中国之事曰僭"，谓"圣人也，为正统，为中国；彼夷狄，犬羊也，非人类，非正统，非中国。"③ 方孝孺也强调"君臣之等，华夷之分不可废"，认为"有天下而不可比于正统者三：篡臣也、贼后也、夷狄也"，"彼夷狄者，侄母烝杂，父子相攘，无人伦上下之等也，无衣冠礼文之美也，故先王以禽兽畜之，不与中国之人齿。苟举而加诸中国之民之上，是率天下为禽兽也"④。此等议论比比皆是，不再赘述。也有一些汉人，虽然赞成"华夷之辨"，"夏尊夷卑"，但当他们建立起大一统王朝之后，则能够从多民族国家立场出发，主张淡化"华夷之辨"。如，明太祖朱元璋受"华夷之辨"的影响，曾提出过"驱逐胡虏，恢复中华"⑤ 等严夷夏大防之口号，但当他灭亡元朝统一全国以后，很快便转到"蒙古、诸色人等，皆吾赤子，果有材能，一体擢用"⑥ 的笼络少数民族的立场上来。明成

---

① 梁启超《梁启超文集·论正统》，线装书局2009年版，第118页。梁启超反对古人所谓的"正统论"，认为"中国史家之谬，未有过于论正统者也"，以为古人所确定的衡量"正统"与"非正统"的六条标准"互相矛盾"，不足为据。

② 笔者认为，有关辽金是否具有"正统性"（政权合法性）问题，与汉化问题没有必然联系，因此，对有关辽金是否完全汉化或奉行"草原本位"问题，不作探讨。该问题笔者曾在《关于中国古代华夷关系演变规律的理性思考》（《学习与探索》2012年第1期）一文中作过简要论述。

③ 郑思肖著，陈福康校点：《郑思肖集·心史·杂文·古今正统大论》、《久久书》，上海古籍出版社1991年版，第132页、134页，第103页。

④ 方孝孺：《逊志斋集》卷2《杂著·后正统论》，四部丛刊初编本。

⑤ 《明实录·太祖皇帝实录》卷26，吴元年十月乙丑条，台湾中央研究院历史语言研究所1962年校印本，第402页。

⑥ 《明实录·太祖高皇帝实录》卷51，洪武三年四月甲子条，台湾中央研究院历史语言研究所1962年校印本，第1000页。

祖也多次表示"夫天下一统，华夷一家，何有彼此之间"①。承认元朝的正统地位，并进而承认辽宋金"各与正统"的地位。孙中山在"反满"、"反清"之时也提出过"驱除鞑虏，恢复中华"② 的口号，但很快便转到"五族共和"，维护"民族之统一"，"合汉、满、蒙、回、藏诸地为一国，如合汉、满、蒙、回、藏诸族为一人"③ 的立场上来，也主张淡化"华夷之辨"。从这些汉人的"正统观"来看，最初，他们多具有"排他"性，只承认汉族政权为"正统"，但当他们建立起大一统王朝之后，也由"排他"转向了"包容"，注意淡化"华夷之辨"，注意笼络少数民族。

少数民族以及由金入元的部分北方汉人则坚决反对按"华夷之辨"确定"正统"和"非正统"，他们认为"中国而用夷礼则夷之，夷而进于中国则中国之"④，"夷狄而中华则中华之，中华而夷狄则夷狄之，此亦《春秋》之法"⑤。这些少数民族以及由金入元的部分北方汉人，均强调辽金的国际政治地位，认为辽宋金对峙时期，辽朝曾臣服西夏和高丽，虽与宋朝为兄弟之国，但宋朝每年都要向辽朝交纳"岁币"，辽朝实际上处于当时国际中心地位。金朝更是臣服西夏和高丽，并一度臣服南宋，更是处于当时国际中心地位。因此，他们主张对待辽金应该与对待宋朝一样，都应该视他们为"正统"。从中可以看出，少数民族与部分北方汉人的"正统观"，不具有"排他"性，他们始终承认汉族政权为"正统"。当少数民族建立起大一统王朝之后，亦在不贬抑少数民族政权的基础上，注意笼络汉人，乾隆曾说过"正统在宋"的话，就是这样一种思想。

在有关"正统"和"非正统"问题讨论中，也有人主张按"道统"区分"正统"和"非正统"。独尊宋统而反对辽金具有"正统性"一派多持此种观点。杨惟桢即以"道统不在辽金"为由，否定辽金的"正统性"。其实，"道统"问题，也是一个仁者见仁、智者见智的问题。汉人及汉人政权说自己是"道统"的传承者，少数民族及其政权也强调自己的所作所为符合"道统"。金朝皇帝完颜亮就极力反对以种族为标准来区分"正统"和"非正统"，主张以文化和事功为标准来区分"正统"和"非正统"。他"读《晋书》至《苻坚传》，废卷失声而叹曰：'雄伟如此，秉史笔者不以正统帝纪归之，而以列传第之，悲夫。'"⑥ 对史家所修《晋书》没有把苻坚放到为人们视为"正统"地位的记载皇帝之事的《本纪》中去写，而是放到与将相大臣同等地位的《载记》中去写，大为不满。在完颜亮看来，苻坚等少数民族在中原地区建立政权，并取得了"雄伟"的事功，也应该是"正统"。在金朝章宗和宣宗时期有关金朝德运问

① 《明实录·太宗文皇帝实录》卷30，永乐二年四月辛未条，台湾中央研究院历史语言研究所1962年校印本，第533页。

② 《孙中山全集》第1卷，中华书局1981年版，第20页。

③ 《孙中山全集》第2卷，中华书局1982年版，第2页、第438页。

④ 杨奂：《正统八例总序》，见苏天爵《国朝文类》卷32，四部丛刊初编本。

⑤ 乾隆：《通鉴纲目续编内发明广义题辞》，《御制文二集·题辞》卷28，文渊阁四库全书本。

⑥ 徐梦莘：《三朝北盟会编》卷242，引张棣《正隆事迹记》，上海古籍出版社1987年版，第1740页。

题讨论时，也有人提出“不必以五行相生为序”，应“以德之衰旺见其运”的有德者当为“正统”的思想，认为金朝“奕世载德，遂集大统”[①]，即认为金朝有“德”，可以称“正统”。金人赵秉文在《蜀汉正名论》一文中，提出了“有公天下之心，宜称曰汉。汉者，公天下之言也”[②] 的区别中国“正统”和“非正统”的思想。认为，是否应该称曰“汉”以及是否应该称为“正统”，标准在于是否“有公天下之心”，不管你种族如何，只要“有公天下之心”即是“汉”，即是中国，即是“正统”，即认为应该以“道德”作为区分“正统”和“非正统”的标准。金朝末年的杨奂，也大体上提出了与赵秉文相同的理论，他在其所作《正统八例总序》中指出，“王道之所在，正统之所在也”，即认为，只要行“王道”即可以称中国正统，反对“以世系土地为之重”，即反对用种族世系和占有地域的情况作为区别“正统”和“非正统”的标准。所论“王道”，强调得“天下臣民之心”，“敦道义之本”[③]，显然与赵秉文所论“有公天下之心”即为中国“正统”的思想，具有异曲同工之妙。这种主张按道德来区分“正统”和“非正统”的思想，与汉儒们津津乐道的所谓的“道统”思想并无二致。由宋入元的南宋遗民家铉翁曾为金人元好问《中州集》作跋语称“壤地有南北，而人物无南北，道统文脉无南北”[④]，视金人元好问为“道统文脉”的传承者。可见，所谓“道统”问题，并没有一个大家都能认可的客观的评判标准，谁都可以编造出一个“道统”来，无法作为区分“正统”和“非正统”的依据。清人袁枚即反对所谓的“道统”说，认为“道统二字是腐儒习气语，古圣无此言，亦从无以此二字公然自任者”[⑤]，称“道者乃空虚无形之物，曰某传统，某受统，谁见其荷于肩而担于背欤”[⑥]。梁廷枏也反对“道统”说，认为“天下有正统，无道统”，谓“道本空虚无形之物耳，寄于圣贤之身，则有形，有形故曰统。圣贤在上，政即道也；圣贤在下，言即道也。以政见道，尧舜禹汤文武之治是也。以言见道，孔孟之《诗》、《书》经传，虽不言统，而道亦存。”孔孟之后“诸儒不足承统，则统绝”，认为汉学宋学均不足以接“道统”，“统绝，则道统之名可废”[⑦]。饶宗颐据之认为“以道德人心为正闰标准，无甚胜义”，又说“宋儒道统之说只限于极少数人之传授，有时不免标榜，未见为大公之论”[⑧]。因此，若用所谓的“道统”去判断“正统”和“非正统”亦即评判各个政权的合法性，恐亦难矣。

---

① 佚名编：《大金德运图说》，文渊阁四库全书本。

② 赵秉文：《蜀汉正名论》，见《闲闲老人滏水文集》卷 14，四部丛刊初编本。

③ 杨奂：《正统八例总序》，见《国朝文类》卷 32，四部丛刊初编本。

④ 家铉翁：《题中州诗集后》，见苏天爵《国朝文类》卷 38，四部丛刊初编本。

⑤ 袁枚：《小仓山房尺牍》卷 6《答是仲明》，上海世界书局 1936 年版，第 308 页。

⑥ 袁枚著、王英志校点《袁枚全集·小仓山房文集》卷 24《策秀才文五道》，江苏古籍出版社 1993 年版，第 417 页。

⑦ 梁廷枏《正统道统论》，清吴道镕编《广东文征》卷 31，转引自饶宗颐《中国史学上之正统》，上海远东出版社 1996 年版，第 235 页。

⑧ 饶宗颐：《中国史学上之正统》，上海远东出版社 1996 年版，第 65 页、第 79 页。

从元明清有关辽宋金“三史分修”、“各与正统”问题讨论中可以看出，少数民族包括一部分由金入元的北方汉人为了给少数民族政权争地位，均反对“华夷之辨”，反对按种族区分“正统”和“非正统”，承认辽宋金“各与正统”的地位。而由宋入元的一些汉人则主张强化“华夷之辨”，并主张按照“中国种族（主要指汉族）为正，而其余为伪”的标准区别“正统”和“非正统”，否定辽金的“正统”地位。但当他们建立起大一统的多民族国家政权之后，无论是以汉族为统治者的明朝还是以少数民族为统治者的元朝和清朝，都能从维护多民族国家的稳定出发，不主张强化“华夷之辨”、“尊夏贱夷”，而主张淡化“华夷之辨”，因此对那些“华夷之辨”思想严重的士人试图通过强调“华夷之辨”、“尊夏贱夷”而否定辽金正统地位的做法不予支持，说明强调“华夷之辨”并通过强调“尊夏贱夷”去区别“正统”和“非正统”，逐渐强化华夏的尊贵地位，贬低“夷狄”的地位，并非是近千年来华夷观念的演变轨迹，而主张逐渐淡化“华夷之辨”，强调“华夷一家”、“华夷一体”，主张华夷互相吸收，互相采长补短，逐渐否定单一的汉文化选择而强调多元文化选择，才能彰显近千年来华夷观念的演变轨迹。

明确方向和重点将辽金史研究推向新高度

中国文化遗产研究院　景　爱

进入新世纪以来，辽金史研究成果显著增多。据周峰统计，2001年至2010年的十年间共出版各类辽金史著作472种，发表各类文章6837篇。据《辽金西夏研究年鉴》，2009年发表的辽金史论著为809篇（部），2010年增至859篇（部）。数字表明，辽金史的研究成果相当可观，比20世纪有了明显的增长。

新世纪研究成果的增多并非偶然，既反映出辽金史研究队伍在扩大、人数在增多，其深刻的原因是辽金史地位在提高，受到社会各界的广泛重视。我们可以从两个方面稍作分析。

在20世纪由于辽金史地位低，不受重视，辽金史研究在人员、经费上受到限制，这是研究成果少的主要原因。进入新世纪以来，辽金史的重要性日益显示出来，各级政府的主管部门、高等院校和科研院所比较重视辽金史研究，予以支持和资助。有的研究项目获得了国家社会科学基金的资助，有的获得了省市社会科学基金的资助，有的获得了教育部资金的资助。使得一些辽金史研究项目得以立项、深入研究，研究的最终成果能够及时发表问世。有的论著在发表时，常常注明为某社会科学基金项目、为教育部211工程项目，即证明了这一点。在20世纪，这种资助几乎是无法实现的奢望，许多很有学术价值的著作被束之高阁，被老鼠咀嚼。至于地域性的辽金史研究，大多是在地方政府支持资助下完成的，或出于提高地方文化底蕴的考虑，或与开发地方旅游资源有关。地方政府的支持和资助，是新世纪以来地域性辽金史研究兴起、发展的重要推动力。

新世纪以来辽金史论文得以大量发表，与学术杂志的增多有密切的关系。在20世纪，由于辽金史不受重视，辽金史论文发表相当困难。中国辽金史学会成立之际，许多人提出应办杂志、编印论文集，为大家的研究成果找到发表的机会。陈述先生为此在北京设立了编辑部，编辑出版《辽金史论集》，他亲自任主编，先后出版了五辑，共发表论文127篇，合计142万字。

进入新世纪以来，据《辽金西夏研究年鉴》统计，仅2009年至2010年，曾发表过辽金文章的报刊多达200余种，覆盖了除海南省以外的各个省市自治区。其中以北方省市自治区刊物最多，有的一个省市（区）不止一种。黑龙江的《北方文物》（季刊）、吉林省的《东北史地》（双月刊）差不多每期都有辽金史文章，而且图文并茂，有彩色图版，成为辽金史学者必读的期刊。

这些期刊，并不限于哲学社会科学，还包括了理学、工学、农学、医学等自然科学杂志。例如《华中建筑》、《辽宁工程技术大学学报》、《内蒙古农业大学学报》、《科技创新导报》、《超硬材料工程》、《科技情报与经济》、《重庆科技学院学报》、《中华中医药杂志》、《中国中医急症》、《中国中医基础医学杂志》、《中医杂志》、《中国针灸》、《山东中医药大学学报》等等，都竞相发表辽金科学、医药研究文章，表明对辽金文化遗产的重视，辽金医药至今在临床上仍有参考价值。

还有辽金的艺术也颇受重视，《文艺研究》、《艺术探索》、《美术大观》、《艺术百家》、《雕塑》、《艺术市场》、《上海工艺美术》、《西安音乐学院学报》、《艺术考古》、《收藏家》、《收藏界》等杂志，都发表了不少有关辽金艺术的文章。

上述期刊差不多涵盖了社会的各个方面，它表明社会各界对辽金史的重视和关心。人们认识的转变和提高并非偶然，说明人们对辽金的历史地位和辽金的文化遗产有了全新的认识，经历了从无知到有知、深知的过程，是符合认识论规律的。最后人们认识到，辽金是中国历史上的重要朝代，辽金增添了中华文化的内涵，是中华文化不可或缺的重要组成部分。人们在鉴赏辽金文化的同时，会增加对中国是多民族国家的光荣感和自豪感，歧视、贬低辽金的做法，越来越不得人心。

新世纪初年辽金史研究取得了不小的成绩。已有的成绩，只能把它看做新起点。实际上还存在不少欠缺和问题，必须保持清醒的头脑。

新世纪刚刚开始不久，未来的研究之路还很长。如果想再前进一步，取得更大的成绩，必须付出更大的努力，扫清各种思想障碍。

一、必须肃清正统观念的影响

正统观念认为中国的帝统必须保持在汉族手中，强调“华夷之辨”，汉族是最先进的民族，其他少数民族是落后的夷狄，他们没有资格建立政权统治中国。辽金元清属于夷族政权，是僭伪，要把它推翻打倒。就连孙中山也提出“驱逐鞑虏，恢复中华”。

这种正统观念完全是错误的，毛泽东很早就指出：中国是一个由多民族结合而成的拥有广大人口的国家。许多马克思主义史学家对此有深刻论述。吕振羽指出：“过去地主阶级的历史学家认为，只有汉族才是中国人，汉族以外的少数民族都是外国人；只有汉语才是中国话，其他民族语言都是外国语言。这种说法不符合我们多民族国家的实际情况。”（《中国历史讲稿》，人民出版社版264页）郭沫若主编的《中国史稿》指出，辽宋夏金时期虽然同时存在若干政权，不过“他们都自认为是中国的王朝，而外国人也把他们看做是中国的王朝。辽（契丹）与宋之间的公文往来，以南北朝相称……中世纪欧洲人多称中国为 Cathav，俄罗斯人称中国为 Китаи，都是以‘契丹’演变来的。”（人民出版社，第5册55～56页）范文澜指出：“既然我国的历史是各族人民共同创造的，那么各少数民族的人民都是中国人；少数民族的历史，不管他们在历史上处于什么地位，也不论他们纳入汉族王朝统治范围之内或独立于中央王朝之外，都应该是中国历史的组成部分。”（《学习》3卷1期）

少数民族也是中国人，是中华民族的组成部分，其建立的政权是中国的政权，这本来是很明确的。不过正统观念年深日久，在国人心中根深蒂固，在辽金研究中常常有意无意地受其影响。

在民国年间，学术界许多人竭力贬低辽金地位。陈汉章《辽史索隐》称：“《辽史》在二十五中最不理于众口，你为什么研究《辽史》呢?”他的回答是，为别的史“提供解释”。金毓黻撰《宋辽金史》，他自己说：“名《宋辽金史》，是“遵部（按：教育部）章”，“基于汉族及中华民族的立场，以宋接汉唐，斥辽金为夷狄，不能喧宾夺主”。他们贬低辽金溢于言表，是何等明确。

20世纪50年代，有相当一部分学者称辽金是“异族外国”，是“地方割据政权”，用以否定辽金政权的合法地位。类似的说法现在很少见了，不过有人变换了手法，用别的方法来贬低辽金、否定辽金。今举若干例证加以说明。

有人认为，明清否定了辽金的正统体系，这与事实不符。明朝确实有人想推翻辽金正统体系。有个名叫柯维骐的没落文人，曾模仿欧阳修《新五代史》的办法，撰《宋史新编》，将辽金附于宋后。不过这种做法并未得到朝廷的支持，官方国子监重新刊印包括辽、金二史在内的二十一史，就是对柯维骐之作的有力否定。清代官方编印《四库全书》，将柯氏之作列为别史存目，未加收录，也是对柯氏之作的否定。清人批评柯氏“有史才而无史学”，亦表明清代学界认为柯氏水平低下。明朝也同宋朝一样，是中国历史上最软弱的朝代。宋徽钦二帝被金朝所俘，明英宗在“土木之变”为瓦剌所俘，何其相似。柯氏生活在英宗被俘之后的嘉靖年间，认为这是明朝的奇耻大辱，故撰此书欲推翻辽金正统体系，以发泄心中不满。然而其书未被朝廷理睬，只是一场闹剧而已。

试图推翻辽朝北、南双轨制，也是贬低辽金的一种手法。辽朝境内有诸多游牧民族，还有汉族、渤海农业民族。为便于管理，因俗而治，采用了北、南双轨制，北面官管理包括契丹在内的游牧民族，南面官管理汉族和渤海。张博泉将这种办法比喻为“一国两制”，是很有道理的。金朝猛安谋克制与州县制并存，也是模仿辽朝的因俗而治。辽朝北、南双轨制，已为国内外学界所采纳肯定。《剑桥中国辽西夏金元史》、《中国史稿》、《中国历史讲稿》等权威性著作，都作如是说。不过近年有些论著要么将北、南面官府与北面官中的北、南枢密院相混淆；要么将南面官府的出现推迟到辽世宗（947—950年）以后，是受宋朝影响所致。上述两种说法，都是没有认真读书的结果。

《辽史百官志》记述职官时，是先记北面（卷45～46），后记南面（卷47～48）。

“北面治宫帐、部族、属国之政，南面治汉人州县、租赋、军马之事。”北、南官的本义，即指此而言，这是非常明确的。北面官中有北、南枢密院，是以其牙帐（官署）分别在大内（御帐）的北、南得名。《辽史》特别说明：“初，太祖分迭剌夷离董为北、南二大王，谓之北、南院……其实所治皆北面之事。语辽官制者不可辨。”然而今日有些治辽史的人，对上述提示却故作不见，仍将北面官中的北、南二院认同为北、南面官，不知其居心若何？

史载，907年阿保机称帝时，已有北宰相、南宰相、夷离董之设，都是北面官。“太祖初有汉儿司，朝知古总知汉儿司事”；“中书省，初名政事省，太祖置官”。汉儿司、中书省，都是南面官。《辽史》上述记载清楚地说明，北、南面双轨制，在辽初即已出现。宋朝建于960年，当辽出现北、南面双轨制时，宋朝尚未出现，有人硬把辽南面官的出现拖到辽世宗以后，其用意非常明显，就是证明辽南面官与宋朝影响有关。研究历史必须尊重史实，如果不尊重史实，曲解史实，这种研究结果岂有什么真理可言！

丑化辽金人物，也是贬低辽金历史的一种常见的手法。萧绰（萧太后）、完颜宗弼（金兀术）是历史名人，萧绰辅佐景宗、圣宗治国有方，使辽朝强大起来，战胜了北宋，签订“澶渊之盟”，宋权臣王饮若认为是“城下之盟”，见《续资治通鉴长编》，今日学者漆侠亦认为是“城下之盟”。澶渊之战，是萧绰策划指挥的结果，她是国内外学界公认的女政治家、女军事家。宋朝人非常忌恨萧绰，极尽贬低之能事，称她嗜杀，与汉臣韩德让（耶律隆运）私通。贾敬颜曾撰文加以驳斥：“宋人所以喜道此无稽之谈者，盖诋丑之也。”今人仍有站在宋朝人立场，将萧绰入韩德让庐帐议事说成是结婚，将韩德让陪葬乾陵（辽景宗萧绰陵）说成是与萧绰合葬。如果君臣接触议事就是结婚私通，那么，宋仁宗嫡母刘太后寡居之时，与权臣王钦若秘密往来，在王钦若死后刘后有诏：为他塑像，列于茅山仙官（见《历史上的萧太后》，中国社会科学出版社版313页），又该作何解释？宗弼（兀术）是金朝名将，宋将郦琼多次与宗弼交锋作战，他称赞宗弼“亲临阵督战……指挥三军，意气自若，用兵制胜，皆与孙、吴合，可谓命世雄才。”不过宗弼晚年罢兵言和，宋高宗向金朝上书称：“世世子孙谨守臣节……岁贡银、绢二十五万两、匹。”金为君、宋为臣，不过宋高宗保住了国君地位，金宋实现了和平，百姓免除了战争之苦，宗弼是有卓越贡献的。宋朝人宇文懋昭撰《大金国志》称：“兀术临终，以坚守和好之说。”这是对宗弼公正的评说。金中都（今北京）玉虚观建有金兀术祠堂，见《元一统志》，说明民间对宗弼相当敬重。张博泉提出宗弼是女真人的民族英雄，岳飞是汉族人的民族英雄，是可取的，有道理的；不过他们都不是中华民族的民族英雄，正如范文澜所言，宋金战争是“兄弟阋墙，家里打架”。

上述这些例证，反映出今日有些人仍站在宋朝人的立场上为宋朝人讲话。这种观点是有害的，因为它不利于现在的民族团结和国家统一，缺乏社会责任感。虽然这些说法不为辽金史学者所采纳接受，却在一般民众中有一定的影响。南方有家汉网，自称是汉族门户网，主张重铸汉魂、兴汉强国、辨华夷，大力宣传兴汉思想、华夏复兴之理论，让兴汉理论来指导实践。用“兴汉理论”指导实践，就是用兴汉思想治国，破坏民族团结，其气焰何等嚣张。汉网的出现并非偶然，其危害性十分明显，是正统观念的集中表现，学者不可不慎哉！

二、必须充分利用文物考古材料

梁启超《中国历史研究法》称：历史研究史料有二：“一曰在文字记录以外者；二曰在文字记录者。在文字记录以外者，曰现存之实迹；曰传述之口碑；曰遗下之古物。”他所称之现存实迹、遗下古物，即今日所说之文物考古资料。他把文物考古资料列在文字记录之前，说明他对文物考古材料之高度重视。梁启超 90 年前之言，说得很有道理，不愧为史学大师。

文物考古材料有传世和新出土两种，传世者如寺庙、佛塔、碑刻等等，新出土者是指考古发掘所得物器、墓志等等。这些实物都是历史的见证，具有补史证史的重要功用。用文物考古材料补史证史，在 20 世纪以郭沫若、罗振玉父子和王国维成就最大。郭沫若的《卜辞中的古代社会》、《周代彝铭中的社会史观》、《青铜器时代》，用甲骨文、铜器铭文研究先秦历史，开创了历史研究新篇章，极受海内外学术界的褒扬和肯定，成为一代史学大师。罗振玉父子、王国维对西域汉简、敦煌遗书研究极深，解决了汉唐西域史许多空缺和悬而未决的问题。罗氏父子还对西北出土的西夏文、东北出土的女真文、契丹文深入研究，其研究成果见《辽金西夏研究年鉴 2009》白滨之文、《辽金西夏研究 2010》李勤璞之文。罗振玉、王国维也是 20 世纪的史学大师。

就辽金史而言，官修二史简略，尤以《辽史》为甚，给辽金史研究造成了许多困难，许多学者望而却步。谭其骧、唐长孺是史学大家，他们在早年都曾研究过辽金史，随着研究的深入，发现辽金二史书既简略，二史以外可参考的资料又缺乏，最后转向别种研究。（见《中国社会科学报》2010 年 7 月 19 日 17 版、2011 年 5 月 31 日 18 版）资料不足是造成研究辽金史的学者不多的重要原因。进入新世纪以后，研究辽金史的人渐多，不过仍比研究隋唐宋元史的少。知难而退是人之常情，在短期内很难从根本上改变学人的心态。

如何解决辽金史料不足的问题？陈述先生提出应当充分利用文物考古资料，他从 20 世纪 30 年代就着手搜集新出土的辽代碑志，先后编辑出版了《辽文汇》、《全辽文》。他用毕生精力撰写的《辽史补注》，主要材料即取自文物考古资料。他指出：“契丹考古材料是对《辽史》记载直接的补充和订正”；“考古材料，以实例填补文化史上的空白，这在辽代特别显著，如墓葬里出土的牙刷，说明当时有口腔卫生的知识。”陈述先生身体力行，为我们树立了良好的榜样。

然而从总体上来看，有些研究辽金史的人明知辽金史料不足，却懒得利用文物考古资料。不独辽金史，在其他学科也存在这种现象。郭沫若在《两周金文辞大系序》中说："夫彝铭之可贵在足以征史，苟时代不明，国别不明，虽有亦无可征。故历来谈史地之学者，每置古器物古文字之学于不顾，甚或加以鄙夷，而谈古器物古文字之学者，于史地之学亦复少所贡献。"（见《青铜时代》科学出版社 310 页）今日之情况，恰如郭沫若所言。一些从事辽金史研究之人，认为考古报告检索不便，看考古报告抓不住要领，又是一二三四，还有甲乙丙丁，让人看了眼晕，觉得浪费时间，最好考古报告能按自己的需要来撰写。殊不知考古报告有本身的规范化要求，岂能按照个别人的需要撰写。反映出一些人叶公好龙。要想利用考古资料，就得学会看懂考古报告，这是要花时间费力气的。正是由于懒惰思想作祟，明明有考古材料可以利用，却弃而不用，只靠少许文献去作文章，这样的文章岂能有深度和高水平！我们应当学习郭沫若的勤奋和努力，搞学术研究必须要有坚强的毅力和锲而不舍的精神。舍此就不会做出重要的研究成果，这个道理是很明白的。

各种辽金碑志，是考古材料中最重要的一种，当时的人记当时的事，是最直接的史料。虽然碑志中常有浮夸溢美的文字，不过从中能筛选出许多有用的史料。目前对碑志的整理利用，还有许多不尽如人意、不太科学的地方，使碑志蕴藏的许多信息，没有得到充分开发利用。首先是碑志的整理不科学。辽金碑志包括石刻、砖刻、墨书题记、金属刻文，而整理碑志的人，多重视石刻文字，忽略了其他文字，有失于片面。1982 年中华书局出版的《全辽文》，共收录碑志 335 种，而 1995 年河北教育出版社出版的《辽代石刻文编》却只收录 322 种。在此期间辽碑志虽有新出土，收录数量却减少了 13 种，令人感到奇怪，原来编者将砖刻、墨书题记、金属刻文全部删掉了。辽代文献极端缺乏，只言片语都弥足珍贵，人们苦心搜索犹感稀少，岂能删减不录？它反映出编者理念有偏差，令人惊奇不已。

碑别字和避讳是中国古代特有的文化现象，具有很高的学术价值。陈述先生曾撰《辽史避讳表》，指出辽代不仅避讳本朝皇帝之名，还为宋朝讳、为唐朝讳，反映出尊重唐朝、宋朝皇帝，尊重宋朝皇帝是为了搞好两国关系，增进民族和睦，这是很重要的问题。目前所见到的辽金碑志汇编，有的是用简体字排印，避讳、别字全不见了；即使用繁体字排印，也是用规范化繁体，避讳、别字也很少见到。这样一来，辽金史避讳和碑别字的信息全无，令人惋惜不已。有的编者还特别注明"录自拓本"，说明拓本在抄录者手中，既然如此，为何不将避讳、别字录出？如果在正文中用避讳、别字有困难，文本列表附避讳、别字总还可以做到吧。其实是图省力省事的结果，是对读者不负责任的表现。

三、必须加强专题史研究

专题史即专门史，可简单称专史，是对历史某一方面进行全面系统深入的研究。

梁启超将专史分为人的专史、事的专史、文物的专史，文物的专史又分为政治史、经济史、文化史。其意甚明，稍嫌宽泛。其实专题史的范围还可以缩小些，政治史可以细分为职官史、军事史、选举史，经济史可以细分为财政史、钱币史、商业史，文化史可以细分为文学史、艺术史、宗教史、风俗史，甚至还可以更细化一些。前人所作的专题史有大有小，20 世纪陈述先生的《契丹史论征稿》（契丹政治史）、《契丹社会经济史稿》，张博泉的《金代经济史略》、王可宾的《女真国俗》；新世纪以来，赵永春的《金宋关系史》、张国庆的《佛教文化与辽代社会》、吴凤霞的《辽金元史学研究》、杨浣的《辽夏关系史》等等，都属于专题史。上述都是成功之作，在学术界产生广泛的反响。综合性的历史著作是集腋成裘，要利用他人的研究成果，个人的研究所得很难充分展示。

专题史研究的范围可大可小，大者形成专著，小者形成论文（例如武玉环关于辽金灾害的研究）。其实专题史研究水平的高低不在于篇幅的大小，关键是要有创造性，提出新观点、新见解，解决前人未及解决的问题，填补了学术空白，或者是纠正了前人的失误，有拾遗补缺的功用。专题研究可以提高自己的学术水平，同时也为他人的研究提供思路和参考。博士论文都应当是专题史研究，不能重复前人的研究，只有这样才能培养博士生独立研究能力，有助于以后的发展。

专题史研究是推动辽金史学科发展的主要动力，没有专题性研究，整个学科只能处于停顿状态。重复前人的作品，不管其篇幅大小，都无法推动学科发展，反而助长了某些人的自满情绪，比数量不比质量，养成一种不知进取的坏风气，后患无穷。

作专题史研究，要涉及大量的文物文献，要花费巨大的时间和精力，不可能一蹴而就。懒惰的人，往往望而生畏。须知，研究工作就是自找苦吃，只有在崎岖山路上勇于攀登的人，才有可能达到光辉的学术顶点。

辽金史的专题性研究，前人虽已经作了不少，然而学无止境，还有许多重要的专题无人问津。今略举一二说明之。

汉字中的俗体字（即别字），自六朝至隋唐五代甚为盛行，不利于阅读。辽代僧人行均精于音韵之学，于统和年间在五台金河寺积五年之功撰作了《龙龛手镜》（宋朝人改名《龙龛手鉴》），按平上去入四声的次序，收录了 26430 余字，详注其正体、俗体、古体、或体以及今体，注文 163170 余字，成为中国历史上一部重要字书。《四库全书总目提要》称赞说："于说文，玉篇之外，多所搜辑，并佛经之字，亦所不遗。不免雅俗兼陈，然网罗可云繁富。"雅俗兼陈是本书的特点，俗体字多流行于民间。

俗体字今称别字，除佛经以外，辽代碑刻墓志多见。今整理辽碑志者，多改为规范化的简体字或繁体字，尽失其原貌。文字是文化的载体，文字的流变是文化史研究的重要内容之一。20 世纪 50 至 60 年代的文字改革，有些简化字即来自碑别字。辽代碑志出土很多，几乎每篇都可以见到别字，其数字无精确统计。研究碑别字很重要，已成为一个专门的学科。1985 年文物出版社出版了秦公编的《碑别字新编》，共收录 13000 余字，收罗虽丰，而辽代碑别字却很少，其原因是作者很难看到辽碑拓本原件。

现在辽碑拓本甚多，据拓本辑别字并不困难。撰《辽碑别字研究》时机成熟，可以撰作一部新体的字书，与《龙龛手镜》相媲美。

辽金时代的戏曲很重要。辽朝廷每逢喜庆和迎接宋朝使臣，往往演戏为贺。就连孔子、司马光也被搬上舞台，曾引起宋人的抗议。戏剧中的旦角，实来自辽朝，见明人沈德符《万历野获编》。后来旦角传入中原。金代散乐盛行，在山西侯马金代墓葬中，多次发现散乐图。王国维称："辽金之剧皆自宋往，而宋之杂剧不自辽金来"，这是不对的。刘大杰说："杂剧起于北方，而以大都为中心。"大都为辽南京、金中都。辽初契丹南下，俘虏了许多汉人，其中就有教坊。胡峤《陷虏记》称上京城有教坊。后晋曾于938年将伶官送给辽朝。因此，辽戏剧出现很早，当时宋朝尚未建立（宋建国于960年）。明人徐渭说北曲为辽金鄙杀之音，流入中原，南人亦遂尚此，见《南词叙录》。宣和末京师（开封）"多歌番曲"，番曲即辽曲。辽散乐多见于墓室壁画中。根据史书记载和壁画资料可以撰作内容丰富的《辽金戏曲史》。

阿保机长子东丹王"善画本国人物，如射猎、猎雪骑、千鹿图，皆入宋秘府"，据说有的已流入美国。《宣和画谱》著录东丹王绘画15幅。契丹皇帝多善画，辽兴宋"工画"，曾将作品赠宋仁宗。胡瓌的《卓歇图》，藏北京故宫博物院。耶律题子、耶律裒履善写生，极其逼真生动。法库叶茂台辽墓出土的绢本《山水楼阁图》、《竹雀双兔图》，藏辽宁省博物馆。内蒙古、河北、北京、山西发现了大量辽金壁画，多达数百幅。虽是无名氏之作品，却表现了北方画风，构成了北方画派。辽金的书法也很有特点，天津蓟县《千像寺创建讲堂碑》，德麟书丹，流畅遒劲，尽现其风采。金章宗的瘦金体真迹，至今可见。辽金石刻图像很多，蓟县盘山千像寺，即有大小石刻图像数百。巴林左旗真寂之寺，有辽代石刻佛像甚多。黑龙江亚沟金代石刻，被列为国家重点文物保护单位。石经幢上也雕刻佛像，砖塔有砖雕佛像。辽金画家，多见于史籍、笔记、方志，再加上这么多的实物，可以撰作内容丰富的《辽金美术史》。

辽代建筑业发达，重视天象。河北宣化辽墓天象图的发现，证明天文学很受重视。建筑设计、天文观测，需要数学知识。辽代数学先进，被西方称做"契丹算法"。辽金医药发达，契丹人对防腐、防冻，有一套实用的办法。金代医药尤为发达，名医很多，刘完素、张子和、李杲都相当有名。刘完素著作甚多，其医药理论至今仍被重视，见于近年出版的医药杂志，在临床上有重要参考价值。辽金建筑、数学、医药在历史上有重要地位，应当撰作《辽金科学技术史》，加以系统研究论述。

辽金与隋唐宋元一样，都是中国的重要朝代，是中国历史不可分割的组成部分；辽金文化是中华民族文化的一部分，辽金文化使中华民族文化更加绚丽多彩。在新世纪里，必须彻底清除正统观的影响，要一视同仁地看待辽金历史，不能有任何的民族偏见。要实事求是，全面系统深入研究辽金历史，让人们准确地了解辽金历史。要明白一个道理：只有正确地了解辽金历史，才能读懂中国的历史，才能有助于增强今日的民族团结，构建民族和谐的社会主义中国。

纪念陈述先生百年诞辰

在纪念陈述先生百年诞辰学术研讨会上的致辞

中国社会科学院民族学与人类学研究所党委书记　张昌东

大家上午好！今天，我们怀着崇敬的心情，在这里隆重举行“纪念陈述先生百年诞辰”学术研讨会。我谨代表中国社会科学院民族学与人类学研究所，向这位20世纪辽金史暨契丹女真史研究的学术泰斗致以崇高的敬意！向陈述先生的亲属表示亲切的慰问！向拨冗莅会的各位专家学者表示热烈的欢迎和衷心的感谢！

陈述先生字玉书，河北省乐亭县人，1911年10月出生。他早年就读于北京师范大学历史系，在陈垣先生等名师的培养下，很早就显示出治史的素养。1933年他读大学三年级时，就在《师大月刊》第6期发表了处女作《蒋心余先生年谱》，文章长达6万余字，征引书目达123种之多。之后，他又发表了多篇重要论著，受到时任中央研究院历史语言研究所所长傅斯年先生的赏识，并于1935年大学毕业后即进入中央研究院历史语言研究所专门从事辽金史的研究，开始了长达50多年的学术历程。抗战爆发后，陈述先生随史语所辗转迁至昆明，后在内迁至四川省三台县的东北大学工作，在此期间，他发表了多篇重要论述，并因他在辽金史研究领域成果卓著，于1943获得美国哈佛燕京学社颁发的奖金。抗战胜利后，陈述先生到上海复旦大学历史系任教授，还曾兼任暨南大学教授。1947年，他返回北平，任国立北平研究院史学研究所研究员，兼任燕京大学和中法大学的教授。新中国成立后，陈述先生回到母校北京师范大学历史系任教授。1952年，陈述先生调往新成立的中央民族学院（今中央民族大学），担任研究部教授并兼任图书馆馆长。1958年，中央民族学院研究部划归中国科学院民族研究所，陈述先生任民族研究所研究员、民族历史研究室东北内蒙组组长，1978年起兼任中国社会科学院研究生院民族学系研究生指导教师。直至1987年退休，陈述先生在民族研究所工作长达30年，为民族所的建设和发展作出了重要贡献。

陈述先生毕生致力于辽金史、契丹女真史的研究，留下了大量独创性、开拓性的研究成果，是该研究领域中里程碑式的人物。他的代表性著作《契丹史论证稿》（重版后改称《契丹政治史稿》）、《契丹社会经济史稿》、《金史拾补五种》、《全辽文》、《辽史补注》、《辽史别录五种》、《全金文》等，都是辽史研究领域的扛鼎之作，问世后一直受到国内外学术界同行的推崇。另有发表论文百余篇，几乎涉及了辽金史、契丹女真史研究的各个方面，其中不乏开创性和大量填补学术空白的工作，集中反映出他的学术成就。陈述先生在严谨治学、笔耕不辍的同时，还积极参与研究生教学和青年学者培养工作，为我国辽金史、契丹女真史学科培养了大批后继人才，他们如今已经成为该研究领域的著名专家和学科骨干。为了促进我国辽金史、契丹女真史研究事业的繁荣发展，陈述先生还与国内同行一道创建了中国辽金史及契丹女真史研究会，并长期担任会长，为学会的发展倾注了大量心血。陈述先生堪称20世纪辽金史、契丹女真史研究的一面旗帜，开创了该领域研究的新局面，将辽金契丹女真史研究推向了一个重要的发展阶段，为中国民族史研究和民族史学科的发展作出了杰出贡献。

今值陈述先生百年诞辰之际，我们在这里举办专题学术研讨会，以此表达我们对一代学术宗师的缅怀与追思。本次专题研讨会虽然会期不长，但我想，通过与会专家学者围绕陈述先生的学术成就和学术思想进行深入研讨，能够使大家对陈述先生的学问之道和治学精神得到更加深刻的领悟，也会为我们每个人今后的学术之路提供许多启示和借鉴。集中体现在陈述先生等老一辈学者身上的热爱祖国、追求真理、潜心学问、淡漠名利的奉献精神，实事求是、严谨治学的科学精神和刻苦钻研、勇于开拓的创新精神，永远是值得我们后辈学人继承和弘扬的宝贵精神财富。

我相信，通过举办这次专题研讨会，必将对我国辽金史及契丹女真史的研究事业，乃至对整个中国民族史研究事业的繁荣发展起到积极的推动作用。众所周知，中国社会科学院民族学与人类学研究所是一个具有多学科综合研究特色的国家级专业研究机构，现有学科主要包括民族理论、民族经济、民族语言、民族宗教文化、民族历史和社会人类学等等。由陈述先生等老一辈专家开创的民族史研究学科是我所的传统优势学科，也是中国社会科学院的重点学科之一，全国性学术团体“中国民族史学会”的常设机构也设在本所民族历史研究室。建所以来，民族史学科在民族史学理论、民族关系史、中华民族凝聚力、中华民族多元一体格局理论和中华民族形成问题、中国历代民族政策、少数民族族别史、少数民族专史、少数民族革命史、区域民族史、中国历代边政、古代民族志等方面的研究都取得了丰硕的成果，并形成了本学科的学术特色，即，在对各地区、各断代民族专门史进行深入研究的基础上，着重进行中华民族史的整体性与综合性研究。辽金史、契丹女真史的研究在我所民族史学科中占有重要地位。陈述先生等老一辈学者为我所的民族史学科奠定了厚重的学术基础，作为学术传人，我们研究所的后辈学者有决心也有信心与全国学界同仁共同努力，为推动我国民族史研究事业的繁荣与发展作出新的贡献。

最后，我预祝这次“纪念陈述先生百年诞辰学术研讨会”取得圆满成功！祝各位来宾身体健康、工作顺利！

谢谢大家！

深切缅怀我国著名辽金史专家陈述教授

——在陈述先生百年诞辰纪念会上的发言

中国社会科学院学部委员、民族学与人类学研究所原所长 杜荣坤

今年是我国民族史学界著名的辽金史专家陈述教授百年华诞。这是一个既难忘又令人怀念的日子。新中国成立后，我国著名的三大辽金史学家傅乐焕先生、冯家昇和陈述先生，通过院系调整，相聚在中央民大研究部。1958 年 6 月，中科院民族研究所成立后，其中的两位，即冯家昇教授和陈述教授，又转入民族所工作。使我有机会结识陈述教授，感到非常荣幸。我和陈述教授虽然在一个单位共事了 35 年之久，但由于专业不同和不在一个研究组，故对他的了解不是很深。但毕竟已相处几十年，受到陈先生耳濡目染的教诲，受益匪浅，还是有较为清晰的印象。我对陈述先生总的印象是，他是位典型的学者型人物，有很多优点值得我们从事科研和教学的工作者及后学者学习，现略举四点：

其一，陈述教授之治学态度和奉献精神是我们学习的楷模。陈述教授是位很敬业的学者。他较少参加各种活动（包括社会活动、政治活动、社交活动和娱乐活动等等），很少兼任社会公职，平常从家里到办公室，又从办公室到家里，无论是白天还是晚上，工作日还是节假日，都是从研究到研究，把自己的一生都奉献给新中国的教育事业和科研事业，奉献给辽金史研究工作。他学问渊博、专业造诣深厚、治学严谨、成果卓著。在辽金史研究工作中，做了大量基础性、综合性、理论性和普及性等工作，编纂了《辽文汇》、《全辽文》、《辽史补注》（116 卷）等书，先后出版了《契丹史论证稿》、《契丹社会经济史稿》、《契丹政治史稿》、《金史拾补五种》和《辽代史话》等书，并发表了学术论文百余篇。陈先生之论著，史料翔实，观点新颖，有很大影响力，深受学术界，尤其是民族史学界的重视与好评。给我印象最深的就是上世纪 60 年代，他所撰写的《契丹社会经济史稿》一书之出版。60 年代，无论是我所抑或全国，包括老同志在内，科研成果出版并不多，特别是有关辽金史之论著，可说是凤毛麟角。而陈先生就较早地出版了此书稿，并有较高的质量，反映很好。上世纪 50 至 60 年代，当时全国之民族史学者，一般还只限于通史、简史和起源史之研究阶段，而先生却能先走一步，从经济史之新视角来研究辽金史，走在学术界前面，在当时实属难能可贵，

因而受到学术界之关注。事隔数十年，此书至今仍不失为辽金史研究中之佼佼者，是一本备受欢迎的佳作。为保存和普及历史知识，1971 至 1974 年，陈述先生参加了二十五史之《辽史》90 万字的标点工作，并出色地完成了任务，使之成为迄今最好之版本。《二十五史》标点本，中华书局已再版，使广大史学工作者和读者受益匪浅。陈述先生还曾担任好几届辽金史学会会长，在其领导下，辽金史学会做了很多工作，对团结全国辽金史研究者和教育工作者，开展全国和东北地区辽金史学术活动，都卓有成效，起了很大作用。这和陈述先生的领导，对辽金史学术活动之关注分不开的。陈述先生对推动全国辽金史之研究功不可没。总之，陈述先生在科研工作中孜孜不倦的精神，在研究领域中勇于创新和开拓的精神，对我国辽金史之研究作出了重要贡献，是后学者的榜样和楷模。

其二，陈述先生为人正直，作风正派。我在与之相处的几十年中，也从未见过他整过人，批判过人，也未见他在背后议论别人或说别人的坏话。这充分说明陈述先生之思想作风正派、光明磊落和实事求是的精神。

其三，同志关系方面，由于他把主要精力放在研究工作中，平常与群众，特别是中青年的接触较少，即使有接触，也不善于言笑，态度较为严肃，故使人有不易接近的感觉。但陈先生作为国内外著名之专家和高层人士，在群众面前，从不拿架子、摆傲气，对中青年循循引导，对领导和同辈襟怀坦荡，开诚布公，能尊重别人。

其四，陈先生慧眼识人才，重视对人才的培养和挖掘。陈先生除了以其身教、言教之模范行动来影响和教育周围的中青年外，还数十年如一日，培养研究生。为培养辽金史才和接班人作了重要贡献，先生培养的数批研究生，不少已成为各单位的业务骨干和学术带头人，其中有的已是国内外著名专家学者，如在座的刘凤翥同志和景爱同志等等。

总之，陈述先生值得我们学习之长处很多。我认为，今天我们缅怀和纪念陈述先生，最好的方式就是要通过纪念活动，学习他的高贵品质、治学态度和工作风范，学习他献身祖国科研和教育事业的奉献精神，以教育和激励后人，积极参与我国文化体制改革事业，跟上社会主义文化大发展的步伐，开拓创新，与时俱进，迎接更加光辉灿烂的又一个科教文全面繁荣之春天。

孜孜不倦的学者

——陈述先生诞辰100周年缅怀

中国社会科学院学部委员、民族学与人类所研究所原副所长　史金波

今年是陈述（玉书）先生诞辰100周年，今天这么多专家学者聚集在一起，缅怀陈先生在学术上的业绩和重要贡献，是十分有意义的。

中国社会科学院民族研究所过去有几位学术大家，陈先生是其中之一。当时陈述先生和翁独健先生、冯家昇先生、王静如先生、傅懋勣先生等是民族所的几位突出的学术带头人，是民族所的学术品牌。他们作为有力的支柱，撑起了民族所的学术大厦。老先生们都对民族所、对学术界作出了各自的贡献，而他们又学业有专攻，各有学术领域，各具学术特点，各显学术风格。

陈述先生一生勤奋，孜孜不倦，成果累累，著述等身。1962年我作为王静如先生的西夏文研究生刚刚进入民族所时，和同年入所的陈述先生的研究生刘凤翥学兄在一间办公室。那时民族所实行坐班制，但年纪大的老先生可以不坐班。陈先生每天按时上下班，抓紧每一刻时间工作。他每日清晨8点以前迈着稳健的步履准时到达办公室，中午12点下班时才走出办公室，下午也是按时上下班，天天如此，风雨无阻。陈先生对时间的充分利用，对工作的认真态度，对学问的执着追求，在民族所有口皆碑。陈先生虽然不是我的授业老师，但他也是我的老师。陈先生治学勤勉，把时间看成生命，把做学问当成自己生命最重要的一部分，对我有着潜移默化的影响。这也是陈先生著述丰厚、新见迭出的重要基础。

陈先生多年辛劳，身患比较严重的心脏病。1975年先生心脏病突然发作，住进阜外医院急诊室抢救。我们带着民族所介绍信找到医院领导，请求医院选最好的大夫，用最好的条件抢救这位专家。那次在医生的精心治疗和家属周到的看护下，终于化险为夷，先生病愈出院。但不久与陈先生相濡以沫的陈夫人却不幸突然病逝。失去了夫人照顾的陈先生忍着巨大的悲痛，依然把精力集中在学问中，天天伏案研读，笔耕不辍，整天忙于那丢不开、做不完的辽金史研究工作。

陈先生十分注重资料积累，他对辽金史料进行了系统的汇聚和整理，作出了突出贡献。此外他也重视调查研究。陈先生开启了对辽朝主体民族契丹族后裔的调查研究

工作，《大辽瓦解以后的契丹人》、《关于达呼尔族的来源》等重要论文就是先生在这些方面的代表作。这些成果奠定了契丹族后裔研究的基础。20世纪80年代初，陈先生接到来自昆明市纺织工业公司图案设计学校校长蒋蔚复同志的来信，说他的老家云南省保山地区施甸县发现了一种不明文字的碑刻，可能是契丹文，希望请陈先生研究。1983年4月，我与陈先生一同到成都参加中国民族研究学会理事会时，他得知我会后还要到云南作民族调查，便找我商议，问我能否顺便到云南保山地区作一下有关那种不明文字碑刻的调查。我义不容辞地接受了陈先生的嘱托。陈先生将来信人的名字和工作单位告诉我。我会后转道昆明后，找到蒋蔚复同志，了解了他掌握的有关其家乡碑刻情况，还请教了对云南碑刻很熟悉的元史专家方龄贵先生和云南地方史专家王云教授，最后到保山、施甸地区进行实地考察4天，了解了一些关于蒋氏家谱情况和碑文线索，但在线索提及的施甸县人民小学附近的墓地中未能找到带有契丹文字的碑。回京后向陈先生复命，将所了解的情况和线索报告陈先生，陈先生说等有机会再详细调查。由此可见，陈先生不仅重视契丹族在北方的后裔研究，也关注契丹族在南方后裔的调查。

陈先生以其显著的学术成就成为辽金史研究的一代宗师，是一位里程碑式的人物。他不仅在这一领域取得了骄人的成果，而且做了很多卓有成效的组织、领导工作，积极推动辽金史研究工作的发展，成为这一学科的组织者、领导者。作为这一学科的领军人物，陈先生对辽金史研究的发展特别关注，倾注了大量的心血。他先后教授的几批研究生早已是该学科的骨干专家。更使人难忘的是，已届古稀之年的陈先生为更好地推动辽金史学的发展，不辞劳苦地筹备组织辽金契丹女真史学会。当时我任民族所历史研究室主任，并且参与组织过中国民族古文字研究会成立工作。陈先生当时找我谈话，希望我参加辽金史学会的筹备工作。当时陈先生除向我了解中国民族古文字研究会成立的程序和有关事项外，还有一个想法：即辽金史学会也可以包括西夏（党项）史研究。后来我奉先生之命参加了两次筹备工作座谈会。1982年辽金史学会正式成立，陈先生被大家推选为会长。先生担任会长直至他离开我们。在此期间，辽金史学会在陈先生领导下成功地组织了多次学术会议，出版了5集辽金史论文集，使辽金史研究开创了新的局面，有力地推进了辽金史研究。

1992年刚过元旦，陈先生心脏病复发，病情十分严重。我作为副所长和晚辈到医院探望陈先生，陈先生在协和医院急诊室就医，但因无床位而不能住院，家属和我们十分着急。联系北京市卫生局，说是西苑医院还有床位，后来家属将陈先生转到西苑医院，我们稍稍安心。就在那天凌晨一点多，急促的电话铃声使我从睡梦中惊醒，我拿起了话筒，先生的家属告诉我陈先生抢救无效，与世长辞。我怀着十分悲痛的心情立即向社科院值班室打电话，请尽速向院领导报告这一噩耗。因为院里规定，凡院内知名学者逝世要尽快向院里报告。然后我立即在寒冷的夜色中骑车前往西苑医院，向陈先生作最后的告别，并看望、安慰家属。在医院看到陈先生安详地躺着，好像这一生太累了，在那里静静地歇息。想到陈先生的不朽业绩，想到陈先生的音容笑貌，想到几个小时前我还在陈先生床前，不禁怆然泪下。

由于陈先生在辽金史研究方面的突出贡献，北京市文物局和大觉寺管理所给予陈先生特殊荣誉待遇，盛情地将先生的骨灰安放在大觉寺，供后人瞻仰祭奠。坐落在北京市西北郊的大觉寺，原名清水院，是辽代首建的寺院。为陈先生的后事安排，我曾四上大觉寺，看到先生长眠在这块有特殊意义的圣地，可以告慰先生的在天之灵，我和同事们也感到十分欣慰。

陈先生离开我们 20 多年了。辽金史学在陈先生等老一辈专家打下的基础上又有了长足的发展，陈先生知此，也会含笑九泉了。

刚刚开过的党的十七届六中全会公报强调要推动社会主义文化大发展大繁荣，提出要繁荣发展哲学社会科学，要造就高层次领军人物和高素质文化人才队伍。我们哲学社会科学工作者要完成这样的任务，就要学习陈先生这样老一辈专家兢兢业业的踏实工作精神，以及发展优秀传统历史文化的奉献精神，为促进社会主义文化大发展大繁荣作出积极的贡献。

陈述先生的学术成就和学术思想

中国文化遗产研究院　景　爱

陈述先生字玉书，河北乐亭人。生于 1911 年 10 月 20 日，逝于 1992 年 1 月 5 日，享年 80 岁，今年是他的百年诞辰。他是一位爱国主义者，以毕生的精力从事辽金史研究，在学术上卓有建树，培养了一大批专家学者，在海内外享有盛名。美国《宋辽金元学报》称他是“中国最著名的辽金史学权威”，[①] 被海内外学者称做辽金史研究的一代宗师大师。[②] 陈述先生的学术成就、爱国主义和学术思想，是留给世人的宝贵财富，值得继承和发扬。

一、提出了第二次南北朝

在中国历史上，从东晋灭亡到隋统一，史家称之为南北朝，系指南北分裂对峙而言。官修的《南史》、《北史》，分别记载了南朝、北朝的历史。隋唐形成了南、北统一局面，唐朝灭亡以后，又出现了南、北分裂对峙。北方有辽、金，南方有五代、两宋，长达 370 余年（907—1279），至元代又形成了全国统一。这段辽、金与五代、两宋分裂对峙的历史，人们习称为五代十国辽宋西夏金，或称五代两宋辽金。元朝人分别修《辽史》、《金史》、《宋史》，有如唐朝人修《南史》、《北史》，给辽、金、宋以平等的地位。

然而晚近的一些史家，常常把辽、金斥之为夷狄之邦、地方割据政权，不承认其存在的合法性。例如金毓黻就说过：“基于汉族及中华民族的立场，以宋接汉唐，斥辽金为夷狄，不能喧宾夺主。”[③] 这种说法显然违背了历史事实，不利于民族团结。有鉴于此，陈述先生提出了辽、金与五代、两宋的对峙，是中国历史上第二次南北朝。

第二次南北朝的思想，萌发于《契丹史论证稿》（1948）。在 1963 年出版的《契丹

① （美）《宋辽金元学报》总 22 期，1992 年。
② 景爱编：《陈述先生纪念集》第 24 页、57 页、106 页，内蒙古教育出版社 1995 年。
③ 金毓黻：《宋辽金史》，民国三十三年重庆商务印书馆初印本。

社会经济史稿》明确提出：契丹“由于国富兵强，威慑四邻，开辟了祖国历史上又一次南北朝局面，并为全国统一创造了有利的条件”。[①] 到了 1982 年，在中国辽金契丹女真史研究会成立大会的报告中，他更加明确地阐述了第二次南北朝：

> 契丹和后梁太祖朱温同年开国，辽金两朝和五代两宋南北相峙三百多年，辽金在经济文化上虽有落后的一面，但在军事、政治上却长期占优势地位。就当时实际情况看，可以说辽金是中国历史上的第二次北朝，对于祖国的历史文化，特别是民族融合、经济文化的交互影响和发展前进，起着极其重要的承前启后的作用……
>
> 我们可以说辽金和五代两宋是分立的；若说辽金是割据政权，就不够恰当。唐朝人对南北朝就直接写《南史》、《北史》，不区分谁是割据政权。唐朝人的态度比较公允。辽金是祖国历史上又一次的北朝。当时南北双方都是用南朝、北朝相互称呼的。[②]

在辽宋金时代，辽、金都以北朝自称，而称两宋为南朝；两宋则称辽、金为北朝，而以南朝自居。这在宋人撰述的《契丹国志》中有明确记载。当时的人把南北对峙看成是南北朝，体现了平等的地位，公平的称谓。晚近的一些史家，却不如实地看待这个问题，竟将辽、金斥为夷狄之邦、非法政权，无异于为国内外民族分裂分子授之把柄，其危害性是十分明显的。陈述先生关于第二次南北朝的论证是符合历史实际的，取得了海内外学术界的共识和认可。这是学术史上应当予以记载的一件大事。

二、关于辽金历史地位的论述

自民国以来，史学界一直存在轻视辽金历史地位的问题。在中国通史著作中和教科书中，常常把辽金附在宋史之后。陈汉章作《辽史索隐》，称是为别的史“提供解释”。甚至有人著文，称辽金的出现破坏了国家的统一，影响了北方经济文化的发展，造成了历史发展的倒退。

上述这些认识反映出有些人受汉族正统观念影响很深，敌视少数民族政权，采取不承认的态度；同时也是由于辽金史研究不够深入，辽金的历史贡献、作用和影响，没有被充分地揭示出来。因此，陈述先生在其著作和论文中，反复论证辽金的历史贡献、作用和影响。指出辽金是祖国历史上两个重要朝代，在辽金 300 余年中，祖国的历史发生了重大变化，辽金对祖国历史发展，作出了巨大贡献。这些贡献可以概括为以下几个方面。

---

① 陈述：《契丹社会经济史稿》第 44 页，生活·读书·新知三联书店 1963 年。

② 陈述：《辽金两朝在祖国历史上的地位》，《辽金史论集》代序言，上海古籍出版社 1987 年。

第一，辽金在北方草原上建置城寨，沟通了长城南北的经济文化。“辽金以前，北方草地和中原农业区存在着很大差别，辽金以后差别缩小了。”这样便改变了南北方经济文化发展不平衡的局面，为后来中国的统一和经济发展奠定了基础。第二，辽金开发建设了东北和北方，稳定了祖国的疆域。汉唐对边疆地区采取羁縻政策，是一种间接的统治。辽金实行改土归流，委派官员实行直接统治。从间接统治到直接统治，无疑是一个很大的进步。第三，继承发展了汉唐以来的政治思想和政治制度。唐太宗提出了“兼包藩汉，一视同仁”的治国思想和施政方针。一是“朝中文武臣工，特别是武臣，任用少数民族，不分彼此”；二是“尊重民族地区传统，不多直接干预。”唐朝的这个施政方针，“在辽朝基本得到实现”。第四，辽金还有许多惊人的成就。辽南京、金中都的修建，奠定了北京近千年作为全国政治中心的基础。辽代的大同华严寺、应县木塔、蓟县独乐寺、义县奉国寺，是古代建筑中的瑰宝。金代修筑的卢沟桥，具有极高的科学价值。辽版大藏经、金代赵城藏，是佛教的重要典藏。我国现行的省制，源于元代行省，元代行省是沿袭金代的行尚书省。辽金的这些重大贡献，一直影响到现在。

陈述先生这些论述，足以说明辽金是中国历史上的重要朝代。它承前启后，最后形成了元明清三代国家的统一局面。辽金在历史上的卓越贡献，是无法否认的。西方称中国为 kitai，kitai 就是契丹的音译。它反映了契丹即辽朝在西方国家有巨大影响。

三、用社会进化观点研究契丹史

从清代起，就有许多人校勘《辽史》，搜集辽代遗文，用以订正《辽史》、补充《辽史》，这种风气一直延续到民国年间。这类工作固然很重要，然而就其性质来说，属于史料整理，与科学意义上的史学研究并不是一回事。史学研究的任务，是揭示人类社会发生、发展和演变的历史规律。辽金史的研究也是如此。

陈述先生早年也整理过辽代遗文，然而他在陈寅恪的影响下，其研究重点很快转向契丹史研究，用社会进化观点研究契丹族的起源、发展和衰落。社会进化论在西方出现比较早，莫尔根《古代社会》、恩格斯《家庭、私有制和国家的起源》，便是典型的代表作。20 世纪初，社会进化论已传入中国，但是，真正按社会进化观点研究中国历史的人并不多。陈述先生是第一个用社会进化观点研究契丹史的学者。

陈述先生用社会进化观点研究契丹人的柴册仪和世选制，取得了圆满的答案。柴册仪是契丹皇帝即位时的一种仪式，“凡受册，积薪升其上，大会番人其下，已而燔柴告天。”所谓世选制，是与世袭不同的选官办法。“世袭是听其子孙自为承袭，世选则于其子孙内量材授之。”①

---

① 赵翼：《廿二史劄记》卷 27，《辽官世选之例》。

陈述先生指出，柴册仪和世选制有一定的联系，都是氏族社会的残余。“柴册仪之情节即问答之言语，似当源于古八部推举大汗之旧轨”；“官吏世选，为推举大汗之缩影……故大汗推举，亦可拟为世选”。又指出：“契丹之大汗推选，史存其说，读史者亦多以传说视之，莫得究竟。参互稽考，犹可概见。一曰柴册之仪节，存其形式；一曰官吏之世选，存其精神。”① 推举大汗和选用官吏，都是原始民主制的一种表现。陈述先生当时虽然未使用这个术语，然而以氏族、部落到国家的演变，来论证契丹选汗、选官的发生、发展和演变，深刻揭示了契丹社会的民族特点。这是契丹史研究的一大进步，它表明契丹史的研究走上了正轨，开创了辽金史研究的正确方向，在20世纪辽金史的研究上，具有划时代的意义。

四、关于契丹人的后裔

陈述先生不仅研究了契丹人的来源，还对辽朝灭亡以后契丹人的去向进行了考察，指出今日的达斡尔族是契丹人的后裔，云南保山地区也有契丹人的后裔。

他指出，辽亡之际以耶律大石为首的一部分契丹人西迁到中亚地区，在那里建立了西辽国，“历史上也称哈喇契丹”。西辽是辽朝历史的延续，天祚帝以前是辽朝的前一个阶段，西辽是辽朝的后一阶段。辽朝的整个历史，是从916年至1211年，前后共295年。

他根据元人许谦《总管黑军石抹公行状》、黄缙《沿海上副万户石抹公神道碑》，指出：“契丹在辽亡以后，曾有一部分以库烈儿为首的契丹群众北迁，退出金（女真）的统治范围。”他们居住在根河北岸山地，以打牲射猎为生，留下了库烈儿温都儿地名，是以库烈儿得名，温都儿是指山、丘陵而言。这个名称一直保留到现在。在元朝时，这里的契丹人一部分参加了蒙古人的南征，另一部分仍居留在原地的契丹人，成为达斡尔人的祖先。明末清初，根河地带的达斡尔酋长根铁木儿，还被通古斯人称作契丹酋长，直接地说明了契丹、达斡尔的前后根源。陈述先生前先后发表了《关于达斡尔的来源》、《大辽瓦解以后的契丹人》、《试论达斡尔族的族源问题》加以详细论证。达斡尔源于契丹说取得了学术界的共识，也得到了达斡尔族的认可。最近，由达斡尔族学者编辑出版的《达斡尔族源于契丹论》，对陈述先生的贡献给予高度评价。10月4日、10月6日，黑龙江、内蒙古和在京的达斡尔学者分别在齐齐哈尔和北京召开座谈会，纪念陈述先生百年诞辰，表示他们对陈述先生的崇敬和感激之情。

元代参加南征的契丹人，事后居留在云南保山地区。陈述先生指出：“现在云南保山地区如施甸、保山、龙陵等县有蒋姓人，即‘阿莽蒋’姓之人，故老相传，系来自

---

① 陈述：《论契丹选汗大会与帝位继承》，国立北平研究院《史学集刊》第5期，1947年。

耶律氏，在族谱里也有同样的记载。”① 陈述先生此说在学术界产生了广泛影响，达斡尔族学者孟志东据此前往云南实地调查研究，在清代墓碑上发现了契丹文字，所著的《云南契丹后裔研究》，详细记录了他的调查研究成果。

五、关于契丹文字的研究

契丹文字是研究辽史的重要资料，陈述先生很早就留心契丹文字资料的搜集，在《金辽文》一书之末，附录有契丹文碑志 19 种。他曾作有《契丹文字的历史概况》一篇长文，其第一部分题作《契丹文字略论》，刊于《中央民族学院学报》，其余大部分仍未发表。

契丹文有大小字之别。陈述先生指出，在中古时期高丽、渤海、西夏都使用过汉文，却读本民族语音，汉字只起音符的作用。契丹大字是直接使用汉字创制的，使用汉字必多。契丹小字是“参照回鹘文法则，摆脱了意义符号的框子，采用声符拼音成字，‘数少而该贯’。文字口语一致，通解契丹文的人容易学习，其中也掺有个别表义字。”后来的契丹小字研究表明，契丹小字确属拼音文字，证明陈述先生的意见是正确的。

陈述先生比较早注意到契丹语法。他指出，契丹语法构造，至少在语序上与汉语不同，和蒙古语一致，它印证了拉施特所记的“契丹、蒙古语言多相类”，也与近年的调查研究相符，这就直接指出了进一步研究的方向。

契丹人读汉文是以汉文作义符，用契丹语来读，和高丽、渤海基本相同。

关于契丹大、小字的区别，陈述先生认为，“锦西字一般的笔画少，不易拆散，一个单字构成一个符号，主要属于义符之类，应是大字”；“庆陵字一般的笔画多，绝大多数单字是由几个符号组成，易于拆散，应属声符之类，最关键的一点，庆陵字的组成，往往是同字有不同的字尾变化，这种组合方法和回鹘文一致，所以庆陵字应是小字。”陈述先生关于契丹大、小字的论断，后来得到了学术界的认同。

陈述先生从多方位不同的角度，论述了契丹文与汉字之间的关系。指出契丹大字与汉字关系较为明显，它是以增减汉字笔画构成的。“汉字属于义符，构成的法则是六书，大字接受汉字传统，当然不是不表音。六书中的谐声，已接近音符。”

汉字对契丹小字的影响也很明显。“小字参考了回鹘字法则，又参考了六书，也吸收了大字可吸收的部分。”举例说，汉字中左右组成的字，可以写成上下的形式，如峰峯、鑑鋻，契丹小字也有这种写法。汉文中重叠字用〻表示，契丹小字也使用了这种写法。在一些细微之处，常常看出契丹文字与汉字的渊源关系，反映出我国从来就是一个多民族的国家。

陈述先生关于契丹文的论述相当精彩，具有多方面的启示作用。

---

① 陈述：《契丹政治史稿》第 175 页，人民出版社 1986 年。

六、关于辽代文学研究

陈述先生对辽史研究全面系统，举凡政治、经济、军事、文化皆有研究。其所撰的《辽代文学史》，对辽代文学进行了全面研究。此项研究作于1985年以前，全书共五章：一民间文学，二散文、骈文、赋，三诗歌词曲，四小说戏剧，五契丹文作品。卷首有前言、绪论，卷末附录寺公大师《醉义歌》、总论、图版。其中部分章节已在有关书刊上发表。

辽民间文学具有明显的民族特点，与游牧有关。如“以狼牧羊，安得久长”和青牛白马的传说。说唱文学包括表演唱词和讲经文，如《臻蓬蓬歌》为和声，随声而舞。讲经文是寺院文学，用以诱导群众信佛。散文初为公私文牍，萧韩家奴、耶律孟简、王鼎最有成就。传记是散文的一部分，作品很多。骈文是散文的变体，因袭唐朝。多用于官告、册文、国书、哀册。赋属于古诗之流，辽圣宗以词赋考取进士，推动了赋的流行。

辽代诗歌豪放，具有游牧民族风格。东丹王诗：“小山压大山，大山全无力。羞见故乡人，以此投外国”，即是证明。越翼评此诗：“情词凄惋，言短意长，已深有合于风人之旨矣”。契丹皇帝、贵族多会作诗，萧劳古为辽圣宗诗友，耶律谷欲为辽兴宗诗友。辽人作诗，前期学唐，后期受宋人影响，尤其受三苏影响。

词是配合音乐的歌曲，辽承唐，词曲被称番曲，即契丹曲，对中原产生了影响。明徐渭说：“今之北曲，盖辽金鄙杀之音，壮伟狠戾……流入中原，遂为民间之日用。宋词既不可被管弦，南人亦遂尚此，上下风靡。”秦晋国妃、宣懿皇后、萧瑟瑟，都是出色的词曲女作家。

辽代小说保留至今者，有王鼎的《焚椒录》，是当时第一流的杰作，属于写实小说，是王鼎在流放镇州时所撰，表现出作者有卓越的史才、诗笔和议论才能。伶官（演员）杂剧即今日戏剧，辽代很盛行。孔子、司马光都被列入戏中人物。明沈德符称：“自北剧兴，名男为正末，女曰旦儿，相传入于南剧，虽有改易而旦名不改……今观《辽史·乐志》：‘大乐有七声，谓之七旦……此外又有四旦二十八调……所谓旦，乃司乐之总名，以故金元相传，遂命歌伎领之，因以作杂剧，流传至今，皆以倡女充之。”可知杂剧中的旦角，实起源于辽代。

契丹字的文学作品中，不是口语，也不是字面“字儿话”，而是接近雅言的文章。排偶对仗，句法整齐，用汉文典故，都证明了这一点。契丹文与汉文的合璧诗，表现了番汉融合，界河南北是一家，为以后文艺作品掺用两种语言留下了凡例，开创了新模式。

辽代文学有其优点和长处，对金元文学产生了影响，这一点必须予以肯定。研究金代文学的作品多，研究辽代文学的作品少见，陈述先生全面系统论述辽代文学，填补了这方面的空白，具有开创之功。

七、金史拾补五种与辽史别录五种

《金史拾补五种》与《辽史别录五种》，是为辽金史研究提供的工具书。前者已经出版，后者尚未出版。

钱大昕提出舆地、官制、氏族是史实考订的重要环节，故而撰《元史氏族表》。《辽史》、《金史》缺氏族表，有鉴于此陈述先生在大学时代曾撰《金史氏族表初稿》刊之。此文初拟八卷，实完成了六卷，七卷八卷有目无文。其后将七卷八卷续出，1960 年由科学出版社出版，改题为《金史拾补五种》。这五种是：

第一种《金史氏族表》六卷

第二种《女真汉姓考》二卷

第三种《金赐姓表》二卷

第四种《金史同姓名表》一卷

第五种《金史异姓名表》一卷

辨别完颜氏以外其他族姓的异同，是编制《金史氏族表》最重要、最困难的研究，纠正了前人许多讹误。周春《姓谱》认为赤盏即颜盏，本文指出赤盏属于白号之姓封广平郡者；颜盏改姓为张，属于白号封陇西郡者。清《金史国语解》卷七有斡准把氏，本文指出斡准、把为两个不同姓氏。《金史国语解》、《蒙兀儿史记》将粘割、女奚烈视为同一姓氏，本文指出女奚烈属白号之姓，粘割属黑号之姓，是两个不同的姓氏。《姓谱》称乌陵即乌林答，本文指出乌林答氏属贵族，乌陵氏本辽合苏款女真，“最为微贱”，二者有贵贱之别，是两个不同姓氏。

《金史拾补五种》上溯到辽，下索至元代，女真人姓氏延续到清代。此书对研究辽金元史以及满族史，都具有重要参考价值。

《辽史别录五种》仿《金史拾补五种》。这五种是：

第一种《辽史同姓名录》三卷

第二种《辽史异名录》三卷

第三种《辽史避讳表》一卷

第四种《辽史赐姓名表》一卷

第五种《辽史氏族表》二卷

其总序说：“五种都是识别或帮助识别辽代人物的工具书。史书中同时代的同姓名，最易混淆；相反的，一人名、字互用，或避讳改名及赐姓名，也会给读者带来不便。分辨开同姓名的几个人和一个人的不同姓名，可以免得事迹舛误，可以免得张冠李戴”；“五种各有范围，彼此独立。但都以识别人物为中心，免得事迹舛误。五种也互相照应，前后联系，尽量避免重复繁文，以便检索。”

八、辽史补注

官修《辽史》简略，讹误甚多。自清代以来即不断有人补注《辽史》。厉鹗《辽史拾遗》、杨复吉《辽史拾遗补》、钱大昕《辽史续拾遗》、罗继祖《辽史拾遗续补》、谭其骧《辽史订补三种》等等，均是补注《辽史》之作。不过所用的材料主要来自旧史，范围有限。陈述先生集前人之大成，撰《辽史补注》，其所用的材料除旧史以外，大量征引了传世和出土的碑志，所征引的资料近千种，这就大大地超越了前人。陈述先生为了补注《辽史》遍查了中央研究院史语所、北平图书馆和北京大学收藏的辽碑志，所辑《辽文汇》、《全辽文》都是为《辽史补注》准备的资料。此外，还搜集了宋人使辽、使金的记载，曾拟编《辽金闻见汇录》一书，尚未出版。

陈述《辽史补注序例》称："补者，效褚少孙之补《史记》；注者，效裴松之之注《三国》。但愿返于《辽史》之前，使大辽一代北方诸族及其与中原相涉之史迹，汇集于此，信而有征。司马光有言：'《长编》之作，宁失之繁，匆失之简。'余注是编，期为长编而已。"

《辽史补注》所补注的内容有四，即正误、补阙、补歧异、存类事。正误即纠正《辽史》之讹误，包括正驳文、定朔闰、辨重出、纠讹舛、移卷次。补阙包括补传、补志表、增事、加详、训诂。补歧异包括补异译、补异闻。存类事一是附类事，二是存人物。《辽史》设置不合理的卷次，加以调整移动。

今以补传为例，说明"补阙"。赵翼称："《辽史》最简略，二百年人物列传，仅百余篇，其脱漏必多矣。"[①] 事实确是如此，陈述先生所增补的人物145人，比《辽史》增加一倍以上。其中增补的有后妃、宗室、官宦、僧侣、卓行、烈女、方技、伶官等各色人物。

国学大师陈寅恪、顾颉刚为《辽史补注》作序，陈序称：《辽史补注》"可称契丹史事之总集，近日吾国史学不可多得之作也"。顾序称：《辽史补注》"是对《辽史》的全面订补，可称一代史料的总集"；"《补注》之于《辽史》，并将于裴注之附《陈志》"。[②] 陈寅恪、顾颉刚高度评价《辽史补注》之学术价值，是对《辽史补注》的充分肯定和赞扬。

《辽史补注》始作于1935年，到1992年陈述离世以前告成，他用毕生的精力完成了《辽史补注》的写作。在此期间不断修改补充，其功力之深，在当代史学家中实属罕见。此书为《辽史》研究提供了极其丰富的资料，实有惠于后人。本书责任编辑、中华书局资深编审崔文印先生感慨地说："陈述先生正是用自己超越前人的著述，为自

① 赵翼：《廿二史劄记》卷27，《辽史立表最善》。

② 景爱主编：《辽金西夏研究年鉴2009》第78～80页，学苑出版社2010年。

已建立了不朽的丰碑”；“陈先生作为一代辽金史大师，将永远受到人们的尊仰和怀念。”①

《辽史补注》由中华书局出版，校样已退印刷厂改正，不久即可与读者见面。

九、陈述先生的爱国主义

陈述先生是一位有高度爱国主义思想的学者，他常常是仗义执笔，维护国家民族的利益。今举三例作为说明。

1950年美国悍然发动朝鲜战争，陈述先生从报纸广播获知这一消息，他寝食不安，意识到美国下一步是侵略中国。于是，他放下了手中的研究工作，查阅了大量的相关资料。“从这些资料中，我们能更清楚地认识到美帝国主义在中朝犯下的滔天罪行，对中朝两国欠下的许多血债。”于是，他随即动手写作《中朝关系一百年》，由上海神州国光社于1951年5月出版。此书用大量的事实揭露了美帝国主义的侵略本性，在社会上产生了广泛影响。

1969年前后，苏联外交官齐赫文斯基散布了许多谬论，称“俄国人到来以前，黑龙江是荒无人烟的。”中国古代疆域是以长城为限。为了驳斥上述谬论，陈述先生再次放下手中的研究工作，搜集相关的资料，撰写了《关于达斡尔地区与乌第河流域》一文，刊发于《学习与探索》1980年第4期。本文指出，辽代黑龙江上中游有乌古迪烈部，迤东至海有五国部。1071年平服五国部以后，辽道宗曾“幸黑水”、“驻跸黑龙江”，以巡视黑龙江下游版图。乌第河流域是乌底改人居住区，乌底改人即今鄂伦春、鄂温克的先辈。金代继承了辽代北部疆域。元明清三代仍有效管理黑龙江流域，明代的永宁寺是在辽代经幢基址上修建的。到了清代初年，由于不平等的《尼布楚条约》，沙俄强占了黑龙江以北中国的领土。

还有一例，抗日战争中，陈述先生曾撰《日本海正名》一文，刊发于《说文月刊》3卷12期。本文指出，《禹贡》将中国大陆以东之海为东海，《十洲记》记载有碧海，碧海即日本海。《通典》称流鬼在北海北，北海为今鄂霍茨克海，包有日本海之一部分。辽人王鼎《楚椒录序》有少海，少海又称小海、辽海。本文认为：“此辽海者，似亦可解作东海，即日本海也。”《宋书》载倭国上表有“渡平海北”。陈按：“则日本海有平海之称也，且日本称库页岛曰唐太，又曰桦太，按日本呼中国曰‘唐’，唐太岛者，可释曰中国之太岛，或亦可释作中国大海之岛。”陈述先生通过对海名之考证，指出库页岛、鄂霍茨克海自唐代以来即为中国人所熟知，与中国关系密切，辽代领有乌第河流域，显非偶然。

---

① 崔文印：《斯人已去，风范犹存》（记陈述先生），景爱编《陈述先生纪念集》第106页，内蒙古教育出版社，1995年。

十、陈述先生的学术思想

陈述先生在其论著和学术活动中，贯穿一个基本思想，即中国是一个多民族的国家，每个民族在历史上都有所贡献，中国的历史和文化，是汉族与其他少数民族共同创造的。“历史上虽然有过分别由各族建立的朝廷，但它仍是中国整体的部分，同时也是短期的现象，任何借口历史上曾经有过的分立政权，企图分裂者，都是违反历史实际的。”①

有鉴于此，就要消除民族偏见，不能歧视历史上的少数民族。“我们伟大的祖国，长期以来，是一个统一多民族的国家，各族人民共同创造了伟大祖国的历史文化。我们要消除民族偏见，开展民族平等、民族团结的宣传教育，加强爱国主义教育。契丹、女真以及其他在历史上出现的民族，都应当在通史中有他们的地位；用一定的篇幅，叙说他们的贡献和光荣经历，不能专说汉族一族……我们要写出各族人民共同创造祖国历史文化的历史来。”②

陈述先生指出，民族偏见对历史研究危害甚大。“研究历史，不论是断代史、民族史，都必须清除民族偏见……要实事求是平等对待，不能先有成见，一说女真进关，就是抢劫，就是历史倒退。贡献也应当说，不能先存成见。有偏见，就得不出正确结论。”他举例说，王国维称“辽金杂剧，皆自宋往；宋元杂剧，不自辽金来”。实际上天福三年（938），石晋把伶人送到大辽，赵匡胤960年才当皇帝建立北宋，“怎么能说辽金杂剧皆自宋往?”刘大杰作的文学史统计，杂剧初期作者31人的籍贯，河北18人，北京10人，得出结论是：杂剧起于北方以大都为中心。元朝以前的北方，就是辽、金。王国维在学术上多有贡献，“但他没能清除民族偏见”。有民族偏见的人，“不愿说辽金两朝的成就，这不对的，应当实事求是”。③

要消除民族偏见，必须实事求是，不能歪曲事实真相。陈述先生指出，要建立一代良好的学风，“发扬实事求是的优良传统，肃清十年动乱中那些坏影响的残余”。他举例说，辽金的北疆才是祖国的北疆，宋朝从开国到亡国一直要求恢复疆域，“但北宋要求的是燕云；南宋要求的是中原”。陆游诗云：“王师北定中原日，家祭无忘告乃翁。”岳飞上书朝廷：“臣愚定谋于全胜，期收地于两河。”两河即河北、河东，就是今天的河北、山西。燕云、两河能算祖国的北疆么？祖国北疆是辽金开发建设的。这历史的事实，岂能否认！

人们常说辽金文化受宋朝影响，然而辽金文化也影响了宋朝。陈述先生指出：“辽

---

① 陈述：《契丹政治史稿》第186页，人民出版社版，1986年。

② 陈述：《契丹考古对中国通史研究的贡献》，《内蒙古文物考古》第3期，1984年。

③ 陈述：《发挥东北地区优势开创金史女真史研究的新局面》，《辽金契丹女真史研究动态》1984年3、4期合刊。

金文化不仅吸收了唐、宋文化的精华，也影响了中原文化。”举例说：“宋宣和年间，京城里流行番曲《异国朝》、《蓬蓬花》等，番曲即契丹曲。”[①] 辽代盛行契丹、汉语合璧诗，余靖使辽作合璧诗。“合璧诗是当时涌现出的一项创新，它为元诗、元曲夹用汉、蒙两种语言开创了先例。”“以往人们只注重元杂剧、元曲在文学上的光彩，但是却很少去追寻它的来源——金院本和辽杂剧。”[②] 陈述先生以上的论证十分深刻，发人思考，余味无穷。

陈述先生认为，只有增强民族团结，才能维护国家的统一。因此，他坚持中国是多民族创造的国家，坚持民族平等的原则，这是他一贯的主张，使他的论著更加深刻有力，为海内外学界所高度重视，从而获得了辽金史权威、一代宗师大师的美誉，值得后人永远学习发扬和思念。

---

① 陈述：《团结起来开创辽金史研究的新局面》，《辽金契丹女真史研究》1985 年第 2 期。

② 陈述：《谈辽金史研究》，见《学史入门》第 83 ~ 92 页，中华书局版，1988 年。

辽代后期的政治和统治集团内部的政争

——兼说辽朝的衰亡

东北师范大学　杨树森

辽代社会从辽兴宗时起，已步入后期。辽兴宗即位承袭了圣宗时期盛世的局面，社会经济虽然仍处在繁荣阶段，但政治上却凸显出统治集团内部的矛盾和斗争。这主要表现在皇族、后族及其与汉官之间的错综复杂的政治斗争。斗争的结果，大大削弱了辽朝的统治力量，辽朝的统治便不断走向衰落。正如《辽史·刑法志下》所说："自兴宗时，遽起大狱，仁德皇后（齐天后）戕于幽所，辽政始衰。"所以辽代后期的政治，先从辽圣宗仁德皇后"戕于幽所"和钦哀皇后（法天皇后）篡权谈起。

一、法天皇后篡权摄政和兴宗时的政治

法天后与齐天后争宠。齐天后是辽圣宗的第一皇后，小字菩萨哥（承天太后侄女），生两皇子皆早死。萧耨斤是述律皇太后弟阿古只的五世孙女，有容色，圣宗选入宫，开泰五年（1016）生兴宗，被封为顺圣元妃。齐天后因"无子，取（兴宗）而养之如己出"[①]，圣宗也顾待隆渥。齐天后善弹琵琶，元妃妬宠，屡次诬齐天后与乐工燕文显、李睦文私通，圣宗不信。元妃又"以蕃书投圣宗帐中，圣宗得之曰：'此必元妃所为也。'命焚之"[②]。元妃为了争宠争权，对齐天后"谗毁百端，圣宗终不之信"[③]。

法天后篡权摄政。太平十一年（1031）六月，辽圣宗驻跸大福河（呼虎尔河）之北，死于行宫。长子耶律宗真即位于柩前，改元景福，次年，又改元重熙，是为辽兴宗。

兴宗即位时，年仅十六岁，太后摄政，这也是契丹习俗，本不可非议。但是，法天后的摄政，是通过阴谋篡夺而来的。圣宗临死，"遗命以齐天为皇太后，顺圣（元

---

① 《辽史》卷71，《后妃传》。
② 《契丹国志》卷8，《兴宗文成皇帝》。
③ 《契丹国志》卷13，《圣宗萧皇后传》。

妃）为太妃。元妃匿之”[①]。兴宗即位，元妃“自立为太后，摄政，以生辰为应圣节”[②]，《辽史》说：“皇太后听政，帝（兴宗）不亲庶务，群臣表请，不从。”[③] 这说明，法天的摄政，群臣也是不甚赞同的。

法天摄政后，以萧匹敌“尝为（齐天）后所爱，忌之”[④]，指令护卫冯家奴、喜孙等“诬告北府宰相萧浞卜、国舅萧匹敌谋逆。诏令鞠治，连及（齐天）后”。兴宗听到后说：“（齐天）皇后侍先帝四十年，抚育眇躬，当为太后；今不果，反罪之，可乎？”法天太后说：“此人若在，恐为后患。”兴宗说：“（齐天）皇后无子而老，虽在，无能为也。”[⑤] 法天不听，把齐天后从中京“载以小车囚之上京”。萧浞卜、萧匹敌被处死，及与此案有关而“姻援坐罪者四十余辈，皆被大辟，仍籍其家”[⑥]。

重熙元年（1032）三月，辽兴宗将春捺钵去上京，法天“虑帝怀（齐天）鞠育恩，驰遣人加害（齐天）”。使至，齐天说：“我实无辜，天下共知。卿待我浴，而后就死，可乎？使者退，齐天自杀，时年五十。”[⑦]

法天太后“残忍阴毒，居丧未及一年，先朝所行法度，变更殆尽”[⑧]。她追封其“曾祖为兰陵郡王，父为齐国王，诸弟皆王之，虽汉王侯无以过”[⑨]。在她摄政期间，“专制其国，多杀功臣，用萧氏兄弟，分监南、北番汉事；萧氏奴为团练、防御、观察、节度使者至四十人”[⑩]。这些人“出入宫掖，诋谩朝臣，卖官鬻爵，残毒蕃汉。自是，幽、燕无行之徒愿没身为奴者众矣”[⑪]。致使辽朝“淫虐肆行，刑政弛紊，南、北面番汉公事，率其弟兄掌握之。凡所呈奏，弟兄聚议，各各弄权，朝臣朋党，每事必知。（法天）太后临朝凡四年，兴宗方幽而废之，契丹已困矣。”[⑫]

兴宗废后夺权法天太后专权，“诸舅满朝，权势灼奕”，不仅皇族的权益受到严重的损害，兴宗本人也形同傀儡；即就是一般番汉官员也受到诛夷和排挤，致使“内外叹愤”[⑬]。为了向皇族争夺权益，兴宗和皇族臣僚早就有废后之意。

重熙三年（1034）五月，法天太后密谋废兴宗，乃“阴召诸弟议，欲立少子重元，（但）重元以所谋白帝”[⑭]。兴宗知道了这个消息，先发制人，经过皇族臣僚秘密布置，

---

① 《契丹国志》卷8，《兴宗文成皇帝》。
② 《辽史》卷71，《后妃传》。
③ 《辽史》卷18，《兴宗纪一》。
④ 《辽史》卷71，《后妃传》。
⑤ 《辽史》卷71，《后妃传》。
⑥ 《辽史》卷62，《刑法志下》。
⑦ 《辽史》卷71，《后妃传》。
⑧ 《契丹国志》卷13，《圣宗萧皇后传》。
⑨ 《辽史》卷71，《后妃传》。
⑩ 《契丹国志》卷8，《兴宗文成皇帝纪》。
⑪ 《契丹国志》卷13，《圣宗萧皇后传》。
⑫ 《契丹国志》卷13，《圣宗萧皇后传》。
⑬ 《契丹国志》卷13，《圣宗萧皇后传》。
⑭ 《辽史》卷71，《后妃传》。

首先发动了废后的斗争。《契丹国志》记述了这次废后的过程。《国志》说："帝慑难，乃与殿前都点检耶律喜孙、护卫大保耶律刘三等定谋废后，召硕寨拽剌护卫等凡五百余人，帝立马于行宫东之二里小山上，喜孙等直入太后宫，驱后登黄布车，幽于庆州。诸舅依次分兵捕获，或死或徒，余党并诛。"① 兴宗赢得了废后斗争的胜利，夺回了政权。法天太后既废，兴宗乃诏"蕃汉臣僚，具不便军民三十余事，并立改之"②。从此，兴宗的统治才稳定下来。

兴宗时的政治。兴宗"幼时聪明"，"豁达大度。善骑射，好儒术，通音律"③，并能诗善画，受中原文化影响很深。辽朝自景宗中兴，经承天太后、圣宗时的封建化改革，在这六十余年间，是辽朝的盛世，国力强盛。但是，兴宗初年的统治阶级内部的政争，说明已到久治则乱的机运。兴宗亲政以后，利用他的聪明、大度，接纳善言，但只是稳定了政治局面。在他统治的二十四年中，暮气日深，在政治上愈趋保守，一味守成，除了在边疆实行屯田和在科举取士上始行御试进士之外，其他并没有新的建树，显然，这是和当时辽朝所面临的各种社会矛盾的形势是不相适应的。

兴宗亲政之初，虽然曾有过"求治"的表示，如诏臣下"有治民安边之略者，悉具以闻"④，也采纳过"籍天下户口，以均徭役"的建议⑤，但都没有认真执行。这些所谓"求治"的活动，只不过是为了暂时地缓和一下阶级矛盾，其目的在于维持现状，稳定其统治罢了。兴宗一味坐享圣宗时期盛世的余果，满足于"升平天子"的生活，政治上愈趋保守。虽然当时一些有识之士，如萧韩家奴就曾向兴宗指出："比年以来，群黎凋弊，利于剽窃，良民往往化为凶暴。甚者杀人无忌，至有亡命山泽，基乱首祸。……今欲芟夷本根，愿陛下轻徭省役，使民务农。"⑥ 但是，兴宗还是"酷好沙门，纵情无检"⑦，荒怠于政。一次，兴宗和皇太弟重元赌博，竟把城邑人民做赌注，接连输掉了几个城池，就可概见他的昏庸之状了。《契丹国志》还有如下的记载：

"既亲政后，始自恣。拓落高旷，放荡不羁。尝与教坊使王税轻等数十人，约为兄弟，出入其家，至拜其父母。变服微行，数入酒肆，亵言狎语，尽欢而返。尤重浮屠法，僧有正拜三公、三师兼政事令者，凡二十人。贵戚望族化之，多舍男女为僧尼。如王纲、姚景熙、冯立辈，皆道流中人，曾遇帝于微行，后皆任显官。每有除授，凡所亲信，不依常格，径与躐升，如刺葛昌等数十人。左右隶役，皆自微贱，入亲宫闱，曾无勋力，拔居将相位至公卿。爵赏滥行，除授无法。枢密使马保忠本汉人，尝从容进谏，言于帝曰：'罚当罪，赏当功，有国之令典也。積薪之言，汲黯叹之。斜封之

① 《契丹国志》卷13，《圣宗萧皇后传》。
② 《契丹国志》卷13，《圣宗萧皇后传》。
③ 《辽史》卷18，《兴宗纪一》。
④ 《辽史》卷18，《兴宗纪一》。
⑤ 《辽史》卷87，《萧孝穆传》。
⑥ 《辽史》卷103，《萧韩家奴传》。
⑦ 《契丹国志》卷13，《兴宗萧皇后传》。

滥。至唐而极。国家起自朔北，奄有幽、燕，量才授官，人始称职。今臣下豢养承平，无勋可陟，宜且序进之。’帝怫然而怒曰：‘若尔则是君不得自行其权，岂社稷之福耶！’保忠惶恐。自是，欲有迁除，必先厚赐贵臣，以绝其言。”①

由此可见，兴宗统治时期，辽朝的政治已经开始败坏。这时，辽朝之所以还能维持强盛的局面，是因为当时的社会经济还处于表面繁荣阶段，辽朝的国力还比较强大。但从兴宗以后，辽朝就不断走向衰落了。

二、道宗时耶律重元之乱

重熙二十四年（1055）八月，辽兴宗秋捺钵次南崖之北峪，病死于行宫，长子耶律洪基受遗诏继立，改元清宁，是为辽道宗。

道宗即位以后，辽朝统治集团内部展开了复杂、激烈的政争。从耶律重元之乱开始到耶律乙辛专权，差不多在整个道宗时期，这种政争一直有增不已，这说明辽朝的统治很不稳定。这样的政治局面，只能加速阶级矛盾的激化，导致辽朝的政治更加腐败，所以在道宗时期，辽朝的统治已愈趋衰落了。

重元之乱的由来道宗即位不久便发生了重元之乱。这个事件并不是偶然的，既有远因也有近因。

（一）从其远因来说，它是和兴宗时法天太后的专权及其与兴宗的政争密切联系的

法天密谋废兴宗而立重元，就是这次重元叛乱的起因。兴宗与法天的政争，就其性质说，是汉化与守旧两种势力的斗争。这个斗争在兴宗时代始终是一股暗流。兴宗与其长子耶律洪基为首一派，薰习汉法，仰慕汉风，代表了封建主的利益；法天太后与洪基弟重元为首一派，反对汉化，倾向保守旧俗，代表了奴隶主守旧利益。斗争的焦点，是争夺最高统治权，也就是皇位的继承。兴宗在挫败守旧派法天太后、夺回政权以后，在政治上毫无进取，没有有效地打击守旧分子，相反地采取了姑息态度，这就使他们有机可乘。其一，在废后夺权斗争中，兴宗以为重元密告有功，把耶律重元加封为皇太弟，又使其历任北院枢密使、南京留守、知元帅府事等要职，尤其是皇太弟的头衔，根据“兄终弟及”之意和契丹的惯例，也有继承皇位的资格，这就为重元争夺皇位继承提供了借口。其二，他把重元叛乱主要策划者重元之子涅鲁古封为安定郡王（后进楚王），历任惕隐、知南院枢密使事等要职。其三，他把在庆州（今内蒙赤峰市巴林右旗西北白塔子）守陵五年的法天太后接到中京。这样，就使守旧派在政治上埋下了一股暗流。不时进行夺权活动。

---

① 《契丹国志》卷8，《兴宗文成皇帝》。

兴宗的本意并不想把皇位传给重元，但是，为了稳定他的皇权统治，不生事端，却在一次酒宴上说，在他死后要把皇位传给重元。《辽史·伶官·罗衣经传》说：“上尝与太弟重元狎昵，宴酣，许以千秋万岁后传位。重元喜甚，骄纵不法。”这说明兴宗囿于契丹的旧俗，在表面上没有完全排除重元有候补嗣君的资格，但这并非他的本意。这可从兴宗不断地提高和扩大其子耶律洪基的地位和权力，为以后继承皇位作好准备得到说明。为此，重熙六年（1037），“封皇子洪基为梁王”。重熙十一年（1042），又以“梁王洪基进封燕国王”。重熙十二年（1043），再以“燕国王洪基加尚书令，知北南院枢密使事，进封燕赵国王”。重熙二十一年（1052），进而“以燕赵王洪基为天下兵马大元帅”①。这里“梁王”和“天下兵马大元帅”的加封，非同一般。根据辽代皇位继承的习惯，自辽太宗即位前为天下兵马大元帅，以后嗣君在即位前，都曾有天下兵马大元帅的头衔；辽圣宗即位前曾封为梁王。此后历代嗣君在即位前，除授天下兵马大元帅外，又加上梁王的头衔。因此，耶律洪基被封为天下兵马大元帅和梁王，事实上就宣告了他是皇帝的继承人。兴宗的这些作为，使守旧派极为不安，两派之间的矛盾、斗争进一步表面化，这在重熙二十三年（1054），法天太后和兴宗在接见宋朝使臣王拱辰时，围绕谁应是皇帝继承人的对话中，充分地表现出来。《续资治通鉴长编》卷一七七载：

“契丹国母爱其少子宗（重）元，欲以为嗣，问拱辰曰：‘南朝太祖、太宗何亲属也？’拱辰曰：‘兄弟也。’曰：‘善哉，何其义也！’契丹主曰：‘太宗、真宗，何亲属也？’拱辰曰：‘父子也。’曰：‘善哉，何其礼也。’既而契丹主屏人，谓拱辰曰：‘吾有顽弟，他日得国，恐南朝未得高枕也。’”②

兴宗和法天太后的这场明争暗斗的争论，明确地表明各自的立场，兴宗要立其子洪基为嗣，法天太后要立其次子重元为嗣。从“吾有顽弟，他日得国，恐南朝未得高枕”，可以看出，这时兴宗对守旧派在朝中的势力，已感到不安，意欲求宋朝援助。这时，在辽朝统治集团中已形成，以重元为首包括契丹诸部首领一派和以兴宗为首包括其子洪基和在朝的汉官一派，两派严重地对立。重熙二十四年（1055，宋仁宗至和二年），宋朝驻中山（河北定县）的官员宋祁在上宋仁宗的《禦戎论》中所说：

“敌主（兴宗）懦庸，其弟（重元）悍剽好战，本许传国，故尽以奚契丹兵属之。敌主有子（洪基）且长，更为王，以燕蓟华人属之。然其弟当（常）右蕃卑汉，数请犯中国（中原）。子常佐汉，愿与中国合。故敌主依违不能有所决。华人之辅政者，皆附主与子。蕃长之当国者，附其弟。是一躯裂为二支，祸难待时作耳。有如君长一日病死，其弟即位，爱子能相下为君臣乎？华番大臣能合而不限乎？内不能定，必大诛

① 并见《辽史·兴宗纪》。

② 《续资治通鉴长编》卷177，仁宗至和元年九月辛巳条。

杀，安得不乱。”①

由此可见，道宗即位之后所发生的重元叛乱的远因，是由来已久的。

（二）就其近因说，是道宗初年的萧阿剌与萧革之争和重用萧图古辞而引起的

兴宗临死前，为了不使皇权他落，曾“诏燕赵国王洪基，谕以治国之要”②，并诏萧革说：“大位不可一日旷，朕若弗瘳，宜即令燕赵国王嗣位。”③ 道宗即位，“以遗诏，命西北路招讨使、西平郡王萧阿剌为北府宰相，仍权知南院枢密使”④；萧革复为北院枢密使，与萧阿剌“同掌朝政”。由于萧革“多私挠，（萧）阿剌每裁正之，由是有隙”⑤。萧阿剌又以萧革“谄谀不法”，向道宗上奏，但“争之不得”⑥，于是要求辞官告归。由是也引起道宗对萧阿剌的不满，令其出朝，任东京留守。

清宁七年（1061），会行瑟瑟礼，萧阿剌以例入朝。当时，道宗访群臣以时务，萧阿剌借机“陈时务得失”，“言甚激切”，道宗听后很不愉快。萧革“伺帝意不悦，因谮曰：‘阿剌特宠，有慢上心，非臣之礼’”⑦。道宗大怒，缢杀萧阿剌于殿下。道宗听信谗言，轻率地处死萧阿剌，这是辽朝政治走向黑暗的必然结果。这一事件，对此后重元之乱和耶律乙辛的专权用事有一定影响。《辽史》说，“（萧）阿剌以谄谀不法折萧革”，“言一出而祸则随之。吁，邪正既不辨，国焉得无乱哉!”又说：“议者谓：‘阿剌若在，无重元、乙辛之乱。’”⑧

萧阿剌死后，道宗“知（萧）革奸计，宠遇渐衰”⑨。于是萧革又与重元勾结起来，参与了重元的叛乱活动。与此同时，道宗又重用了萧图古辞，此人“为人姦佞有余，好聚欲”，“善伺颜色，应对合上意”。清宁八年（1062），拜南府宰相，又为北院枢密使。他在任枢密使的数月间，不仅“变更法度”，且“所荐引多为重元党与”⑩，促进了重元叛乱的暴发。

重元之乱及其平定后，道宗为了稳定自己的皇位统治，在即位的当月，即尊“皇太弟重元为皇太叔”，并受到“免汉拜、不名”的特殊待遇。清宁二年（1056），以“皇太叔重元为天下兵马大元帅”，清宁四年（1068），又“赐皇太叔重元金券”⑪。耶

① 宋祁《景文集》卷44，《御戎论·篇之二》。
② 《辽史》卷20，《兴宗纪三》。
③ 《辽史》卷113，《萧革传》。
④ 《辽史》卷21，《道宗纪一》。
⑤ 《辽史》卷113，《萧革传》。
⑥ 《辽史》卷90，《萧阿剌传》。
⑦ 《辽史》卷113，《萧革传》。
⑧ 《辽史》卷90，《萧阿剌传》论语。
⑨ 《辽史》卷113，《萧革传》。
⑩ 《辽史》卷111，《萧图古辞传》。
⑪ 《辽史》卷21，《道宗纪一》。

律重元所受到的这些前所未有的尊荣，正说明道宗与重元之间关系的紧张。道宗尽管给予重元这些荣位，并没有使矛盾缓和，相反却进一步加深。因为皇太弟、天下兵马大元帅头衔，都是一人之下，万人之上的与皇太子相等的称谓，有皇帝候补人的资格。道宗加封重元为天下兵马大元帅，这就为耶律重元发动政变、夺取皇位有了新的借口。重元的儿子涅鲁古很早就进行夺权活动。在萧阿剌与萧革激烈斗争之后，涅鲁古入朝知南院枢密使事，与其党羽组成了一个叛乱集团，阴谋策划夺取皇权。在叛乱之先，涅鲁古为重元谋划了一个方案，叫“其父重元诈病，竢（道宗）车驾临问，因行弑逆”①。

耶律重元策划叛乱，已为敦睦宫使耶律良所知，遂向道宗生母仁懿皇太后告密。《辽史·耶律良传》说：

“良闻重元与其子涅鲁古谋乱，以帝笃于亲爱，不敢遽奏，密言于皇太后。太后托病，召帝白其事。帝谓良曰：‘汝欲间我骨肉耶?’良奏曰：‘臣若妄言，甘伏斧锧。陛下不早备，恐堕贼计。如召涅鲁古不来，可卜其事。’”②

道宗方信其事。皇太后也说：“此社稷大事，宜早为计。”③

清宁九年（1063）七月，辽道宗率群臣秋捺钵出猎于太子山之滦河（今内蒙赤峰市宁城西南）。道宗用耶律良所言，遣使急召涅鲁古，涅鲁古知道叛乱已败露，拘留使者于帐下。使者用佩刀断帘而逃。涅鲁古率所部直犯道宗行帐。

道宗听了回来使者的报告，知道重元确实谋逆，急召南院枢密使耶律仁先商议，仁先说：“此曹凶狠，臣固疑之久矣。”④ 遂决计平叛。这时，耶律重元与其子涅鲁古及其党羽陈国王陈六、同知北院枢密使萧胡睹、卫王西京留守贴不、林牙涅剌溥古、统军使萧迭里得、护卫左太保敌不古以及萧革等四百余人，诱胁弩手军（弓箭队伍），直犯太子山，列阵于行宫之外。道宇仓促间欲避于北、南大王院，耶律仁先和宣徽使萧韩家奴阻谏说：“陛下若舍扈从而行，贼必蹑其后；且北、南大王心未可知。”⑤ 道宗大悟，乃止。悉委耶律仁先领兵平叛。耶律仁先和知北枢密院事耶律乙辛、南府宰相萧唐古、北院枢密副使萧惟信以及萧韩家奴、耶律良等，率宿卫士卒数千人出击。及战，太后亲率卫士与逆党战斗，破之。叛党见仁先等兵势强大，多倒戈投降。涅鲁古为近侍详稳耶律阿思和护卫射中堕于马下，南京统军使萧德斩涅鲁古首以献，余众逃散。重元也受伤退兵。这时，叛党耶律撒竹适在围场，闻讯，率猎夫来援重元。其党对萧胡睹说：“我军甚众，乘其无备，中夜决战，事冀有成，若至明日，其谁从我?”萧胡睹说：“仓卒中，黑夜不辨。若内外相应，则吾去矣。黎明而发，何迟之有！”重元采

---

① 《辽史》卷112，《涅鲁古传》。
② 《辽史》卷96，《耶律良传》。
③ 《辽史》卷71，《后妃传》。
④ 《辽史》卷96，《耶律仁先传》。
⑤ 《辽史》卷96，《耶律仁先传》。

纳了萧胡睹意见，“令四面巡警待旦”①。当夜，叛党立重元为帝，萧胡睹自为枢密使。

耶律仁先急召驻于太子山最近的五院部萧塔剌，又分遣人夜集诸军。黎明，重元等率奚猎夫二千人来攻行宫，正遇萧塔剌率兵赶到。仁先料敌不能持久，乃背营而阵，等其气沮而攻之。萧韩家奴出来对奚猎夫说：“汝曹去顺效逆，徒取族灭。何若悔过，转祸为福。”② 猎夫们均投杖降服。仁先与萧塔剌乘便奋击，贼众奔逃，追杀二十余里。耶律重元仅领二十余骑北走大漠，叹说：“涅鲁古使我至此!”③ 遂自杀。其他首要分子，萧胡睹单骑逃走至十七泺投水自杀，萧迭里得被擒伏诛，撒剌竹战殁，萧革、古迭凌迟而死，并族逆党之家。辽道宗取得了平叛的完全胜利。道宗执耶律仁先手说：“平乱皆卿之功也。”④ 历史上把这次叛乱，也叫“滦河之变”。

叛乱被平定以后，道宗对平叛有功的诸大臣大加封赏。耶律仁先为北院枢密使，加尚父，进封宋王，新制御文褒奖，并诏画“滦河战（迹）图”以旌其功，以后又加于越的尊号。耶律乙辛为南院枢密使。萧韩家奴以功迁殿前都检点。耶律良密告重元之乱有功，诏隶籍皇族横帐夷离房，为汉人行宫都部署。萧惟信加太子太傅。萧德以功封汉王。耶律阿思赐“靖乱功臣”。耶律挞不也等人，加上将军。汉官姚景行、杨绩闻乱，曾征集三百骑勤王，虽然兵至乱已平息，道宗也嘉其忠，以逆人财产赐之。

三、耶律乙辛专权和宣懿后、太子濬被诬案

耶律乙辛专权用事。耶律乙辛，字胡睹衮，五院部人。其父迭剌，因“家贫，服用不给”，被部人称为“穷迭剌”。耶律乙辛自幼“慧黠”狡滑，长大后“外和内狡”，善于玩弄权术。重熙间，耶律乙辛由文班吏“陪从入宫”，受到兴宗的赏识，迁护卫太保。道宗即位，“以乙辛先朝任使，赐汉人户四十，同知点检司事，常召决疑议，升北院同知，历枢密副使。清宁五年（1059），为南院枢密使，改知北院，封赵王”⑤。当时，驸马都尉萧胡睹与重元结党谋逆，恶耶律仁先在中枢任职，对他们不利，为了给其叛乱扫清道路，曾奏请道宗将耶律仁先排除朝廷之外，以利谋逆。道宗将从其奏，耶律乙辛说：“臣新参国政，未知治体。仁先乃先帝旧臣，不可遽离朝廷。”⑥ 乃留仁先。平定重元叛乱，耶律仁先“齐名休哥，勋德兼备”，功居其首。耶律乙辛因奏留仁先有功，乱平后又被拜为北院枢密使，晋封魏王，赐匡时翊圣竭忠平乱功臣。

重元叛乱平定后，耶律仁先和耶律乙辛共知北院枢密事。耶律乙辛为了专权，利

---

① 《辽史》卷114，《萧胡睹传》。
② 《辽史》卷96，《萧韩家奴传》。
③ 《辽史》卷112，《耶律重元传》。
④ 《辽史》卷96，《耶律仁先传》。
⑤ 《辽史》卷110，《耶律乙辛传》。
⑥ 《辽史》卷110，《耶律乙辛传》。

用道宗的昏庸，迎合其欢心，言听计从，不失时机地排除异己，咸雍元年（1065），由于耶律乙辛“恃宠不法，仁先抑之，由是见忌”[①]。仁先遭耶律乙辛的排挤，出为南京留守，后又改西北路招讨使。先后被他排斥的还有耶律良出知中京留守，萧韩家奴迁西南招讨使等。平乱功臣大都被排挤出朝，耶律乙辛独揽大权。咸雍五年（1069），耶律乙辛被加封太师，并诏“四方有军旅，许以便宜从事”[②]，掌握了军政大权。太康三年（1077），诏耶律乙辛“同母兄大奴、同母弟阿思世预北、南院枢密之选；其异母诸弟世预夷离堇之选”[③]。耶律乙辛在朝专权，“势震中外，门下馈赂不绝。凡阿顺者蒙荐擢，忠直者被斥窜”[④]，“附丽者多至通显”[⑤]。

随着一些忠直之士被排挤出朝，耶律乙辛便和汉人官僚张孝杰勾结起来，结成了以张孝杰、耶律燕哥、萧十三等为腹心的奸党。耶律乙辛与这些人结纳，是臭味相同，投缘有分的。试看这些腹心人物：张孝杰，建州永霸县（辽宁朝阳市西南）人，善逢迎，不断得到道宗的欢心。张孝杰在道宗即位的当年，擢进士第一，累迁枢密直学士。咸雍三年（1067），参知政事，同知枢密院事，加工部侍郎。八年（1072），封陈国公，又进北府宰相。大康元年（1075）赐国姓。一次，道宗命从官赋《云上于天》诗，诏张孝杰坐御榻旁，道宗诵《黍离》诗：“知我者谓我心忧，不知我者谓我何求。”张孝杰奏说：“今天下太平，陛下何忧？富有四海，陛下何求？”道宗听了大喜。大康三年（1077），道宗对侍燕群臣说：“先帝用仁先、化葛，以贤智也。朕有孝杰、乙辛，不在仁先、化葛下，诚谓得人”。欢饮至夜，乃罢[⑥]。所以《辽史》评论说，耶律乙辛奸党之存在，“抑亦道宗不明无断，有以养成之也”[⑦]。这说明道宗时期政治上的腐败。张孝杰久在相位，“贪货无厌”，常向人说：“无百万两黄金，不足为宰相家。[⑧]”耶律燕哥，皇族季父房之后，也是“狡佞而敏”之徒。清宁间，为左护卫太保。大康初，转为北面林牙。燕哥是耶律乙辛的耳目，凡有“闻见必以告”耶律乙辛。[⑨] 萧十三，蔑古乃部人，性“辨黠，善揣摩人意”[⑩]。自他和耶律乙辛结党后，常“出入乙辛家，以朝臣不附者则出之”[⑪]，由宿卫迁殿前副点检。自以耶律乙辛为首的这个腐朽集团形成后，为了巩固和扩大他们的权位，“肆恶而无忌惮，始诬皇后，又杀太子及妃”，制造了一系

① 《辽史》卷96，《耶律仁先传》。
② 《辽史》卷110，《耶律乙辛传》。
③ 《辽史》卷23，《道宗纪三》。
④ 《辽史》卷110，《耶律乙辛传》。
⑤ 《辽史》卷99，《萧速剌传》。
⑥ 《辽史》卷110，《张孝杰传》。
⑦ 《辽史》卷111，论语。
⑧ 《辽史》卷110，《张孝杰传》。
⑨ 《辽史》卷110，《耶律燕哥传》。
⑩ 《辽史》卷110，《萧十三传》。
⑪ 《辽史》卷110，《萧十三传》。

列诬案，“其祸之酷，良可悲哉”[①]!

宣懿皇后被诬案。道宗的宣懿皇后萧观音，所生皇子耶律濬，在重元之乱平定的当年，仅六岁，被封梁王。咸雍元年（1065），道宗册封梁王濬为皇太子，确立了皇位的继承。大康元年（1075）六月，皇太子濬兼领北、南枢密院事，“始领朝政，法度修明”[②]。耶律乙辛专权受到阻碍，为了废太子濬，首先制造了宣懿皇后的诬案。

宣懿皇后，小字观音，钦哀皇后弟萧惠的少女，好音乐，“工诗，善谈论”，能“自制歌词，尤善琵琶”[③]，甚受道宗宠爱。重元之乱平后，耶律乙辛专权用事，“凡阿顺者蒙荐擢，忠直者被斥窜”，唯皇后家族不肯相下，使耶律乙辛每为怏怏，日益谋图加害于后。宣懿后曾作《回心院》一曲，当时诸伶官“无能奏演此曲者，独伶官赵惟一能之”。诬案的文章就是从这里做起。据《焚椒录》的记载，宣懿皇后的宫婢单登（曾是耶律重元的家婢），“亦善筝及琵琶，每与惟一争能，怨后不知己。于是上常召登弹筝。后谏曰：‘此叛家婢，女中独无豫让乎？安得轻近御前。’因遗值外别院。登深怨之。而登妹清子嫁为教坊朱顶鹤妻，方为耶律乙辛所昵（昵爱）。登每向清子诬后与惟一淫通，乙辛知之，欲乘此害后，以为不足证实。更令他人作《十香淫词》，用为诬案。”宣懿后善书法，耶律乙辛为了骗取证据，“阴属清子，使（单）登乞后手书”。单登以《十香词》欺骗后说：“此宋国忒里蹇（皇后）所作，更得御书，便称二绝。”宣懿后读后，即手书一纸，纸尾又书自己所作《怀古诗》一绝曰：“宫中只数赵家妆，败雨残云误汉王。惟有知情一片月，曾窥飞燕入昭阳。”耶律乙辛得到宣懿皇后的手迹，因此诗中有赵惟一三字，令单登与朱顶鹤到北院，诬告宣懿后与赵惟一私通，有《十香淫词》为证。耶律乙辛又设辞给道宗写了一个：“据外直别院宫婢单登及教坊朱顶鹤陈首，本坊官赵惟一，一向要结本坊入内承直高长命，以弹筝、弹琵琶得召入内帐，沐上恩宠。乃辄敢干冒禁典，谋侍懿德皇后”的密奏。道宗览奏大怒，急召后诘问。后痛哭说：“妾托体国家，已造妇人之极，况诞育储贰，近且生孙，儿女满前，岂思更作淫奔失行之人乎?”道宗拿出《十香词》说：“此非汝作手书，更复何辞!”后说：“此宋国忒里蹇所作，妾即从单登得而书赐之耳。且国家无亲蚕事，妾作那得有亲蚕语。”道宗更怒，以“铁骨朵击后，后几至殒绝”。道宗命耶律乙辛和张孝杰处理此案。乙辛“械系惟一、长命等讯鞫，加以钉灼荡错等刑，皆为诬服”。狱成将奏，枢密使萧惟信对耶律乙辛、张孝杰说：“懿德贤明端重，化行宫帐，且诞育储君，为国大本，此天下母也。而可以叛家仇婢一语动摇之乎？公等身为大臣，方当烛照奸宄，洗雪冤诬，烹灭此辈，以报国家，以正国体。奈何欣然以为得其情也。公等幸更为思之。”不听，“遂具狱上之”[④]。大康元年（1075）十一月，宣懿皇后“被诬，赐死。杀

---

① 《辽史》卷111，论语。

② 《辽史》卷110，《耶律乙辛传》。

③ 《辽史》卷71，《后妃传》。

④ 王鼎：《焚椒录》。

伶人赵惟一、高长命，并籍其家属”①。

宣懿后死后，耶律乙辛“不自安，又欲害太子。乘间入奏曰：‘帝与后如天地并位，宫中岂可旷?’盛称其党驸马都尉萧霞抹之妹（坦思）美而贤。上信之，纳于宫，寻册为皇后”②。耶律乙辛企图通过此操纵宫廷，以谋害太子濬，达到他进一步专权的目的。

太子濬被诬案。宣懿后被诬害后，朝廷内外对耶律乙辛极为不满。一天，护卫萧忽古“伏于桥下，伺其（乙辛）过，欲杀之。俄以暴雨坏桥，不果”③。乙辛益恐。大康二年（1076）六月，北面林牙萧岩寿向道宗密奏说：“乙辛自皇太子预政，内怀疑惧。又与宰相张孝杰相附会，恐有异图，不可使居要位。”道宗稍有怀疑，出耶律乙辛为中京留守。乙辛泣谓人说：“乙辛无过，因谗见出。”④ 同党萧霞抹以其奏告道宗，道宗悔之。于是反而怀疑萧岩寿，出岩寿为顺义节度使。会耶律乙辛生日，道宗遣耶律白斯本“赐物为寿，乙辛因私嘱白上：‘臣见奸人在朝，陛下孤危。身虽在外，窃用寒心。’”⑤ 由是道宗念旧，诏“百官廷议，欲复召之，群臣无敢正言。（耶律）撒剌独奏曰：‘萧岩寿言乙辛有罪，不可为枢臣，故陛下出之；今复召，恐天下生疑。’进谏者!不纳，左右为之震悚。”当年十月，道宗召回耶律乙辛复为北院枢密使。乙辛见撒剌说：“与君无憾，何独异议?”撒剌说：“此社稷计，何憾之有!”由是乙辛对耶律撒剌结怨在心，把萧岩寿流于“乌隗路，终身拘作”⑥。萧忽古“复欲杀乙辛及萧得里特等，乙辛知而械系之，考劾不服，流于边”⑦。耶律乙辛复职后，其“党欣跃相庆，谗谤沸腾，忠良之士，斥逐殆尽”⑧。这时，他更不遗余力地策划谋害太子濬。

皇太子濬自宣懿后死后，忧见颜色，愤恨地说：“杀我母者耶律乙辛，他日不杀此贼，不为人子。”⑨ 大康三年（1077）五月，耶律乙辛同党萧十三对乙辛说：“今太子犹在，臣民属心。大王（时为魏王）素无根底之助，复又诬皇后之怨。若太子立，王置身何地？宜熟计之。”乙辛也说：“吾忧此久矣。”⑩ 当夜，耶律乙辛与萧十三即召萧德里特，设计谋害太子，指令护卫太保耶律查剌去诬告耶律撒剌与萧速剌，同谋废皇帝而立太子。道宗按之无验，只是出耶律撒剌为始平军节度使，萧速剌出为上京留守。

六月，牌印郎君萧讹都斡知道“乙辛意，欲实其事”，愿意对前次的诬构证明确有

① 《辽史》卷23，《道宗纪三》。
② 《辽史》卷110，《耶律乙辛传》。
③ 《辽史》卷99，《萧忽古传》。
④ 《辽史》卷110，《耶律乙辛传》。
⑤ 《辽史》卷99，《萧岩寿传》。
⑥ 《辽史》卷99，《萧岩寿传》。
⑦ 《辽史》卷99，《萧忽古传》。
⑧ 《辽史》卷110，《耶律乙辛传》。
⑨ 王鼎：《焚椒录》。
⑩ 《辽史》卷110，《萧十三传》。

其事。于是耶律乙辛进一步设计，指使萧讹都斡和耶律挞不也去向道宗自首，谎说：“耶律查剌前告耶律撒剌等事皆实，臣等与其谋，本欲杀乙辛等而立太子。臣等若不言，恐事白连坐。”[①] 道宗果然大怒，命耶律乙辛、张孝杰、萧十三等审理。太子濬不服。另遣耶律燕哥讯问太子，太子谓燕哥说：“帝惟一子，今为储嗣，复何求，敢为此事！公与我为昆弟行，当念无辜，达意于帝。”[②] 萧十三听了对燕哥说：“如此奏，则大事去矣！当易其辞为伏欵。”[③] 燕哥以萧十三所言上奏，谎说太子已认罪。耶律乙辛怕道宗怀疑，“引数人庭诘，各令荷重校，绳系其颈，不能出气，人不堪其酷，惟求速死”。耶律乙辛反奏说：“别无异辞。”[④] 道宗杀耶律撒剌、萧速剌、耶律挞不也等，废皇太子濬为庶人，命囚于上京。

十一月，耶律乙辛欲害太子濬，又以萧十三的计谋，派萧达鲁古等去上京，杀了太子，“函其首以归，诈云：‘疾薨’。”[⑤] 道宗哀伤，要召见太子濬之妻。耶律乙辛“阴遣人杀之，以灭其口”[⑥]。耶律乙辛为了灭口，还杀萧讹都斡，萧讹都斡临死时说：“前告耶律撒剌事，皆乙辛教我，恐事彰，杀我以灭口耳！”[⑦]

耶律乙辛阴谋败露太子濬死后，耶律乙辛合党大喜，聚饮数日。凡乙辛同党都得到擢升，大批辽朝忠良之士均遭陷害。耶律乙辛以为阴谋得逞，向道宗谏言，欲立和鲁斡（兴宗次子）之子耶律淳为太子。“群臣莫敢言”，唯北院宣徽使萧兀纳与夷离毕萧陶隗向道宗奏谏：“舍嫡不立，是以国与人也。”道宗犹豫未决。大康五年（1079）正月，道宗将出猎，耶律乙辛奏留皇孙耶律延禧（太子濬子）不从行。道宗欲从之。萧兀纳又奏谏说：“窃闻车驾出游，将留皇孙，苟保护非人，恐有他变。果留，臣请侍左右”。[⑧] 道宗醒悟，命皇孙从行。由此，道宗开始怀疑耶律乙辛。道宗出猎黑山之平淀，见“扈从官属多随乙辛后，恶之”。三月，出乙辛知南院大王事，出萧十三为保州统军使。十月，削耶律乙辛一字王爵，由魏王降为混同江王。大康六年（1080）正月，道宗命耶律乙辛出知兴中府（辽宁朝阳市），张孝杰出为武定军节度使。大康七年（1081）十二月，耶律乙辛因出卖禁物，以罪囚于来卅（今辽宁绥中西南前卫）。张孝杰也以坐私贩广济湖盐及擅改诏旨罪，被削爵，贬安肃卅（河北徐水），数年后归乡。大康九年（1083）闰六月，太子濬被昭雪，追谥为昭怀太子。耶律乙辛一党遭到彻底失败。十月，耶律乙辛谋逃入宋及私藏兵器事发，被杀。

---

① 《辽史》卷110，《耶律乙辛传》。
② 《辽史》卷110，《耶律燕哥传》。
③ 《辽史》卷110，《萧十三传》。
④ 《辽史》卷110，《耶律乙辛传》。
⑤ 《辽史》卷110，《耶律乙辛传》。
⑥ 《辽史》卷110，《耶律乙辛传》。
⑦ 《辽史》卷110，《萧讹都斡传》。
⑧ 《辽史》卷98，《萧兀纳传》。

四、政治腐败、崇佛蛊国

辽自兴宗时起，统治者暮气日深，因循苟安，统治日渐衰落，到道宗时期，辽朝的政治越来越腐败，除了重元之乱和耶律乙辛的结党乱政之外，还表现在吏治败坏、崇佛蛊国。

道宗时吏治败坏、贪污成风，用人授官，干脆靠被任命者掷骰子，以彩胜者，来决定授何种官。《辽史·耶律俨传》说：道宗“用人不能自择，令各掷骰子，以彩胜者官。俨尝得胜彩，上曰：‘上相之徵也。’迁枢密院事”。足见道宗的昏庸和这时吏治的败坏。

吏治败坏，随之而来的必然是贪污成风。如耶律乙辛当权，“门下馈赂不绝”①。张孝杰“久在相位，贪货无厌。时与亲友会饮，尝曰：‘无百万黄金，不足为宰相家。’”② 至于一般官吏，也是胡作非为，贪赃枉法，放债营商。如清宁三年（1057）十二月，辽廷曾“禁职官于部内假贷贸易”。大康九年（1083）七月，又“禁外官部内贷钱取息及使者馆于民家”③。辽廷一再申令官吏的违法乱纪，正说明禁而无效。正如宋朝使臣苏辙看到当时辽朝的这种情况时所说：“法令不明受赇鬻狱，习以为常。”④如此的吏治和行贿贪污，只能促使社会矛盾的加深。

崇佛蛊国、滥饭僧尼自辽太祖耶律阿保机时起，佛教就传入契丹。此后由于各朝统治者的提倡，崇佛大兴，到兴宗时已成社会严重问题。道宗昏庸，不思纠正，反而达到十分沉溺的程度⑤。咸雍八年（1072）正月，“以战（争）多杀人，饭僧南京、中京”。三月，有司奏：“春、泰、宁江三州，三千余人，愿为僧人，受具足戒，许之。”大康四年（1078）七月，“诸路奏饭僧尼三十六万”。大康五年（1079）九月，“诏诸路勿禁僧徒开坛”。十一月，“召沙门守道开坛于内殿”。大康十年（1084）正月，“复建南京奉福寺浮图”。寿昌六年（1100）十一月，“召医务闾山僧志达设坛于内殿”。宋朝苏辙在《北使论北边事劄子》中说：“北朝皇帝好佛法，能自讲其书。每夏季，则会诸京僧徒及群臣，执经亲讲。所在修盖寺院，度僧甚众。”⑥

道宗还给法僧授予高官加以尊崇。咸雍五年（1069）闰十一月，“僧志福，加守司徒”。六年（1070）十二月，“加圆释、法均二僧并守司宁”。至于建寺修经更是不可枚举。道宗时期，由于崇尚佛教，大兴土木，寺院既多，僧尼尤众，消费日益增加，

---

① 《辽史》卷110，《耶律乙辛传》。

② 《辽史》卷110，《张孝杰传》。

③ 《辽史》卷24，《道宗纪四》。

④ 苏辙：《栾城集》，卷41。

⑤ 以下引文未注明出处的均见《辽史》道宗各纪。

⑥ 苏辙：《栾城集》，卷41。

蛊国害民，为患极大，所有这些负担，都加在各族人民头上。元朝人说："辽以释废，金以儒亡。"① 这是有其道理的。

五、部民贫富分化加深、流民问题严重

辽道宗时期是辽代后期社会各种矛盾发展的聚焦点：除了上述统治阶级的内部斗争、崇佛、政治腐败等之外，还表现在契丹部民贫富分化的加深和流民问题的严重。

部民贫富分化加深从圣宗时起，契丹部民贫富分化越来越显著。此后经兴宗、道宗两代的发展，已成为社会严重问题，已引起辽廷的特别重视，实行一些缓和矛盾的措施。这可从辽廷赈济各部"贫民"的诏令记录中得到说明。据《辽史》圣宗、兴宗、道宗各《纪》的记载：

圣宗：

统和七年（989）六月，"出诸畜赐边部贫民。"

统和十五年（997），"劝品部富民出钱以瞻贫民。"

天泰三年（1013）七月，"诏以敦睦宫子钱赈贫民。"

兴宗：

重熙十一年（1042）闰九月，"赈恤三父房之贫者。"

道宗：

咸雍八年（1072）十一月，又"赐延昌宫贫户钱。"

大康七年（1081）十一月，"诏岁出宫钱，赈诸宫分及边戍贫户。"

大安二年（1086）七月，"赐兴圣、積庆二宫贫民钱。"

大安九年（1093）九月，"赈西北路贫民钱。"

大安十年（1094）闰四月，"赐西北路贫民钱。"

寿隆元年（1095）二月，"赐左右皮室贫民钱。"三月，"赐东北路贫民钱。"

寿隆二年（1096）正月，"市牛给乌古、敌烈、隈乌古部贫民。"

二月，"赈达麻里别古部"。四月，"赈西北边军。"

寿隆六年（1100）二月，"出绢赈五院贫民。"

从以上记载中，我们可以看到：（一）在圣宗朝，契丹品部、敦睦宫中已出现了贫民。兴宗朝贫富分化的记录虽仅有一例，但资料至为重要，证明这时在皇族系属的三父房内也出现了大批贫民，正说明兴宗时贫富分化有了进一步发展；（二）道宗时，不仅在皮室军内有贫民，而且在迭剌部所从出的五院部也分化出大批贫民。甚至在西北路、东北路及乌古、改烈等部中，都有大批贫民。这些贫民和新的封建主"富民"，是贫富两个阶级的对立。依辽朝常例，富民们可通过向政府献"纳牛、驼十头，马百

① 《元史》卷163，《张德辉传》。

匹”，就可得到名叫“舍利”的官职[1]。贫民则处于无权的地位；（三）从圣宗、兴宗和道宗三朝赈济各部民的次数来看，到道宗时期越来越多，说明贫富分化在急剧发展，阶级矛盾愈趋于尖锐。

流民问题严重。由于辽朝残酷的剥削和压迫，以及天灾人祸，各族人民无以为生，被迫离乡背井，逃离他乡，形成大批流民。流民开始出现于圣宗时期，到道宗时期更为严重。据《辽史》圣宗纪和道宗纪所载：

圣宗：

统和十五年（992）十一月，“免流民税。”

道宗：

咸雍七年（1071）十一月，“免南京流民租。”

咸雍十年（1074）二月，“蠲平州复业民租税。”

大康五年（1079）十一月，“复南京流民差役三年。被火之家免税一年。”

大康六年（1080）五月，“免平州复业民租赋一年。”十二月，“免西京流民租赋一年。”

大安三年（1087）正月，“以民多流散，除安泊逃户征偿法。”四月，“赈诸路流民及义州之饥。”

大安十年（1094）四月，“除玉田、密云流民租赋一年。”

从上列资料来看，流民问题最严重的是道宗时期，其中以燕云地区尤甚。到大安三年，“诸路”都有流民了，说明这时阶级矛盾相当尖锐。流民问题严重地威胁着辽朝的统治，为了使流民复业，辽廷此时实行了一些赈济和减免赋税的措施。据圣宗、兴宗和道宗各《纪》的记载：

圣宗：

统和十九年（1001）十二月，“免南京、平州租赋。”

兴宗：

重熙十二年（1043）十一月，“以上京岁俭，复其民租税。”

重熙十七年（1048）八月，“复南京贫富租赋。”

道宗：

咸雍四年（1068）十月，“永清、武清、安次、固安、新城、归义、容城诸县水，复一岁租。”

咸雍八年（1072）二月，“岁饥，免武安州租税。”十一月，“免祖州税。”

咸雍九年（1073）十一月，“诏行幸之地，免租一年。”

大康元年（1075）正月，“赈云州饥。”七月，“赈南京贫民。”九月，“以南京饥，免租税一年。”

---

① 《辽史》卷116，《国语解》。

大康二年（1076）二月，“赈黄龙府饥。南京路饥，免租税一年。”

大安三年（1087）正月，“出钱粟赈南京贫民，仍复其租赋。”二月，“发粟赈中京饥。”三月，“免锦州贫民租赋一年。免上京贫民租如锦州。”

大安四年（1088）正月，“免上京逋逃及贫民租赋。以上京、南京饥，许良人自鬻。”三月，“赈上京及平、锦、来三州饥。”四月，“赈苏、吉、复、渌、铁五州贫民，并免其租税。赈庆州贫民。”五月，“赈祖州贫民。赈春州贫民。”

大安十年（1094）十二月，“仍除贫民租赋。”

寿隆四年（1098）正月，“徒阻卜等贫民于山前。”

寿隆五年（1099）十月，“赈辽州饥，仍免租赋一年。”

寿隆六年（1100）十月，“以平州饥，复其租赋一年。”

从以上两组资料的对比中，我们还可以看到：（一）在道宗时期，流民最集中的是燕云地区，因而这时赈济贫民和减免租税的次数在燕云地区也特别多，说明流民的严重，使统治者不能等闲视之。（二）到大安三年，流民已不限燕云地区，而出现了“诸路流民”，说明地区之广。因而赈济贫民和减免租税便扩大到中京、上京和东京诸路，说明阶级矛盾已遍及全境。道宗时期赈济贫民和流民的诏令连年不断，阶级矛盾尖锐，各族人民相继起义，辽朝的统治岌岌可危。

正如《辽史·道宗纪六》论语所说：“夫谤讪之令即行，告许之赏日重。群邪并兴，谗巧竞进。贼及骨肉，皇基寝危。众正沦婿，诸部反侧。甲兵之用无宁岁矣。一岁而饭僧三十六万，一日而祝发三千。徙勤小惠，蔑计大本。”可见辽朝的衰亡，已经在道宗时期形成了。《宋元通鉴》说：“辽之亡也，吾不曰天祚，而曰道宗，何也？道宗初政，似有可观，然晚年谗巧竞进，贼残骨肉；诸部思动，岁无宁息。天祚特以荒淫而乘其弊耳。”

附言：

（一）《历史研究》1999年第二期发表了蔡美彪先生的大作《辽代后族与辽季后妃三案》一文，考证甚详，对辽史研究有重要参考价值。其中前两案和拙文有关，但在处理角度和看法上有所不同。拙文论述的是辽代后期的政治，包括兴宗，重点谈道宗时的政治。辽朝的衰亡是在道宗时期形成上的。辽季后妃三案只是辽代后期政治的一个小部分，但不能取代辽代后期的历史。蔡先生说“圣宗以后，述律后族的夺位之争，则导致了辽朝的衰落和灭亡”，是值得商讨的。

（二）今年是著名辽全史专家、我的老师陈述先生百年诞辰。追思往事，缅怀先贤，谨以这篇旧作稍加修改，作为恩师逝世20周年祭。

陈述先生整理辽文献的主要成就

湖北大学古籍研究所 郭康松

陈述先生（1911—1992 年）是我国最著名的辽金史学权威，同时也是最著名的辽金文献研究专家，他极重视对辽金文献的搜集、整理、研究。他告诫后学："研究辽金史，要在总结前人研究成果的基础上，主要是掌握第一手资料，要从收集和整理资料入手，要在第一手资料上下工夫。"① 陈述先生这样教诲后学，自己也是这样做的。本文欲总结论述陈述先生整理研究辽文献②的主要成就，以纪念陈述先生。

一、汇辑《全辽文》

辽文献是我国古代文献中最少受到关注的文献之一，即使是继辽而兴的金朝学者，关心和研究辽文献的人也不多。清朝以来，人数稍有增加，特别是到了清末民初，一些文献学者致力于搜求有辽一代的制册诏令、墓志碑铭等汇辑成书，如光绪中期缪荃孙辑《辽文存》六卷，王仁俊踵成《辽文萃》七卷：民国初年黄任恒另为《辽文补录》一卷，其后罗福颐又拾三家之遗，成《辽文续拾》二卷。

陈述先生因"四家之外，犹有佚散"，而且错讹之处，所在多有，乃以碑铭等拓本校其讹谬，"又取诸家辑自群书者，一一按其来源，是正文字，兼著别见之异同"③，同时增补新发现若干篇，于1935 年编辑成《辽文汇》十卷。此书因战乱，未能出版，此后时有增补，1953 年，由中国科学院出版。此书出版后，陈述先生并未停止搜集，他搜求新发现的辽代碑刻，并对见于文献者重新核校、订补，成《辽文汇续编》。1982 年中华书局将《辽文汇》及《辽文汇续编》合而为一，合刊为《全辽文》，凡十三卷。此书之成，历时半个世纪。综观《全辽文》，陈述先生的主要贡献如下：

---

① 杨树森：《怀念陈述先生》。见景爱编《陈述先生纪念集》，内蒙古教育出版社，1995 年版，第 33 页。

② 本文的辽文献是广义的辽文献，从时间上说既包括辽朝，也包含了契丹族建立辽朝以前及灭亡后与其有关文献；从作者主体来说，既包括辽朝人所撰著的文献，也包括非辽朝人所撰著的有关辽朝史实的文献。

③ 陈述：《全辽文序例》。见《全辽文》卷首。中华书局，1982 年版，第 3 页。

1. 集辽文之大成，全而不滥

如果说缪荃孙的《辽文存》开辑录辽文之先河，那么陈述先生的《全辽文》则是集辽文之大成。《全辽文》收录了到1981年为止所见到的全部辽代遗文，它远远地超过了清末民初的四大家之总和，与1935年成书的《辽文汇》相比，也净增了221篇，共计748篇，充分体现了一个“全”字。但是全而不滥，陈述先生将前人误收、重收的内容进行鉴别，一一删除。如缪、黄二氏曾将高丽、西夏文献中系辽代纪年者作为辽文录入，陈述先生将其全部删除。此系显而易见者，有些误收非仔细考订而不得明。如卷五耶律昭《答萧挞凛书》后订正云：“《辽史·食货志》上引此书内文句，非别有上书也，缪氏竟录《食货志》之文近二百言，题耶律昭‘上田制书’。王氏又节取前四十二字，别题‘农事奏’，实此四十二字中，仅有二十四字为引昭言，余则《食货志》文也。宁得以卷轴之隘而滥收乎？”

2. 订前人之讹误，存别见之异同

陈述先生认为“辑录之事，贵乎正确”，这样才能成为可信的资料，他“以史语所所藏拓本与今存之缪氏拓本互为勘校。又取诸家辑自群书者，一一按其来源，是正文字，兼署别见之异同”①。如卷一《遗南唐元宗书》，缪氏误为述律后所作，陈述先生据陆游《南唐书》考证云：“按《南唐书》称契丹主兀欲被杀，弟述律遗元宗书云云。述律，穆宗小字也。缪氏作述律后误。”有时一条材料见于多种文献，而文字有异，陈述先生取其一种，将文字不同之处一一注明，例如卷二《回宋誓书》，见载于《契丹国志》卷二十、《太平治迹统类》卷八、《宋会要辑稿·蕃夷》、李焘《续资治通鉴长编》，几乎每句文字都有不同之处，《全辽文》皆分别注明，以存各本原貌，供读者参考。

3. 考证写作时间，简释疑难语汇

《全辽文》所收录的文章有许多原来不知其写作时间，陈述先生根据文献资料，尽量考证出它们的时间，大大提高了它们的历史文献价值。例如卷一《复晋求修旧好书》、陈述先生依据《契丹国志》所载有关史实以及晋、辽改元情况，确定其写作时间为会同七年。有些文章，虽然明确标示了写作时间，但实为传刻时误写，陈述先生亦根据史实加以订正，指出其真正的写作时间，以免误导读者。如卷一《立石晋瑭为大晋皇帝册》，其开篇云“维天显九年”，但陈述先生根据其下所云“岁次丙申，十一月丙戌朔，十二日丁酉”考证说：“天显九年十一月为丁酉朔，十一年十一月始为丙戌朔，十二日丁酉。《辽史·太宗纪》天显十一年十一月丁酉册石敬瑭为大晋皇帝。”纠正了原文中的时间之误。

辽朝是契丹族建立的政权，契丹语为辽朝通行的语言，其人名、官名、族名等在译成汉语时，因音译的不同，有些与人们熟知的名称有很大差别，陈述先生作了必要的简释，以便于读者。如卷五《耶律延宁墓志》注云：“羽厥里即于厥。胡峤《入辽

---

① 陈述：《全辽文序例》。见《全辽文》卷首。中华书局，1982年版，第3页。

录》作妪厥律。沮掠为沮掠伏，即阻卜异文。失围则失韦，亦作室韦。”又如卷八《边酋上高丽书求附籍》中有“契丹大完”，一般读者不知所云，陈述先生注云：“大完，亦作太弯，契丹设于女真之官号。”为读者扫除了拦路虎。

《全辽文》的编辑出版，不仅继《全唐文》、《全上古三代秦汉三国六朝文》后，使全文体文献增加了一种，而且陈述先生的辑录工作亦着眼于史，在全书编纂上除皇帝诏诰、皇后所著文按时间先后别为三卷外，其余不论文章体式均按时间先后为顺序。《全辽文》是辽代历史最原始的资料，可补《辽史》之不足和纠正《辽史》的错误，是研究《辽史》和辽史者的必备之书，具有极高的文献价值。

二、点校《辽史》

《辽史》一百一十六卷，记载了辽政权（907—1125年）二百多年的历史，由元末脱脱等修撰，历时仅十一个月，既没有认真收集和考订史料，又加之纪、志、表、传之间相互检对照应很不够，因此前后重复、史实错误、缺漏和自相矛盾之处很多，甚至将一件事误为两件事、一人错成两人或三人，历来为学者所批评。陈述先生于1971年开始着手《辽史》的点校工作，历时四年完成。他利用自己丰富的辽金史知识和长期积累的辽金史资料，在利用不同版本、资料校订文字的误、脱、衍、倒的同时，做了大量的考订工作。

1. 校订文字

陈述先生等点校《辽史》，以商务印书馆影印的百衲本为底本，用乾隆殿本进行通校，以北监本、南监本、道光殿本、《永乐大典》所引《辽史》进行对校；用纪、志、表、传进行本校；以《册府元龟》、《资治通鉴》、《续资治通鉴长编》、《新唐书》、《旧唐书》、《新五代史》、《旧五代史》、《宋史》、《金史》、《契丹国志》等进行他校；同时吸收钱大昕《二十二史考异》、厉鹗《辽史拾遗》、陈汉章《辽史索引》、张元济《辽史校勘记》（稿本）、冯家昇《辽史初校》、罗继祖《辽史校勘记》等成果，出校语1119条，最多的一卷出校30条，或订正文字，或补其缺漏，或考证异同，或存疑存异，使中华书局标点本《辽史》成为迄今最好的版本。

2. 厘清避讳改字、同名异译而造成的混乱

辽朝继承中原文化，避讳君主名字，给读者造成不便，陈述先生在校勘记中一一注明，还其本来面目。如卷二校勘记［二］：“张崇，《新五代史》卷四七、《旧五代史》卷八八本传并作张希崇。此避天祚帝延禧嫌名，去希字。”此为避讳缺字。卷四校勘记［一六］：“崇禄大夫，《旧五代史》八五作光禄大夫，此避太宗耶律德光名改。”卷十七校勘记［九］：“宋遣使韩冀来贺天顺节。按冀原名亿，因奉使辽廷避太祖耶律亿名改意，《辽史》又改冀。”此为避讳改字。

元人修《辽史》时，对辽朝来自契丹语的人名、地名、部族名、词汇等音译异名未作统一，甚至因异译将一人误为二人、三人者，这给读者、研究者造成极大的混乱。

陈述先生在校勘记中对同名异译者，或指出其通行译名，或提示各处互异。如卷八校勘记［二］：“殿前都检点耶律夷腊葛，《百官志》作耶律夷剌葛。卷七八有传。”卷十校勘记［六］：“耶律普宁原误‘萧蒲宁’。下文又作耶律普宁。卷七九《耶律阿没里传》：‘阿没里，字蒲邻。’蒲宁、普宁均蒲邻异译，即耶律阿没里一人。”此为指出人名异译，此类较多。卷三七校勘记［四］、［七］：“他鲁河。按《游幸表》作挞鲁河。”“兔儿山。按《营卫志》中作吐儿山。”此为指出地名异译。卷四校勘记［三］：“《营卫志》下，五院部有瓯昆、亦习本，即此欧堇突吕、乙斯勃；六院部有斡纳阿剌，即温纳何剌。”卷三十五校勘记［九］：“品挞鲁虢部。按《纪》开泰七年六月作品打鲁瑰部。”此为指出部族异译。卷七十三校勘记［一］：“阿鲁敦，《纪》神册元年三月作‘阿庐里’，为契丹语译音，汉语‘显贵’、‘盛名’之意。”此为指明语汇异译。这些异译有时判若两名，即使是研究者有时都难以看出，何况一般的读者。陈述先生的考订，不仅为研读《辽史》扫清了障碍，消除了混乱，而且为读者、研究者寻找同类相关资料作了提示，以便对读参考，功莫大焉。

3. 考订《辽史》之误

校勘工作一般只要求校勘者校正文字之误、脱、衍、倒，还文献以本来面目，校勘者不负有修改原书错误之责。陈述先生在根据不同版本和他校材料校正文字的同时，对《辽史》中因修史者学识有限和仓促成书造成的失误，进行了认真的考证，在正文中保持原文，于校勘记中指明其错误，并阐明理由依据。如卷六“十二月……辛卯，以生日，饭僧，释系囚。”陈述先生在校勘记中加按语曰：“《纪》天显六年八月称‘皇子述律生’，下文应历三年、十三年、十四年、十七年生日亦在八月，此作十二月，误，或生日上有脱文。”卷二十七乾统元年十二月：“初，以杨割为生女真部节度使，其俗呼为大师。是岁杨割死，传于兄之子乌雅束，束死，其第阿骨打袭。”《辽史》作者显然是将杨割之死与乌雅束袭位系于乾统元年。陈述先生加按语曰：“按《金史·世纪》，杨割（盈歌）卒于乾统三年癸未，乌雅束卒于天庆三年癸巳，阿骨打袭。此系带叙，年份未合。”陈述先生还利用出土文献与传世文献相结合以证《辽史》之误，极具说服力。如卷三十九：“宜州……兴宗以定州俘户建州。”也就是说，宜州的设置，始于辽兴宗。陈述先生考证说：“按《纪》，统和八年三月置宜州。《辽文汇》四《李内贞墓志》有宜州观察，《刘继文墓志》亦有宜州。卷七五《王郁传》称太祖时已有宜州。”这些出土墓志与《辽史》传中所载说明，宜州并非始建于兴宗，在太祖时就已有宜州。陈述先生在校勘记中考证史实之误的做法，既保存了《辽史》的原貌，又指出了修史者之误，使研读者一目了然，不致以讹传讹，极具学术价值。

《辽史》自修成后，虽曾多次刊刻，但没有一个善本。民国时期商务印书馆刊行的百衲本《辽史》，虽以元刊本为底本，但元刊本“刊板粗率，讹字亦多”①，更没有解

---

① 张元济：《辽史跋语》，见百衲本《辽史》。

决同音异译、修史之误等问题，陈述先生点校的中华书局《辽史》，广泛吸收了前人的校勘成果，并作了严谨的考证，使之成为目前最好的版本。

三、撰著《辽史补注》

元修《辽史》，“当时所据，惟耶律俨、陈大任二家之书，见闻既隘，又蒇功于一载之内，无暇旁搜，潦草成编，实多疏略，其间左支右诎，痕迹灼然”①。脱脱主修《辽史》时，各地人民因不堪元朝统治，纷纷起义，元朝统治者垂死挣扎，脱脱在镇压起义中被朝中政敌陷杀，纂修事宜又困于财力，修撰得极为潦草，故历来病诟《辽史》者众。有鉴于此，清人厉鹗撰《辽史拾遗》二十四卷，以补《辽史》，然因时地所限，见闻未广，引据资料仍显不足，遂用拆东墙补西墙的办法，用《宋史》以补《辽史》。其后有杨复吉撰《辽史拾遗补》，以补厉鹗之遗，但仍不完备。近人陈汉章著《辽史索引》，虽较厉氏、杨氏二书为备，却未能充分利用新出土的材料。

陈述先生在1935年大学毕业进入中央研究院工作之时，就有志于补注《辽史》，是年拟定了《辽史补注》的序例。在抗日战争以前，《辽史补注》已初具规模。在随后的岁月中，陈述先生时刻关注着辽史资料，报刊上任何一小段有价值的材料，考古发掘的与辽史有关的每一份碑文墓志，都细心收集，认真考订，补入书中。可以说，该书包含了陈述先生的毕生心血。

《辽史补注》共一百一十六卷，约三百万字。其体例以《辽史》原文为正文，将《辽史拾遗》、《辽史拾遗补》附于正文之后，并以《旧五代史》、《新五代史》、《宋史》、《金史》、《元史》及《册府元龟》、《五代会要》、《宋会要辑稿》、碑志、杂记补其缺，参取钱大昕《廿二史考异》、陈汉章《辽史索引》等汇注在一起。②

1.《辽史补注》是辽史的资料总集

陈述先生认为“《辽史补注》也可以说是《辽史长编》”，而对于长编，他十分服膺司马光“长编之作，宁失之繁，勿失之略”的观点③，所以《辽史补注》将凡是与辽史有关的资料尽行采录，引用书目达八百余种，基本上网罗了陈述先生当时所能见到的涉及辽史的有关史料，成为一部辽史资料总集。

2. 纠正《辽史》之误

陈述先生纠正《辽史》的错误，在中华书局标点本的校勘记中已显见一斑，但限

---

① 《四库全书总目》卷四十六《辽史》。

② 《辽史补注》尚未出版，此节参考以下几位先生的文章：崔文印《斯人已去，风范犹存——记陈述先生》，佟柱臣《怀念陈述先生》，并见景爱编《陈述先生纪念集》，内蒙古教育出版社，1995年版；陈重《陈述先生遗稿举要》，见宋德金、景爱、穆连木、史金波编《辽金史研究》，天津古籍出版社，1991年版。

③ 转引自陈重《陈述先生遗稿举要》。宋德金、景爱、穆连木、史金波编《辽金史研究》，天津古籍出版社，1991年版，第239页。

于体例，点到为止，发挥不多。此书专为《辽史》作补注，可以充分补充论证。陈述先生对《辽史》中的文字之讹，朔闰之误，重出之人、事，讹舛之史实等，引用大量材料，进行精审地考订，纠正原书之谬。

3. 补《辽史》之缺

陈述先生在纠正原书之误的同时，对辽史做了大量的补缺工作，这是他在点校《辽史》之时由于受体例的限制所未涉及的。他不仅增补异闻，附录事类，大大丰富了原书的内容，而且根据有关材料，补写了《忠义传》、《选举志》、《艺文志》等，重编了《氏族表》，使《辽史》一书趋于完备。

《辽史补注》是继《史记会注本证》、《汉书补注》、《后汉书集解》、《三国志集解》之后的又一部补注正史之力作，诚如陈寅恪先生在1942年为该书所作序时所说："《补注》之于《辽史》，亦将如《裴注》之附《陈志》，并重于学术之林。"

陈述先生整理研究辽文献的未刊著作还有《辽史别录五种》，他们分别是《辽史同姓名录》三卷、《辽史异名录》三卷、《辽史避讳表》一卷、《辽史赐姓表》一卷、《辽史氏族表》一卷。

陈述先生在辽代文献整理研究上之所以能取得令学人景仰的成就，成为辽文献研究的大家，是因为他几十年如一日，持之以恒、日积月累的结果。陈述先生在读大学二年级时，就参与了二十四史索引的编制和标点工作，负责点校《辽史》、《金史》及《元史》的大部分，从此与辽史结下不解之缘。其《辽文汇》、《辽史补注》在他1935年进入中央研究院工作时就已具雏形，此后不间断收集材料，随时补入，集腋成裘，终成巨制。其次是陈述先生的专精。人的精力是有限的，研究领域不宜过宽，也不可变化过多。他在《辽史补注后记》中说："忆初谒寅恪先生于姚家胡同，先生为言：'王观堂先生学识广博，但其兴趣常转变，若专以为之，其所成当更大。'因是初见，承谆谆相嘱，故记忆深刻，长期志之不敢忘。翻阅书史，以唐宋辽金元为主，不敢多读唐以前书。"① 正是这种研究领域的固定专一，读书范围的相对集中，使他能将唐宋辽金元文献中有关契丹族和辽朝的资料，作穷尽式的搜寻，最终完成《全辽文》、《辽史补注》这样的巨作。

陈述先生的《全辽文》、点校本《辽史》、《辽史补注》等既有不同的分野和各自的撰著目的，又互相交叉，互为补充，构成了辽文献的主干部分，是20世纪整理辽文献的集大成之作。陈述先生不仅是20世纪辽文献的整理研究大家，也是契丹史、辽史研究的巨擘，他在充分整理研究辽文献的基础上，撰写了《契丹史论证稿》(1939)、《契丹社会经济史稿》(1963)、《辽代史话》(1981)、《契丹政治史稿》(1986)，以及大量的研究论文，将辽文献的搜集、整理研究与契丹史、辽史的研究有机地结合起来，因此，他的研究成果具有厚实的文献基础，而他的辽文献整理研究并非一般的资料搜集编排，其本身就具有极大的学术价值。

---

① 转引自佟柱臣《怀念陈述先生》。景爱编《陈述先生纪念集》，内蒙古教育出版社，1995年版，第21页。

宗师百年　德识永志

——纪念陈述先生百年诞辰

齐齐哈尔大学　陈志贵

在大学听罗继祖先生讲授辽金史课时，便以陈述先生的论著为必读的参考资料，罗先生并向我们介绍了陈述先生辽金史的研究成就与学术地位。自此便产生对陈述先生的仰慕之意。20年后的1984年元月，趁着到中央民族学院收集民族史资料的机会，经滕绍箴先生引见，得以初次拜访陈述先生。先生平易近人，毫无大学者架子。当得知我毕业于吉林大学，工作在齐齐哈尔师范学院时，便亲切地嘱咐我："齐齐哈尔对辽金史研究有地利优势，是达斡尔族的聚集地之一，你又受业于罗继祖先生，望你在辽金史和达斡尔族的研究上多做些事情。"聆听先生的一席话，我很受鼓舞，便说："我一定努力学习，珍视机遇。"临别，先生又赠力作《契丹社会经济史稿》，我尤为感激。当此次先生百年华诞之时，撰此拙稿，以表对陈述先生敬仰与缅怀之情。

拙稿撰写中，多处参照了景爱先生的大作《陈述学术评传》和景先生提供的其他有关资料，衷心感谢。

一、辽金史的一代宗师　民族学研究的旗帜

（一）确立辽金史科学的学术地位

中国科学的史学研究，是从20世纪20—30年代中国思想理论战线展开的关于中国社会性质、中国社会史问题、中国农村性质的"三大论战"开始的，它涉及中国历史研究的各个方面，所以20世纪是中国史学的大发展时期。

中国历史科学在"三大论战"中得到确立和初步发展。当时许多史学家接受了社会进化论学说和唯物史观，以研究社会历史发展变化的原因、过程、结果为目的。这样，便可以预见历史的发展方向，为人们提供更为深刻的认识。

一代宗师陈述先生（1911—1992年）是20世纪著名学者，他开创了辽金史研究的新局面，将辽金史研究推向一个重要的新阶段。辽金史作为一个独立学科的出现，是

与陈述先生的名字联系在一起的。

元代修辽、金二史时出现的所谓义例、帝统之争，就是承认不承认辽金政权合法性的问题。元代《辽史》、《金史》的独立纂修，就是承认了辽、金政权的合法性。这是因为建立元朝的蒙古人也是中国北方的少数民族，承认契丹人、女真人政权的合法性。对于维护元朝的统治是有益的；就事实而言，北宋、南宋在政治上、军事上一直处于劣势，以纳贡来维持和平与生存。辽、金的强势是无法否认的，没理由否认辽、金的历史地位。

然而自民国以来，一方面由于一些人受汉族正统观念的影响，站在大汉族主义立场来看待多民族中国的历史，对少数民族政权深恶痛绝，拒不承认。另一方面，由于辽、金历史研究不深入，辽、金的历史贡献、作用和影响，没有充分地被揭示出来。有鉴于此，陈述先生在其研究工作中，便将恢复辽、金的历史地位作为重要研究课题，在其著作和论文中，反复论证了辽金在中国历史上的贡献、作用和影响。例如，早在1949年，陈述先生在其《契丹史论证稿》中，就曾提出：“（辽）因对峙求比美，提倡文教，汉人地位渐盛，兴宗而下，吟咏唱和，亦无别于汉家之太平天子。”这表明北、南之间的争胜比美，促进了北方辽朝经济文化的发展，加快了北、南方的经济文化交流。

1963年，陈述先生在《契丹社会经济史稿》一书中，对于辽朝统治下的北方草原地区的农业耕种、京城营造、手工业的出现和商业的发展，都有详细论述。

指出辽朝的建立，加快了“南北文化进一步的交流与扩展”，“二百年来，因俗而治，获得了社会经济的繁荣”。

到了80年代，陈述先生曾撰著《辽金两朝在祖国历史上的地位》① 一文，深入论述辽、金的历史地位。明确指出辽、金是祖国历史上的两个重要朝代，在辽、金300中，祖国的历史发生了重大的变化，辽、金对于祖国的历史发展，作出了巨大贡献。

为进一步说明辽、金史的历史地位，陈述先生又明确地提出辽、金与五代、两宋的对峙，是中国历史上第二次南北朝。这是关系到中国历史发展的重大学术问题。在辽、金与两宋对峙时代，辽、金都以北朝自称，而称两宋为南朝；两宋则称辽、金为北朝，而以南朝自居。这清楚地表明，当时的人都把南、北的对峙，看成是南、北朝。这是平等的地位，公平的称呼。然而，后世的史学家，从大汉民族的立场出发，却不如实地看待这个问题，将辽、金斥为地方割据政权或分裂政权。似乎承认了辽、金政权的合法性，便是汉族人的奇耻大辱。当时的历史真实是，与两宋相比辽、金政权要强得多：按地域面积而言，辽、金的版图都大于两宋，辽朝的版图差不多相当于两个北宋。就政治、军事而言，辽、金都处于强者的优势地位。后晋石敬瑭是辽朝的儿皇帝，北宋向辽输弊，南宋向金纳贡。彼此之间的强弱差别和主从关系，是非常清楚的

① 《辽金历史在祖国历史上的地位》，载于《辽金史论集》（一），上海古籍出版社，1987年。

事实。历史的真实既然如此，史学家怎么可以不顾历史事实，将辽、金贬斥为地方割据政权呢？这只能反映出一些人受大汉族思想影响之深，不肯承认历史事实而已。

针对史学界存在的上述问题，陈述先生便长期坚持论证第二次南北朝的出现及其影响。早在1949年出版的《契丹史论证稿》中，就提出这个问题。1963年出版的《契丹社会经济史稿》内，进一步论证了辽、金与五代、两宋的对立，是我国历史上又一次南北朝。指出："（契丹）由于国富兵强，威慑四邦，开辟了祖国历史上又一次南北朝的局面，并为全国的统一创造了有利的条件。"到了80年代初，陈述先生关于第二次南北朝的论述更加深刻全面。他指出："契丹和后梁太祖朱温同年开国，辽、金两朝和五代两宋南北相峙300多年。辽、金在经济上虽有落后的一面，但在军事上、政治上却长期占优势地位。就当时实际情况看，可以说辽、金是中国历史上的第二次北朝。"① 第二次南北朝的出现，对南北各方都产生了影响。为了不被对方所吞并，维持对峙的局面，都需要加强国家的统治，不断增强自己的实力。辽朝由于同南朝争胜比美，促进了北朝经济文化的发展。对南朝的影响尤为深远："石敬瑭后晋，刘崇北汉，都受辽卵翼。不用说。赵宋开国，实际上是由于抗辽的兵力，没有周世宗的振作抗辽，哪里来'黄袍加身'。王安石变法，当然属于宋朝内政，但各项政策的总要求，则无一不是面向北方的。这从当时宋廷君臣讨论对答中，可以看得明明白白。"②

经过陈述先生长期深入地研究和反复论证，关于辽、金同五代、两宋的对峙是我国历史上第二次南北朝的观点，已逐渐被海内外学术界所接受。在许多中国通史著作和历史教科书中，均加以采纳，确定了辽、金历史在祖国历史中的地位。

（二）创建辽金史学会，培养辽金史研究人才

陈述先生远见卓识的主张是为深化辽金史的研究，必须培养人才，扩大研究队伍。因此陈述先生创建了中国辽金史学会，是其对中国史学界的重大贡献，它培养了一大批辽金史研究专家，拓宽并深化了辽金史的研究，其功绩永志史册，他惠及后世的史学德识将永远为后学者所铭记。

早在1949年初，在徐特立的召集下，陈述先生与吴晗、郑挺之两位先生计议成立了新史学学会研究会。后因故，学会成立不久即停止了活动。中国共产党七届三中全会以后，迎来了科学的春天。当时，原哲学社会科学部已从中国科学院分出来，组建了中国社会科学院。各项研究工作逐渐走上了正轨。为了推进各学科研究，以中国社会科学院为重心，先后建立了许多学会。陈述先生高瞻远瞩，意识到筹建中国辽金史学会的机会已经到来，便在1980年春夏之交首先与朱子方（金毓黻研究生，时任辽宁社会科学院历史研究所所长）商议创建中国辽金史学会之事，得到朱子方的赞同。后

① 《辽金史论集》（一）代前言，上海古籍出版社，1987年。
② 《辽金史论集》（一）代前言，上海古籍出版社，1987年。

来决定由陈述、张政烺、蔡美彪，罗继祖、李文信、朱子方、王承礼等7人出面，发起成立辽金史学会。陈述等7人建立辽金史学会的倡议书，在学术界产生了广泛影响，许多专家学者表示支持辽金史学会的建立，愿意参加学会的活动。

1982年6月2日在沈阳市北陵辽宁大厦，举行了第一届全国辽金史学术研讨会和辽金史成立大会。在会上通过的章程中对学会的宗旨作了如下的表述："本会是我国从事辽金及契丹女真史研究、教学和考古事业工作者以及业余爱好者组成的群众性学术团体。本会团结、鼓励坚持四项基本原则并遵照党的'双百'方针，努力钻研本学科业务，积极开展学术活动。增进国内外的学术交流，为提高我国辽金及契丹、女真（包括渤海、西夏）史的研究和教学水平，促进民族史学科的繁荣和发展作出积极的贡献。"大会一致推举陈述先生为会长，朱子方、王承礼为副会长，朱子方兼秘书长。

中国辽金史学会的建立，是我国学术史上的一件大事。学会的建立推动了辽金史的研究，以前很少涉及辽金史的研究人员，纷纷改变研究方向，转向辽金史研究，一些年轻的研究人员，在陈述先生和学会的帮助下，茁壮成长，成为辽金史研究的骨干力量。辽金史研究队伍的扩大是辽金史研究空前繁荣的主要原因。

在陈述先生的影响和感召下，其生前，中国辽金史学会共举办了五次学术研讨会。各次的地点先后为沈阳、北京、吉林、赤峰、大同。陈述先生在沈阳第一次学术研讨会上，以"辽金史研究的回顾与展望"为题做了学术报告，提出以往的研究注意个别问题多，而站在整个中华民族，甚至世界历史进程的高度来阐述辽金史还很不够，这是辽金史在中国历史中没有占得应有地位的原因之一。在北京学术研讨会上，陈先生进一步提出，我们要精益求精，创造出更多更好的研究成果，开创辽金史研究的新局面。他强调："我们要本着民族平等精神，深入研究辽金史的各个方面，包括当时祖国历史上出现过的各个民族活动。通过认真细致的研究，提出各个民族共同创造祖国历史文化的具体事实，叙说他们在历史上的具体贡献。"他又指出："不能简单地说，北方民族进入中原就是历史倒退……辽金历史和北方各民族在当时的活动，是中国历史的一个组成部分，无论在当时还是在以后都有深远的影响。"他的这些指示，为辽金史研究指出了方向和应当注意的问题，是非常重要的。在吉林召开的第三次学术讨论会上，陈述先生从国际视角指出："辽金史是一门国际性的学科，国外有许多人从事研究，我们应当扩大学术交流的范围，听取国外学者的意见，这对于推动辽金史研究是很有必要的、很有益处的。"陈先生的高瞻远瞩，对学会的发展，产生了深远的影响。在第四次学术研讨会上，陈述先生作了题为"辽金史研究的范围、方向和当前任务"的报告。在报告中提出，辽金史首先是断代史，其次是民族史；既是边疆史的基础部分，又是中西交通史的内容，而且还是文化史的重要环节。他特别强调研究方向问题："方向可以说是我们工作的总指导方针。"进而指出："辽金史研究的目标，要求我们认识辽金的实际，就应当用平等的眼光，公正的态度，持平分析当时事件。处理当时的历史问题，不能有民族偏见，不能以辽金为外国、外族。"上述意见是针对长期以来，国内外的一些错误观念而发的。针对当时的状态，提出七项任务：一是通过考古发掘，揭示新资料；二是通过博物馆、文物陈列室，充实、丰富辽金文物陈列、展览，给人以直观的认识；三是填空补缺，加强薄弱环节，补足各种专史、通史在辽金时代的空白和遗漏；四是翻译有关外文著作，了解国外研究成果；五是为各级学校编撰补充读物、参考读物；六是加强工具书和语言文字方面的工作；七是扩大中外学术交流。陈述先生的这些意见，无疑是给辽金史研究勾画了切实可行的蓝图①。先生还指出辽金史研究应当特别注意的问题："我们提倡出产品、出人才，不鼓励低层次的重复；我们提倡历史事件的考证、解释、人物评论，不鼓励谁是不是民族英雄的争辩；我们提倡实事求是的认真研究，不提倡有伤害民族感情、妨碍民族团结的议论；我们提倡出土材料尽快公开……"②。

二、编辑文集　著述丰硕

（一）编辑《辽金史论集》

在沈阳召开的辽金史学会成立大会上，陈述先生就曾承诺，要每两年左右召开一次学术研讨会，大家在会上提交的论文，一定结集出版。由于他在国内外学术界的崇高地位和影响，经过他努力争取，千方百计地筹措，这两件事都圆满地实现了。这又是他对辽金史研究的重大贡献。

在陈述先生的主持下，先后编辑出版了五辑《辽金史论集》。先生认为，《辽金史论集》虽然是学会编的文集，但是作者不能只限于会员，为提高论集学术质量，他亲自向老一辈专家教授约稿，如杨志玖（南开大学教授）、罗继祖（吉林大学教授）、阎文儒（北京大学教授）、程溯洛（中央民族大学教授）、佟柱臣（中国社会科学院教授）、闫万章（辽宁省博物馆研究员），韩荫晟（宁夏博物馆研究员）、朱子方（辽宁社会科学院研究员）等等。重要的作者，还有20世纪50年代成长起来的专家教授，如杨树森、张博泉、王承礼、李建才、余大钧、李逸友、邹逸麟、舒焚、王育民、赵其昌、苏赫、董克昌等人。而更多的作者，是20世纪60年代以后成长起来的专家学者，有些人是在辽金史学会影响下转向辽金史研究的。除此之外，还有中国台湾和外国的学者。

陈述先生很重视国外的辽金史研究，故委托吉林社会科学院副院长、辽金史学会副会长王承礼主持翻译工作，从英、俄、日文中翻译了一大批具有代表性的文章，辑为一集，是为《辽金史译文集》，由吉林人民出版社出版。为持续推进辽金契丹女真史

---

① 景爱：《陈述学术评传》第72页，（台湾）槐下书肆，2006年7月。
② 景爱：《陈述学术评传》第72页，（台湾）槐下书肆，2006年7月。

的研究，陈述先生又委托朱子方副会长负责编印了《辽金史研究动态》。陈先生为编辑《辽金史论集》、《辽金史译文集》、《辽金史研究动态》，付出了极大的精力。在他生命最后的10年（1982—1992年），一直为学会和编印文集而操劳。在生命的最后时刻，还致函朱子方先生谈学会事①。因而，张博泉先生作诗云："十年学会绿成荫，牛耳主盟新更新。此学隆兴称有主，陈公以外更何人。"

（二）丰硕而辉煌的研究成果

作为辽金史研究领域一代宗师，陈述先生始终率先垂范撰写影响深远而丰硕的科学著作和论文。先生刻苦勤奋，敬业笔耕，把全部的时间和精力都用于研究、著述，成果丰硕，著作等身。据景爱先生统计，著作为12部，主编之书6部，论文72篇。②这是不完全的统计，肯定有遗漏，因为凡是出处待查者，均为收入③。除此之外，尚有大批遗稿。近期景爱先生应陈述先生子女和中华书局之邀请，对遗稿作整理。经简单记叙，遗稿大体上可分为三大类十三部分内容，约15.2万字。具体内容为④：

契丹史研究类：契丹官制史稿、契丹军制史稿、契丹的礼俗、契丹文字略论、回跋考、说南纪牙思。

东北民族史类：达斡尔史论证（草稿）、达斡尔族史稿、略论鄂伦春族的来源、略论鄂温克族的来源问题、赫哲族的来源问题。

史学理论类：关于民族形成和民族类型的体会、近年来中国辽金史研究的新进展。

遗稿除上述十三篇（不包括《辽史补注》）以外，还有《辽代五京的建置及其作用》、《辽代美术》、《赴美访问讲学汇报》等三篇。

史学研究的任务，应当重视探索揭示人类和社会发生、发展及演变的历史规律。辽金史的研究亦是如此。陈述先生不仅著述极丰，而且治学理论先进。他虽然早年做过许多考证学和金石学的工作，但是，其研究重点很快转向辽金社会历史的研究。按照社会进化的观点，来研究契丹人社会的发生、发展与衰落。这在当时实属前沿的治史理论。虽然早在20世纪初社会进化论即已传入中国，但是真正按社会进化论研究中国历史，并取得显著成绩的人并不多。在20世纪上半叶，研究契丹史者不乏其人。然而用社会进化论的观点研究契丹史者，陈述先生是第一人，也是成就最大的学者。因此，顾颉刚先生在《当代史学》中称，关于辽金史的研究，以陈述先生"成就最多"。《契丹史论证稿》一书，集中地反映了这个时期的学术成就和先进学术观点。

---

① 景爱：《陈述先生纪念集》，第5~7页，内蒙古教育出版社，1995年7月版。

② 景爱：《陈述先生纪念集》，第5~7页，内蒙古教育出版社，1995年7月版。

③ 景爱：《陈述先生评述传·附录二》"陈述先生论著简目"，（台湾）槐下书肆，2006年7月。

④ 景爱：《陈述先生遗稿叙录》，见《辽金历史与考古》第2辑1~14页，辽宁教育出版社，2010年5月。

三、阐述辽灭亡后契丹族去向，论证契丹是达斡尔族主源

陈述先生在辽金及契丹女真史研究中，侧重研究了许多课题。以对契丹研究为例，就有契丹族源和构成及其政治、经济、军事、官制、文化、文字、礼俗等各个方面。对辽朝灭亡以后契丹人的去向，也进行了考察与研究，首先指出现今北方的达斡尔族是契丹的后裔，在云南保山地区也有契丹人的后裔。

关于达斡尔族源的探讨，已经有了几百年的历史。早在18世纪下半叶，清朝乾隆皇帝钦定《辽史》重印本时，将契丹贵族大贺氏与达斡尔族联系起来，这应是探索达斡尔族族源的起端，迄今已200多年。我国学者及日本、苏联等国学者都曾对达斡尔族的来源提出了各自的见解。不少本民族知识分子为探索本民族的来源，著书立说，各抒己见。其作品有华灵阿的《达斡尔索伦源流考》，郭克兴的《黑龙江乡土录》，孟定恭的《布特哈志略》，阿勒坦噶塔的《达斡尔蒙古考》，钦同普的《达斡尔民族志稿》，何维忠的《达斡尔蒙古嫩流志》，孟希舜的《达斡尔民族志略》，以上作者对达斡尔族的本源提出各种不同的看法，莫衷一是。而陈述先生提出的契丹后裔主源说，论证最为充分，使达斡尔族族源不仅得到科学的解释而且也为学术界和达斡尔族多数人所接受。

陈述先生对达斡尔族的研究，是从1952年任职中央民族学院（今中央民族大学）研究部开始的。自20世纪50年代起，陈先生在研究契丹史的同时，又分出一部分精力研究东北民族史。当时配合民族识别、民族调查，陈述先生应邀参与了少数民族的甄别，撰作了有关达斡尔、鄂温克、鄂伦春、赫哲等民族来源和族属的文章。针对达斡尔族的有《关于达斡尔族的来源》、《大辽瓦解以后的契丹人》，收入《中国民族问题研究集刊》、《试论达斡尔族的族源问题》，刊载于《民族研究》。还有一些文章和著作，如《达呼尔史论证》、《达斡尔族史稿》等尚未发表和出版。

陈述先生在《大辽瓦解以后的契丹人》文章内，根据元人许谦撰《总管黑军石抹公行状》和元人黄缙撰《沿海上副万户石抹公神道碑》的记载综述道："这两段文献说明契丹在辽亡以后，曾有一部分以库烈儿为首的契丹群众向北迁徙，退出了金女真的统治范围，这些北迁的契丹群众，他们不属于辽时的统治集团，他们还保留着较多的契丹生活方式和组织形式的部落，转移到北山以后，仍然过着射猎打牲和粗放的耕种生活。这种经济生活使他们保存了氏族组织。现在根河北岸土地，尚称库烈儿温都儿。按达呼尔语温都儿，是山或高地的意思（蒙古语同），库烈儿温都儿在库烈儿以前无闻，自库烈儿在该山即该地打牲射猎，该地就形成了契丹人的一个据点；在脱罗华察时期，这个地区以南的契丹遗人，有些陆续向这一带集中。"①

① 陈述：《大辽瓦解以后的契丹人》，载于《中国民族问题研究集》，第五辑，中央民族学院研究部，1956年12月北京。

关于退出金朝统治范围，在北山生活的契丹人的去向，陈述先生在进一步研究后指出："元时这地区是契丹和翁吉拉杂居或邻接的地带。这一批以迪烈乣为主的契丹人，他们在这一带过着同样的生活，使用同一的语言，在故国观念支配下，更加凝聚，从而使得一些契丹属部也进一步地结合起来，他们并没有称号建国，但他们是有若干共同点的共同体，这一共同体的部落群众，在成吉思汗时期投附到蒙古，并组成一支兵力参加了蒙古南征。"①

另一部分仍居留原地的契丹人，即留守的人们，过着同于以前的经济生活，由于劳动力的减少，当然会更加艰苦。这留居在原地的契丹人，就成为达斡尔人的祖先。达斡尔人就是由这部分契丹人发展而来，即达斡尔人是契丹人的后裔。

达斡尔人源于契丹人，有充分证据可寻。陈先生指出了许多根据，简要引证如下②：

（1）达斡尔关于本族来源的传说和契丹史实相合。（2）语言材料证明达斡尔族来源于契丹。（3）地理故迹证明达斡尔源于契丹。（4）从达斡尔的歌谣和历史故事看族源。（5）从达斡尔旧传的生产技术看族源。（6）从达斡尔旧传的组织制度上看族源。（7）由契丹、达斡尔人物证明达斡尔渊源于契丹。（8）达斡尔人民、屯名和契丹人名、屯名相同。（9）契丹、达斡尔在宗教上的关联或继续。（10）达斡尔的风俗习惯证明源于契丹。（11）达斡尔族名的由来、意义证明源于契丹。（12）契丹、达斡尔在经济生活上的继续。

陈述先生最后总结道："达斡尔族的族源，主要是契丹人和契丹以外逐渐结合进来的人们，包括辽末、元末北迁的和辽、金、元时代留居鄂嫩河库烈儿山地带的。在长期历史的过程中，不可避免地会有新成分渗入；当然也有很多契丹人（包括大辽统治集团内外的），在不同的时期中，不同的条件下已经融合于各兄弟民族，特别是汉族和蒙古族。直接称其契丹人并接受契丹传统的最后的一部分即现在的达斡尔。"③

元代参加南征的契丹人，"他们曾争取担负进攻东京幽燕的先锋并胜利完成任务"。④ 河北省宝坻县的耶律各庄、达子庄、达子屯、哈喇庄，蓟县的黑家庄、科科庄、野王庄、律家庄，昌黎县的达子营、黑各庄，滦县的野里庄等，"这些村庄命名的当时，主要住户可能是契丹人"。⑤ 既南下进攻幽燕的契丹人。也有的随蒙古军远征云南的契丹人，即是居住在云南保山契丹人的先人。陈述先生指出："现在云南保山地区如

---

① 陈述：《大辽瓦解以后的契丹人》，载于《中国民族问题研究集》，第五辑，中央民族学院研究部，1956年12月北京。

② 陈述：《试论达斡尔族的族源问题》，《民族研究》1959年第8期。

③ 陈述：《试论达斡尔族的族源问题》，《民族研究》1959年第8期。

④ 陈述：《大辽瓦解以后的契丹人》，载于《中国民族问题研究集》，第五辑，中央民族学院研究部，1956年12月北京。

⑤ 陈述：《大辽瓦解以后的契丹人》，载于《中国民族问题研究集》，第五辑，中央民族学院研究部，1956年12月北京。

施甸、保山、龙陵等县有蒋姓人，即‘阿莽蒋’姓之人，故老相传，系来自耶律氏，在族谱里也有同样的记载。施甸蒋氏宗祠有前清举人林显清题的楹联‘耶律庭前千株绿　阿莽蒋氏一堂春。’撰联或本之族谱，族谱应得自口传。这些契丹耶律氏，显然是从军南来，以后就留驻著籍的。”①

陈述先生此说在学术界产生了广泛的影响。内蒙古社会科学院孟志东（达斡尔族）先生根据陈述先生的见解，在20世纪90年代曾深入云南保山地区进行调查研究，找到了族谱、碑文、对联、传说等大批资料，令人兴奋的是在清代的墓碑上竟出现了契丹文字。大量的证据表明，云南保山地区还有契丹人的后裔，详见孟氏所著《云南契丹后裔研究》一书。②

四、大师风范今犹在，四海学者共缅怀

2011年10月20日是陈述先生百年诞辰，先生过世也近二十年。但国内史学界、海内外学子对先生的仰慕之情如故，先生的大师风范依然存在于学人的心目中。人们一直以景仰的心情怀念先生：缅怀先生的治学精神，高尚的人格和史德修养，缅怀他对人才，特别是对辽金史新秀的刻意培养。

刻苦勤奋，一生致力于学术

陈述先生于学术研究，一向刻苦勤奋。据载，早在北京师范大学读书时期，深受陈垣（援庵）先生的教益与影响。陈垣先生为了激发学生们立志学习，曾提出：“守土卫国军人的责任多，学术国防，我们责无旁贷。中国历史的研究，我们不能落后于国外。”③ 陈述先生是北方人，陈垣先生特赠诗说：“师法相承各主张，谁是谁非弗商量。岂因东壁讥西壁，遂信南强信北强。”④ 此诗意在鼓励勤奋读书，北方人也可以有所成就。

陈先生受此影响，养成了刻苦读书、奋发图强的良好习惯。从青年到老年，一直手不释卷地攻读史学。对此佟柱臣感言：“敬佩先生一生勤奋治学，敬佩先生一生诚实做人。”⑤

刘乃和先生与陈述先生同出于陈垣门下，她对陈先生逝世出示的挽联为：“治史重辽金，著作等身勤不辍；师门称由夏，此生长卧大觉中。”⑥ 意思是陈垣（援庵）先生

① 转引自景爱：《陈述学术评传》，第26页，（台湾）槐下书肆，2006年7月。
② 孟志东：《云南契丹后裔研究》，中国社会科学出版社，1995年。
③ 转引自景爱：《陈述学术评传》，第100页，（台湾）槐下书肆，2006年7月。
④ 转引自景爱：《陈述学术评传》，第100、101、89、94页，（台湾）槐下书肆，2006年7月。
⑤ 转引自景爱：《陈述学术评传》，第100、101、89、94页，（台湾）槐下书肆，2006年7月。
⑥ 转引自景爱：《陈述学术评传》，第100、101、89、94页，（台湾）槐下书肆，2006年7月。

桃李满天下，其中以陈述先生成就最大。犹孔丘门下弟子三千，贤者七十二，而以子由、子夏为最杰出。陈述先生即吾辈中之子由、子夏也。对此，罗继祖先生称："不是过誉"[①]。

吴富恒先生也回忆说，他是1929年与陈述先生同时考入北平师范大学，"他头脑敏捷，对社会问题及周围人物，都有敏锐的洞察力……对一些问题的评论常一针见血"。[②] 陈述先生的学术成就更缘于他治学中的不惧困难和执着。诚如著名的魏晋南北朝隋唐史专家，前中国唐史学会会长唐长孺教授所言："我很钦佩陈述先生，我研究辽金史大约与陈述先生同时，我中途改行易辙，而陈述先生在极端困难的情况下（引者按：系指辽金史资料特别少；官修的《辽史》错误百出，又夹杂许多契丹语的人名、地名、官名、部族名，皆需校勘核实，研究起来特别费工费事）毫不动摇，持之以恒，终于在辽金史研究上取得了令人瞩目的成果，受到顾颉刚先生的肯定，成为海内外辽金史研究的权威学者，真是不容易呀！搞学问就应当向陈述先生那样执着，不怕困难。"[③] 谭其骧先生也讲："有人把我与陈玉书、罗继祖相列，称做'辽史三家'，戏言而已。陈、罗对辽史研究很深，都有专著问世，堪称大家。我只有几篇文章，没有形成专著，称我为辽史专家实不敢当，我只能算'半个辽史专家'。"[④]

陈述先生的著述，有很强的社会责任感。据景爱先生在《陈述学术评传》中所载，《辽史补注》在20世纪30年代即已成初稿，陈寅恪先生为之作序，然而当时并未付梓。其原因是有了新资料需要补充。直到先生逝世以前，仍在补充新资料。陈述先生认为，书中的一字一句，都会影响到读者，必须尽善尽美，做到万无一失。继承和发扬先生这种对社会、对学术负责的美德，在当今极有现实意义。

（二）学识渊博尚史德，奖掖后学育新秀

著名的西夏文史专家史金波先生在为《陈述先生纪念集》作序中指出："玉书先生去世后，熟悉他的人都在怀念这位慈祥、奋勉、蜚声海内外的著名学者，借此三周年之际，宿儒学子回忆纪念，学界同仁抒发感怀，意在学习先生的工作精神和优良品德。"陈述先生永远活在人们的心中。

台湾中央研究院院士陶晋生先生在其文章中指出："陈述教授不但培养了大批学者，而且积极参加了促进和推广中国辽金史和文化研究工作。他是中国辽金契丹女真史研究会会长，并在逝世以前一直担任此职，该研究会拥有300余名会员，每两年召开一次学术研讨会，并出版了四集《辽金史论集》，第五集也即将要出版。"[⑤] 这是对

---

① 转引自景爱：《陈述学术评传》，第100、101、89、94页，（台湾）槐下书肆，2006年7月。

② 转引自景爱：《陈述学术评传》，第93页，（台湾）槐下书肆，2006年7月。

③ 景爱：《唐长孺教授眼中的陈述先生》，《中国社会科学学报》第18版，2011年5月31日。

④ 景爱：《哲人虽逝，风范永存》载《中国社会科学学报》第17版，2010年7月29日。

⑤ 转引自景爱：《陈述学术评传》，第92~93页，（台湾）槐下书肆，2006年7月。

陈述先生生平事迹和研究成果、学术地位的评述。史学大师顾颉刚先生盛赞陈述先生的学术成就，获得美国哈佛燕京学社奖金和洛克菲勒基金会的邀请。后人称其为辽金史学宗师、大师，都是恰如其分的。

陈先生1949年的两位学生刘英航、徐殿文共同回忆说："陈先生一向谈吐文静、平易近人，待人和蔼亲切。"① 可见先生对学生培养的尽心和自身的良好修养。杨树森教授回忆说，他是在从陈述先生学习期间，参照《契丹史论证稿》草拟了《辽代简史》大纲，经陈先生修改斧正，后来撰写了《辽代简史》②。佟柱臣先生回忆，他没有认识陈先生以前，就拜读过《契丹史论证稿》和《契丹社会经济史稿》，他受其启发，撰写了《东北历史考古中的几个问题》。佟先生诚恳地说："这算是承受的一点恩泽吧。"③ 台湾中兴大学王明荪教授怀着对陈述先生的崇敬心情赋诗云："早岁慕公名，问学跨海行。谈论如昨日，西望一伤情。"韩国明知大学金谓显教授怀念道："先生之学德，永怀我的心头。"

景爱先生是陈述先生的研究生，从陈先生攻读三年辽金史并很为先生倚重，对先生十分敬重也有更多的了解。其精心之作《陈述学术评传》，对陈述先生的学术生平，作了全面、系统、精确、深刻的介绍，是了解与研究陈述先生必读的专著。在全书结尾部分，景爱先生情深意切地写道："陈先生为人异常谦虚谨慎。他的著名著作称《契丹史论证稿》、《契丹社会经济史稿》、《契丹政治史稿》，为什么叫'史稿'？先生认为此乃不成熟之作，尚有修改补充的必要，只能算作稿本而已。陈先生这种谦逊的学风，在社会上产生了一定的影响。张博泉称自己的著作为《金代社会经济史稿》，舒焚称自己的著作为《辽史稿》，都是受陈先生影响的结果。"④

"先生虽然著作等身，学如大海，但是，他却很少谈及自己的成就，而是介绍前人和同时代他人的治学精神，树立良好的学风，奖掖后学，培养一代新秀。先生早期的学生，对此有口皆碑，我在从学三年中，亦深有感触。"⑤

"民族研究所集中了国内一大批知名的专家学者，其出身背景各不相同，其人格表现大异，有些长者趾高气扬，虽然著作不多，但以己之长比人之短，信口开河，胡言乱语，给人以高傲的印象。陈先生则与人不争，他开口不言别人之短，尽说别人之长，这一点给我留下了极深刻的印象。"⑥

"陈先生为人正直不阿，待人以诚、和蔼可亲、有如慈父。凡是与先生有过交往的人，都会有这种感觉和印象。"⑦

---

① 参见景爱：《陈述学术评传》，第94页，（台湾）槐下书肆，2006年7月。
② 参见景爱：《陈述学术评传》，第94页，（台湾）槐下书肆，2006年7月。
③ 参见景爱：《陈述学术评传》，第94页，（台湾）槐下书肆，2006年7月。
④ 景爱：《陈述学术评传》，第99页，（台湾）槐下书肆，2006年7月。
⑤ 景爱：《陈述学术评传》，第99页，（台湾）槐下书肆，2006年7月。
⑥ 景爱：《陈述学术评传》，第99页，（台湾）槐下书肆，2006年7月。
⑦ 景爱：《陈述学术评传》，第102页，（台湾）槐下书肆，2006年7月。

“先生受中国传统文化影响至深，有良好的道德修养。律己严、对人宽、温良、谦恭、礼让。对晚辈、对学生，从来都是平等相待，绝无高傲之态。对人讲话，都是轻声慢语，绝无愠怒之言。……对于学生说话、回答问题，先生总是仔细倾听，不肯轻易打断，一直到说完为止。因此，在先生面前，没有任何约束之感，可以畅所欲言，尽情讲述。先生虽是大学问家，却没有丝毫的架子，极其平易近人，待人真诚、和蔼，这是许多人愿意到陈府登门拜访、请教学问的重要原因。”

“先生传授知识，教诲学生，重于启发，循循善诱，极力避免命令式的说教。每逢授课答疑，先生通常是先让学生抒己之见，尽情讲述，然后就其所言，加以阐述说明，指出正错之所在，以期举一反三，训练独立思考的能力，培养主动性、积极性。先生最厌恶的是懒惰、不肯用心。”

“先生是公认的史学大家，却无门户之见。只要有利于增长知识，百家均可学习，中外兼收并蓄。”①

“先生宽宏大度，鼓励学生发展个性。……凡是从先生学习的学生，虽然研究方向有所不同，然而都成为著名的专家学者。先生在六十余年的讲坛上，培养了大批的人才，这是先生对国家、对中华民族作出的巨大贡献。”

“先生之学问，如大海深渊；先生之德行，如高山仰止。”②

值此陈述先生百年诞辰之际，史学界的共同认识是，先生虽然过世20年，但其风范犹存，这是其道德高尚、德才兼备，一生致力于学术的结果，其成就、其精神是有目共睹、有口皆碑的。陈述先生作为名扬中外的史学大家、现代中国史学巨擘之一、辽金史一代宗师，将永远受到人们的尊敬和怀念。

---

① 景爱：《陈述学术评传》，第102页，（台湾）槐下书肆，2006年7月。

② 景爱：《陈述学术评传》，第103页，（台湾）槐下书肆，2006年7月。

契丹皇帝亲征仪及打猎习俗的演变与尚武精神

——纪念陈述先生百年诞辰

韩国明知大学 金渭显（名誉教授）

一、绪言

契丹族是漠北游牧民族的一支，为匈奴所破，保鲜卑山。魏明帝时（226—239年），幽州刺史王雄杀部酋比能，部众遂微，逃于辽河上流（今之西拉木伦）的松漠地方。他们一直住在那个森林淀泺地带，营为游牧车帐生活①。那时候的生活样态和其他游牧民族一样，衣食住行完全仰赖牧畜。即肉类为主食，乳为饮料，毛皮为衣服，加工毛毡盖搭帐篷为住所，粪便为燃料，马与骆驼为交通运输的工具②。渐次，他们的领地扩展，随着产业也演变，一般的倾向农牧并重：饲羊马为主，并种黍为食。生活于平地松林，尝习射猎，故也长于战斗，其人的活动力量，每为中原民族所不及。

他们平时习补骑射，战时则骑兵用三匹良马，穿战斗服，带两种胡弓、斧、刀、绳等装备及干粮，极富有机动力与攻击力。以军事组织与军律来看，军士以5人或10人为一个单位，同进同退而军纪甚严格。

契丹和其他的游牧民族一样，侵略农耕民族时，常倚赖马匹来增加作战时的机动性，使他们能够出没无常，对防御薄弱的地方加以突击③。

到10世纪，新崛起的契丹，就凭着骑兵机动性和强劲打击力的优势，加上严格的军纪，以及严密精确的军事组织以从事东征西伐的征讨，雄霸东北亚④。又由战争获得广大的大漠南北的丰饶地域，以后与邻邦和平相处，相安无事，因得贡纳岁币等以及本身发达的产业，生活比以前富裕，于是国初俭素质朴的风气与尚武精神，逐渐被奢侈文弱的风气所替代，这么看来，其立国基础也就面临考验了。

① 《新唐书》卷219，北狄列传144，《契丹传》。

② 参看姚大中，《古代西北中国》，台北，志成出版社，1971年，7~8页。

③ 参看陶晋生，《边疆史研究集》，台北，台湾商务印书馆，1974年，3页。

④ 参看 Karl A. Wittfogel and Feng chia-sheng, History of Chinese Society; Liao. 台北，鼎文书局，1974年，8页。

在这儿要看皇帝亲征仪式的演变及契丹特有的捺钵文化的演变，怎么影响契丹军的意识与调练。

二、亲征仪的演变

1. 战争样态

我自己将契丹的战争样态分为大概 3 种，就是征伐、讨伐、徇略。皇帝自将出征则征伐，以将军定部署出兵则讨伐，边将乘期突出越境掠夺物货或民人则徇略。

建国以前，太祖（耶律阿保机）以本部夷离堇、大迭烈府夷离堇、总知军国事，率亲兵讨破室韦、于厥、奚、河东、代北、女真、蓟北、霫等，邻近的比较弱体的部族。临战一定自将先锋，每战尽力对付，常胜的无敌强军。

太祖的参战样相，可分为 3 期：第 1 期是从 901 年（唐天复元年）到 906 年（天佑三年），专讨伐邻国（室韦、于厥、代北、女真、卢龙军、奚等），总 10 战 10 胜，南略 1 次。

第 2 期是从 907 年到 915 年，亲征 12 次，下诏定部署讨伐 5 次，南略 1 次。征讨的对象是黑车子室韦、乌丸、乌马山奚库支、查剌底、锄勃德、东西部奚、幽州。

第 3 期是从 916 年（神册元年）到 925 年（天赞四年），亲征 9 次，讨伐 22 次，南略 12 次。继续胜战，征讨的范围扩展。以征讨编入版籍者是蔚、新、武、妫、儒州（自代北至河曲踰阴山）、幽、并、镇、定、魏州、乌古部、党项、蓟州、平州、吐浑、阻卜、渤海国（别置东丹国）。徇略的地域也在扩大，即是檀、顺、安远、三河、良乡、望都、潞、满城、遂城等地，又有幽、蓟、党项、燕、赵等地。

太祖时候，已经完成了邻近国家及大小部族之征讨，到太宗时减少征讨。太宗干预中原的后唐政治，把石敬瑭册立为大晋皇帝，以自立的契丹可以确立正统性，以武力言之；在东北亚没有相对的国家。可以讲漠北之尊者，把太祖、太宗时候的征讨做表如下：

帝　名	太　祖			太　宗	
期　别	Ⅰ	Ⅱ	Ⅲ	Ⅰ	Ⅱ
年　度	901—906	907—915	916—925	925—936	937—947
征　伐	10	12	9	3	1
讨　伐	10	5	22	4	6
徇　略	1	1	12	1	0

到世宗、穆宗、景宗时，国内多事，政局紊乱，世宗才具平庸，不知当时邻近诸邦之动态，终于被弑。穆宗袖气怠惰，不恤国事，又贪溺游猎，不视朝政，不但不关

心军国大事，而且毫无领土观念，与后周战败绩，失瀛、莫两州之地，他说：这土地本来汉人之土地，现今还给他，无可惜。终亦为近侍庖人所弑①。景宗有风疾，多不视朝，军政多有皇后决之。当时宋朝统一南方诸国后，979 年（乾亨元年）出征北汉，北汉要求援兵于契丹，契丹不得不助北汉，然而不敢进出宋境内。把世宗、穆宗、景宗时期的征讨情况做表如下：

	世 宗	穆 宗	景 宗
征 伐	3	0	1
讨 伐	1	11	8
徇 略	1	0	0

世宗时期的讨平对象是叔父李胡与公主谋叛势力及后周等。穆宗时期有 11 次的讨平，即是平定忻与代州之叛、出兵助汉、平乱乌古与小黄室韦之叛等。景宗时期的重要平乱有讨伐渤海余孽燕颇、为助汉制宋的援军出征等。圣宗嗣位以后不断征讨。以 12 岁幼冲当皇帝，然而赖母后萧氏之听政与贤臣之补弼，契丹国情比以前正常化。可是以前三代之政情不佳，滋蔓四周之群小部族之势力，不再迁延放过，而立刻采取征伐政策，他首先征伐鸭绿江女真，以打通征伐高丽之道路②。

他先要征伐高丽之理由何在？当太宗时，因忌人皇王倍的势力化，所以迁东丹都于辽阳；从此专心经营中原，无暇干预邻近诸族。世宗、穆宗、景宗时，又因国内多事，一直放弃高丽与东北诸族。因此，渤海遗民及古渤海的属部乃乘机纷纷独立；西南部分臣服于契丹，在东南与北部诸部，则多与中原及高丽交往③，使契丹甚感孤立，不可不牵制势力之联合。

到圣宗时期，征伐的对象是宋与高丽，讨伐的对象是回鹘、党项、阻卜、乌古、女真、折立、助里等部，或有宋与高丽。圣宗一代征伐 5 次，讨伐 21 次，徇略 1 次（女真境界）。可是 1004 年（统和二十二年，景德元年），与宋结澶渊盟约，由此辽宋两国间拂拭战伐，相安无事，一直下来一百几十年。高丽与女真则不然。993 年（统和十一年），命东京留守萧恒德，率军 80 万进入高丽北鄙，与高丽和议；契丹取得名目，高丽取实利。以澶盟约与宋没有战争之衅端，与高丽不然。以前与高丽和约赐予江东 6 州，可是，以为此是东北控制之要冲地，要索江东 6 州。名目上问高丽朝臣康兆之罪，自将率 40 万军，渡鸭绿江，败绩而退师。他怏怏不乐找个复仇的机会，到 1018 年（开泰七年），征募大军，以东平郡王萧排押为都统，率 10 万大军渡鸭绿江，然而全军

① 金渭显，《契丹的东北政策》，台北，华世出版社，1980 年，42 页。
② 金渭显，前引文，63 页。
③ 金渭显，同上。

溃灭，生还者不过数千①。对此战战况《辽史纪事本末》云："茶陀一战，全军覆焉，凄云迷五将之山，暮雨泣万人之家。"②

这是辽朝一代最惨败的记录。

到兴宗、道宗时期，没有大规模的战争，大部分平定国内的叛乱势力。兴宗时有征伐1次（西夏），有讨伐1次（党项）而已。到道宗时有讨伐7次［乌古，阻卜（3次）］，重元父子乱，磨古斯、敌烈、达里底及拔思母、梅里急、耶堵刮，没有外国，大部分是属部的平定，没有外国。

到天祚帝有征伐3次，都防御新兴金国所侵，讨伐11次，讨平阻卜1次以外，都是金与渤海遗民战。

2. 亲征仪式

亲征仪是皇帝的自将出征仪式。依据《辽史》皇帝亲征仪，分为5段阶。(1) 将出师：祭3神主（先帝、道路、军旅），以青牛白马祭天地。(2) 将行：以牝牡麃各1尾为厌祭。以死囚行射鬼箭。(3) 将临敌：结马尾，祈拜天地。(4) 下城克敌：以黑白羊祭天地。(5) 班师：以所获牡马牛各1匹祭天地。以谍者行射鬼箭③。这是亲征仪的内容。

3. 亲征仪的演变

那么实际亲征时，是不是亲征仪一样实行？下面审查每个亲征时的行礼。

(1) 925年（天赞四年）渤海征伐：将出师；祭木叶山，以青牛白马祭天地（在乌山），行射鬼箭（在撒葛山）胜战；告天地，以青牛白马祭天地④。

(2) 946年（会同九年）后晋征伐：只有阅兵仪式。

(3) 980年（乾亨二年）宋征伐：祭天地及兵神（巫）将伐宋；祭旗鼓，行射鬼箭，以青牛白马祭天地⑤。

(4) 986年（统和四年）防御宋军：将出师；祭陵墓，祭山川。战中；祭天地（2次），告天地。胜战；以青牛白马祭天地，行射鬼箭⑥。

(5) 988年（统和六年）伐宋：将出师；以青牛白马祭天地，祭木叶山，祭旗鼓。胜战；以黑白羊祭天地⑦。

(6) 989年（统和七年）攻宋兵：将出师；以青牛白马祭天地，行射鬼箭。胜战；以巫现祭名山大川，祭木叶山⑧。

(7) 999年（统和十七年）伐宋：行射鬼箭。

---

① 《高丽史节要》卷3，显宗元文大王，10年2月己丑条。
② 《辽灵纪事本末》（绪论·高丽叛服）条。
③ 《辽史》卷51，志20，礼志3，军仪，（皇帝亲征仪）条。
④ 《辽史》卷2，天赞4年12月闰12月壬辰条。
⑤ 《辽史》卷9，乾亨2年10月辛巳条。
⑥ 《辽史》卷11，统和4年3、4、5月条。
⑦ 《辽史》卷12，统和6年8月条。
⑧ 《辽史》卷12，统和7年正月，3月条。

(8) 1004年（统和二十二年）伐宋：将出征；致祭太宗庙，行射鬼箭。以青牛白马祭天地。战中；以黑白羊祭天地，以酒脯祭天地[1]。

(9) 1044年（重熙十三年）伐西夏：将出战；祭天地，行射鬼箭[2]。

(10) 1063年（清宁九年）讨平重元父子乱：胜战；以黑白羊祭天地[3]。

以上10次之征伐没有与皇帝亲征仪一样的，都是不一样的仪式，这么看来，皇帝亲征仪恐怕是好几次的仪式融合而成的。

以上10大征伐以外，还有5次征伐战，其仪式大部分有出征，或有胜战时行之。

(1) 913年（太祖七年）征讨诸弟：平乱俊；行射鬼箭，以青牛白马祭天地[4]。

(2) 929年（天显四年）征讨郡县：将出兵；告天地及太祖行宫[5]。

(3) 936年（天显十一年）后援石敬塘：将出兵；以酒脯祭天地。胜战；行射鬼箭，祭天地[6]。

(4) 986年（统和四年）对宋战：阅军需品及兵仗，行射鬼箭，以青牛白马祭天地，胜战；祭天地，筑京观，祭天地[7]。

(5) 1001年（统和十九年）伐宋：将出征；行射鬼箭，以青牛白马祭天地。终战；以黑白羊祭天地[8]。

以上5例，战之规模不太大，或为将征伐准备中罢兵。

还有例外之事：916年（神册元年）亲征突厥、吐浑、党项、小蕃、沙陀，得胜然而没有仪式之记录。946年（会同九年）太宗亲征后晋，1010年（统和二十八年）征高丽，结果败绩，没有军仪记录。建国初期的亲征及战败时，没有军仪记录。1004年（统和二十二年）与宋澶渊之盟以后，渐渐减少战争，也渐次消失亲征仪。

4. 亲征仪的意思

祭天地的意思，要得天神地祇的保佑，射鬼箭是预防咀咒与辟邪[9]。木叶山祭要得耶律家之祖先及辽河木叶山神之阴佑。由于这种仪式，使出征军刻印常胜军之意识。不管怎么样，到初中期，严格施行出征仪式时，大部分得胜了。到中后期，渐失军仪[10]，出现多败绩之记事。

---

① 《辽史》卷14，统和22年闰9月条。
② 《辽史》卷19，重熙13年10月条。
③ 《辽史》卷22，清宁9年7月条。
④ 《辽史》卷1，太祖7年4、5月条。
⑤ 《辽史》卷3，天显4年11月条。
⑥ 《辽史》卷3，天显11、12条。
⑦ 《辽史》卷11，统和4年条。
⑧ 《辽史》卷14，统和19年10月条。
⑨ 金渭显，(契丹的战争仪式)，《契丹的历史与文化》，檀国大北方文化研究所，2010年，148页。
⑩ 金渭显，上引文，148页。

三、以军士训练打猎

契丹人的日常生活有关军事训练。依据《辽史·营卫志》“有事则以攻战为务，月暇则以攻渔为生，无日不营，无在不卫”①。

他们的生活可以讲战争与打猎及渔捞。他们的打猎与渔捞连系捺钵。契丹皇帝喜欢捺钵，他们由于捺钵活动，培养谋生谋食的机能与自卫自立的能力。有四季捺钵，可是最重要的是春捺钵，重要活动是凿水钩鱼和捕鹅打雁。按照《辽史·本纪》找个捺钵记录，从穆宗时候开始，到圣宗、兴宗、道宗，天祚帝继续下来了。可是凿水钩鱼之方法没有演变而捕雁和捕鹿之方法，演变多得很，捕雁之方法，以戈捕雁，到中后期，以海东青捕雁。

秋捺钵时候，入山射鹿之惯习，到中后期，演变呼鹿和舐醎鹿②。捕雁捕鹿没有劳力，坐得雁鹿。已经无关军事训练。

940 年（会同 3），侍中崔穷古上言：“晋主闻隆下数游猎，意请节之”。太宗批答曰：“朕之吹猎，非徒从乐，所以练习武事也。”③ 他的一句话，可证打猎之本意。可是，安易得物有害于令军事操练，渐失去尚武精神，强韧常胜军变为懦弱常败之军，使契丹促进败亡之经途。

四、结论

国家保卫之根干是军士，强军之要缔是尚武精神。虽有百万大军，精神懈弛与训练不足，无用之军，使国家亡国之经途。

按圣宗以后的契丹之政情：以皇室内的问题来看；圣宗崩逝立兴宗，兴宗生母元妃萧氏（法天皇后）擅断，弑皇后（齐天皇后）谋废皇，事觉移住皇陵附近。到道宗起来皇叔重元父子之谋乱，以奸臣耶律乙辛之诬告，弑宣懿皇后，赐死太子浚。使天祚帝，从幼儿看到皇室之惨事，没有兴趣政治，没入游猎。

从军事上来看，到晚期，以战争仪式消灭，渐失尚武精神，以打猎方法演变，失去军事训练。因此常胜军名号改过常败军，加上军纪紊乱。到 1114 年（天庆四年）在出河店与金军战斗，败者萧嗣先只免职放免，以后契丹军律解弛，面临战斗，逃亡者续出。又漏出战斗能力，金军看不起辽军，到 1103 年（乾统二年），萧海里作乱，以契丹军数万，要讨萧海里 2000 人，终不克而请金军，金阿骨打发一矢中海里。以后金军士气冲天，变为无敌之军。

总而言之，军仪消灭与打猎方法演变，使契丹军不免懦弱。结果渐次倾倒灭亡之经途。

---

① 《辽史》卷 31，志第 1，营二志上。

② 金渭显，《契丹社会文化史论》，首尔，景仁文化社，2004 年，108 页。

③ 《辽史》卷 4，会同 3 年 9 月庚午条。

深切缅怀陈述先生

内蒙古社会科学院　孟志东

今年4月中旬，我收到景爱先生的征稿函后，获悉今年是陈述先生百年华诞和拟编印纪念文集出版的信息。

早在上世纪50年代，我有幸拜读了陈述先生撰写的关于达斡尔族源问题的3篇论文，从中获得难以忘却的启迪和裨益。1973年，我由呼和浩特特意来京拜访了陈述先生。在我心目中，他是新中国成立后第一个关心研究我们达斡尔人的族源问题的学者。那年，这位学识渊博而又平易近人的陈述先生，给我讲了不少语重心长的话。1987年，陈述先生还为我申报副研究员的代表作《达斡尔族简史》给写了评价很高的评审意见。10余年之后，我能编写出该书，与陈述先生给予的教导和鼓励是分不开的。

不才今以包括两方面内容的文稿，表示对陈述先生百年华诞精诚纪念之情。

一

当代中国境内的所有民族，无不分别属于古代某一民族的后裔。那么，达斡尔族应该是古代哪一民族的后裔呢?

自从清代以来，对于达斡尔族源于古代哪一民族的问题，提出了众多的见解，其中虽有契丹后裔说，但其论据显得不够全面。

新中国成立后不久，陈述先生率先发表了《关于达呼尔族的来源》、《大辽瓦解以后的契丹人》、《试论达斡尔的族源问题》等论文。① 后来在他的《关于达斡尔地区与乌第河流域》一文、《契丹政治史稿》专著，② 也都提到了达斡尔族属于契丹后裔的问题。

---

① 陈述：《关于达呼尔族的来源》，载于《中国民族问题研究集刊》第一辑，内部刊物，中央民族学院研究部编，1955年9月。《大辽瓦解以后的契丹人》，载于同上刊物第五辑，1956年12月。《试论达斡尔的族源问题》，载于《民族研究》1959年第8期。

② 陈述：《关于达斡尔地区与乌第河流域》，载于《学习与探索》1980年第4期。《契丹政治史稿》，人民出版社于1986年出版。

尤其一篇题为《试论达斡尔的族源问题》的论文，把达斡尔族的历史传说、语言材料、地理古迹、民间古谣、生产技术、社会组织制度、历史人物、人名屯名、宗教信仰、风俗习惯、族称由来、南迁嫩江流域前的经济生活特点等，与契丹史志（包括辽亡之后在辽、金、元史研究中已是佚史材料）比较研究后，得出了达斡尔族是契丹后裔的结论。值得一提的是，陈述先生在该文中说："达斡尔语和蒙古语相同的，往往和契丹语也相同，即三者相同。另有一部分是达斡尔语与契丹语同，却和蒙古语不同的。"现在我们把研究契丹小字的学者们解读出来的契丹语词、滇西山寨里的契丹后裔者保留着的契丹语词，与达斡尔语和蒙古语比较研究后，即可证实陈述先生的上述论断是正确的。换句话说，在52年前，陈述先生便看出了达斡尔语和契丹语之间存在的更为亲近的亲缘关系。

从上世纪80年代以来，探索自己民族根源的达斡尔族学者，对于陈述先生提出的比较全面系统的论据和所作的结论，不但赞同者越来越多，而且从不同角度充实和丰富了达斡尔族源于契丹的依据。在明确达斡尔族源这一重大问题上，陈述先生是当之无愧的奠基者，我们达斡尔人永不忘记他的功绩。

二

回顾我国历史，随着改朝换代的政治风暴，不断地发生了建国执政的贵族们被推下历史舞台的事件。但是他们的后裔们当时不可能被战胜者灭绝而未遗留下来，肯定以更族改姓举措，散居各地，为创造广义上的文化财富继续奉献着他们的智慧和力量。12世纪中叶，大辽王朝被金宋两国联合推翻后，契丹人也不例外。

1956年，陈述先生根据同在中央民院研究部工作的蒋家骅（契丹后裔）提供的情况，在他的《大辽瓦解以后的契丹人》论文中，曾经指出："现在云南龙陵有一部分蒋姓，根据他们的家谱所载，先世耶律氏。龙陵耶律显然是从军著籍云南的。"在55年前，陈述先生虽然提供了这一线索，但是没有引起史学界人士的重视。1989年，昆明纺织工业学校的负责人之一蒋蔚复（契丹后裔）先生，给我寄来了作为回信的施甸县等地居有契丹后裔的信息性材料。陈述先生提供的线索和蒋蔚复先生的回信，使我感到自己作为一名对民族史关注者应该尽快尽到赴滇调查弄清的责任。于是，我以内蒙古社科院民族研究所的名义聘请了三位同志，带领组建的云南契丹后裔调查组，于1990年和1992年，进行了两次调研工作。我们承蒙有关部门和契丹后裔们的支持，在以施甸县为重点调查对象期间，获得了数十万字的资料。

1992年8月，为了通报云南契丹后裔调查综合性简况，由我主笔了包括8个部分的《云南契丹后裔调查报告》，内部印发给了云南各级有关部门。1994年，我在上述调查报告前4个部分的基础上，写就了《云南契丹后裔研究》书稿。1995年3月，中国社会科学出版社出版发行了该书。我心里很清楚，《云南契丹后裔研究》得以问世，这也与55年前陈述先生提供的重要线索有着密不可分的关系。

由于许多读者未能见到该书，故将元代确有部分契丹人落籍云南的佐证，从以下几个方面作一简述的必要。为省篇幅，均作节录。

史志记载

《元史》卷一百四十九《耶律秃花传》记载："耶律秃花，契丹人。世居桓州[①]，太祖时，率众来归。大军入金境，为向导，获所牧马甚众。从伐金，大破忽察虎军。又从木华黎收山东、河北，有功，拜太傅、总领也可那延[②]，封濮国公。……子朱哥嗣，仍统刘黑马等七万户，与都元帅塔海绀卜同征四川，卒于军。子宝童嗣，以疾不任事。朱哥弟买住嗣，而以宝童充随路新军总管。……忙古带，宝童之子也。世祖时，赐金符，袭父职，为随路新军总管，统领山西两路新军。从行省也速带儿征蜀及思、播、建都诸蛮夷，有功，升万户。从攻罗必甸，至云南，诏以其众入缅，迎云南王。……奉王以还，迁副都元帅。……成宗即位，授乌撒（今云南威宁——笔者）乌蒙（今云南昭通——笔者）等处宣慰使，兼管军万户，迁大理金齿等处宣慰使都元帅。……（大德）九年，……进骠骑卫上将军，遥授云南诸路行中书省左丞，行大理金齿等处宣慰使都元帅，卒于军。……仍追封濮国公，谥威愍。子火你赤[③]，袭万户。"

查阅明代《滇史》、《滇志》，清代《云南通志》、《永昌府志》等书，都记载了忙古带居滇遂命的事迹。很显然，他是元代落籍云南契丹人的始祖。

家谱记载

在三次改朝换代的动乱岁月里，尽管契丹后裔们的家谱屡失殆尽，然而我们终于搜集到了几份家谱史料。下面仅举家谱序言两例。

《勐板蒋氏家谱序言》："……木有本也，木发千枝皆共本；水有源也，水流万派悉同源。……忆吾先祖，籍镇南京[④]。姓耶律氏，字阿保机，先宋[⑤]而登帝位于辽，传位九世，被金人所克[⑥]，……后至大明洪武中，因麓川平缅之叛，唯吾祖挑选马步精兵，

---

① 金、元两代的桓州，在临潢府之西南，滦河上游之北岸，即今内蒙古正蓝旗所在地之北。

② 总领也可那延，达斡尔语和蒙古语，均称"大"为"也可"，"官"为"那延"，其意为总领大官。

③ 火你赤，《赛平章德政碑》作忽你赤，《耶律濮国威愍公墓志铭》作和尼齐。该墓志铭记载："……生子二人，长和尼齐，宣武将军、船桥万户府达噜噶齐（达噜噶齐，《元史》多作达鲁花赤，词义为长官、首长）。"

④ 此南京为辽国五京之一，即今之北京。

⑤ 先宋，指北宋。

⑥ 金人，指于1115年建立金朝的女真人。

追击得胜，分授长官司[①]，并世袭土职[②]。由此之后，复征叛逆，落业于平安、平戛、勐板，仍袭土职。”

《阿莽蒋姓家谱序言》：“……夫查阿莽蒋氏，本系辽国之裔。……虽经帝王之纷争，致我族谱屡失，唯凭立石刻考，并有珍藏蒋氏之历史资料，以及先辈之传言，……单知一世祖阿保机为始祖也。”

碑文记载

虽然为先世者所立之墓碑惨遭砸毁，但在契丹后裔者带路下，我们从山林中找到并记录了记载居滇祖名及其族源的几个墓志铭。请看两例。

《阿公碑文原序》写道：“公原籍乃辽东人氏[③]；……公之先祖保机[④]。越数年[⑤]，兴元灭金，划绝宋代[⑥]。不意遭逢变世，保机后裔，四散奔走，遥遥而迁。有公之先祖，移居滇西顺宁而觅其食。”

《莽禄墓碑文》记云：“莽公讳禄，乃莽和公之子，莽炳公之孙，莽祯公之曾孙也，系出辽皇之裔。……追本溯源，沿至隋唐，始发展为八部巨族，其号曰契丹，始祖姓耶律。始自阿保机统一八部，建立契丹国，后改国号曰大辽。由是其族众遂迁居幽燕等地，相传九帝，……”

对联记载

在施甸县木瓜榔村，有一座原建于明代的大门朝东开的武略祠。该祠明末被孙可望之师焚毁后，重修于清代光绪初年，并改称“蒋氏家祠”。10年前，该村人士给我来信说，他们已经挂上了恢复原称的“武略祠”匾额。在其大门两侧，挂着一副对联，上联为“耶律庭前千株树”，下联为“莽蒋祠内一堂春”。据长老们解释，该祠是为他们的明代老祖武略将军阿苏鲁等人修建的。我们在山寨走访考察时，也注意了很多人家在正堂所设的供祖牌位情况：上面的横批是“报本溯源”，其下正中写的是“本音蒋氏门中历代宗祖位”，两边是对联，上联为“耶律庭前千株茂”，下联为“阿莽蒋氏一堂春”。凡是有文化而又自称契丹后裔的人家，对其供祖牌位的写法基本上相同。这种对联虽只有14个字，但它也是说明他们确实属于契丹后裔的佐证之一。

---

① 此指明朝洪武17年和23年，先后所置的施甸和凤溪两个长官司，授阿干（即阿都鲁）为施甸长官司正长官，阿凤为凤溪长官司正长官。

② 土职，即对世袭性的大小土官的总称。

③ 阿公，名阿金。云南查无辽东这一地名。公原籍乃辽东人氏，指的是阿金之先祖原为在东北辽东（今辽宁省）契丹人氏。

④ 保机，即辽太祖耶律阿保机。

⑤ 越数年，“年”应是“代”字之误。因为蒙古族初兴于金末，后来才灭金的。

⑥ 此指元世祖忽必烈于1279年灭南宋。

秘画秘诗的保存

我们在《施甸长官司族谱》卷首，看到了一幅秘画和一首秘诗。为何称“秘”呢？这是因为在以往的时代，只准明初施甸长官司正长官阿苏鲁（亦称阿干）直系后裔中，承袭正长官者一人看到该画和该诗。该秘画和秘诗系明代之作。

经研究，可以看出秘画暗示了如下意思：那棵大松树象征着契丹人的起源始祖奇首可汗。在它前面的两棵小松树，代表着骑白马的男子和驾青牛的女子，二人浮河而下，至木叶山，二水河流，相遇为配偶。在东南和西南两侧并排的各 4 棵松树，不但代表了这对夫妻生育的八个儿子，还象征了其后族属渐盛为大贺氏八部。《辽史·地理志一》记载了内容与此秘画相同的历史传说。

对于秘诗的有些词句，需要作些简略解释。请看这首由四段七言而成的秘诗：

辽之先祖始炎帝，审吉契丹大辽皇；白马土河乘男到，青牛潢河驾女来。
一世先祖木叶山，八部后代徙潢河；南征钦授位金马，北战皇封云朝臣。
姓奉堂前名作姓，耶律始祖阿保机；金齿宣抚抚政史，石甸世袭长官司。
祖功宗德流芳远，子孙后代世泽长；秋霜春露孝恩德，源远流长报宗功。

“辽之先祖始炎帝”之说，来自《辽史·世表》记载：“盖炎帝之裔葛乌菟者，世雄朔陲，后为冒顿可汗所袭，保鲜卑山以居，号鲜卑氏。”孙进己先生在他《东北民族源流》一书中指出：“他（指葛乌菟——笔者）绝不可能出自炎帝。他应出自中华民族炎黄系以外的另一系。《北史》、《辽史》这些记载都是后人的假托之辞，不可作为信史”①。我赞同这一见解，把后人的假托之辞当做信史的结果，导致了北方民族皆为炎黄二帝后裔这种错误观点的蔓延，为研究者看清不少民族的族源真相，笼罩了本应被驱散的云雾。葛乌菟应是东胡系之裔。

“审吉”二字，疑是“审密”之误书。查阅《辽史·营卫志中》，在遥辇阻午可汗二十部中，有将二审密分为五部的记载。

第一段的后两句和第二段的前两句，与上述秘画内容相同。由此可见，他们以秘画秘诗相配的形式，传授过祖先的起源传说、发祥地和初兴史。

第二段的后两句，反映了元代从军南征北战的契丹族将士立功所居的高官要职情况。“金马”一词，本为汉朝阙门名，如《汉书·公孙弘传》曰：待诏金马门。有元一代，战功政绩彪炳史册的契丹族的历史人物们，确实享有出入帝王住所的地位和资格，故被封为朝廷的文武重臣。

第三段的前两句，尤其第一句话，令人难懂其义，这是有它特点的奥秘读法的缘故。1992 年，调查组成员蒋介文智（契丹后裔）先生，给我们讲解了由他父亲传授过

① 孙进己：《东北民族源流》，黑龙江人民出版社于 1987 年出版。

的这两句话的读法。他讲：先把第一句倒念为“姓作名前堂奉姓”，而后把上下两句交叉着念为“姓奉耶律，堂前始祖阿保机名作姓。”意思是说他们原为耶律姓，后以堂前始祖阿保机名字的第一个字作了“阿”姓。这就是契丹后裔们从元代到明代中期冠用阿姓的原因。

第三段的后两句，反映了他们的先辈在元明时期所任官职情况。据一些家谱和史志记载，约在元朝中期，在大理金齿等处宣慰使司都元帅府辖境内，忙古带的三个孙子①：阿律牙、阿律周、阿律成，分别任永昌、腾越、鹤庆三府的宣抚使。明初，永昌府宣抚使阿律牙的长子阿凤任凤溪长官司正长官，次子阿干（亦称阿苏鲁）任施甸长官司正长官。他俩的直系子孙，承袭了该两地长官司正长官的职位。

契丹语言的遗留

开展调查工作期间，我把施甸县契丹后裔者是否还保留着一些契丹语词的问题，列为一项必须调查了解的任务。

1990 年，我在提问式的了解和交谈过程中，在坝区（即平原）发现 30 几个契丹语词，引起了我的重视。1992 年，我根据带去的语言调查表（包括各类词和话语材料），在施甸县偏僻的木老元乡山寨，进行了蹲点调查，获得了为数可观的契丹语词汇。

从总的情况看，坝区的契丹后裔们，虽然语言已经汉化，但也保留着极少量的契丹语词。居住在偏僻山寨的契丹后裔们，除了主要使用自称的本语外，收到布朗语和佤语影响，形成了轻度的混合语。把遗留在山区的契丹语词与达斡尔语比较后，即可看出存在着两种类型的状况：一是音节基本完整型，表现为多音节基本完整型和单音节基本完整型；二是多音节简略型，表现为前音节保留型和后音节保留型。多音节词变为单音节词，这是数百年间受到南亚语系孟—高棉语族语言影响所致。把从坝区和山区记录到的契丹语词汇，附在《云南契丹后裔研究》书后了。这些契丹语词的遗留，为语言学界确认契丹语属于阿尔泰语系蒙古语族契丹语支，提供了宝贵的依据。

契丹小字的发现

在两次赴滇调查契丹后裔期间，我们登山察看了许多墓碑。真是功夫不负苦心人，从契丹后裔先世的墓碑和遗物上，共发现了 21 个契丹小字。有的刻有契丹小字的墓碑残石是从墓基四周挖来刨去找到的。每当有此收获之时，使我油然而生“天助我也”之感。对于其中的“穴仝”、“务ㄡ”等契丹小字的音义，我也进行了符合实际的研究。元、明、清三朝，在云南通行的是汉文。在这种情况下，即使有过会用本民族文

---

① 《耶律濮国威愍公墓志铭》只记蒙固岱（即忙古带——笔者）有“孙男二”，可见当时第三个孙子尚未出生。这和《元史》卷 149 只提“子火你赤，袭万户”，而其墓志铭则提“生子二人”是一个道理。

字的契丹人，也不敢全用契丹小字撰刻碑文。因为那样做，至少会招来官府过问的麻烦。所以，在使用祖先文字方面，采取了在祖碑上点缀和夹带的方式，以证明他们是辽国契丹族的后裔。

《契丹小字研究》一书说："……到了元代，懂得契丹文字的人已甚为罕见。……明清以降，契丹文字已成为一种无人可识的死文字了"① 《中国大百科全书·语言文字卷》认为："金章宗明昌二年（1191）'诏罢契丹字'，契丹文乃渐失传"②。

我们在滇西发现的契丹小字，明代所刻时间最晚的在天启元年（1621），清代所刻时间最晚的在道光癸卯年（1843）。道理很简单，如果明清以来，契丹文字已成为无人可识的死文字或失传了，不可能在滇西契丹人所立墓碑上刻有契丹小字。随着新史料的发现，学者们对使用契丹文字下限问题作过的结论，考虑予以修正，这也是很正常的事情。

综上所述，我认为作出元代确有部分契丹人从军落籍云南的结论，其佐证是充足的，也是很有说服力的。

除此之外，我觉得就下面的三个问题，有为学者们作一简介的必要。

关于云南契丹后裔的姓氏问题

经调查了解，云南契丹后裔现在约有15万人口，主要分布在保山地区各县，临沧地区的镇康县、永德县，大理白族自治州的鹤庆县。其中保山地区的施甸县是主要聚居地。他们生活在15个乡镇的74个村寨。

滇西地区的契丹后裔者，现在用哪些姓呢？有其来历吗？也许有些学者对此问题很感兴趣。据我们调查，他们共用9个姓，且都有各自的来历。

阿姓。该姓改自耶律姓，即取了辽太祖阿保机这名字的第一个字。故在元代和明初，契丹官员们都起名为阿律牙、阿凤、阿苏鲁、阿龙、阿都鲁……在保山地区有过的阿今寨、阿思郎寨、阿斌寨、阿坡寨、阿林寨……无不与阿姓契丹后裔者名字有关。如今在施甸县和昌宁县境内，仍有保持着阿姓的契丹后裔人家。

莽姓。《施甸长官司大楼子祖牌》记云："正统六年，麓川思仁作乱（思仁即思仁发，曾任该地宣抚使——笔者），……调集各寨土兵，征剿有功（指施甸长官司第二代正长官阿龙——笔者）染瘴身故。其后阿龙之子阿都鲁禀金齿司，……准袭前职，将阿改为莽姓，给劄到任理事。"《世世昌》族谱也有如此记载。在将阿姓改为莽姓的初期，存在过阿姓和莽姓通用，两姓连用的阶段。例如：莽都鲁也称阿都鲁，阿周也称阿莽周或莽阿周、莽阿芽等等。在施甸县仍然保留着不少以改为莽姓的契丹后裔者名字命名的村名。如，莽福寨、莽成寨、莽林寨、莽八寨……

---

① 《契丹小字研究》，中国社会科学出版社，1985年出版。

② 《中国大百科全书·语言文字卷》，中国大百科全书出版社，1988年出版。

还有一种奇怪的情况：保山市新街乡龙洞村的契丹后裔者，于清代嘉庆十七年，为他们先祖重立了名为“皇明诰封百夫长始祖讳都鲁阿将军太君墓”、“皇明诰封百夫长二世祖保阿将军墓”碑。时隔 370 年之后，他们为何把祖名的莽姓恢复为阿姓移于名后呢？我认为，可能出于两个用意：一则不想让外族人知道他们祖先的真实姓名原是阿都鲁、阿保，二则不想遗忘祖先们曾为阿姓的历史。

蒋姓。《施甸长官司大楼子祖牌》记载：“至万历二年，有八世祖莽崇德告奉明文，仍袭前职（指施甸长官司正长官——笔者），受理司务至二十四年，奉题准将莽改为蒋姓。”《世世昌》族谱，在记述其四世祖莽延瑞生平中，指出：“嘉靖辛卯十年承袭原职（指金齿永昌卫百户职——笔者）。……耻从夷姓（当地蒲人头目多为莽姓——笔者），乐慕中华，改为蒋姓。”1990 年，施甸县武装部部长莽子章同志，受我拜托，回乡调查了他们的莽姓来历等情况。他说能说明莽姓由阿姓改过来的证据，莽姓家族的人们，在堂屋正中的祖牌上，写的是“本音阿莽蒋”五个字，认为这三姓的人家都属于同一老祖的后裔。他们是居于施甸县南部山区的人口较少的莽姓契丹后裔，明代并未改姓为蒋。

在把莽姓改为蒋姓后的一段时期内，也有过莽蒋二姓通用的事情。如：蒋崇德亦称莽崇德、蒋裕也叫莽裕……在滇西契丹后裔中，蒋姓家族人口最多，分布最广。

杨姓。在台湾供职的杨绍尧先生，修辑过《耶律阿莽杨蒋姓族谱》。该族谱对历史的论述，虽然有些欠妥之处，但对先世何代改为杨姓，讲得颇清楚：“他们的十五代世祖阿怒、阿海、阿介三兄弟，是阿禄的后代。……明朝时期，从阿海之子开始，把阿姓改为杨姓。他们知道自已与阿莽蒋姓契丹后裔者是同祖之裔，所以彼此从不通婚。”《阿莽蒋姓家谱》也记云：“所有姓阿者，一律改姓。阿禄之子孙，即改杨。”杨姓契丹后裔者，主要分布在施甸县。

李、赵二姓。重新立于中华民国八年的《阿公碑文原序》记载：“……公生万历年间，所生四子，长曰阿仪，次曰阿箫，三曰阿棒，四曰阿勒。……雍正即位二年，顺归永（指顺宁归属永昌府——笔者），……彼时公之孙品恒弟兄，从此更改李、赵二姓，尊汉文风。”李、赵二姓契丹后裔者，散居在滇西不少县。

郭、何、茶三姓。腾冲县的郭姓家族，认为他们与蒋、杨二姓契丹后裔是同祖同宗的后代。在施甸县摆榔乡楂子树村生活的何姓人家，认为他们的何姓改自阿莽蒋三姓中的阿姓。散居在保山市管区内德茶姓家族，他们的茶姓改自阿莽蒋三姓中的蒋姓，故不与契丹后裔的蒋家开亲。

契丹后裔者们，为了能把自己与周邻的同姓他族成员加以区别，自称是“阿莽蒋”、“阿莽杨”、“阿莽李”、“阿莽赵”，这样既可知道彼此是否是同一个老祖的后代了。

关于云南契丹后裔的族称问题

对此问题，民族史研究者们无疑是很关注的。

据我们调查所知，他们在报族别方面没有统一的族称。时至1992年，分别报称汉、彝、布朗、佤、德昂、基诺、傣、景颇、莽、本（本人）等10个民族。在我国少数民族中，并无莽和本族（本人族），乡县两级政府上报时，把它填在尚未识别的民族栏内。从他们的分布地点上可以看出，居于坝区和城镇者多报称汉族，而散居在山区者则报称当地的少数民族。从总的情况看，报称汉族者占绝大多数。

关于需要澄清的若干问题

我们在调查过程中，搜集到不少族谱和碑文史料。通过核实研究之后，发现有的史料对于云南契丹后裔的来源及其历史，作了歪曲记述。为了确保云南契丹后裔简史的真实性，我在《云南契丹后裔研究》中，对《关于阿育王问题》、《关于本人和蒲人问题》、《关于祖先原籍问题》（包括南京应天府上元县之说、金陵人氏之说、司蒲人氏之说），以较详的考证，分别予以了否定。以我之见，对于往代留下的不同史料，做好去伪存真工作，坚持正本清源精神，这点是非常重要的。

仅举一例于此。桑耀华先生的《施甸县本人（布朗族）社会历史调查报告》说："近日的本人和已经汉化的'阿、莽、蒋'等姓，都是古代史书所称'蒲人'（蒲满）的后裔。……大楼子、木瓜榔、大乌邑的蒋姓，至今保存的《阿莽蒋氏家谱》、《蒋氏宗支叙》，就更清楚地说明他们是元明时期蒲人的后裔"①。我不客气地说，这纯属自欺欺人之谈。然而，这种硬把施甸县契丹后裔说成是古代蒲人后裔的"调查报告"，不仅成为提供民族识别的依据，而且以讹传讹。《明清云南土司通纂》一书的作者，据此调查报告，给阿凤、莽成龙、阿干、莽崇德等契丹后裔的明代历史人物们，族别定为布朗族。很显然，上述错误的调查报告，是为实现把施甸县境内契丹后裔者划归布朗族意图服务的。

我认为，往代撰写某些族谱和碑文的个别文人，篡改云南契丹后裔祖先原籍及其史迹，恐怕与当时的政治局面大有关系。明朝平定云南后，由于实行"改土归流"等政策，在故元担任较高职务的契丹后裔官员，已被降级和减少，缩小了他们原有管辖地盘的权力。对此不满的契丹官员，采取了拒绝交皇粮、赋课税的行动，进而发生了几次武装反抗的事件。但因力量悬殊，遭到明师的残酷镇压，官民们流亡四方，避难于深山老林之中。后来官府采取抚绥招安之策，幸存的契

① 桑耀华：《施甸县本人（布朗族）社会历史调查报告》，载于《布朗族社会历史调查》（三），云南人民出版社，1986年出版。

丹后裔官员率其本寨族众，陆陆续续地回到原住所，有的被封为县级官吏，但其社会地位比以往低得多了。鉴于上述时局，个别文人出于摆脱明朝的民族歧视和压迫的愿望，说他们是古代迁居云南的汉族后裔。为此编造了离奇古怪的不少假原籍和假历史。

总而言之，忽必烈在即位之前，统领诸军略定西南地区时，契丹族将士们奉调同往，南征了大理国。战事结束后，为军事驻防所需，他们又奉命留在云南了。从忽必烈班师北归德宪宗四年计算，到今年为止，部分契丹后裔落籍云南已有757年之久了。在这长达七个半世纪的岁月里，云南成为他们的第二个历史性的故乡，与各族人民一道，为云南的各项事业的发展，作出了不可磨灭和歪曲的贡献。

纪念佟柱臣先生

深切怀念佟柱臣先生

中国文化遗产研究院　景爱

2011年12月3日零时5分，佟柱臣先生的心脏停止了跳动。噩耗传来，我悲痛不已。中国失去了一位知名的考古学家，我失去了一位尊敬的师长。

中国社会科学院荣誉学部委员、考古研究所资深研究员佟柱臣先生，是我最尊敬、接触比较多的师长之一。他的离去使我回忆起他的音容笑貌，想起他谦和的为人和奖掖后进的大家风范，令人高山仰止，永远铭记在心。

一、第一次相见

我第一次见到佟柱臣先生，是1981年6月。当时，陈述先生培养的五位研究生同时毕业，出于毕业论文答辩的需要，从全国各地聘请了许多知名的专家学者任评委。在评委当中除张政烺、蔡美彪等历史学家以外，还聘请了三位文物考古专家，他们是佟柱臣、史树青、闫万章。为什么要聘请文物考古专家为评委，当时我并不清楚，后来才明白了其中的原因。官修的辽、金二史比较简略，保留下来的辽金文献也比较少，这给辽、金史研究造成了许多困难。陈述先生认为，文物考古资料可以补史证史，辽、金史研究必须重视文物考古发现。他指出，契丹考古改变了辽金史研究的面貌，也改变了中国通史研究面貌。那种只看文献，不看文物考古资料的做法，是一种自我封闭、不知进取的表现。聘请文物考古专家为研究生毕业论文评论，就是为了听取他们的声音，开阔研究生的视野，诱导他们重视文物考古资料，显示了陈述先生的远见卓识，现在看来是为研究生将来的发展创造了条件。

此前陈述先生虽未同佟柱臣先生见过面，不过对佟柱臣先生在东北的考古活动是有一定了解的。东北是契丹、女真的发祥地，东北考古与辽金文化关系密切是人所尽知的，聘请佟先生为评委，是对佟柱臣先生的高度信任。佟柱臣先生称，他读过陈述先生的《契丹史论证稿》、《契丹社会经济史稿》，从中“颇受启示”，写出了《东北历史和考古中的几个问题》一文，“这算是承受的一点恩泽吧”。佟先生说他第一次见到陈述先生时，“见到他温文敦厚，确有学者大家的风度”；又说：“作为一个研究生，能够得到像陈述先生这样的专家学者的指导和教诲，在学术生涯中是终生的幸福”，表现了佟先生的谦虚和对陈述先生的景仰。此事已过去了三十个春秋，但是，佟先生的肺腑之言至今我仍没有忘记。

二、为《金代官印集》作序

研究生毕业以后，我的第一部作品是由文物出版社出版的《金代官印集》。搜集整理金代官印，前后花费了十余年时间，其间曾向佟先生多次请教。佟先生说，此书资料性学术性很强，为金史研究提供了第一手原始资料，印样越全越好，这样才能满足读者的需要。最后我搜集到600方左右，当时能见到的官印几无遗漏。佟先生听了以后很高兴，他鼓励我说：“搞学问必须严肃认真，能够找的资料必须齐备，才能作深入研究。”当时我提出，目录编好以后，请他审阅，略书数语为序，他满口答应。我送目录时，他正忙于《中国新石器研究》的写作，写字台上摞着一尺多厚的书稿。见此状，我说佟先生不忙，有闲暇再写序。佟先生认为不能耽误出版社审稿编稿的时间，要为出版社着想。于是，他放下了手中的写作，很快就写出了长序。在序中他写道：清代、民国收录官印虽多，但金代官印仅少。“唯景爱所著《金代官印集》，则是专集录金代官印的著作。景爱同志曾受学于著名辽金史学者陈述教授，取得硕士学位，著作甚丰，为积学锐进之士。他广汇博征，得有印样与无印样而存其印文者共六百余件。虽然各地博物馆和文物考古研究单位尚有部分藏品未发表，各省志县志中的尚有一部分未辑出，但就目前所得来说，总算是绝大部分了，这在学术界中是非常可喜的收获”；“金代官印不仅丰富了金代文物宝库，而且促进了金史研究，颇具学术价值，故喜而为之序。”字里行间，体现了他对后学的鼓励和奖掖，令人感动不已。

该书出版以后，我把样书送到东总布胡同宏通巷1号佟府。佟先生接过样书，从头到尾一页一页翻阅了一遍，高兴地对我说：“此书你编写的很不错，印刷装帧也很精良，没有辜负陈述先生对你的培养，真是名师出高徒啊。”这是鼓励，也是鞭策。我自知书中所收录的尚有缺漏，因此，后来在孙文政、王永成的帮助下进行增补，由中国书店出版了线装本的《金代官印》，收录了900多方官印，由江苏金坛印刷厂印制，装帧十分精美，被评为全国优秀美术图书。此书的获奖，是佟先生不断鼓励的结果，应当归功于佟先生。

三、为佟先生著作写书评

佟先生写的《中国边疆民族物质文化史》，1991年4月由巴蜀出版社出版以后，曾赠送我一册，并附短信一封，全文如下：

景爱研究员：

好久没有见面了，向您问好。

我的这本写了六年、印了九年的《中国边疆民族物质文化史》，终于问世了。里面有那么多繁难的历史文献和考古材料，那么复杂的英文、俄文、日文书目，在一个地方小厂，也难为他们了，因此出来，就很觉得不易。

兹寄上一册，请指正。

想请您写篇书评，内容我不看了，投到文物报上看看，我没有地方发表。添麻烦了，深谢深谢，发表后给我一份。

顺颂

撰祺

佟柱臣

1992年10月30日

这本书佟先生写了六年，可知他多么仔细认真。送出版社等了九年才出版，可知当时出版是何等困难。读过以后，我深为之感动。此书后记署“记于北京困学斋”，说明即使是知名的专家学者出版一本著作，也是困难重重，如无出版补贴的话，只能耐心等待。“困学”成为当时知识分子研究学问最普遍的烦恼和困境。

我仔细从头到尾读了一遍，立即写了一篇书评，亲自送到中国文物报社。不料管事的一位（我不便于说出她的名字）竟然说：这类稿子太多，不拿补贴是无法发表的。我只好将书评投到北京师范大学的《史学史研究》，这家杂志没要补贴，在1993年第2期采用了，我如释重负。将杂志送给佟先生，说明了情况，佟先生十分高兴，表扬我认识人多、很有本事，令我哭笑不得。出书难，发表书评也难，知识分子到处都遇难，20世纪90年代“一切向钱看”的弊端暴露无遗。

然而值得庆幸的是，此书后来却获得了全国古籍优秀图书一等奖，说明学术界对此书评价很高。

四、与佟先生最后一次见面

大约是2003年或2004年秋天，我曾到方庄去拜访佟先生，他是1996年从东总布胡同宏通巷迁居于此的。楼上楼下两套房子，都很俭朴整洁，没有华丽的装修，这与佟先生不追求奢华的人生态度是一致的。“一碗粥足矣”，便是他的座右铭，是他人生哲学的真实写照。他甘于寂寞，把全部精力都用于研究写作，毕生的论著达500万字之多。他俯首甘为孺子牛，为国家、为人民贡献了他全部的精力。

此次拜访，我给他带去了两种新书，一是天津百花文艺出版社出版的《沙漠考古》，二是紫禁城出版社出版的《沙漠考古通论》，卷首分别有史树青、张文彬所作的序言。史树青、张文彬（时任国家文物局局长）他都认识，仔细翻看了他们的序言，又翻看了两书的目录和正文，他感慨地说："想不到你对沙漠考古下了这么大的工夫，取得了这么多的研究成果，开创了考古学的一个新支，贡献太大了。"我说，这是为了满足社会的需要，因为沙漠扩张已成为当前严重的环境问题，危及了人类的安全。佟先生点头称是。

我知道佟先生已 80 多岁，难得一见。我带去照相机，给佟先生和师母拍合影；请佟先生坐在窗前，给他拍单人照；最后我又与佟先生合影留念。冲洗出来以后，我把照片寄给佟先生，据佟伟华说，佟先生认为我拍照的技术很不错（其实搞考古的人都会拍照），他很高兴。

2003 年佟柱臣先生（右）与其夫人　本文作者摄于佟先生方庄家中

这次拜访，我看到佟先生身体很好，也很放心。却未料想，这是我与佟柱臣先生最后的一次见面。2010 年，社会科学文献出版社出版了佟先生最后一部著作《中国辽瓷研究》，由贾兰坡院士题签书名。由于我既搞考古又从事辽金史研究，佟先生令伟华赶紧给我寄一本，供我参考。读过以后，从中增长了许多知识，实是辽金史研究的必读之作。我先写了一篇书评，发表在《中国社会科学报》，比较短小；后来我又写了一篇很长的书评，收在一本论文集中，样书尚未送去，佟先生已离世，他未能看见这篇书评，我甚感内疚。

佟柱臣先生虽然离我们而去了，但他留下了丰富的知识财富，也留下了光辉的人生，他的高风亮节令人永远怀念。他将名垂青史，风范永存。

2003 年佟柱臣先生（左）与本文作者（右）合影

喝粥足矣　奋进为乐

——缅怀考古学家佟柱臣先生

2011 年 12 月 3 日，中国社会科学院荣誉学部委员、中国社会科学院考古研究所研究员佟柱臣先生因病逝世。2012 年 1 月 9 日下午，由中国社会科学院考古研究所主持，国家文物局局长单霁翔与来自北京大学、吉林大学、中国文化遗产研究院、国家博物馆、北京市文物研究所、辽宁省文物考古研究所、吉林市博物馆以及中国社科院考古研究所的老专家、佟先生亲属等共 40 余人参加了在北京举行的追思会。大家发自内心地回顾了佟先生在 72 年学术生涯中对考古学的热诚和全身心投入，对中国考古学作出的重要的贡献，以及谦虚淡泊、勤奋热心的高贵品质。一代大家对学术的思考、对学科建设的思考终归远去，缅怀之余，今日中青年学者理应向先生的治学精神致敬（以下是会上发言摘要）。

青年学者的楷模

中国社会科学院考古研究所所长　王巍

佟柱臣先生是著名的考古学家，也是东北考古的先驱，他从上世纪40年代开始进行考古学的研究，在东北三省和内蒙古做了很多考古调查工作。中国社科院考古研究所后来发掘的夏家店遗址、牛河梁遗址，都是佟柱臣先生参加调查时发现的。此外还有燕秦长城以及著名的西团山文化，佟先生都参加了发掘乃至报告的整理。他1961年到中国社科院考古研究所工作，到2011年正好50年，在史前考古研究方面著作颇丰。对社科院考古所史前考古学的布局、发掘、研究、整理，都提出了很重要的意见，作出了重要的贡献。因为他的业绩，2006年荣膺中国社科院首批荣誉学部委员。他还担任过《中国大百科全书·考古卷》史前石器时代部分的副主编。

佟先生一生非常勤奋。他晚年把全部精力用于研究、出版了多部专著，包括220万字的《中国新石器研究》。退休后如此大的成果量，在中国考古学界几乎无人比肩。他有着中青年学者都缺乏的学术研究热忱，毫无功利色彩，全身心地投入，这是出于他对考古发自内心的热爱。

佟先生为人谦和，关心后辈，亲切耐心，没有门户之见。他身上这些对考古的热爱，对事业的勤奋，尤其是淡泊名利、与世无争，都是现代社会人们普遍缺乏的高贵品质。

一位杰出的考古学家

故宫博物院院长、国家文物局原局长　单霁翔

佟柱臣先生是一位杰出的考古学家，在六十余载的考古生涯中，他将全部心血倾注于祖国的文物考古事业。自上世纪40年代起，他在辽宁、吉林、内蒙古赤峰、凌源等地从事田野考古调查和发掘工作，在赤峰英金河北岸发现了百余里长的燕秦汉长城以及夏家店、牛河梁等诸多重要文化遗址，夏家店文化由此命名，为中国考古学初创时期的奠基作出了贡献。

佟柱臣先生的考古研究涉及中国东北地区考古、中国新石器时代考古、中国边疆民族地区考古、中国原始社会史、中国陶瓷史研究等领域。在学术研究中，他对考古学理论与方法、中国古代文明起源及早期国家形成、中华民族文化形成、民族融合等许多重大学术课题卓有建树，提出了富有开创性的精辟见解。他多年潜心研究的成果大大地推进了中国考古学的学科建设和发展，成为构建中国考古学殿堂的珍贵财富。

佟先生除了刻苦钻研业务以外，对于祖国的文物保护事业也倾注了大量心血。新中国成立后，佟先生将上世纪40年代在内蒙古凌源、赤峰一带进行考古调查时采集的大量珍贵标本毫无保留地捐献给北京历史博物馆（今中国国家博物馆）进行保存。1949年，佟先生参与将原辽宁省博物院一批重要的文物护送返回沈阳，为文物保护工作作出了贡献。对于北京周口店古人类遗址、长城、大运河、牛梁河遗址等文化遗产的保护，他都给予了高度的关注和支持。

佟先生将自己的一生奉献给文物考古事业，他忠诚于考古研究，以考古研究为立身之本，以“喝粥足矣、奋进为乐”作为人生前进的动力，淡泊名利、潜心治学、笔耕不辍，取得了丰硕的学术成果。他倾数十年心力发表出版了近500万字的著述，其中《中国边疆民族物质文化史》获得1991年全国古籍优秀图书一等奖；220万字的皇皇巨著《中国新石器研究》凝结了他30余年的心血，被誉为中国新石器时代石器综合研究的第一部专著，明确地指出了中国新石器在世界上的重要地位。佟先生在耄耋之年仍写作出版了《中国考古学要论》和《中国辽瓷研究》两部专著。当我在2010年拿到佟先生送我的《中国辽瓷研究》后，深感钦佩和鼓舞。

2009年，佟先生因其为文物考古事业作出的突出贡献，荣获文化部、国家文物局授予的“中国文物、博物馆事业杰出人物”荣誉称号，我到家中为佟先生颁奖，先生谦逊为人、高风亮节的大家风范给我留下了极为深刻的印象。佟柱臣先生以他的言传身教、丰富的学术财富以及严谨的治学精神为年轻的文物考古工作者树立了优秀的榜样，也深深地激励和影响着年轻一代文物考古工作者以及他的后人，前赴后继地投身于我国的文化遗产保护事业，为祖国文化遗产保护事业美好的明天共同奋斗。

永远的思念

吉林大学教授、原副校长　林沄

第一点，从佟先生做我在北大毕业论文的辅导老师说起。1961 年 9 月，我就认识了佟柱臣先生。我从大学三年级开始立志从事东北考古，当时教研室副主任宿白先生建议我到考古所找佟柱臣先生做我的毕业论文校外辅导老师。佟先生把自己拥有的东北考古资料倾心相授，包括他正在写报告的西团山的原始记录、图片和墓葬器物图等原始资料。寒假期间我写了一篇以东北系铜剑和西岔沟铜柄铁剑关系，讨论其族属非东胡匈奴的短文，给苏秉琦先生看，苏先生拿给佟先生看，佟先生认为搜集资料全面。两位先生认为应该改成东北系青铜剑的专论，作为毕业论文，由佟先生担任辅导老师。这篇论文后来成为北大文科代表性论文，答辩的消息刊登在《光明日报》第一版。佟先生是领我走进东北考古之门的一位恩师。

第二点，从一本书说起。1961 年秋我到吉林省实习。白瑢基带了一本奥克拉德尼科夫亲笔签名送给佟柱臣先生的他写的《滨海遥远的过去》。这本书是佟柱臣先生 1957 年就到苏联进行考古考察的见证。佟先生转借给我，在念研究生和“文革”期间一直伴着我。后来佟先生出版了《中国考古要论》，我才知道他在 1978—1981 年对中国社科院研究生院考古学研究生讲《中国东北及周围地区考古概论》时，就对苏联远东地区考古、朝鲜考古、日本考古学都有较深入的介绍，主要就是考虑扩大知识面。应该说，佟先生是老一辈考古学家中重视邻境国家考古的代表人物。我们今天追念佟柱臣先生，就应该踏踏实实地把对中国邻境国家考古学史和考古学成就的全面了解和总结进一步做好，有计划地开展国外考古。吉林大学目前已经开始了相关课程，今后会在这方面做更多的工作。

第三点，从佟先生给我的一封信说起。1999 年春，我给佟先生寄去我的第一本书——《林沄学术文集》，不久收到佟先生的信，对我提出一个更高的要求：“我觉得就你的年龄和才华，完全可以就你擅长的甲骨文、东北考古两方面，分别写出专著。”就在这封信的附言中，他告诉我他完成了二十万字的《中国辽瓷研究》一书，以身作则地鼓励我写专著。这些年来，我一直不敢忘记先生的谆谆教导和殷切期望，始终不懈地在积累东北考古和汉字发展史方面的资料。可是直到先生逝世，我也只是出了第二本《学术文集》，实在愧疚万分。不过以先生为榜样，我还有二十个年头可以做学问，自信可以至少写成一本专著，告慰先生在天之灵。

东北考古先驱

辽宁省文化厅原厅长、研究员　郭大顺

佟柱臣先生作为辽宁籍的老一辈考古学家，一直关心着家乡的文博考古事业，并尽力为家乡文博考古事业的发展贡献自己的一份智慧和力量。

早在上个世纪40年代初，佟先生在辽宁凌源县从事教育工作时就经常到附近作考古调查，当时就踏查过牛河梁地区的红山文化遗址，并于1943年、1946年发表过相关报导，是最早到牛河梁遗址进行考古调查的专业人士，他还在《中国新石器时代文化的一些新迹象》一文（1986）中，回忆1942年他在附近梁下农家见到一件“缺去一角的勾云纹玉佩饰”，这应该是考古研究者在红山文化分布区内最早见到的红山文化玉器。

1981年佟先生曾代表中国考古学会和社科院考古所夏鼐所长应邀出席在大连金州召开的辽宁省考古博物馆学会成立大会，并作了题为“新发现的两份石刻在东北民族史研究上的学术价值”（指内蒙古嘎仙洞北魏拓跋鲜卑石刻祝文和北京地区出土有关渤海史的唐代张建章墓志）的讲演。佟先生还曾应邀撰写《东北民族史与东北考古学中的几个问题》等多篇有关辽宁和东北考古的文章，通过东北诸民族文化的特点、与中原文化的密切关系论述东北史在中国史中的重要地位。

我同佟柱臣先生接触较多的是1980年6月，佟先生为社科院考古所《新石器时代石器》研究课题到辽宁收集资料，我陪同佟先生一周。当时，辽宁正在进行第二次文物普查，以辽西地区朝阳的建平、凌源、喀左三县为普查试点，有许多新的考古发现，材料正在整理消化中。佟先生的到来，为我们的整理研究提出多方面的指导意见。

佟先生还对当时讨论较多的红山文化与夏家店下层文化之间新发现的小河沿文化，夏家店下层文化与夏家店上层文化之间发现的一种绳纹红陶遗存（以后称魏营子类型），战国时期墓葬鼎豆壶与手制罐共出所反映的当地土著文化与燕文化的融合，都给予了特别关注和肯定。他还根据对辽西这批新考古发现的认识，提醒我们要特别注意的一些重要线索。佟先生还较多地谈到历史时期的考古，主要是有关东北民族及其与中原王朝的关系和边疆考古。如东胡与鲜卑、靺鞨族与渤海国等课题。陪同佟先生考察，使我们从学术观点、研究课题和方法、具体工作以至思想境界等多个方面都受到启发和熏陶。佟柱臣先生对辽宁和东北文博考古事业发展的重大贡献；先生对人对事，既是非分明，又宽以待人，平等待人的长者风度和品格；先生踏踏实实作研究的学风和取得的丰硕研究成果，都会为家乡文博考古界所铭记、学习和继承。

恩师教诲永生难忘

北京市文物研究所研究员、原副所长　靳枫毅

我跟随佟先生读书、工作了七年时间，得以受益于他教我做人做事。言传身教，耳濡目染，终生难忘。

佟柱臣先生（左）与靳枫毅（右）合影

先生学术生涯72年，一生辛勤耕耘，足迹遍布中国大部分地区，有近500万字的6部专著、上百篇文章的学术遗产。直到晚年，仍然保持着每年6万字以上的出版量。

我跟随佟先生读研究生期间，在他考古所矮小拥挤的办公室上课，每周三次。前后开了包括东北考古学、日本考古学、朝鲜考古学、苏联远东考古学在内的七门课程。

虽然只有我一个学生，但他非常认真。每次上课都提前借出来满桌参考书和必读书目，用纸条标注好要点和重要的图版。借不到的书从自己家坐公交车拎过来，有时拿不了还要儿女帮忙。三年都是如此。毕业选题做论文时，他认为要对学术负责，要求选难一点的题目。由于材料不够，他征得所领导同意，亲自带着我到实地调查，在辽宁、吉林、内蒙古跑了20多个市县。沿途对我的衣食住行都极尽关照。而且借着他的人脉，看到了野外、博物馆乃至库房的很多珍贵材料，论文最终顺利完成。

1986年佟先生和苏秉琦先生一同考察我发掘的军都山遗址和玉皇庙墓地，特别提醒我注意提取考古信息，采取多学科合作，不要局限于考古的小范围，争取写出立体化的考古报告。后来1990年军都山遗址考古成果研讨会上，佟先生欣慰地提出“玉皇庙文化”的命名。

多年来，他对我有着慈父般的关爱和呵护，倾注了全部心血，可以说，恩重如山，师德永存！

佟柱臣先生在办公室中鉴定文物

学术会议

中国社会科学院民族学与人类学研究所举行纪念陈述先生百年诞辰学术研讨会

2001年10月22日，中国社会科学院民族学与人类学研究所在北京西郊中协宾馆举行了纪念陈述先生百年诞辰学术研讨会。到会的有来自全国各地的学者80余人，提交各种论文45篇。

研讨会由黄行副所长主持，所党委书记张昌东致词，前所长、中国社会科学院学部委员杜荣坤，前副所长、中国社会科学院学部委员史金波分别在会上讲话。

纪念陈述先生百年诞辰学术研讨会部分人员合影。自左向右依次为安平平、陈正、敖景峰、景爱、刘凤翥、陈志贵、杜兴华、杨优臣、卓仁、吴刚、奥雷巴尔、高路加

张昌东书记在致词中指出："陈述先生毕生致力于辽金史、契丹女真史研究，留下了大量独创性、开拓性的研究成果，是该研究领域中里程碑式的人物"；其论著"都是辽史研究领域的扛鼎之作，问世后一直受到国内外学术界同行的推崇"；"陈述先生在严谨治学、笔耕不辍的同时，还积极参与研究生教学和青年学者培养工作，为我国辽金史、契丹女真史学科培养了大批后继人才"；"他热爱祖国、追求真理、潜心学问、淡泊名利的奉献精神，永远是我们后辈学人继承和弘扬的宝贵精神财富"。

在大会上发言的有 12 人，在小组会上发言的有 50 余人。大家对陈述先生的学术成就、学术贡献、学术思想给予充分的肯定和高度评价。特别是他提出的辽金与两宋对立是中国历史上第二次南北朝，取得了海内外学术界的共识和认可；关于辽金历史地位的论述，深刻揭示了辽金对中国历史发展作出了巨大贡献；他是最早利用社会进化论观察研究契丹史，使契丹史研究走上正轨，开创了辽金史研究的正确方向，具有划时代的意义；他关于达斡尔族起源于契丹族的论证，解决了长期以来达斡尔族族源不清的问题，取得海内外学术界大多数的共识和达斡尔族人的认同，影响深远，意义重大，开创了达斡尔族人历史研究的正确方向；陈述先生的论著，以弘扬民族团结为宗旨，充满了爱国主义思想，为后人树立了光辉榜样。

北京达斡尔人士举行
纪念陈述先生百年诞辰座谈会

2011年10月6日，在京的达斡尔人士近20人在中央民族大学集会，纪念陈述先生百年诞辰。到会的有：北京中医药大学教授杜兴华，民族出版社编审安平平，中央民族大学副研究员巴图宝音，中国社会科学院民族文学研究所副研究员吴英和吴刚博士，达斡尔网负责人梦迪，国家民族事务委员会政策研究室索林，中央民族大学教师敖俊梅，中国食品安全报首席记者奥雷巴尔（李新）等等。陈述先生的子女陈正，陈述先生授业弟子景爱、刘凤翥也应邀与会。

纪念陈述先生百年诞辰学术座谈会部分人员合影。前排自左至右依次为：安平平、陈正、景爱、刘凤翥、巴图宝音、索林、杜兴华

在座谈会上，巴图宝音指出，陈述先生给我感触最大的有两件事。第一件是帮助我们达斡尔族找到了祖先——契丹；第二件是陈述先生大力提倡国内各族人民团结的思想，这在他的著作《辽代史话》和为河北永清古战道题词“南北一国、古道今鉴”讲得最为清楚深刻。

应达斡尔人士之约，中国文化遗产研究院景爱研究员作了题为“陈述先生与达斡尔族研究”的发言，介绍了陈述先生的学术成就和学术思想，提出了在陈述先生研究的基础上，撰写一部《达斡尔族通史》公开出版，得到了与会人员的赞同和支持。

应达斡尔人士之约，陈述先生之女陈正介绍了陈述先生勤奋治学和研究达斡尔族起源的有关情况。她讲到，有一达斡尔族女青年，为陈述先生跳舞，用以表示达斡尔人对陈述先生的感激之情。

会后，吴刚撰写了《陈述：为达斡尔人正源》一文，在《中国民族报》10 月 21 日《理论周刊》上发表，并附有《陈述小传》。牛锐撰写了《纪念辽金史学大师陈述先生百年诞辰——呼唤民族平等，为古代“蛮夷”正名》，在《中国民族报》2011 年 10 月 28 日第 11 版发表。

黑龙江和内蒙古达斡尔学者举行陈述先生百年诞辰纪念会

2011 年 10 月 4 日，黑龙江和内蒙古达斡尔族学者 30 余人，在齐齐哈尔市召开“陈述先生诞辰 100 周年”纪念会。在会上重点发言的有：《达斡尔资料集》主编乐志德，齐齐哈尔大学历史系教授陈志贵，黑龙江省达斡尔族研究会会长杨优臣，内蒙古莫力达瓦旗档案局局长卓仁，齐齐哈尔市达斡尔族学会副秘书长安晓霞。

会议以缅怀陈述先生研究达斡尔族历史的成就为主题。

达斡尔族历史研究中，其族源研究一直是一个很重要的课题。陈述先生关于契丹与达斡尔族渊源承继的论述，在达斡尔族源研究方面具有重要的地位。陈述先生着重从文化的传承关系中得出达斡尔族源于契丹的正确论断。这个论断和论证得到了达斡尔族绝大部分学者和各地达斡尔学会、研究会等团体的认同。因此陈述先生的英名将永远铭刻在达斡尔历史研究的长河中。

黑龙江和内蒙古达翰尔学者纪念陈先生百年诞辰会场

辽金历史与考古国际学术研讨会在沈阳举行

由辽宁省辽金契丹女真史研究会、辽宁省博物馆主办的辽金历史与考古国际学术研讨会，于2011年9月15日至18日在沈阳宾馆举行。到会的有美国、日本、韩国以及台湾、北京、河北、山东、上海、江苏、广州、内蒙古、黑龙江、吉林、辽宁的学者120人。辽宁省社联副主席杨路平、辽宁省文化厅副厅长丁辉到会致词祝贺。

研讨会收到论文89篇，会前装订成上、下两册，向与会人员散发。会议就辽金佛教、壁画艺术、陶瓷艺术、遗文典籍、自然灾害、契丹小字等多方面问题进行了交流。辽代文献贫乏，会上展示了新发现的辽碑，引起了人们的关注。辽代佛教兴盛，有多篇文章论述了有关白衣观音、八大灵塔、高僧杖锡挂锡等问题，提出了佞佛是辽朝灭亡的催化剂。辽代壁画墓比较多，关于壁画墓的分期、乐舞人物艺术形象等进行了深入探讨。辽代遗文是补正《辽史》的原始资料，有的学者专就辽代遗文的搜集、整理和研究进行了全面系统的论述。辽代的世家大族，近年颇受重视，会上有数篇论文对外戚萧氏人物进行评论，揭示其地位和影响。契丹人是游牧民族，渔猎在社会生活中占重要地位，故有人对契丹渔事、四时捺钵的关键地名进行论述。

会后参观了义县辽代奉国寺和北魏万佛堂石窟，还参观了清福陵（东陵）、清昭陵（北陵）和辽宁省博物馆。辽宁省博物馆原称东北博物馆，收藏有辽庆陵哀册和许多辽代碑志原石以及辽代瓷器，极受研究辽史的专家学者重视。

就总体来看，论文涉及范围比较广，然而偏重于辽史，有关金史论文很少；有些论文选题不当，重复了前人的论述，少有新意。这些论文从一个侧面反映出辽金史研究的现状和水平。

本次会议是新世纪以来，人数最多、规模最大、水平最高的一次辽金史学术活动，在学术界产生了广泛影响。《中国社会科学报》发表了会讯，《中国文物报》9月28日第2版进行了报道，11月11日又用两版篇幅刊发了会议论文摘要。《东北史地》第6期刊出了高正《辽金历史与考古国际研讨会述评》，从辽代碑志研究、辽代佛教研究、辽代壁画研究和其他研究四个方面，对会议论文作了分析评论，同时还指出了美中不足。

会议文章结集为《辽金历史与考古国际学术研讨会论文集》，由辽宁教育出版社于2012年5月出版，分为上下两册，附有彩色、黑白图版十六面。全书共720页，16开本，共109万字，是新中国成立以来出版的辽金史论文集中篇幅最大的一种。

与会全体人员在沈阳宾馆门前合影

研讨会开幕式主席台

第二届西夏学国际学术论坛综述

宁夏大学　杜建录

“西夏学国际学术论坛”是中俄人文合作委员会（副总理级）国际合作项目的重要组成部分，第一届在宁夏银川召开，第二届在甘肃武威召开。第二届论坛由宁夏大学西夏学研究院、中国社会科学院西夏文化研究中心、甘肃武酒集团共同主办，与会中外专家120名，提交论文106篇，围绕西夏社会历史、语言文字、文献古籍、文物考古等领域展开热烈讨论。笔者仅对本届论坛发表论文的主要内容、创新点与不足，作一简要述评。

史金波的《西夏时期的武威》，是本届论坛的开篇，该文全面搜罗目前所能见到的汉文、西夏文以及文物考古资料，对西夏时期武威的地位、政治、经济、文化、宗教、习俗进行系统的阐述。相关讨论还有王晓晖的《西夏河西地区基层社会考察》、崔云胜的《西夏建张掖龙王庙史迹考述》，另外，孙寿岭对西夏时期凉州的酿酒、制瓷作了探讨。

张多勇的《宋代大顺城址与大顺城防御系统》、高仁的《细腰葫芦诸寨地望考辨》、李永磊的《从古渭寨到通远军——北宋御夏政策个案分析》，从北宋御边的角度，讨论了宋夏沿边地理问题，张文对大顺城址的考证，高文对细腰葫芦诸寨地望的考辨，均具有一定的创新意义。

汤晓芳的《西夏两幅道教绘画的释文辨析及艺术评价》，对《玄武》母题、“骨灰潭”、“星座”人物和手持“不明”物、玄武身后“文臣”和“侍女”等进行考证辨析，纠正了目前学界的错误。公维章的《莫高窟第465窟壁画绘于西夏补考》、史伟的《西夏河西石窟壁画中的绿度母探源》，前者通过对莫高窟第466窟壁画风格渊源以及出土文物分析，补证莫高窟第465窟壁画绘于西夏，后者探讨了西夏河西石窟壁画中的绿度母问题。苏银梅、张惠霞的《浅谈西夏文物中的花卉装饰艺术》，对西夏花卉装饰艺术作了归类分析。陈育宁、汤晓芳的《西夏官式建筑再探》，系统地讨论了西夏官式建筑及其艺术特征，尤其结合图像和汉文记载，挖掘西夏文文献中陛阶、斗拱、石顶、琉璃、殊等建筑方面词汇的史料价值。

李宇峰的《碑志所见辽代赴西夏外交使臣事略》，考证碑志所见两例辽朝赴西夏外交使臣，可补史阙。齐伟《浅议玉田韩氏家族对辽朝经略河西的贡献》，通过玉田韩氏家族担任西南面招讨使、西南面五押招讨大将军、西北路招讨使，讨论其对辽朝经略河西的贡献。该文的不足是没有交代玉田韩氏家族的来源以及如何改姓耶律氏的。许伟伟的《〈天盛律令·内宫待命等头项门〉中的职官问题》、董昊宇的《论西夏的“以赃断盗”——以〈天盛律令〉为中心》，是利用《天盛律令》中的资料探讨西夏政治法律。前者结合传统典籍对相关西夏职官进行讨论，使问题进一步深入，后者提出了“以赃断盗”的命题。

索弗罗诺夫的《西夏语语法》绪论，在总结西夏语语音构拟、语法构拟以及词义揭示的基础上，概述了一百年西夏语研究史，同时附《西夏语虚词表》，对进一步研究西夏语言文字有重要的参考价值。林英津的《试论西夏语的概 sju^{2} 与絹 dzjo^{1} 及其相关问题》，讨论了西夏语翻译佛经与“譬喻”相关的两个重要词汇，认为西夏语译者理解上古汉语，甚至直接生活在中古汉语的氛围里。张佩琪的《论西夏语动词的态范畴》，通过对西夏语动词的态范畴分析，指出西夏语的态范畴只有自动态和使动态的对立，而不存在互动态。贾常业的《西夏文齿音、喉音佚失字形结构的复原》，以《文海》、《音同文海宝韵合编》中字形结构为基准，按照结构原理，构拟复原出西夏文齿音、喉音佚失字形结构。孙颖新的《贺兰山拜寺沟方塔所出佚名诗集用韵考》，认为该诗的作者的口语不属于学界通常说的“宋代西北方音”，而可能是陕西话。咚建荣的《汉文文献中党项与西夏人名、族名异译字的语音分析》，通过对音分析，指出汉文文献中党项与西夏人名、族名同音异译字反映出的语音现象大部分与龚煌城先生的拟音相符。宋洪民的《从八思巴字文献看〈蒙古字韵〉及元代北方官话中“观”系字的读音》、张重艳的《黑城出土汉文文书量词初探》，前者通过八思巴字文献考察了《蒙古字韵》及元代北方官话中“观”系字的读音，后者对黑城出土汉文文书中的个体量词、集体量词、度量衡量词进行了归纳总结。景永时的《西夏文数字化的现状与未来》、柳长青的《西夏文计算机数字化现状与展望》，从不同层面探讨西夏文数字化。

西夏文文献是本届论坛讨论的重点，聂鸿音的《华严“三渴”考》，考释了西夏译本《注华严法界观门通玄记》卷尾的一段讲疏，指出作为解说对象的“三倡”，系来自此前不为人知的一个异本。索罗宁的《白云释子〈三观九门〉初探》，考证了俄藏西夏文佛教文献《三观九门》的内部结构、基本内容、语言特色、佛教思想，指出它与另一篇西夏文献《洪州宗趣开明要记》比较接近。孙伯君的《西夏文〈妙法莲花心经〉考释》，首次刊布了俄藏西夏文《妙法莲花心经》的录文，并参考坞摩罗什汉译本《妙法莲花经》，对西夏文本作了全文翻译。胡进杉的《西夏文〈一匕功德谭〉及〈佛说止息贼难经）译注》，按经题、正文、尾题三部分，对西夏文《七功德谭》及《佛说止息贼难经》进行了译注，翻译部分先列西夏文，次为直译和意译，然后和藏文本对照。刘景云的《西夏文〈十界心图注〉》，对俄罗斯艾尔米塔什博物馆东方部所藏西夏文刻本《十界心图注》进行释文和考证，指出该刻本是西夏早期的版本，对研究天台宗“十界唯心”的传承和西夏佛教的发展有重要价值。杨志高的《国家图书馆藏西夏文〈慈悲道场忏法序〉译考》,《慈悲道场忏法》俄、中、英等国均有收藏,作者对中国国家图书馆藏本的序进行了录文译考。苏航的《〈圣胜慧到彼岸功德宝集褐〉梵藏夏汉本对勘研究》,在已有研究的基础上,对《圣胜慧到彼岸功德宝集偈》梵藏夏汉本进行了整理对勘。潘洁的《黑水城文献中的豌豆小考》,考证出汉译本《天盛律令》卷一五《催纳租门》中的"黄豆",当为"豌豆"。黄延军的《俄藏黑水城西夏文〈佛说金耀童子经〉考释》,通过对编号为4738的俄藏黑水城文献残片解读,考证出该经为宋朝天息灾汉译本《佛说金耀童子经》的西夏译本。克恰诺夫的《夏圣根赞歌》与《黑水城所出1224年的西夏文书》,前者对俄藏西夏文《夏圣根赞歌》进行录文、汉译,并进行了详细的注释和考证;后者是对俄藏西夏文《黑水城守城管勾持银牌仁勇告近享帖》的考释,这两件文书是研究西夏皇族起源与黑水地区社会经济的重要资料。惠宏、段玉泉的《西夏文医方"消风散"考释》,梁松涛、杨富学的《俄藏911号医书第14-2药方考释——兼论西夏医药文献的来源及特点》,前者考释了俄藏西夏文医方《消风散》中的十二味药名,并进行录文和汉译文构拟。后者对911号医书第14-2药方进行考释,指出其来源于金刘完素的《宣明论方》。梁继红、陆文娟的《武威藏西夏文〈志公大师十二时歌注解〉考释》,对武威市新华乡亥母洞石窟遗址中出土的西夏文《志公大师十二时歌注解》进行释文考证,认为该文献是禅宗在西夏传播的重要资料之一,具有很高的历史文献价值和版本价值。崔红芬的《武威一博物馆藏西夏文〈金刚经〉及赞颂残经译释研究》,对武威博物馆藏西夏文《金刚经》及赞颂残经进行汉译考证。段玉泉的《武威亥母洞遗址出土的几件西夏文献考释》,对武威亥母洞遗址出土的西夏文《大白伞盖陀罗尼经》、《德王圣妙吉祥之增胜慧觉总持》、《陀罗尼经集》进行了考释,并对《大白伞盖I沱罗尼经》重新缀合。于光建、徐玉萍的《武威博物馆藏6721号西夏文佛经定名新考》、韩潇锐的《英藏黑水城出土〈大手印引定〉残片考》,分别对武威博物馆藏6721号西夏文佛经和英藏or. 12380-3231佛经残片重新考证定名。李晓明的《英藏西夏文〈七宝华踏佛陀罗尼经〉的误定与考证》、于业勋的《英藏西夏文〈华严普贤行愿品〉残叶考》、王龙的《英藏黑水城文献〈法华经〉残叶考释》、邹仁迪的《英藏西夏文〈大般涅梁经〉写本残叶考》,均是对英藏西夏文文献进行考释,或重新定名,或考证内容。王荣飞的《俄藏西夏文〈德事要文〉与英藏。r12380-3919文献的版本关系》,通过考证,认为二者是同一版本。杜建录、段玉泉的《黑水城出土民族文字文献概论》,扼要介绍了黑水城民族文字文献种类、研究状况以及历史文献价值与版本价值。

黑水城汉文文献是本届论坛讨论的又一重点。孙继民的《关于俄藏TK22}号文书的朝代归属问题》,通过考证,认为该文书是金代文书,而不是宋代文书。李华瑞的《西夏社会文书补释》,从宋史的角度,对部分西夏社会文书提出补证和认识,开拓了研究思路。陈瑞青的《黑水城所出南宋初年施行救书文书考释》,考证了《宋西北边境军政文书》中的两面敕书,认为该敕书就是宋高宗即位敕。杜立晖的《关于两件黑水城西夏汉文文书的初步研究》，对俄藏黑水城《三司设立法度文书》、《违越恒制文书》反映的西夏职官进行了考证。毛永娟的《黑水城所出〈窦庸献蝇拂子启〉考释》，通过考证，认为该文书是元代的礼帖，当定名《元窦庸献结织蝇拂子礼帖》。郭兆斌的《对黑水城所出，L［x 190728号文书的补考——兼论元代收养孤老程序及养老制度》，补证了黑水城所出，T］x 190728号文书。韦兵的《黑水城文献汉文普礼类型礼忏文研究》，通过对黑水城汉文献中七个佛教普礼类型文本的考证，认为西夏佛教对敦煌普礼类型的礼忏文既有继承又有发展。彭海涛的《黑水城所出八件佛经残片定名及复原》，对《中国藏黑水城汉文文献》8件佛经残片逐一考证定名。宋坤的《从俄藏黑水城所出〈慈觉禅师劝化集〉看宗颐佛教思想的世俗化倾向》，以俄藏黑水城文献《慈觉禅师劝化集》为中心，从传教对象的平民化、传教语言的通俗化、重视修行的实践化三方面，探讨了慈觉禅师佛教思想世俗化倾向。冯国栋、李辉的《〈俄藏黑水城文献〉辽代高僧海山思孝著作考》，认为俄藏TK323中《往生净土偈》及TK132《慈觉禅师劝化集》中所收的《人生未悟歌》、《未悟歌》皆为思孝作品。蔡伟政的《黑水城所出元代礼仪文书考释三则》，考证出《中国藏黑水城文献》中的3件元代礼仪文书分别是祭祀宣圣、祭祀三皇和朝贺天寿节的礼单。

杨烷的《〈蒙古秘史〉中的西夏》，认为蒙文史籍中有关西夏的记载，均为成吉思汗伐夏、西夏输诚、既而违约、最终亡国，这种编纂模式肇始于《蒙古秘史》。陈晓伟、肖乃械的《〈辽史·西夏外记〉“西夏纪事”探源》，对《辽史·西夏外记》的纪事进行了对比考证。翟丽萍的《〈续资治通鉴长编〉人名标点勘误八则》，对《续资治通鉴长编》中几则西夏人名标点错误进行了订正，有助于准确认识相关历史事件。刘再聪的《“炳灵”为藏语之音译之疑问》，对“炳灵”一词为藏语音译提出疑问，以求证西夏学界。李勤璞的《藏文西夏开国神话》，讨论藏文文献中的西夏开国神，并与同类传说比较，指出西夏文化思想的来源丰富多样。克恰诺夫的《西夏文本学》、赵彦龙的《西夏公文程式初探》，前者介绍了对俄藏黑水城西夏文献的整理研究，后者探讨了西夏公文的程式。

彭向前的《〈黑河建桥救碑〉藏文碑铭补注》，通过对“都大勾当”一词的汉、夏、藏三种文本对勘，认为藏文驴，甲，黔二义为总干办，而非驾前总管。周峰的《甘肃合水安定寺石窟金代党项人题记考释》，考证出安定寺石窟金代题记中李氏家族为党项人，并讨论了题记所见的金代军事制度。陈玮的《后晋定难军摄节度判官兼掌书记毛汉墓志铭考释》，指出毛汉家族世任定难军高级幕僚，反映了唐末五代定难军对中原汉族人才的重视和吸引。吴峰天的《〈凉州重修护国寺感通塔碑铭〉再认识》，对西夏碑的文字和格式进行了再考证。张玉海、张琐玲《〈打剌赤碑记〉考释》，指出《打剌赤碑记》又作《建怀戎堡碑记》，为研究北宋、西夏、青唐之间复杂关系的珍贵资料。

张宝玺的《西夏瓜州旱峡石窟》，讨论了瓜州旱峡西夏石窟的位置、形制以及塑像与壁画的保存情况。党寿山的《被埋没的西夏千佛阁遗址》，通过对水昌县古建筑遗址的形制、题记的研究，认为该遗址是西夏时期的千佛阁，而非高昌王墓。孙寿龄的

《武威古城瓷窑是西夏官窑》，从瓷窑的规模、瓷器特点等方面，考证武威古城瓷窑是西夏官窑。蔡晓樱的《从武威的西夏墓看西夏藏俗》，通过对武威发现的七座西夏墓葬的分析，探讨西夏火葬的特点及其成因。党菊红的《武威出土的西夏铜壶、铜观音像、石磨》、黎大祥的《武威发现夏汉合璧铜象棋子》，分别介绍武威建国街西夏墓葬出土的铜壶、铜观音像、石磨和城区一中巷出土的夏汉合璧铜象棋子“士”。高辉的《武威市博物馆藏西夏文献装帧》，介绍了馆藏西夏文献的几种装帧形式。牛达生的《丰富多彩的西夏纸品》，运用文献记载和出土的纸，介绍了丰富多彩的西夏纸。赵生泉的《西夏竹笔新解》，通过分析，认为武威出土的两支西夏竹笔源自吐蕃文化，属于藏笔。孙飞鹏的《古代文献活字印本鉴定方法补正——以国家图书馆藏西夏文〈大方广一佛华严经〉为例》，通过对比字符、对比复本的方法寻找活字。此外，唐均的《黄振华先生西夏研究述评》、赵天英、陈虎的《陈炳应先生对西夏学的贡献》，分别评述已故西夏学专家黄振华、陈炳应两位先生的学术贡献。

本届论坛有两个显著特点：一是与以往举办的西夏学研讨会和学术论坛相比，参与人数最多、提交论文数量最多，尤其是既有顶尖级的老专家，又有年轻的新面孔，一批西夏学硕士生、博士生参加论坛，并发表论文。由此可以看出，西夏学研究逐渐成为学术界研究的热点，预示着我国西夏学研究进入了繁荣发展时期。二是讨论的问题越来越细，越来越深入，诸如官式建筑、开国神话、旱峡石窟、堡寨地望、西夏时期的武威、西夏文献某个词语的翻译、西夏语某种语法形态、文献定名断代、绘画释文辨析等等。在充分肯定成就的同时，我们还应看到存在的不足：

（一）对学术史的阐述不够。有的文章没有交代所研究领域的现状、前沿以及本人研究的贡献，看不出研究的创新点；有的文章研究内容国内外专家已有很好的成果发表或出版，而作者孤陋寡闻，当做创新问题在研究；有的文章在前人研究基础上进一步探讨，却没有交代清楚研究现状，搞不清楚哪些是前人的贡献，哪些是自己的创新。

（二）对文献断代分析不够。黑水城文献既有西夏文文献，也有汉文文献和维吾尔蒙古文、八思巴蒙古文、回纥文、古藏文、阿拉伯文等民族文字文献。在时间上包括宋、西夏、金、伪齐、元（含北元）。因此，对没有纪年的文献或时代特征不明显的文献的考证断代，是研究的基础工作。但在具体讨论中，有的作者往往不加辨析，直接当做西夏或宋元资料，以致张冠李戴，以讹传讹。

（三）对多种版本佛经对勘不够。由于俄藏黑水城佛教文献尚未公布，在对西夏文佛教文献研究时，常常对容易见到的一种版本进行讨论，而不是对不同版本或残缺不一的同一版本进行对勘补正。资料占有的不充分，得出的结论自然有失公允。

（四）研究方法比较单一。就西夏文佛经而言，目前的研究大致从三个方面展开：一是参照汉文本，对西夏文本进行逐字对译和意译，并进行注释；二是在西夏文本翻译的基础上，或对散乱文献进行缀合，或对尚未定名或错误定名重新考证定名、或对不同文本或文种进行对勘；三是对西夏文进行本翻译，对散乱文献进行缀合，对尚未定名或错误定名重新考证定名、对不同文本或文种进行对勘，在此基础上，进行更深层次的探讨，进一步阐释西夏社会历史问题。

第二届西夏学国际学术论坛会场

第二届西夏学国际学术论坛开幕式主席台

西夏学问题，实际上是历史问题，西夏的语言是历史语言、西夏的文献是历史文献，对它们研究的终极目标不是就语言而语言，也不是就文献而文献，而是利用语言研究成果和文献研究成果，揭示西夏社会历史面貌。上述西夏文献研究三个层次是一种递进关系，第一层次属于学习和初步研究，第二、三阶段属于进一步研究阶段。虽然目前大部分研究成果停留在第一、二层次上，即止于解释文句，而不能讨论问题。但欣慰的是如此多的青年学子加入到西夏文献研究队伍，真乃可喜可贺！可以预见，对已发现的西夏文献作史学上的进一步阐释，未来会成为西夏学新的生长点。

史学大师王国维提出"纸上之材料"与"地下之材料"二重证据法。陈寅悟先生在《王静安先生遗书序》中进一步归纳和总结为三个方面："一曰取地下之实物与纸上之遗文互相释证。凡属于考古学及上古史之作，如《殷卜辞中所见先公先王考》及《鬼方昆夷猿貌考》等皆是也。二曰取异族之故书与吾国之旧籍互相补正。凡属于辽金元史事及边疆地理之作，如《萌古考》及《元朝秘史之主因亦儿坚考》等皆是也。三曰取外来之观念与固有之材料互相参证。凡属于文艺批评及小说戏曲之作，如《红楼梦评论》及《宋元戏曲考》、《唐宋大曲考》等皆是也。"（陈寅烙：《金明馆丛稿二编》，上海古籍出版社，1980 年，第 219 页。）今日之西夏研究，不仅要取地上传世资料与地下出土资料互证，更要取汉文西夏文献与西夏文西夏文献互证，同时参考其他民族文字文献和实物资料。毫无疑问，运用多重证法是提高西夏研究水平的重要途径。

研究机构介绍

黑龙江省文物考古研究所

黑龙江省文物考古研究所 李陈奇 赵永军

黑龙江省文物考古研究所是黑龙江省唯一具备国家团体考古领队资质的科研机构，担负着全省文化遗产的调查、发掘、考古学研究与保护等任务，并对省内各地市、县的文物工作进行业务指导。

黑龙江省文物考古研究所是省文化厅直属事业单位。现有职工 52 人（在编 46 人），其中 8 人拥有国家级考古领队资格。所内设第一（史前考古）研究室、第二（历史考古）研究室、渤海上京城考古工作站、技术部、文物保护保管部、文物陈列室、资料室、办公室、人事科、保卫科、基建考古办公室等部门。

黑龙江省文物考古研究所前身为黑龙江省文物考古工作队。1975 年 11 月 5 日，经黑龙江省编委批准，在原黑龙江省博物馆考古部成员的基础上新组建“黑龙江省文物考古工作队”，编制 45 人，为正处级单位。1985 年 12 月 28 日，经黑龙江省编委批准，更名为“黑龙江省文物考古研究所”。1994 年 3 月 10 日，黑龙江省机构编制委员会办公室发文，撤销省文物管理委员会物资站建制，其所属 5 名人员编制，划给省考古所 1 名，省考古所编制增加到 46 名。省考古所（队）曾任所长（负责人、队长）为杨虎、金革、孙秀仁、殷德明、赵鸿宾、刘家琪；曾任副所长（队长）有赵启富、赵善桐、杨志军、庞志、朱国忱、郑秀山、李陈奇、郭仁、裴和、许永杰、程松、曲守成；现任领导班子，所长兼总支书记李陈奇，副所长张伟、赵永军。

进入 21 世纪，黑龙江省文物考古研究所确立“以业务工作为中心，一切为业务服务”的工作方针，注入激励竞争机制，重视人才引进，形成了一支以中年学者为学术带头人，以青年学者为骨干的具有坚实专业知识和丰富实践经验的科学研究队伍。新的历史时期，在“走出去、请进来、大动作、高品位”的工作目标引领下，考古所在田野考古调查、发掘与学术研究等方面取得了丰硕成果。

黑龙江省历史时期考古工作，主要为渤海考古，其次为金代考古，辽代考古开展较少。

以黑龙江省文物考古工作队建立为标志，新中国成立以后，黑龙江省历史时期考古工作可划分为两大时期。

自新中国成立后至 1976 年，黑龙江省的考古工作以发现为主，主要是考古调查，并辅之以一些规模较小的考古发掘。20 世纪 50 年代至 60 年代前期，黑龙江省博物馆考古部进行了大规模的流域调查和小规模的清理发掘工作。主要集中在牡丹江、嫩江、松花江流域等开展了一些调查和发掘。

20 世纪 60 年代后期，黑龙江考古曾一度中断。到 70 年代初，根据国家关于加强边疆考古的要求，我省率先在全国恢复了田野工作，主要是在靠近黑龙江中下游和乌苏里江的三江平原开展的一些考古发掘。历史时期的遗存主要涉及辽金墓葬及一些渤海城址、墓葬等。

从 20 世纪 70 年代后期开始，黑龙江考古工作者根据黑龙江考古工作实际和研究的现状，确定了在大规模发掘的基础上，开展系统和有计划的考古学研究的工作方针。大量的发掘集中在东部的三江平原和牡丹江流域，工作的重点主要是针对靺鞨—渤海考古开展的。自 80 年代至 90 年代初，黑龙江省文物考古研究所对渤海上京城宫城及皇城的部分区域和遗迹进行了主动性发掘。为了解上京城周围墓葬分布情况，1991—2004 年省考古所陆续对宁安三陵坟墓地进行了勘探和发掘，共发掘 4 座墓；其中三陵二号墓发掘，获 1991 年度“全国十大考古新发现”。1992—1995 年省考古所对宁安虹鳟鱼场渤海墓群进行了大面积揭露，共发掘墓葬 323 座；该项目发掘，获 1995 年度“全国十大考古新发现”。

根据国家文物局关于加强大遗址保护的指示精神，1997—2007 年，黑龙江省考古所连续 10 余年对渤海上京城进行了大规模发掘和调查；2009—2011 年进行了后期的补充收尾工作。这一阶段的渤海上京城考古主要围绕上京城中轴线、特别是宫城中心区域开展工作，基本达到了搞清其宫殿和主要门址建筑形制及特点的预期目的，同时纠正了以往的一些失误和错误认识，对推动渤海上京城乃至整个渤海历史考古研究具有重大意义。同时，此项发掘所获成果，为渤海国上京龙泉府大遗址保护规划工作提供了科学的依据。

20 世纪 80 年代以来，在“保护为主，抢救第一，加强管理，合理利用”的文物工作方针指导下，黑龙江考古坚持将课题研究与配合大规模基本建设考古相结合，取得了一批重大的考古发现和重要科研成果，使我省的考古学研究进入了新的阶段。这一时期，先后完成了对嫩江尼尔基水库淹没区、拉林河磨盘山水库淹没区、松花江大顶子山航电枢纽工程区等数百处遗址的抢救性考古发掘；并配合数百处公路工程、发电场等基建工程进行考古勘探与发掘。历史时期考古学研究有重大发现和推进，主要体现在金代考古方面。其中 2002—2003 年黑龙江省文物考古研究所发掘的阿城刘秀屯大型建筑基址，被认为是“迄今所见的宋金时期规模最大、等级最高的宫殿建筑基址，无论对黑龙江考古，还是全国宋金考古，都是极为重要的发现”。该项目发掘，获 2002 年度“全国十大考古新发现”。

长期以来，省考古所在大力开展田野工作及文物保护的同时，亦注重加强对考古资料的整理和学术研究，迄今已出版的著述中涉及渤海辽金考古的有如下几种。

由黑龙江省文物考古工作队编著的《黑龙江古代官印集》一书，1981 年 12 月由黑龙江人民出版社出版。该书较为详细地介绍了黑龙江出土的古代官印，书中不仅汇集了大量印文，而且对印章的出土地点、尺寸大小等都有较为详细的介绍，并结合文献就印文反映的官署机构、官吏性质等方面作了考证和探讨。

由黑龙江省文物考古研究所编著的《黑龙江古代玉器》一书，2008 年 6 月由文物出版社出版。书中对黑龙江省内出土的古代玉器进行了全面收集和著录，同时对省内出土玉器情况及各时期玉器的特征进行了总结概述，并对一些玉器的材质、工艺及年代等进行了新的考证判定。

由黑龙江省文物考古研究所编著的《海曲华风——渤海上京城文物精华》一书，2010 年 12 月由文物出版社出版。本书辑录了历年来唐代渤海国上京遗址出土的文物精粹，既包括传统形式上的各类出土器物，也包含一些重要的不可移动文物。该书是一部注重资料性、科学性、艺术性的图录。

由黑龙江省文物考古研究所、吉林大学考古学系编著的《河口与振兴——牡丹江莲花水库发掘报告》一书，于 2001 年 7 月由科学出版社出版。河口与振兴分别是位于牡丹江中下游左右两岸的两处遗址，遗址包含有自新石器时期至渤海时期的多层文化堆积，其中第四期和第五期遗存分别属于靺鞨、渤海时期。通过对两处遗址五期六种遗存的阐述与研究，首次从层位上确立了牡丹江流域新石器时代至隋唐时期考古学文化的年代序列，为黑龙江东部地区的考古工作提供了可资比较的标尺，对黑龙江考古学文化体系的建立具有重要的学术意义。

2009 年 7 月，黑龙江省文物考古研究所编著出版了两部渤海考古学专著，即《渤海上京城——1998－2007 年度考古发掘调查报告》（上、下）和《宁安虹鳟鱼场——1992－1995 年度渤海墓地发掘报告》（上、下），两书由文物出版社出版。两部考古报告，对于深化研究渤海国文化的内涵及其发展具有重要的学术价值。

除上述已经出版的有关渤海辽金考古研究的专著外，由黑龙江省文物考古研究所编著的《考古·黑龙江》一书于 2011 年 12 月由文物出版社出版。书中回顾了黑龙江考古走过的历程，概要地介绍了上自旧石器时代、下至明清时期各个时段黑龙江考古学的考古成就与研究状况。其中渤海考古、辽代考古、金代考古均有专门章节予以论述。全书立足于公众考古学的传播和黑龙江考古学学科系的完善相结合的双重需要，全面地阐述黑龙江区域考古学的发展状况与研究成果，引领大众对黑龙江区域古代文明产生科学的认识和思考。

黑龙江省位于中国的东北部，是东北亚区域中心。北部和东部隔黑龙江、乌苏里江与俄罗斯相望，西部与内蒙古自治区毗邻，南部与吉林省连接。黑龙江区域考古活动起步较早，20 世纪初，境内就展开了考古活动，黑龙江省也成为中国最早开展考古活动的省份之一。历史时期的考古，特别是渤海、辽金考古，长期以来是黑龙江区域考古的重要内容。

一、渤海考古发现研究

隋唐时期，黑龙江区域内主要是两大民族的活动范围，西部为室韦，东部是靺鞨。进入唐代中期，东部的粟末靺鞨建立了黑龙江区域内第一个地方政权——渤海国。渤海国留下了大量类型丰富而特征鲜明的遗存，因此渤海考古成为我省隋唐考古的重点。多年以来，渤海考古方面工作较多，取得的成果也较丰富。主要工作是围绕渤海上京城址的发掘展开的，同时兼及中小城址、聚落址和墓葬的发掘等，工作重心主要是在牡丹江流域开展的。

（一）都城—上京龙泉府城址

上京城乃渤海五京之首，为都160余年，因此备受学术界关注。渤海上京城考古可分为四个阶段。

1933—1934年，日本“东亚考古学会”对渤海上京城进行了较具规模的发掘，可视为渤海上京城考古发掘的第一个阶段。

1963—1964年，中国朝鲜联合考古队对其进行了较大规模的发掘，这是渤海上京城考古发掘的第二个阶段。

第三阶段是20世纪80年代初至90年代初，黑龙江省文物考古研究所间断性小规模地对宫城第2、3、4号门、宫城正南门、第1号宫殿、官衙址等进行了揭露。

第四阶段是1997—2007年，黑龙江省文物考古研究所连续10余年对其进行了有计划的大规模发掘。新发现了郭城第11号门址，内城夹墙及御花园东城墙外的道路，在城内白庙子村发现了七层套的舍利函，发掘了渤海上京城遗址宫城的第2、3、4、5号宫殿基址和宫城的第50号建筑基址及附属建筑，郭城正南门、郭城正北门，皇城南门和中轴大街等。

渤海上京城由郭城、皇城、宫城三部分组成，三道城墙格局保存基本完整。经解剖得知，三道城墙采用了不同的建筑方法，这可能与其不同的功能有关，应是分别修建的。

渤海上京城在当时是东北亚屈指可数的大城市之一，使用时间较长，横跨了自盛唐至五代的漫长时空。其规划、设计和建筑，均取法于唐王朝，尤为重要的是，在同时期的都城遗址中，渤海上京城保存极为完整，城垣、街坊、道路、佛寺、宫殿清晰可辨。

渤海上京城的发掘，为研究渤海国的建筑规模、建筑形制技法乃至其反映的有关历史、文化提供了新资料，同时对中国古代都城和中国古代建筑的研究，有着不可或缺的作用。

（二）中小城址

中小城址在牡丹江流域有较多的分布。

大致分为两类：平原城和山城，也可再分出一小类，即军事城堡。以平原城为主，平面一般呈长方形或方形，个别特殊的呈“回”字形。城墙多以土夯筑，个别城址的城墙有土石混筑的现象或用石垒砌。多数城的周围有护城壕，有的在城门处同时修建瓮城。

兴农城址

城址位于海林市三道河子乡兴农村东北，牡丹江中下游左岸的阶地上。为配合莲花水库工程建设，1994—1995 年，黑龙江省文物考古研究所与吉林大学考古学系联合对该城址进行了勘测、发掘。发掘面积约 700 平方米。通过钻探和发掘，较为详细地了解了该城址的结构和使用情况。

城址呈不规则方形，东墙长 176 米，北墙长 140 米，西墙长 145 米，南墙长 181 米，周长约 642 米。城墙系由土堆垒夯筑而成，现存高度 0.5 米～1.25 米，墙宽约 3.8 米。大致在南城墙中部位置，置一城门，门宽约 3 米，方向 166 度。墙外有一条壕沟，壕宽约 5 米～8 米，壕与墙相距 4 米，东北角由于破坏严重，壕沟迹象不清晰。城内已辟为耕地，较为平坦，其中北部、中部地势略高，地表散布有陶片、布纹瓦片等。

城内晚期遗存发现房址 3 座，为地面式建筑，灰坑 89 个，沟 1 条。遗物较多，主要为陶器，其次为铁器、铜器、石器、骨器及角、牙、蚌制品等。陶器夹砂陶为主，泥质陶次之。器形主要为罐，还有碗、盅、舟形器、纺轮、网坠等。少量的布纹瓦。铁器有镞、刀、凿、环、甲片等。铜器有环和牌饰，还发现两枚“开元通宝”铜钱。

通过对城内地层堆积、遗迹以及城墙的解剖情况综合分析，该城址建于渤海中期以后，延续使用至渤海晚期。结合城址所处的地理环境及形制特征看，兴农城址应是渤海国北部交通道上一处凸显防御功能的重要关隘。从规模上看，兴农城址属小型平原城，其门址等结构特征极具唐代建筑风格。

（三）聚落址

在牡丹江流域发掘了海林市渡口、振兴、河口、细鳞河，绥芬河流域发掘了东宁团结等渤海时期村落址。这些村落中的房址内多设“曲尺”形双烟道火炕，少数为“U”形三烟道火炕。多数为地面建筑，个别为半地穴建筑。海林细鳞河遗址，是一处保存较好的渤海村落址。其房址的结构为中央设地面灶的半地穴建筑。表明渤海的民居存在着不同的构造方式。设“曲尺”形双烟道和“U”形三烟道火炕地面建筑应代表当时最能抵御风寒的建筑技术。

细鳞河遗址

遗址位于海林市原二道河子镇细鳞河村南，西南距海林镇 67.5 公里。遗址坐落于牡丹江左岸，牡丹江与细鳞河交汇处西北的漫岗上，面积约1万平方米。

为配合牡丹江中游莲花水库工程建设，1995—1996年，黑龙江省文物考古研究所与吉林大学考古学系联合对遗址进行了发掘，发掘面积905平方米。清理房址8座、灰坑40余个、井1口，出土陶、石、铜、铁、骨角等质料器物250余件。

揭露的房址均为长方形或接近方形的半地穴式建筑，长宽约在4.5米~7米之间，无门道。房址室内地面坚硬，中部有灶，有的房址四隅有柱础石。灶为椭圆形或圆形浅坑，灶口周边略隆起，灶的一端多竖立两三块板石。

遗址出土的遗物较为丰富。陶器的陶系大体可分成夹砂褐陶和泥质灰陶两类。器形以重唇筒形为主，其他还有鼓腹罐、甑、碗等。泥质灰陶火候较高，质地坚硬，器表多经磨光。泥质陶中一些器物表面呈黑褐色或黑色，器胎为褐色，还出土有黑皮陶。器形有鼓腹罐、大口罐、壶、瓶、盆、甑、碗等。陶制品除了容器以外，还有网坠、纺轮、珠饰、多孔器、三彩器残片和陶饼等。铁器数量较多。较大型的为铸造，如铁锅、铁鼎、铧、车毂等。锻造的铁器有镞、刀、矛、铲、甲片、带扣、钩、钉等。铜器数量较少，种类有带具、牌饰、簪、钗、环等。骨角制品发达，种类有镞、匕、锥、带扣、纺轮、簪、鱼形饰及一些用途的骨角器和骨角料。石器多为砺石，其他的还有玛瑙珠、玉璧、制陶用石拍等。

细鳞河遗址为一处渤海时期的聚落遗存，出土遗物的文化特征与渤海上京城址的出土遗物接近，年代也大体相同。

（四）墓葬

集中发现在牡丹江流域，已发掘有海林山嘴子、北站、三道河子中学、二道河子、羊草沟，牡丹江桦林石场沟，东宁大城子、宁安虹鳟鱼场、三陵坟等墓群。松嫩平原的拉林河流域近年也有新发现。

三陵坟

三陵坟位于宁安市三陵乡三星村东，南隔牡丹江与渤海上京城相望，包括石围墙、墓葬和神道等。

“三陵坟”，亦作“三灵坟”，其名始见于《宁安县志》。据记载，清代道光年间（1821—1850年）墓葬遭盗扰。1933—1934年，日本学者原田淑人等对三陵坟一带的渤海遗迹进行过清理发掘。1963—1964年，中朝联合考古队也曾对“三陵坟”进行过考古调查与测绘。1988年，宁安县文物管理在“三陵坟”文物保护围栏施工过程中，于墓道西侧发现了一尊渤海时期镇墓石狮。至此，黑龙江省文物考古研究所对“三陵坟”开始进行较为全面的考古发掘工作。

1989年，黑龙江省文物考古研究所继续在三陵坟一带开展考古调查与勘探。通过探沟方法，初步探明了“三陵坟”四面的渤海时期的围墙遗迹。石围墙南北长约235米、东西宽约112.5米；在石围墙南北之间有一道“腰墙”，前后分为两个区。三陵坟位于后区前部居中位置。1991年春，黑龙江省文物考古研究所又引进地球物理勘探方法，对三陵村东部一带进行地下墓葬分布情况的勘查。初步查明三陵坟地带有四座墓葬，统一对其进行编号。早年发现的“三陵坟”编为三陵一号墓，一号墓分布于后区前部居中位置，二号和三号墓在其两侧后位排列；三号墓位于其西北约31.2米，与二号墓东西相距57.5米。四号墓在陵园的围墙外，位于一号墓西稍偏北244米处。在陵园的围墙南门外，发现有通往上京的神道遗迹。一、二、四号墓均为石室墓，其中二号墓由墓室、甬道和墓道三部分组成，墓室和甬道绘花卉和人物题材的壁画；三号墓为一座只有填石，没有埋葬人骨和任何随葬品的空墓。

三陵二号墓，1991—1992年进行发掘。整个墓室建在地下，地面之上略有凸起，似原有封土。地面上没有发现建筑遗迹，现已辟为耕地，耕土之下为夯土，夯土层下、墓室上部用一层白灰封护。整个墓葬由墓道、甬道、墓室三部分组成，墓向朝南。墓葬由雕凿整齐的玄武岩石块砌就。甬道开在墓室南壁中部，墓室上部为抹角叠涩藻井。墓室内摆放着10余具骨骼，为多人合葬。墓室和甬道的壁画、顶部、底部都抹有较厚的白灰层。在墓室四壁、顶部及甬道两侧的白灰层上面均绘有精美的壁画。壁画内容可分为花卉和人物两类。墓室上部抹角叠涩藻井部分的壁画全部为花卉，基本形式为二方连续的团花，图案美观，色泽艳丽。墓室四壁及甬道两侧为人物形象，多已剥落，但人物的姿态和服饰仍依稀可辨。墓室内壁画人物多为女性，面部丰腴，颇具唐风。甬道南端东西两壁的人物为武士形象，造型生动、传神。墓室内没有发现随葬品。在填土中出土了陶兽头、铁镞、蚌壳、陶盆、文字瓦等器物。

三陵四号墓，1996年进行考古发掘，出土了三彩陶薰炉等遗物。

三陵三号墓，2004年进行考古发掘，三号墓为一座只有填石的空墓。同时，对于墓葬周边一带进行了详细的钻探。通过钻探得知墓圹周边为原生土层，无任何异常现象。初步认定，三号墓属于一座象征性的陪葬墓。

虹鳟鱼场墓群

墓葬位于宁安市渤海镇虹鳟鱼场北1公里处小芹菜河南岸的沙丘上。1992—1995年，黑龙江省文物考古研究所连续四年对虹鳟鱼场墓群进行抢救性发掘，共清理323座墓葬、7座祭祀坛，揭露面积1万余平方米，出土各类遗物2000余件。

墓葬建在熔岩台地的沙丘中，发掘之前多数墓葬在地面之上略有凸起，基本保持完好状态，只是原有封土多已不存。墓葬形制复杂，按其建筑材料可分为石墓、砖墓、砖石混筑墓三大类，其中以前者为大宗，后两种相对较少。墓葬多数为多人二次葬，有个别的单人葬和火葬；单人葬多数为一次葬，为仰身直肢葬。

随葬品有生活用具、生产工具、兵器、马具、装饰品等，其中陶器占多数，其次为铜器、铁器、玉器、金银器、玛瑙饰件等。陶器种类较多，有短颈壶、长颈壶、鼓腹罐、敛口罐、折肩罐、重唇罐、小口罐、板状耳罐、碗、盅、器盖等。

虹鳟鱼场墓群发掘是我国迄今渤海墓群发掘中清理墓葬数量最多、延续时间最长、形制最复杂、出土文物最丰富的一次，并且首次发现与墓葬有关的祭祀坛等遗迹。墓葬的年代自靺鞨晚期约至渤海中期，呈现出连续不断的发展过程。

羊草沟墓群

墓葬位于海林市柴河镇头道河子村羊草沟屯东北约1公里，牡丹江左岸的阶地上。为配合莲花水库工程建设，1996年黑龙江省文物考古研究所对该墓地进行了发掘，清理墓葬26座。

墓葬排列较为有序，已揭露的墓葬基本分为南、北两区。北区墓葬濒临江边，南区墓葬位于北区的东南部，两区墓葬相隔约100余米。南区清理墓葬19座，有两种墓向。西侧一组墓有11座，为东南向；东侧一组墓有8座，为西南向。北区清理墓葬7座，为西南向。墓葬皆为封顶石室墓，在低于地面的土坑内以石块垒砌四壁，一侧壁中部留有墓门，门外接墓道，门和墓道用碎石封堵。墓底多用河卵石或碎石铺砌，有的用页岩或青砖拼砌，个别的墓底则直接利用黄土或沙土。葬式皆为二次葬，且多被扰乱。本次发掘的26座墓葬，大多数墓葬有随葬品，主要有陶器、铁器、铜器等。仅个别的墓葬由于扰动严重，未见随葬品。根据墓葬形制及随葬品特征分析，羊草沟墓地的年代为渤海中期前后。

香水河墓

墓群葬位于五常市沙河子镇沈家营村东南约5公里，拉林河左岸一级阶地上，拉林河支流香水河在墓地北侧由西南向东北注入拉林河。为配合哈尔滨市磨盘山水库工程建设，2004年黑龙江省文物考古研究所对墓地进行了发掘。发掘面积2800余平方米，清理墓葬48座，灰坑9个，出土陶器、铁器、铜器等遗物100余件。墓葬可分为土坑墓、石构墓、土石混筑墓三种类型，其中土坑墓45座、石构墓2座、土石混筑墓1座。土坑墓又可分为火烧墓和非火烧墓两种，火烧墓多残留棺木焚烧后的木炭、棺钉等。墓葬中尸骨多已无存，有的墓中可见零星人骨碎渣。出土陶器主要为夹砂灰褐陶和夹砂红褐陶，器类主要有罐、瓮等。陶罐特征多表现为重唇、深腹、小平底。陶器器表以素面为多、少量饰弦纹和阴刻水波纹。有的陶瓮等较大型陶器随葬时往往将底部打掉，表现了毁器的丧葬习俗。依据陶器等出土遗物特征判定该墓地的年代为渤海早期。

二、辽代考古发现研究

黑龙江省的辽代考古开展得不是很充分，工作只限于个别地区。由于辽代遗存发现的不多，对之进行的研究尚显不够深入。

辽代考古主要在松嫩平原和三江平原进行，主要是发掘了一批相关的墓葬遗存，前者主要是和契丹族遗存相关，后者是早期女真遗存。其他地区发现有少量的辽代遗存。

（一）松嫩平原

主要发现于嫩江中下游流域。主要墓葬发现有龙江县朱家坎墓地、西甸子墓葬、泰来辽墓、齐齐哈尔三合砖厂墓葬、泰来塔子城墓葬、后窝堡墓葬、平等村墓葬、大庆沙家窑墓葬、龙江县新丰砖厂墓葬、富拉尔基墓葬、齐齐哈尔长岗子墓葬、龙江县二村墓葬等。墓葬形制结构包括石室墓、砖室墓、砖椁墓、土坑木棺墓、土坑墓等。葬俗皆为尸骨葬，有单人葬、双人合葬，为仰身直肢。随葬品有釉陶器、陶器、瓷器、铜马具、铁兵器等。有釉陶长瓶、鸡冠壶、陶罐、陶壶、白瓷碗、瓷葫芦瓶、铜镜、铁锅、铁矛、铁刀等。这些墓葬的墓主人有契丹人、汉人以及室韦等其他北方部族。其年代的推断，主要以墓葬中出土的遗物及墓葬的形制和葬俗等特征为依据，结合和其他地区相关遗存的对比分析。墓葬的年代从辽早期至辽末期均有发现。从墓葬表现的文化特征看，文化面貌复杂多样，不同文化交错存在，表明辽代这一地区居民成分的复杂性。

（二）三江平原

绥滨三号墓群

墓葬位于绥滨县高力河注入黑龙江以东1公里的沿江沙丘地带。墓葬分布在东西相距约50米的两座沙丘上，其中东区墓葬已被破坏。1975年重点对西区墓葬进行发掘，发掘墓葬14座。从清理的墓葬分布现象分析，墓葬排列有规律，呈南北分排排列。墓葬均为长方形土坑竖穴墓，以尸骨葬为主，多数墓穴有烧烤过的迹象，未见木棺葬具。M5随葬陶罐内有骨灰，表明当时存在火葬的习俗。墓中出土的随葬品有陶器、铁器、铜器、玉石器等。陶器数量最多，共出土完整或可复原者32件，有泥质和夹砂陶两种，泥质陶器大致可分为大口鼓腹罐和小口长颈壶两类，其中有施小方格纹的罐和瓜棱装饰的壶。夹砂陶器中多为重唇深腹罐。铁器主要有小铁削、匕首、镞、腰带、环等；铜器有带銙、铃、扣、佩饰等。此外还有玉璧、玛瑙珠、料珠等饰品。依据墓葬形制结构、出土遗物特征等，推定墓地的年代为辽代，并结合历史地理文献等，推断绥滨三号墓群为辽五国部女真遗存。

永生墓群

墓葬位于绥滨县北岗乡永生村北，松花江左岸的漫岗上。1974年在基建施工中发现了14座墓葬，之后在其附近又发掘清理了12座，墓葬分布密集，排列有序。墓葬均为长方形土坑竖穴木棺墓，墓葬结构较为简单，木棺采用榫结构的方法组合而成。已清理的12座墓中，仰身直肢葬7座，二次葬4座，火葬1座。出土的随葬品以陶器和铁器为主，玉器和金银器非常少。陶器分泥质和夹砂陶两种，泥质陶多为轮制。器型简单，以罐类居多，少量的钵。分筒形和鼓腹两类，较多器物施排印几何纹和小方格纹，偶见瓜棱装饰，有些器底有刻划符号。有些陶器器底和外壁有烟熏的黑炱。铁器以刀和镞为多。铜器多为佩饰。还有少量的石佩饰等。有 3 座墓中出土有北宋铜钱，如“景祐元宝”、“咸平通宝”、“祥符元宝”等，据遗物特征等，判定墓葬年代为辽代。永生墓群反映出的文化面貌，与绥滨三号墓群多有相似之处，属早期女真遗存。

（三）黑龙江中游

卡伦山墓群

墓葬位于黑河市东南 15 公里四嘉子乡卡伦村北 1500 米，黑龙江右岸二级台地上。墓葬分布于东西走向的卡伦山坡上，面积约 6000 平方米。地表暴露出约有 30 多座墓葬，分布集中，排列有序，间距 2 ~5 米。1985 年 6 月由省文物考古研究所发掘 19 座。墓葬类型包括长方形竖穴土坑墓和土坑木棺墓。方向均为东北—西南向。墓葬有大小两种。大者长 3、宽 1.3 米；小者长 1.6 米、宽 0.8 米。土坑木棺墓，木棺呈长方形，结构特殊，为紧贴墓圹四边置立木版，无盖和底，个别木棺上铺置桦树皮。一些木棺有火烧痕迹。多二次葬，人骨散乱堆置一起。M107 发现有殉葬马头葬坑。随葬品以陶器、铜铁器、石器为主，少量骨器、银器等。陶器有泥质和夹砂陶，素面居多，个别有纹饰，饰刻划纹、弦纹等。基本组合是罐和壶，有泥质鼓腹瓜棱壶、盘口高领壶、夹砂素面罐等；铜铁器多为马具，如镳、当卢、衔、铃、带扣、环、泡饰等；骨器有匕、锥等；石制品均为装饰品，有玛瑙管、玛瑙珠、绿松石珠、料珠等。卡伦山墓葬的文化特征同三江平原已发现的女真墓葬有诸多相似之处，二者所在同属于女真居住地域，故推定卡伦山墓葬为女真人遗存，其年代约当辽代。

三、金代考古发现研究

黑龙江地区金代遗存分布厚重，类型多样。

（一）早期都城——上京会宁府城址

公元 1115 年，女真族完颜部首领阿骨打于其故地按出虎水（今阿什河）之畔建国定都，史称大金国，年号“收国”，都城上京会宁府。

自太祖完颜阿骨打建国称帝，至海陵王完颜亮贞元元年（1153）迁都于金中都燕京（今北京），金朝以上京为都城，前后经历四帝统治，历时达 38 年之久。

海陵王正隆二年（1157），“命吏部郎中萧彦良尽毁宫殿、宗庙、诸大族邸第及储庆寺，夷其趾，耕垦之”。由此，上京地区皇家宫殿建筑遭到全面破坏。

世宗时期，为了保持女真文化传统，又曾致力于恢复“金源内地”——上京城的重要作用，重新修建了主要宫殿等建筑。

先后两个时期的大规模营建和复建，以致上京地区保留了一大批重要的金代城址、宫殿及墓葬等遗存。

上京城

位于哈尔滨市阿城区南2公里，东临阿什河，俗称“白城”。

上京城由毗连的南北二城及皇城组成。南城略大于北城，二城均为长方形，平面上一纵一横相互衔接，连为一体，二城整个外围周长约为11公里。城墙夯土版筑，存高约3～5米，墙基宽7～10米。城墙断面处，夯土层痕迹依然清晰可辨。外垣平均每隔70～120米筑一马面。在全城5个城角上各构筑角楼一处，为城墙上的重点防御工事。城门9处，其中7处带有瓮城。城外及二城间的腰垣南侧，均有护城壕。外垣平均每隔70～120米筑一马面。

皇城建于南城内偏西处，南北长645米，东西宽500米。自南向北有五重宫殿基址整齐地排列在皇城的南北中轴线上，东西两侧还有回廊基址，殿基平面呈“工”字形。皇城南门两侧有两个高约7米的土阜，对峙而立，称为阙。两个大土阜间又有两个小土阜，各高约3米。大、小土阜间是皇城南门的3条通道，中为正门（午门），两侧为左右阙门。

对于上京城的考古工作，多年以来，一直停留在调查和勘探的基础上。基础的认识也仅限于这一层面上。20世纪60至70年代，文物和测绘部门对其进行了初步的测绘。直到20世纪末和21世纪初，出于城址整体保护的需要，考古部门进行了相关的调查和勘探。近年的工作，形成了对上京城的新认识。一是初步探明、确定了皇城城垣遗迹的纵横范围；二是进一步确定了金上京城南、北城的建筑时序，重新探查了城门址的数量以及瓮城门址的建筑结构。

上京城东部的大型宫殿址——刘秀屯建筑基址

刘秀屯建筑基址位于阿城区亚沟镇刘秀屯东南约100米处，阿什河右岸约1公里，西距金上京会宁府城址3.6公里，地理位置十分显要。

2002年考古工作者在对绥满公路（301国道）进行基建考古勘查时发现该遗存。2002至2003年黑龙江省文物考古研究所对刘秀屯建筑基址进行了发掘。

刘秀屯大型建筑基址，朝向正东南，由主殿（前殿）、过廊、后殿、正门及回廊组成，占地面积5万余平方米。正门位于东南回廊正中；主殿与正门对称，位于西北回廊正中；后殿位于主殿之后；过廊为连接主殿与后殿之通道；回廊呈正方形。主殿、过廊与后殿构成“工”字形一体建筑。主殿的面积3823平方米，由正殿、露台、两侧挟屋和后阁组成，总体布局呈对称多角形。出土遗物以灰瓦青砖等建筑构件为大宗，特别的建筑构件主要有石螭虎、石龙螭首、灰陶鸟、人面瓦当等。

刘秀屯建筑基址规模宏大，中央主体殿堂面阔九间、进深五间，其规制和中国古代建筑制度中历代皇帝所用的至尊等级规模相合。刘秀屯金代大型建筑基址，是我国迄今考古发掘所见的宋金时期规模最大、等级最高的皇家宫殿建筑基址，无论对于黑龙江考古，还是全国宋金时期考古，都是极为重要的发现。

该建筑基址朝向正东南向，与其他宫殿的方向有着显著的差异。从该建筑基址本身特点、出土文物、地理位置、周边重要遗迹考察，并结合有关文献记载，应是一处金代皇家宫殿建筑。有学者考证其为金熙宗时期所建用于郊祀的“朝日殿”。其建筑年代和使用年代均在金朝早期（约1115—1153年）。

刘秀屯大型宫殿建筑基址是我国传统礼制的罕见实例，对研究宋金时期的政治体制、宗教信仰、文化习俗以及建筑风格等，提供了翔实的考古学资料，在中国古代建筑史上亦占有十分重要的地位。

（二）中小城址

都城之外，金朝统辖政区城址的建制，可分为路府城、州城和县城，有些是重要的军政合一的重镇。据调查，黑龙江省境内有金代城址约300处左右，包括了府、州、县、镇及驿站等不同等级的建制。金上京路下辖蒲峪路、胡里改路、速频路和曷懒路，管辖着黑龙江和乌苏里江流域的广大地区。除速频路、曷懒路治所不在今黑龙江省辖境外，其余两路治所，均在黑龙江省境内。经考证，克东县蒲峪路城址，为金代蒲峪路治所；依兰县土城子城址，为胡里改路治所；俄罗斯滨海地区双城子城址，为速频路治所。重要的有如下几座城址。

蒲峪路城址

城址位于克东县金城乡古城村西约300米，乌裕尔河南岸。1975年和1979年黑龙江省文物考古工作队对城址进行了两次发掘，发掘面积约700平方米，包括对城门的揭示和城内遗存的揭露。城址平面呈椭圆形，东西长1100米，南北宽700米，周长2850米。城墙夯土版筑，残高3米~4米，顶宽约1.5米~3米，基宽约18米~20米。附有马面40个，每个间距约70米。城只设南、北二门，遥相对应，均附筑瓮城。城墙外10米处有护城壕。

通过发掘得知，南门仅有一个门洞，正中立有挡门石，门洞两壁立有15根排叉柱，中间两侧还有两根大圆柱。据残存遗迹推测，城门为“过梁式”结构。出土遗物有大量的瓦当、筒瓦、板瓦、脊兽、鸱吻等建筑饰件。瓮城内的城门两侧用青砖砌筑，在城墙的转角处立有角柱。

城址内曾出土一方铜质官印，印文为汉字九叠篆书“蒲峪路印”四字。据文献记载，金代初年已建制城址。从城的规模看，属于金代中型城址。

八里城

城址位于肇东市四站镇东八里村东八里屯西北300米，南距松花江干流5公里，城址坐落于松花江左岸台地上。

八里城近似正方形，方向135度，有四门，门皆有瓮城。沿墙外缘有马面，四隅设角楼。八里城周长3681米，东墙964米、西墙923米、南墙903米、北墙891米。城墙为夯土版筑，墙高4米~5米，墙基宽12米。墙外10米处有一道护城壕绕城一周。南壕最宽最深，深约7米，上口宽23.5米，底宽约在5~6米左右，西壕最浅，深约4米左右。城壕外有土堤一道环护全城，高出地面1米~1.5米，宽12米左右。八里城保存完整。城内遗物较多，有石器、骨器、铜器，还发现有唐、北宋铜钱及金代“大定通宝”、“正隆元宝”铜钱等；此外有长砖、花纹砖、兽面瓦当、陶罐、陶杯等；瓷器有黑釉双系小罐、定瓷大碗等；铁器包括兵器、车马具、生产、生活用具等。

根据城内出土遗物的特征，学界倾向性认为八里城为金代城址。有学者认为其为金代肇州，隶属上京路统辖。

奥里米城址

城址位于绥滨县北岗乡永泰村东，南部濒临松花江，松花江支流敖来河自西北向东南流过，对南城墙及城址南部造成大的破坏。20世纪60至70年代，考古工作者对城址进行了调查和测绘。城址呈南北向，平面略呈圆角长方形。

为了防止江水对城址的进一步冲刷破坏，2000年文物部门对城墙所在位置的堤坝进行了加固。之前由黑龙江省考古研究所对该城址保护所涉局部区域进行了抢救性考古试掘，试掘面积近400平方米。包括城外居住址、墓葬的揭露及城墙的解剖等。

该城址濒临河畔，地理位置重要，是通往黑龙江下游的水上交通要冲。学界一般认为，此城是辽代五国部之奥里米国所在地。

中兴城址

城址位于绥滨县忠仁镇高力村西500米，其北4公里为黑龙江主流。1973年黑龙江省文物考古工作队调查发现。城址平面近方形，周长1460米，城墙不直，北墙弯曲度尤大。南、北城墙各设一门，有瓮城。共三道城墙，一主墙，两副墙。各墙外有壕，构成三条护城壕。城墙外缘设有马面，现存14个。城外西北、西南、东南还各有一周长约200米的小方城。此城尚未进行考古发掘，仅在城址及周围曾出土数件特点鲜明的遗物，有铜印、铜镜、玉马、铜饰件等。再从中兴城址所处的地理环境看，处于黑龙江和松花江环绕交汇处。因此，一般认为该城址为金代具有重要军事意义的一个城镇。

车家城子城址

位于双城市兰棱镇车家城子村西北，地处拉林河右岸二级台地上。1999年，为配合同三公路哈双段工程建设，黑龙江省文物考古研究所对城址进行了发掘，发掘面积1000余平方米，包括城门址、城墙、城壕的解剖、城外遗存的揭露等。

城址方位北偏西15度。平面近方形，南墙、北墙长约209米，东墙、西墙长约205米，周长约828米。城墙为夯土版筑，最高约4.5米。经勘查，城四角有角楼，西墙和东墙各有马面1个，北墙有马面2个，南墙已毁，相对应地，也应有马面2个。北墙正中有门址1座，宽约4.4米。城外有内外两条护城壕，宽约6米余。城内地表可见布纹瓦片、陶片、青砖残块等，发掘出土有陶、石、骨、铁、铜器，还有唐、宋时期铜钱等。该城址规模不大，发掘者认为，此城系金代早期东北通往中原内地的一处“驿站”性质的城址。

（三）墓葬

由于工作的不平衡，黑龙江地区金墓的材料发现比较零散，并不丰富。多数墓葬发现时已被破坏，其墓葬形制和随葬品等已不能反映其全貌。故有的墓葬的年代的判定等就比较模糊，尚不准确。再加上有些墓葬的材料未予及时报道或报道较为简略，给深入研究带来一定困难。

目前，黑龙江省发现的金代墓地有10余处，但多处墓葬在发掘时已遭破坏，有的甚至无法知其墓葬个数，仅少数经过清理、发掘。依其建筑构造及外部形制的差异，分为三大类，即土坑墓、棺椁类墓、室类墓。年代包括金代早期至晚期。

至今，黑龙江地区关于金代墓葬的发掘、发现主要有三项较为重要。

第一项是1973至1974年黑龙江省文物考古工作队发掘绥滨县中兴、奥里米等辽金墓群；第二项是1983至1984年黑龙江省博物馆发掘的哈尔滨市新香坊墓群；第三项是1988年黑龙江省文物考古研究所发掘的阿城城子村金齐国王夫妇合葬墓。以上墓葬的发掘，由于墓葬形制类型独特、完整，出土遗物丰富，成为研究黑龙江金墓的标尺性材料，具有重要的学术价值。

中兴墓群

墓葬位于黑龙江右岸，东南距中兴城址约500米。1973年发掘了12座墓葬，个别墓葬为同坟异穴，如M3～M5、M6～M8。墓葬分为土坑墓、土坑木椁墓、土坑木棺墓。土葬（尸骨葬）和火葬并存。墓葬遭盗掘扰动。出土约300余件随葬品，瓷器数量多，金银器、玉器等精美物品占有一定比例。陶器数量多，以罐为主，其次为壶和钵。有排印和瓜棱装饰，也有用彩绘者，器底多有刻划符号。大致推断墓葬的年代为金代早中期。

奥里米墓群

墓葬位于奥里米城址西北古河道两岸向阳坡地上。1974年发掘25座；1998年清理了8座。有的墓葬为多座墓共用一个封土。墓葬分为土坑墓、土坑木椁墓、土坑木棺墓、土坑石椁墓。土葬（尸骨葬）为主，个别火葬。土葬有一次葬和二次葬。墓葬多被盗扰。有金银器、玉器、陶器、瓷器等。陶器有罐和壶，也有瓜棱作风。瓷器多为碗和盘。铜钱为北宋钱币及金代“正隆元宝”铜钱等。1998M5～M8年代可早到辽代，其余墓葬年代大致为金代早中期。

新香坊墓群

墓葬位于哈尔滨市香坊区幸福乡东南，阿什河左岸的二级阶地上。1983至1984年对墓地进行勘探、发掘，共清理墓葬13座。这是一处墓葬类型比较丰富的墓地，有木椁木棺墓、石椁木棺墓、砖室墓等形制。葬俗包括土葬（尸骨葬）和火葬两种，随葬品可分为生活用具、生产工具、马具和佩饰品等。其中金佩铃、玉雕佩饰、金镶玉耳坠饰、银钏及饰有龙凤纹图案的镶有银边的鎏金鞍桥等，造型优美，工艺精湛。该墓地地表早年还立有石人、石虎等石像生，表明墓地曾有地面神道设置。由此可见，该墓地应为一处地位较高的贵族家族墓地。多数墓葬的年代在金代中期前后。

城子村金“齐国王”墓

墓葬位于哈尔滨市阿城区巨源乡城子村西，阿什河右岸的二级台地上，北去松花江近10公里。1988年发现并对该墓进行了发掘。此墓系棺椁类墓中的土坑石椁木棺墓，墓圹平面呈凸字形，墓圹内南北并列一大一小两具长方形石椁。大石椁四壁由4块花岗岩石板组成，盖、底各由3块花岗岩石板平铺，共10块石板。石椁长2.8米、宽1.9米、高1.5米；小石椁四壁、盖、底共由6块花岗岩石板组成。石椁长1.78米、宽1.17米、高1.22米。大石椁内有木棺，为尸骨葬、葬男女夫妇2人、仰身直肢葬；小石椁为附葬墓，内有碎骨、可能为迁葬。墓中随葬出土有墨书“太尉仪同三司事齐国王”字的木牌及压印“太尉开府仪同三司事齐国王”字的银质铭牌，此外还有双鹅玉饰、金项饰、金环饰、金耳坠、金锭、金鞘玉柄刀等。男女墓主人着多层多样式衣饰，男性着8层17件，女性着9层16件。丝织品种类有绢、绸、罗、锦、绫、纱等。根据墓葬形制结构、出土遗物及铭牌等情况分析，该墓年代为金代中期（约1162）。此墓墓主人身份明确，年代确切，保存完整，在金代墓葬研究中具有重要的标尺意义。

目前的材料表明，黑龙江地区的金代墓葬主要集中发现于黑龙江中下游、松花江及其支流阿什河流域。这些地方乃是女真人起初的发祥地，也是当时人口集中聚居的地方。其中既有一般平民墓，也有王室贵族墓。

（四）界壕

金界壕是规模宏大的古代军事防御工程。其构筑别具一格，由外壕、主墙、内壕、副墙组成。金界壕大约始建于金太宗天会（1123）年间，至金章宗承安三年（1198）前后竣工，历时70余年。金界壕全长5500公里，其中在我国境内长约4600公里。

经考古勘查确定的金界壕有两条。一条是金初修建的界壕，主要分布在内蒙古海拉尔市（原华伦贝尔盟）、俄罗斯和蒙古国境内；一条是从嫩江到大青山的界壕，主要分布在我国内蒙古自治区境内，在内蒙古阿荣旗、扎兰屯市南部，以界壕为内蒙古与黑龙江省的分界线，南侧的边堡属于黑龙江省。金界壕包括壕堑、主（副）墙、土堡等设施。壕堑宽8~10米，深4~5米。主墙高6~8米，宽8~10米。筑堤材料均就地取材，平地挖土夯筑，山地用石料垒砌。壕堡建于主墙内侧，设有房舍和营库，可以屯驻少数守军和储备兵器。土堡根据需要，又分为不同的类型和功能，每座土堡之间的距离也不等，位置多选在利于观察敌情和地形条件优越之处。

按照行政建制，文献史料记载，将界壕分为四路，即东北路、临潢路、西北路、西南路。黑龙江省境内分布的界壕，属于东北路北段。

近年来，文物考古部门对界壕的局部做过试掘工作。2009年，黑龙江省文物考古研究所对嫩江左岸甘南县境内的界壕进行了抢救性考古发掘（主要是壕墙解剖）。发掘面积200平方米。这次发掘为进一步了解金界壕的结构特征、筑造特点、墙壕关系提供新的材料。

四、小　结

综上，通过考古工作者长期的不懈努力，黑龙江区域渤海辽金考古取得了一定的成就，但未来的工作依然任重而道远。

1. 关于渤海考古

渤海考古是黑龙江省考古工作的重点，开展得比较深入，多年以来一直未间断。包括都城址、小城址、聚落址、墓葬等方面，取得的成果也较为突出。但后续的综合研究和专题研究需要重新跟上。加强对都城（上京城）方面的综合研究（建筑时序、布局、功能等），今后工作重点仍是对上京城部分遗迹继续进行勘探发掘，形成对上京城更为全面的认识；加强对渤海上京城周围墓地的调查和渤海王陵的探寻与考察，深化对渤海墓葬的研究。

2. 关于辽代考古

辽代考古研究薄弱，对于遗存面貌的认识比较模糊。工作多是早年做的，近年基本处于停滞状态。要着眼于对城址性质的考量和考订，尤其是城址本身的面貌特征需要结合考古调查、发掘，给予一个明晰的认识；加强对黑龙江西部地区辽代墓葬的系统研究。

3. 关于金代考古

多年以来，对金代遗存断续地做了一些工作和研究，但缺乏整体设计、系统性的课题式的工作安排。一些成果没有及时报道公布，阻滞了研究的深化。今后工作的重点是对金上京城开展系统工作与研究。要加强对金上京城及周边遗存的调查发掘。虽然近年来有零星的考古勘探和试掘，但不够系统，一直停留在对上京城平面形制的了解上，而对上京城内的建筑布局及营建时序等关键性问题长期悬而未决。同时，对上京城周围分布的大量不同类别的遗存的准确定性、定位问题也始终困扰着学术界。下一步需要针对上京城的整体保护展开全方位的田野考古工作，要加强对金代中小城址的研究，搞清黑龙江区域金代城址的分布情况及基本特征和类型。

博物馆介绍

黑龙江省博物馆介绍

黑龙江省博物馆　李　玲

黑龙江省博物馆是一座省级综合性博物馆，是黑龙江省历史文物、动植物标本化石、艺术品的收藏、展示与研究中心，是地方史和自然生态的研究中心之一，也是开展爱国主义教育和宣传地方历史文化、自然资源和人文艺术的重要场所。

黑龙江省博物馆位于哈尔滨市南岗区红军街50号，馆舍由主楼（展厅）、藏品库房、办公楼三部分组成，建筑面积15960平方米。主楼建成于1908年，米黄色墙面，暗红色穹隆顶，采用流线型墙墩，窗洞和方扁形穹顶，为欧洲巴洛克式建筑，并融入19世纪末新艺术运动建筑风格，是中东铁路早期在哈尔滨建造的最具特色的建筑之一。此建筑原为莫斯科商场，2006年，哈尔滨莫斯科商场旧址被国务院批准为第六批全国重点文物保护单位。

20世纪20年代初，依附于原苏联中东铁路局的一批俄国学者倡议在哈尔滨建立博物馆，经中国地方当局批准，首先成立了以中国地方官员为主的东省文物研究会，会长为东省铁路督办王景春博士。1923年6月12日，东省文物研究会陈列所在现馆址举行成立典礼并对外开放，宣告黑龙江省博物馆正式成立。此后的30年间，黑龙江省博物馆曾历经东省特别区文物研究会博物馆、伪北满特别区文物研究所、伪大陆科学院哈尔滨分院博物馆、哈尔滨工业大学常设运输经济陈列馆、松江省科学博物馆、松江省博物馆等几个阶段。1954年，随着松江省并入黑龙江省，松江省博物馆与黑龙江省博物馆筹备处合并，成为黑龙江省博物馆。

黑龙江省博物馆是黑龙江地区最早的文物事业机构，馆藏资源丰富，现有各类藏品12万余件，占黑龙江全省藏品总数一半以上。其中自然标本7万余件、历史文物与艺术品4万余件。自然标本类藏品中主要有：黑龙江嘉荫龙骨山出土的距今6500万年白垩纪晚期平头鸭嘴龙和距今2万余年第四纪哺乳类披毛犀、猛犸象等古生物化石，以及矿物、土壤、植物、动物（昆虫、鱼类、两栖、爬行、鸟类、哺乳类）等成系列标本。其中一些模式动植物标本以及国家一、二类保护动物标本都具有十分重要的科学价值。艺术品收藏包含近现代书画、北大荒版画、海伦剪纸、木版年画等。近现代书画作品藏有清末吴昌硕，著名的延续发展型画家三大人物黄宾虹、齐白石、潘天寿，开拓型的重要人物徐悲鸿、刘海粟、林风眠等人的代表性作品；北大荒版画为我国重要的版画流派，我馆是北大荒版画主要的收藏机构，藏品涵盖此流派第一至第四代画家的全部作品；海伦剪纸是中国民间艺术的一朵奇葩，我馆的收藏从早期民间王大娘、李大娘等的作品，至付作仁家族的大量剪纸作品，这一群体的早、中期作品集中藏于我馆；木版年画是我馆另一独具特色的收藏，山东潍坊、天津杨柳青、江苏桃花坞三地的主要代表作品皆具有浓郁的地方特色，备受群众喜爱。此外，我馆还集中收藏了当代著名书法篆刻艺术家邓散木先生的艺术作品2000余件，散木先生是一位集诗书画印于一身的艺术家，一生治学严谨，著述丰富，其在金石书法方面的非凡成就对后世的影响是巨大的。历史文物收藏方面，有距今一万多年的扎赉诺尔人头骨化石和塔河十八站旧石器制品；有我国最早发现的“细石器”产地——昂昂溪遗址出土的压制石器；饶河小南山一座墓葬中出土的70余件具有地方特色的玉器，是我国最东北、最集中出土的新石器时代玉器，对研究我国古代文明起源具有重要意义。密山新开流遗址出土的压制石镞、骨雕鹰首、方格纹陶器，尚志亚布力出土的三联玉璧，镜泊湖莺歌岭出土的小陶猪均为同时代的珍品。肇源白金宝出土的属于青铜时代的几何纹陶器、绳纹陶鬲，说明距今2900年前黑龙江地区即与中原地区有了密切的联系。宁安东康出土的陶豆、双鸭山滚兔岭和绥滨同仁出土的陶罐，说明黑龙江东部地区铁器时代曾有过繁荣的文明。宁安渤海上京遗址出土的“天门军之印”、鎏金铜佛和金佛，以及海林山嘴子出土的鎏金带銙，是唐代渤海国出土文物的代表。除此之外，辽金时期的文物又是黑龙江省博物馆的另一大收藏重点。如金牌、金带銙、银骨朵、玉凤、玉鱼、玉人、铜坐龙、山水人物故事镜、双鱼镜、“胡里改路之印”、“承安宝货”、“翟家记”银锭等，均属于国家一级文物。特别是阿城巨源金齐国王完颜晏夫妻合葬墓出土的文物，是金代考古的重大发现，用织金、印金的绫、罗、绢缝制的、保存完好的男女全套服饰，以及随身佩戴的诸多装饰物，堪称稀世珍品，填补了金代服饰史的空白。下面，将重点介绍一下部分馆藏的渤海及辽金时期文物。

一、渤海时期文物

（一）陶器

1. 莲花瓦当

莲花瓦当出土于宁安县东京城渤海上京龙泉府遗址。瓦当为圆形，陶质灰色，直径13.2厘米、边厚1.9厘米。中心是一个凸起的圆纽，外绕一圈凸弦纹，其外侧排列着6个小乳丁。主体纹饰为瓦缘和中部凸弦纹之间6个等距离排列的双瓣纹莲花，花瓣尖端朝外。莲瓣及其中脊、周边突起的边缘，为一圈凸起的宽边，宽边里各莲瓣之间有“十”字形纹饰。莲花瓦当是渤海时期典型建筑材料之一，唐代中原建筑也多见形制稍异的莲瓣纹瓦当，莲花瓦当的出土反映出渤海建筑深受中原文化的影响。

2. 忍冬花纹残砖

忍冬花纹残砖出土于宁安县东京城渤海上京龙泉府遗址。此砖灰色，残长16厘米、宽13.5厘米。火候较高，质地比较坚硬，砖面上饰忍冬纹。忍冬纹是类似忍冬植物的花纹，常做绘画或雕刻等艺术品的边饰。东汉末期中原地区开始出现，南北朝时最为流行，渤海的砖瓦深受这种纹饰的影响。忍冬纹花砖是渤海比较典型的建筑材料之一。

3. 宝相花纹砖

宝相花纹砖1983年出土于宁安县东京城渤海上京龙泉府遗址。此砖残缺一角，长43厘米、宽42.5厘米、厚5.5厘米。灰色，火候较高，质地坚硬。在砖面正中饰一双重八瓣宝相花，周围饰以花瓣，四角有对称的花纹图案，四边正中分别饰4个小六瓣宝相花和花叶。宝相花是中国一种传统的装饰纹样，将某种自然形态的花朵进行艺术加工，变成一种装饰化的花朵纹样。宝相花纹砖图案美观、秀丽，是渤海典型的建筑材料之一，渤海的方砖一般用于铺地。

4. 陶覆盆

陶覆盆出土于宁安县东京城渤海上京龙泉府遗址。通高12.7厘米、腹径77厘米、底径66厘米、口径52厘米。为夹砂灰陶，质地极其坚硬，圆形环状。残成数段，后修复成型。覆盆是放在石柱础上边，围在柱子的根部，主要是作为建筑的装饰，同时也起着保护和加固柱子的作用。根据其大小，可推算出当时柱子的直径、高度、负荷和建筑物的规模等。覆盆和莲花纹的石柱础在北朝、隋唐时期很常见，渤海地区的柱础和覆盆模仿了中原的形制和纹饰，反映了中原汉族文化对渤海的影响，是研究渤海建筑的珍贵资料。

（二）铜器

1. 鎏金铜佛

鎏金铜佛于1958年出土于宁安县渤海镇。铜佛为立像，高7.4厘米、宽2.7厘米、厚1.1厘米。右手下垂，左臂曲托向上，手中似托一物，体态潇洒自然。佛像下部安有插柄，便于固定位置。渤海的佛像种类很多，有铜、铁、陶和铜胎鎏金等不同质料，造型生动，代表着唐代渤海地区雕塑、彩绘和冶铸工艺水平，是研究渤海宗教文化及与中原地区文化交流的重要资料。

2. 鎏金铜带銙、带銙垫

鎏金铜带銙、带銙垫1972年出土于东宁县大城子古城。铜质鎏金，出土时比较完整。带銙长5.9厘米、宽3.1厘米。两端呈花瓣状，中间部分细长，形似桥状，背后用两个铆钉，把两端铆结起来。带銙垫由半圆形铜片制成，长3.2厘米、宽2.4厘米。内侧有一长方形孔，四角有4个小圆孔。渤海带饰在众多的渤海墓葬中经常出土，它是渤海人的实用品和社会地位的标识物，对渤海文物典章制度具有研究价值。

3. 天门军之印

天门军之印1960年4月出土于宁安县渤海上京龙泉府遗址。印为青铜质，铜片镶成，呈长方形。通高4.3厘米、边长5.25厘米×5.3厘米、厚1.4厘米、柄高2.9厘米。印文为汉字篆书："天门军之印"，笔画细挺有力，圆润活泼。印文凸起，笔画之间的沟槽约为0.9厘米。印背面为楷书："天门军之印"。印钮扁平，中穿1圆孔，呈桥状。根据其特征推断，应是一方唐代官印。在历史文献记载中均不见唐及辽金两朝天门军之制，历年出土的辽金铜印亦无此种形制。这方铜印在渤海上京遗址皇城内出土，应是唐代渤海官印。它是国内现存的唯一的渤海官印，是渤海设有与唐朝中央禁军类似的军事组织的重要线索，具有很高的历史研究价值。

4. 瑞兽鸾鸟铜镜

瑞兽鸾鸟铜镜出土于黑龙江省宁安县渤海上京龙泉府遗址。铜镜重100克，呈菱花形，直径10厘米、边宽0.2厘米、厚0.3厘米。镜背不分区，中心纹饰由同向排列的双兽、双鸾鸟构成。兽似奔马，鸾鸟嘴衔花枝，兽鸾间配置行云。边缘饰蜂蝶、花卉等图案。菱花形瑞兽鸾鸟镜主要流行于唐代，宁安县渤海上京龙泉府遗址出土的这面铜镜与陕西一座唐墓中出土的瑞兽鸾鸟镜相同，证明这面铜镜应属唐代。由于至今发现的渤海铜镜很少，因此，这面铜镜尤显珍贵，为研究渤海文化与中原文化的交流提供了第一手资料。

（三）金器

1. 小金佛

小金佛1988年出土于黑龙江省宁安市渤海镇。佛像重49.3克，高5厘米，呈站立姿态，双脚站在莲花托上，托下是长2厘米、莲花茎状的插柱，精巧别致，专门用来插放佛像。金佛像头上梳着发髻，宽额，双耳垂肩，两眼微闭，高鼻，嘴角上翘，呈微笑状。佛像上身穿偏衫式袈裟，左手提净水瓶。整体形象端庄恬静，极具神韵。以往唐代佛像袈裟的样式，大多是自然敞开下垂的，因此佛像的胸部和腹部多是袒露的，而这尊小金佛全身的服饰穿戴齐整，这在唐代佛像中并不多见。该尊小金佛也是目前在渤海国上京龙泉府遗址内发现的唯一一尊纯金佛像，具有极为重要的历史研究价值。

二、辽金时期文物

（一）铜器

辽金时期的铜器包括铜镜、铜饰件、铜锅及铜印鉴等。金代铜镜从风格上讲，大致分为两类：一类是仿中原，一类是自己制造。从纹饰上看，多饰有鱼、龙、人物故事、童子攀枝、乐器、瑞兽葡萄等，其中相当一部分还刻有款识。金代缺铜，为禁止民间毁钱铸镜，朝廷决定新镜要经当地有关部门检验刻款，旧镜可送官府给半价。同时百姓为躲避官府检查也形成了仿汉、唐镜的风气，从而取得合法使用的权利。

1. 人物双鱼镜

人物双鱼镜1975年出土于黑龙江省绥棱农场。铜镜为圆形，直径36厘米，平缘，缘厚1厘米、宽1.5厘米。球状钮，镜面呈白色。镜背图案分内、外两区，内区是由水波、游鱼、人物故事所组成的纹饰。纹饰的上部浮云游动，枝叶低垂。左侧树下站着两个人，皆着长袍，其中一人双手拱于胸前，另一人伸手作谦让状；右侧为一个头戴草帽、正在田间辛勤劳动的耕作者。在人物之间是耸立的石山。图案下部，水面宽阔，波浪翻滚，两条鲤鱼在水花中时隐时现地畅游。外区则为一周勾连纹圈带。整个镜子构图新颖，创造性地将人物故事和双鲤鱼融于一镜，具有浓郁的生活气息和民族气息。从人物的服饰来看，应该是金代中期以后的作品，为一级文物。

2. 双龙铜镜

双龙铜镜于1982年5月由黑龙江省文物商店移交黑龙江省博物馆收藏。镜为圆形，直径12厘米。平缘，缘厚0.4厘米。龟形钮，卷云形钮座。缘与钮座之间，双龙首尾相衔，张口，鳞片稀疏，每条龙都为四足三爪，衬底为云龙纹。边缘有刻款，仅识“上京”字样。龙纹作为装饰题材在我国历史悠久，唐代盛行龙纹铜镜，金代亦是如此。但从图案和做工上看，金代龙纹镜造型较为粗犷豪放，龙鳞的刻画也较为简单粗略，不如唐代铜镜制作精细。这既反映了金代当时的生产力水平较为低下，同时也反映出女真人的审美取向还较为原始。此镜已经上京路某机构检验。

3. 许由巢父故事镜

许由巢父故事镜于1982年5月由黑龙江省文物商店移交黑龙江省博物馆收藏。圆形，直径为21.2厘米，平缘，缘厚1厘米，圆钮。镜面呈银白色，镜背缘内是一周凸弦纹和连珠纹。中间图案的上部为绵延起伏的山峦，居中一棵繁茂的大树，树的左侧一老翁席地而坐，似双手合握于胸前，向右观望，右侧则为一童子，左手牵牛，右手伸向老翁。图案的下部河岸蜿蜒，清波荡漾，怪石错立。

4. 仿唐鸾兽葡萄镜

此纹饰铜镜共有两面。图案相同，大小略异，其中一面锈蚀较重，另一面图案清晰。图案清晰一面直径为8.7厘米，镜背分两区。内区是四只姿态不一的兽，各兽之间点缀着凸起的葡萄纹饰；外区为飞禽鸾鸟和茎蔓葡萄纹带。内外区被一较宽的凸棱隔开，镜缘为三角锯齿纹带，镜中心为半球状钮。此类镜，显然系金代仿唐制品，但较唐代同类镜铸造工艺粗糙，铜质亦有差别。

5. 瑞兽葡萄镜

瑞兽葡萄镜1982年于哈尔滨市征集。镜为圆形，直径8.6厘米，平缘，缘厚0.5厘米，中心一球状钮，配素钮座。两个似海狮的瑞兽环钮座盘绕，体态活泼，间隔处铸一串葡萄；近缘处有一周羽纹和铭文带，大部分铭文字迹锈蚀不清，可辨识者有“青盖”、“孙子”等字。据金代上京会宁府遗址出土的同类镜判断，铭文亦应为仿汉式镜的吉祥语，即“青盖作镜自有纪，辟去不羊宜古市，长保二亲利孙子，为吏高官受命久”。在此面镜中，有刻款，为稍粗线刻“金上京𠃊（这是画押）”。

6. 蝴蝶勾连纹铜镜

蝴蝶勾连纹铜镜1989年出土于五常县向阳山乡五家桥村。镜为铜质，圆形，直径21.4厘米，平缘，缘厚0.4厘米。桥状钮，连珠纹钮座。镜面呈银白色，镜背外区饰八朵小勾连纹，间隔配置四只翩翩起舞的蝴蝶。内区是四朵小勾连纹。缘刻“都右院”、“官”和“↙”押记，同阿城市金上京遗址出土的一面金代菊花纹铜镜刻款、押记完全相同。以蝴蝶为铜镜图案，最早始于唐代。但此镜的刻款和连珠纹证明，其为金代铜镜。“都右院”是金朝设置的一个机构名称，而“官”字与押记则是金朝检验铜镜的标志。

7. 舞乐铜镜

舞乐铜镜1984年征集于黑龙江省哈尔滨市金属结构厂。镜为铜质，圆形，直径12厘米，缘斜面内倾，缘厚0.8厘米。桥状钮，连珠纹钮座。镜背为连珠纹划分的4个扇面，各扇面图案相同，两人相对，头挽髻，着长袍，腰束带，足蹬靴，手捧乐器正在奏乐，翩翩起舞。两人中间上部有“十”字形花点。在两个相连区的空地，刻“信州武昌县”五个字。镜面薄，略凸，图案为半浮雕式。信州，始设于唐朝，辽、金、北宋、南宋均设有信州，但信州下设武昌县的，只有辽金两朝，均位于今吉林省长春市怀德县境内。人物的头饰、着装和手持的乐器——笙，可与《金史》有关记载相印证，证明此镜是金代的。

8. 铜坐龙

铜坐龙1965年于阿城县金上京会宁府遗址南城中的西墙北段发现。龙重2.1公斤，通体高19.6厘米。铜龙呈踞坐式，为黄铜质铸造而成。坐龙昂首张口似长吟，肩微前弓，前左腿翘起，其爪飞踏瑞云。瑞云与后左腿相连。右前腿略向前方直立，爪与地面相接。龙尾上翘向外卷曲。龙首、肩部和四肢饰有卷鬣。在龙的前右腿、尾部及瑞云处，有以双向分开的扁钉残迹，当时为与他物相连接固定而铸。铜坐龙整体形象逼真，栩栩如生。

据《金史·舆服》载：金世宗大定六年（1166）十二月规定，将金辂“轼上坐龙改为凤”，知金辂上曾饰坐龙；又据“大辇……顶轮施耀叶，中有银莲花、坐龙”记载，可见大辇顶轮上也饰有坐龙。有人认为：此坐龙与熙宗天眷三年（1140）“巡幸析津（今北京），如乘金辂”和世宗大定二十四年（1184）巡幸上京所乘大辇上的装饰有关。但也有学者认为，此龙当是建筑饰件。铜坐龙当是金熙宗、世宗时期的遗物。

9. 六耳大铜锅

六耳大铜锅系1958年5月中旬，在哈尔滨东南郊筑路时，距地表95厘米处发现，后由黑龙江省博物馆收藏。锅为铜质，重79公斤，通高62厘米、口径67厘米、腹径71厘米、沿厚2.7厘米。直口，平唇，深腹，上腹向内倾斜，范铸。锅耳有一圈凸弦纹，为合范对口的痕迹。口沿下有9道凹弦纹；其下有6个板状耳，两两相对。耳长均为4厘米、宽17厘米、厚0.7厘米。每耳之间均铸有一道竖纹。自耳下至锅底呈半球形。出土时锅口向下，锅底尚有烟痕。六耳锅为金代典型炊具。这件大铜锅完整无损，是黑龙江省境内目前出土的铜锅中最大的一口，为国家一级文物，对于研究金代冶炼技术的发展具有重要价值。

10. 经略使司之印

经略使司之印1973年5月出土于宾县常安乡土顶子村。印为铜质，正方形，通高5厘米、边长7.7厘米、厚1.8厘米，梯形板柱钮，钮高3.2厘米。印文为汉字阳文九叠篆书："经略使司之印"。印背面阴刻楷书："经略使司之印"。唐太宗在沿边要州始设经略使，宋代各路均设此职。金宣宗仿照中原，在部分州曾设经略司，但其设置、任免、迁格无常。根据《金史》记载，经略使司即为经略司，下设经略使，其职责是协助地方治理军事，维护地方秩序，以巩固和加强中央对地方的统治。此印无年款，根据有关文献资料推断，此印应铸于1213年（金贞祐元年）以后。

11. 上京路军马提控盈字号印

上京路军马提控盈字号印1970年8月出土于海林县新安乡和平村。印为铜质，正方形。通高4.5厘米、边长8.5厘米、厚1.5厘米。梯形板柱钮，钮高3厘米。印文为汉字阳文九叠篆书："上京路军马提控盈字号印"；印背面阴刻楷书："贞祐四年五月日"、"上京行六部造"；印侧面阴刻楷书："军马提控盈字号印"。宋代有提控之设，金朝路、府、州队及京城也设提控。"军马提控"亦即《金史》记载的"提控军马"，为领兵武官。"盈"是千字文编号，说明金末军队之多。"上京行六部"是代中央六部在上京行使职权的机构，次印为上京路某一军队总领之印，铸于1216年（金贞祐四年）。

12. 蒲峪路印

蒲峪路印出土于克东县金城乡古城村，现已佚，1975年在出土地点征集到该印模。印面呈正方形，边长7.8厘米。印文为汉字阳文九叠篆书："蒲峪路印"。蒲峪路位于金上京会宁府之北，治所在今克东县个城乡古城村古城。其辖境南与上京会宁府肇州相接，东至汤旺河与胡里改路毗邻，西与嫩江流域乌古迪烈部接壤。北界据《金史·地理志》记载："金之壤地封疆……北自蒲与路之北三千余里，火鲁火疃谋克地为边。"据此可知，从蒲峪路故址克东县金城古城北去3000里，即达俄罗斯外兴安岭一带，这一带便是金朝的北部边界。蒲峪路印模的发现，为研究金代的行政设置提供了重要资料，同时它还证明金代已对外兴安岭以南、黑龙江以北这一广阔地区实行有效的管辖。

13. 胡里改路之印

胡里改路之印1977年11月5日出土于鸡东县综合乡。印为铜质，重800克。正方形，边长6.7厘米、通高4.6厘米、厚1.8厘米。长方形柱状钮，钮高2.8厘米。在钮上端刻一“上”字，示意用印的方向。印文为汉字阳文九叠篆书：“胡里改路之印”；印背右侧阴刻汉字楷书：“贞祐五年二月”；左阴刻楷书：“行六部造”；印左侧阴刻楷书：“胡里改路之印”。《金史·地理志》记载：“胡里改路，国初置万户，海陵例置万户，乃改置节度使。”“胡里改路之印”的出土证明《金史》关于胡里改路的记载是正确的。胡里改路的治所，在今依兰县旧城。其辖境，西以屯河（今汤旺河）和蒲峪路毗邻，南以今穆棱河流域与合懒路为界，北达外兴安岭一带；东北至鄂霍次克海。“胡里改路之印”为1217年（金贞祐五年）行六部颁铸。行六部，即上京行六部的简称。在金代，官印原由中央六部之一的礼部统一铸造、颁发，以后却降为“上京行六部”代铸，这反映了金末中央集权的削弱。

（二）金银器

黑龙江省博物馆收藏的金代金银器较多，多为在金上京遗址附近及墓葬出土，多为饰品，亦有货币。

1. 金镶玉耳饰

金镶玉耳饰，1对，1983年出土于哈尔滨市新香坊金墓，1987年交由黑龙江省博物馆收藏。耳饰主体为鸟形玉片，下带含苞待放的玉花蕾坠，以金花叶托饰。玉鸟作飞翔状，阴刻线纹勾画尾部及翅膀上的羽毛，眼部呈三角形。颈下穿孔通过腹部至尾部，金丝穿入空中向下弯，鸟尾下部接连一曲形金柄，鸟长4.3厘米、宽1.4厘米。

2. 金帽顶饰

金帽顶饰，1件，1983年出土于哈尔滨市新香坊辽金墓，1987年交由黑龙江省博物馆收藏。帽饰为圆盖形，外径6.2厘米、孔径1.6厘米。外表看似一器皿的盖儿，钮部为伸展出来的孔管，盖身饰有八个花瓣，每个花瓣上各有一朵小梅花，下面两个花瓣之间，也各有一个小梅花，但较前面的略小，共计八朵。孔管壁上有呈云雾状刻线纹，盖身均匀分布着五对凿刻出的小孔，每对两个，以便镶嵌之用。

3. 金凤凰

金凤凰为1963年5月阿城县半拉城子农民在挖土时发现，后由黑龙江省博物馆收藏。金凤凰由两层金片铸合而成，重6.98克。凤凰呈飞舞状，昂首翘望，嘴衔一金圈。凤冠如一朵飞云，长1.2厘米，高0.5厘米。颈部冠羽如两条飞舞的飘带，长1.4厘米，高0.8厘米，并带有一弯曲的金丝，翅膀纹饰细腻优美，后羽由3排树叶形花纹组成，羽后部和足部均带有金丝。通长5厘米，高3.5厘米，翅膀长2.5厘米，后羽长3厘米。这件金凤凰造型别致，制作精巧，为金代贵族妇人凤冠上的饰件。

4. 上京翟家银镯

上京翟家银镯1963年出土于阿城县杨树乡，翌年由黑龙江省博物馆藏征集并收藏。银镯重42.9克，呈椭圆形，长径6.5厘米、短径6.1厘米、宽1厘米、厚0.2厘米。镯身扁薄，开口。里面平直，外面弧形，两端开口处间隙1厘米。表面光泽，内壁有“上京翟家”的戳号。金银器上有明确字款，特别是带有“上京”戳记的，在黑龙江省尚不多见。与这件银镯同时出土的，还有五件银镯，分别刻有“邢家记”、“□家记”的戳记。说明金代上京城内的金银店铺不止翟氏一家，这反映了金代金银制造业的发达。

5. 承安宝货

承安宝货，五枚。1982年黑龙江省银行在黑龙江省西部地区收集，现由黑龙江省博物馆收藏其中一枚。银币重58.8克，铤形，束腰，正面较平。长4.8厘米、最宽3厘米、束腰处2.1厘米、厚0.55厘米。首端中部横凿汉字楷书“承安”两字，腰部竖凿汉字楷书和押记两行，右为“宝货壹两半”，左为“库Ⅱ”、“部⍺”；边缘四周为3道水波纹；背面为密集蜂窝状 。“承安”为金章宗年号，据《金史》记载，1197年（金承安二年）12月，为解决官兵俸饷及边戍军需，尚书省奏请铸“承安宝货，一两至十两，分五等，每两折钱二贯”。1200年（金承安五年）2月，由于私铸掺假等原因，罢“承安宝货”，因此“承安宝货”实际只流通了3年。“壹两半”系此银币的币值，也是这枚银币的实际重量。“库Ⅱ”为金朝所设货币管理机构“交钞库”的“检勘”押记戳记。“部⍺”为金朝中央尚书省户部的“勘复”押印。“承安宝货”，过去仅见文字记载，未发现过实物。这五枚“承安宝货”银币的发现填补了中国货币史上的空白，为国家一级文物。

6. 翟家记银锭

翟家记银锭1957年6月出土于哈尔滨市阿城区巨源乡。长14.4厘米、两端宽9.5厘米、腰宽6厘米、厚2.5厘米，重1925克。银锭呈束腰形，正面微凹，四周边缘为水波纹；侧面与背面均有铸造时留下的气孔。正面腰部两侧各錾刻一行汉字楷书“翟家记”、“真花银”戳记。银锭上錾刻的“翟家记”，应是一家金银店铺的名称，由汉人翟姓私人经营。这间店铺除铸造银锭外，还兼制作和经营金银首饰。银锭上的“真花银”錾文是经官府鉴定后的成色标识，说明银锭成色很好。这件银锭形制规整，色泽纯正，錾文清晰，表明金上京金银制造工艺的精湛水平。它为研究金代金银制造业的发展和白银的货币作用提供了重要物证。

（三）铁器

金代窖藏铁器，在我国北方地区出土较多。近几年来，黑龙江地区曾多次出土过金代铁器，其数量相当可观。就五常县内而言，也出土过两次。一次是1981年在沙河子公社先锋大队，出土铁器55件；另一次为长山乡出土的51件铁器。这批窖藏的铁器，同以往各地出土的相比，有一明显的区别，即多数铁器是残坏的。金代铁器贵重，曾被禁止出境。这说明金代铁器的产量，不足以供应社会的需要。下面介绍几件比较有代表性的金代铁器。

1. 鱼形铁铡刀

鱼形铁铡刀1958年12月出土于肇东县八里城。铁刀前宽后窄，刀背弧形，刀面平刃，前部呈鱼上唇状，其下有一圆孔，似鱼眼，为安刀钉用。孔上端有一铁钩，形如鱼须。柄部为空心板铁围成，似鱼尾。铡刀通长76.5厘米、最宽18厘米、刀部长61厘米、柄长15.5厘米、直径4.5厘米、刀背厚2厘米。锈蚀较严重，刃部有残缺。铁铡刀其形似鱼，造型独特，与金代铜镜多饰双鱼纹同出一种理念，具有浓厚的民族特色。为典型的金代农业生产工具，是识别金代铁器的代表性器物。

2. 六耳铁锅

六耳铁锅1960年征集于甘南县阿伦河古城。锅为直口，平唇，深腹，口沿向内收敛。通高22.5厘米、锅口直径39厘米，沿厚2厘米。沿下与耳上饰有数道凹弦纹。腹上部有6只板状耳，两两相对。耳长5厘米。宽9厘米。铁锅为生铁双范合铸而成。锅耳有1周凸弦纹，为合范对口痕迹。耳下锅底呈半球形，为金代典型的炊具。

3. 大定二十九年款铁刀

大定二十九年款铁刀1985年6月出土于勃利县长兴乡马鞍村。通长87厘米、宽3.7厘米、刀身长71.5厘米、刀前背厚0.5厘米、后背厚1.2厘米、柄长5.5厘米、最宽2厘米。铁刀单刃，刃部平直，仅在刃前端微斜，刀锋锐利。刃部剖面呈长三角形。刀背呈弧形，前窄后宽。刀柄呈扁长锥形，稍窄于刃部。柄末端有一小孔，系固定木柄之用。在刀背末端玺刻汉字楷书“大定二十九年□府造”字样。“大定”为金世宗完颜雍的年号。大定二十九年，即公元1189年。金代铁刀上鉴刻明确的铸造年款和地点，尚属首次发现，较为珍贵。

（四）石器

1. 石雕飞天

石雕飞天1974年出土于绥滨县中兴墓群，由一块黄褐色寿山石精雕而成。长8.3、宽6.8厘米。出土时断裂，并用金线缠连。这件石雕飞天是黑龙江女真人墓中的随葬品。造型别致生动，动感极强。图案中部为一飞天女神。面颊丰腴，头扎双髻，袒上身，裸双臂。左臂举至胸前，掌心向内。右手拇指、食指微曲，其他三指直伸。一朵卷云遮盖了向上擎起的右臂。体态健美，衣带飘逸自如，似嫦娥奔月。上下及两侧分别衬以一朵扶摇直上的荷花和若干滚动的卷云。图中人体，衣带、卷云和荷花，以不同的动势和飞行速度，形成了强烈的音乐感和舞蹈感。飞天在佛教中是“天帝司乐之神”。每有佛会，便凌空起舞。“不啖酒肉，以香为食”，故称香神、乐神或香音神，是佛的八部众之一。作者运用圆润豪放、气脉相贯的线条工法，生动地刻出飞天飞翔时的韵律。使飞动的形体和运动的气势融为一体。金朝建立后，黑龙江地区佛教徒除汉人、契丹人外，以女真上层贵族为多，墓中出土的这件石雕飞天也证实了这一点。它是研究黑龙江地区女真人文化及其与中原密切关系的又一珍贵实物资料。

2. 龟形石砚

龟形石砚1965年出土于泰来县塔子城。石砚长13.5厘米、宽1.7厘米、高8厘米。龟首仰起，双目圆睁，两耳后伏，颈下斜，有五道宽窄不同的凸弦纹。龟背略扬起，中间呈平面亚腰形，砚身前后刻有鳞片，前部有一小圆孔，供插笔用。砚身右侧刻一长5厘米、宽2厘米、深约2.5厘米的长方形凹槽，为存墨处。龟四足俯卧，尾下垂。该砚造型别致、纹饰生动，堪称精品。今泰来县是辽泰州辖地，塔子城是泰州治所。其周围遗址、墓葬和城内出土辽代文物甚多，此砚应为辽代文物。

（五）玉器

春水秋山玉具有鲜明的女真民族特色，春水玉图案为鹘攫天鹅，秋山玉的图案则为山林群鹿。这两种玉不仅可以独立构成各自的谱系，而且还可从中反映出金代女真人所居之地的自然风貌，以及女真族继承辽代契丹人的春秋捺钵习俗。

1. 玉雕绶带鸟

玉绶带鸟，2件。形制相同，应为一对，岫岩玉质，青中略带橘黄，双面透雕，整体造型略呈三角形，以阴刻线纹勾勒鸟的羽毛，头顶的羽毛为卷曲状，鸟眼为三角形，嘴衔花蕾，长尾向后伸展呈波浪形曲线，头尾相对，与荷花、荷叶相映成一体。雕工细腻圆润，具有极高的艺术水平。

2. 玉雕天鹅

玉雕天鹅1984年由黑龙江省博物馆在哈尔滨市新香坊王子坟4号墓发掘出土并收藏，2件。形制相同，应为一对。长3.7厘米、高2.6厘米。玉质受沁，呈牙骨色，单面透雕，整体构图呈抹圆三角形，天鹅细长颈，在波浪、荷叶与含苞待放的花蕾间俯卧，阴刻划线纹表现天鹅的羽毛、嘴、眼和花蕾花叶。系墓主人生前佩戴之物。

3. 玉雕双凤

玉雕双凤1983年出土于哈尔滨市新香坊王子坟4号墓。高7厘米、宽3.8厘米。玉质，透雕，由两只单体凤连成抹圆三角形。凤头相向，图案相同。回首，展尾上翘。玉雕双凤系墓主人生前佩戴之物，年代大致为辽金时期。该饰件玉质晶莹，雕刻技术精湛，是一件难得的艺术品。

4. 水晶小兔

水晶小兔1974年黑龙江省考古队在绥滨县奥来密金墓发掘出土。小兔通高2.2厘米、长3.6厘米、厚1.1厘米。由1块透明水晶精雕而成，料质晶莹剔透，表面留有磨蚀的痕迹，整个图案造型考究，比例适当。1只肥大的野兔呈卧息状，体内布满发光的结晶颗粒，恰似繁星闪烁；背中部有一圆孔，直径为0.25厘米，四周磨损严重，适用于悬挂或佩戴；底部雕有3处宽0.3厘米的横凹槽，1处竖凹槽。金代黑龙江地区女真贵族素有用玉、玛瑙和水晶等原料琢雕成各种装饰品的习俗。此物当为金代女真贵族所有，它为研究金代水晶雕刻工艺提供了实物资料。

5. 双鹿纹玉雕牌饰

双鹿纹玉雕牌饰于1974年省考古队在绥滨县奥来密古城北约100米处的金代墓葬发掘出土。底边长4厘米、通高3.5厘米、厚0.5厘米。牌饰由一块青玉精雕而成，略呈三角形。玉质透明温润，泛光泽。造型精巧别致，构图清新典雅。两侧自底部始，分别为两棵随风摇曳的树木，根干粗壮，枝叶繁茂，树梢枝叶自然和谐地互搭在一起，使全图呈三角形。树下站立两只马鹿，左侧雄鹿昂首挺立，体态健美雄壮，朝向前方，其鹿角与左侧树干相通；右侧雌鹿体态略小，正回首凝视雄鹿，其耳部则与右侧树叶相连。在两鹿上方有只大雁，它的腹部与雄鹿角衔接，头、尾及两翅分别与左、右两树枝叶并连，呈引颈高飞状。此玉雕为金代春水秋山玉的典型代表，具有浓郁的地方特色和民族风格，堪称金代雕刻艺术之精品。

6. 玉鱼

玉鱼于1974年省考古队在绥滨县中兴金墓M 24号发掘出土。玉鱼全长5.8厘米、通高3.1厘米、厚1.4厘米。玉质光滑剔透，泛光泽。由1块墨玉精雕而成，双面雕刻，正面图中，有一鲤藏匿于荷塘之中，1片肥大荷叶遮盖了它的后半身。尾部从荷叶右上方露出。裸露的鳞片、鳃、吻及尾部，均细节分，线条清晰。一只传神的圆眼凸出圆睁，仿佛在窥视着周围的环境。几片分割狭长或纵或斜的荷花，相互交搭，错落有致。有的掩住鱼吻部，有的自吻部一直上缠遮盖住鱼的背鳍。一朵盛开的荷花从鱼背部伸出，扶摇直上，背面图中为一条裸露的鲤鱼，嘴、鳃、鳍、尾、眼、鳞片，也枝节分明，细密清晰。尾部向上翘起，仿佛正在游动，其下端露出半片小荷叶。吻部微张，衔叼一根荷茎，荷茎相间，各具生态，相映成趣，表现了“接天莲叶无穷碧”的意境。鱼类图案，在金代文物上多有出现，预示着多子多福的良好祝愿。

（六）石刻

1. 大安七年残刻题记

大安七年残刻题记1956年春发现于泰来县塔子城内西南隅的小学校院内，为辽代碑刻。题记刻在一块长方形的青灰色泥灰岩上，略残。残长23.8厘米、宽17.4厘米，厚1厘米。上部中间有一长方形凹槽，为安插其他附件用，题记为立面竖排阴刻，共16行，正面9行，左侧1行，背面6行。文字清晰可辨者凡155字。正文为：

大安七年岁次辛□……
扎首西头供奉官泰州河堤□……
同建办塔事第右班殿直□……
提点塔事前管内僧政讲经沙门□……

其余皆为人名姓氏，其中有的人名前系职衔，如“右承制”、“邑长”、“女邑长”等。题记共存人名姓氏47个，均为汉姓，研究者认为他们应是汉人及汉化的渤海人。

题记之“同建办塔事”和“提点塔事”，当指塔子城附近已经颓圮的砖塔可据此推知，该塔当应建于1091年（辽道宗大安七年）前后。题记中的另一重要纪事为“泰州河堤”。该题记的发现，也为塔子城始建于辽代提供了可靠物证。

2. 八面舞乐石幢

八面舞乐石幢1968年出土于伊春市大丰区横山屯金代墓中，为金代石刻艺术品。石幢通高1.2米，用汉白玉石材雕凿而成，由顶盖、柱状八面体主幢和底座3部分组成。顶盖为正方形，系仿汉代以来中国古建筑中庑脊造型。底座为圆形，由3个伸向不同方向的蟾头组成。主幢部分高43厘米，直径34厘米，分8个面，每面宽15厘米。各面均有舞乐人物浮雕，八面浮雕的画面，每面依次分别是：一人呈坐状，怀抱箜篌，略侧身，双手放在琴弦之上，作奏乐状；一人双膝跪卧，怀抱“阮咸”（阮咸是一种古代乐器，形似今之月琴），作弹奏状；一人双腿叉开直立，双手抚一笛，作吹奏状；一人呈坐卧状，怀拥琵琶进行演奏；一人双腿弯曲叉开，双臂展开，双手上翘，头略偏左扬起，作舞蹈状；一人双腿叉开直立，双手作击鼓状；一人双腿盘坐，双手作吹箫状；一人呈坐状，膝上横一琴，双手放在弦上，作抚琴状。人物形象逼真，姿态各异，栩栩如生，八面八种形象组合成一个高歌欢舞的热烈场面，反映了女真人较高的文化艺术水平。石幢上的人物体态、脸型、服饰等，具有女真人的特点，而所用的鼓、琴、琵琶、萧、阮咸等，都是我国唐、宋时期中原地区常用的乐器。据《金史》卷三十九《乐志》载：“初，太宗取汴，得宋之仪章钟磬乐，挈之以归，皇统元年，熙宗加尊号，始就用宋乐。”舞乐石幢的形象内容证实了《金史》记载的可靠性，同时为研究金代女真人的文化艺术等提供了极好的实物资料。

（七）瓷器

1. 白釉葫芦瓷瓶

白釉葫芦瓷瓶1982年出土于齐齐哈尔市梅里斯辽墓。通高27厘米、口径3.4厘米、底径8.8厘米。小口圆唇，束腰。上呈椭圆形，下为球形，形似葫芦，圆足。胎粗夹砂，白釉江灰，内外施釉，有泪痕，开片，下腹和圆足未挂釉。

该瓶为酒器，造型优美，质朴大方，便于携带，适宜契丹族以毛毡为室、车马为家的游牧生活。

2. 白釉褐花四系瓷瓶

白釉褐花四系瓷瓶出土于兰西县东风乡双榆树屯。瓶通高30厘米、口径5厘米、腹径18.5厘米、底径8.7厘米。小口短颈，颈肩安4个柳叶形系。圆肩，鼓腹，矮圈足，圈足底部有一个鸡心点。足墙外撇，呈橄榄形。酱口，颈部点褐彩，器身上下用褐彩组成两组弦纹，下部施黑釉，腹部绘有由3组草叶纹为主题纹饰组成的装饰带，虽用笔草草，但那粗犷不羁的豪放气势，却显示了金代陶工的艺术造诣。此瓶是女真人吸取宋代四系瓶的特点，经过再创造后演变而来，具有鲜明的女真文化特色。

3. 双鹅戏水四系瓶

双鹅戏水四系瓶出土于兰西县东风乡双榆树屯，1978 年 10 月交由黑龙江省博物馆收藏。瓶通高 33 厘米、腹径 18.5 厘米、底径 9.5 厘米。四系，通体呈橄榄形，圈足，足墙外撇。上素胎，下部施褐色釉，釉面混浊不纯，上下用 3 道黑蓝色釉组成两组弦纹。从胎釉结合的边沿痕迹上看，系采用蘸釉方法施釉。胎质比较粗厚，且含有不少杂质。胎骨烧结程度不高，敲之声音粗哑。纹样简单。在素胎上的腹部绘有两只栩栩如生的鹅和一朵云。采用简笔写意的手法，虽粗犷豪放，疏疏几笔，却体现了金代女真族浓厚的生活气息。从胎质和造型看，此瓶是金代磁州窑系的一种酒具，为典型的金代器物。

4. “清酒肥羊”四系瓶

“清酒肥羊”四系瓶 1960 年 7 月出土于兰西县双榆树屯。瓷瓶通高 32 厘米、腹径 20 厘米、足径 9.2 厘米。瓷质较粗，胎呈米灰色。小口，削肩，大鼓腹，矮圈足，肩上附有用于系带的四个桥状耳，属金代磁州窑系产品。器表绘有简疏、明快的黑色草叶纹和弦纹。中间空白处用黑釉横书“清酒肥羊”四个字。这件瓷器从造形、纹饰和文字内容上均带有浓厚的草原游牧生活气息，是女真传统文化和中原文化相结合的产物。

5. 猪首瓷埙

猪首瓷埙出土于肇东县八里城。通高 4.5 厘米、宽 5.3 厘米，空心。眼睛、嘴采用堆贴工艺手法，使其显得更加生动自然。埙的上部蘸上 1/3 的酱色釉；上部为素胎。上有 3 孔，吹之有声。制作精细，造型较规整。线条圆浑丰满。这件瓷埙，形似猪首。造型独特，反映了女真人喜爱养猪的民族特点，是研究金代音乐的实物资料。

除这些典型的馆藏渤海、辽金文物外，近年来黑龙江省博物馆在渤海、辽金史的研究方面取得了一些可喜的研究成果，在某些领域甚至是引领学术潮流的。如黑龙江省博物馆自 2003 年成立渤海文化研究中心以来，出版并发表了许多在渤海学界影响至深的成果：专著方面，渤海考古与渤海史研究学科带头人刘晓东先生所著《渤海文化研究——以考古发现为视角》，于 2006 年 3 月由黑龙江人民出版社出版；由黑龙江省博物馆承担，刘晓东先生为首席专家的《渤海历史文化大系》获批 2010 年度黑龙江省哲学社会科学研究重大委托项目，同时该项目又获批 2012 年国家社会科学基金项目。我馆有 4 位业务人员承担了其中 4 个子课题的撰写工作，分别是《渤海的地理疆域》、《渤海的历法与纪年》、《渤海的语言与文字》以及《渤海的礼仪与音乐》。论文方面，黑龙江省博物馆的专业研究人员也发表了许多有影响力的成果，其中刘晓东先生的《渤海佛教遗迹的发现与研究》、《渤海国语言初探》、《渤海上京城“三朝制”建制的探索》、《渤海“振国”、“震国”名源考察》以及《渤海王陵及相关问题续论》等文章在渤海研究学界得到了众多学者的肯定和认同；刘滨祥教授的《渤海瓦当的分类与分期研究》一文也曾被研究渤海瓦当的学者视为重点参考文章。

与此同时，黑龙江省博物馆在辽金史研究方面一直处于学界领先的地位，这与黑龙江省博物馆的馆藏辽金文物数量以及专业人员的努力是分不开的。2010 年 9 月 26 日黑龙江省博物馆群力分馆的《松花江的记忆——金源文化展》正式对外展出，获得全国业内人士的一致好评，并于 2011 年 5 月 18 日，荣获第九届全国博物馆十大陈列展览精品奖，这是对黑龙江省博物馆近几年来文博工作的一个极大肯定，同时也反映出黑龙江省博物馆在辽金史研究方面的努力和实力。其中以刘晓东馆长著《试论金代女真贵族墓葬的类型与演变》、李玲、杨海鹏著《浅谈哈尔滨新香坊金墓出土的金银器》、杨海鹏著《哈尔滨新香坊墓地出土的金代文物》、《金代铜坐龙的发现与研究》、《金代耳饰述论》等文章在学界极具影响力，是辽金史研究方面的优秀成果。

相关刊物介绍

北方文物

《北方文物》杂志社　于建华

一

《北方文物》（原名《黑龙江文物丛刊》），创刊于1981年10月，是由黑龙江省文物管理委员会（现称黑龙江省文物管理局）主管、北方文物杂志社（原名黑龙江省文物出版编辑室）主办的学术期刊。是东北地区第一家公开发行的文博类专业性期刊。创刊之初，由杜广义担任主编，曹鹏、干志耿任副主编；1985年4月，吴文衔担任主编，王德厚任副主编；1995年12月，曲守成、于建华担任副主编；从2000年4月至今，一直由于建华担任主编。截至2011年底《北方文物》共出版120期，刊发学术文章近2800篇，约2100万字。《北方文物》除在国内发行外，还远销美国、英国、德国、瑞典、加拿大、俄罗斯、日本、韩国、朝鲜等近20多个国家和我国港台地区。总发行量约240万册。多次代表黑龙江省出版局和中国新闻出版署参加美国、日本、德国、新加坡等国主办的国际期刊展。

《北方文物》从1981年创刊至1982年，为不定期的内部期刊，当时开辟的栏目比较多：有考古发现、民族史论、地方史志、渤海历史与考古、古迹·文物、人物志、考古随笔、风土录、轶闻掌故、文物知识、艺文志、博物馆·纪念馆、文博动态、译文等。1983年《北方文物》改为季刊，1984年在国内外公开发行。1985年改为现名。改刊后的《北方文物》，对原有栏目进行了重新合并和调整，开辟了考古发现与研究、民族史论、地方史志、博物馆学研究、译文等栏目。

《北方文物》创刊30多年来，一直坚持学术性、资料性、研究性、探索性、前沿性的办刊方向，以马列主义、毛泽东思想、邓小平理论和“三个代表”思想为指导，坚持“双百”方针，在内容上以反映和研究北方地区的文物考古为重点，兼顾民族史和地方史研究，关注博物馆学和文物保护的理论研究与实践，同时及时介绍东北亚在考古学和历史学方面的研究动态和最新的研究成果。30年间，《北方文物》树立强烈的精品意识，突出文物和地方两大特色，刊载了一大批具有重要学术价值和资料价值的文章和具有原创性的作品，具有较高的学术水平，在学术界产生了重要的影响。在刊载的文章中既有在该领域著名的专家学者的名篇，也有初出茅庐、锐意进取的中青年学者的力作。刊载的许多文章被国内外报刊或收录篇目，或摘其要点，或全文转载。《北方文物》是中国期刊数据库全文收录期刊、中国学术期刊综合评价数据库统计源期刊、中文科技期刊数据库收录期刊，由于《北方文物》具有较高的被索量、被摘量、被引量、他引量、被摘率，被国内外重要检索工具所收录，所以多次被北京大学选定为中文核心期刊，被中国社科院评为中国人文社会科学核心期刊，被清华大学评为社会科学精品期刊。同时多次被黑龙江省出版局评为社会科学一级期刊和优秀期刊；在2005年和2008年获黑龙江省委宣传部、黑龙江省新闻出版局出版精品工程提名奖。这些荣誉的获得，从一个侧面反映出《北方文物》在北方考古学界和民族史学界的重要地位。

二

《北方文物》杂志社编辑出版的《东北亚考古资料译文集》在学术界的影响越来越大。我国东北地区与俄罗斯、朝鲜、蒙古、日本等国比邻，它们在历史与考古学文化方面有着密切的联系，特别是高句丽、渤海历史与文化的研究，已经成为国际上非常关注的热点课题。为了及时了解和掌握国外学术界有关的学术资料、学术观点和研究动态，满足学术界和相关学者的需求，《北方文物》杂志社从1991年开始，组织翻译、编辑、出版《东北亚考古数据译文集》第一集；从2000年至2007年，我们加大了对这方面的工作力度，连续出版了《东北亚考古资料译文集》第三、第四、第五、第六、第七集。这五部译文集，共收入俄罗斯、朝鲜、蒙古、日本等国学者的文章118篇，223万字。内容涉猎政治、经济、社会生活和思想文化、民族、历史、文献与考古等方面。这一系列译著的刊布，为我国学术界及时了解东北亚如朝鲜、韩国、日本、俄罗斯等国学术界最新的学术成果、学术信息、学术动态提供了重要的资料。《东北亚考古资料译文集》出版后，深受北方考古学界、民族史学界和地方史研究人员的好评和欢迎。几年来，我们陆续收到国内外许多专家学者的来信和来电，他们对《东北亚考古资料译文集》系列丛书的出版给予了高度的评价。

三

30年来，《北方文物》杂志社共出版图书32部，约948万字。较为重要的有《朝鲜考古学概要》、《黑龙江古代民族史纲》、《渤海史稿》、《室韦史研究》、《黑龙江古代简史》、《金源故都》、《探颐索隐集》、《黑龙江民族考古资料译文集》、《东北亚考古资料译文集·俄罗斯专号》、《清代陶瓷》、《中国古代陶瓷纹饰》、《霍尔瓦特传》、《牡丹江市文物保护单位保护区规划》、《依兰文物志》、《讷河文物志》、《爱辉县志》、《二龙山农场志》、《北安农场志》、《普阳农场志》、《苏联远东史》、《汉英考古分类词汇》、《黑龙江鹤岗地区古代文化遗存》、《东北亚考古资料译文集·渤海专号》、《东北亚考古资料译文集》4～7集等。

四

30年来，《北方文物》突出地方特色，在辽金史、渤海史的研究方面刊发了一大批资料新、观点新、方法新的文章，为繁荣我国辽金史、渤海史的研究作出了积极的贡献。据统计，从2001年至2012年5月，《北方文物》共刊发有关文章316篇，内容涉猎政治与政治制度、经济与经济与经济制度、社会生活和思想文化、民族与民族关系、历史地理、文献与考古文物等方面的研究。这里以发表时间为序介绍一下，并对重点文章作概括性介绍。

1. 马沙：《辽代鸡冠壶的分期演变及其相关问题》2001年第1期29页。

2. 冯恩学：《河北省宣化辽墓壁画特点》2001年第1期36页。

3. 盖志庸：《耶律羽之墓志铭考证》2001年第1期40页。

4. 李秀兰、王美娜：《金齐国王墓影金绣碧罗鞋的修复》2001年1期54页。

5. 杨茂盛：《试论生女真人的宗族文化》（上、下）2001年第1期56页；2001年第2期55页。

6. 宋馥香：《金朝争夺燕云地区的策略探析》2001年第1期66页。

7. 张帆、刘文生、张泰湘：《宋朝徽、钦二帝北迁行踪研究》2001年第1期71页。

8. 周峰：《金代救灾与救济》2001年第1期75页。

9. 魏国忠、郭素美、魏建华：《关于渤日交聘中的“高丽国”问题》2001年第1期86页。

10. 郭珉、董玉芬：《辽泰州始建年代析略》2001年第1期97页。

11. 彭善国：《金代的茶叶与饮茶风俗》2001年2期47页。

12. 孙传波：《旅顺博物馆藏金代完颜娄室墓出土的部分文物》2001年第2期51页。

13. 都兴智：《中华书局点校本〈金史〉勘校举要》2001年第2期71页。

14. 徐学毅：《关于渤海历史考古的两个问题》2001年第2期88页。

15. 林茂雨、佡俊岩：《法库李贝堡辽墓》2001年第3期36页。

16. 吉林省文物考古研究所：《吉林公主岭市赵油坊遗址发掘简报》2001年第3期44页。

17. 吉林省文物考古研究所：《吉林市郊红旗果树遗址发掘简报》2001年第3期49页。

18. 张碧波：《渤海大氏续考》2001年第3期57页。

19. 冯永谦：《沈阳白塔堡白塔年代辨疑》2001年第3期30页。本文根据文献记载，认为沈阳白塔应为辽塔，而非明塔。

20. 胡秀杰、刘晓东：《渤海陶器类型学传承渊源的初步探索》2001年第4期37页。

21. 乔梁、杨晶：《黑龙江省西部的辽代墓葬》2001年第4期44页。

22. 王可宾：《金祝寿人物故事镜考释》2001年第4期51页。

23. 孟古托力：《辽道宗中后期自然灾害述论》2001年第4期71页。

24. 刘晓东：《“车书本一家”的考古学诠释——论渤海文化与中原唐文化的趋同性》2002年第1期30页。

25. 冯恩学：《贝加尔湖岩画与辽代的羽厥里部》2002年第1期38页。

26. 王未想：《辽上京城址周围出土的墨书铭文骨灰匣》2002年第1期43页。

27. 辽宁省文物考古研究所：《辽宁省北宁市鲍家乡桃源村大平滩辽墓》2002年第1期48页。

28. 内蒙古巴林右旗博物馆：《辽代释迦佛舍利塔内出土的“无垢净光大陀罗尼经”鎏金银版》2002年第1期52页。

29. 王德忠：《论辽朝五京的城市功能》2002年第1期77页。

30. 王成国：《渤海史研究的一座丰碑》2002年第1期91页。

31. 双城市文物管理站：《黑龙江省双城市前对面古城的文物》2002年第2期51页。

32. 本溪市博物馆考古队：《辽宁省本溪市二道沟金代窖藏文物调查整理简报》2002年第1期53页。

33. 项春松：《辽代财产刑研究——契丹“籍没”刑及其相关问题试析》2002年第2期58页。

34. 马一虹：《唐封大祚荣“渤海郡王”号考——兼及唐朝对渤海与高句丽关系的认识》2002年第2期61页。

35. 黄凤岐：《论金朝的教育与科举》2002年第2期67页。

36. 尹铉哲：《吉林省兴隆县兴隆村的二十四块石遗址》2002年第3期38页。

37. 鄂善军：《黑龙江省同江市勤得利古城调查》2002年第3期45页。

38. 刘朴：《河北省承德县发现辽代窖藏》2002年第3期48页。

39. 郭康松：《双轨制与辽文化》2002年第3期57页。

40. 任爱君：《神速姑暨原始宗教对契丹建国的影响》2002年第3期61页。

41. 张志勇：《辽代惩治官吏犯罪的法律规定考述》2002年第3期67页。

42. 和希格、穆鸿利：《从奥屯良弼女真文石刻看金代民族文字的演变》2002年第3期72页。

43. 唐山市文物管理处、迁安市文物管理所：《河北省迁安市开发区金代墓葬发掘清理报告》2002年第4期21页。

44. 陈金梅：《辽宁北票市下瓦房沟发现一座辽墓》2002年第4期28页。

45. 贲鹤龄、王崇存、哈日呼：《内蒙古扎鲁特旗哲北辽代墓葬群》2002年第4期30页。

46. 彭善国：《辽金元时期的海东青》2002年第4期32页。

47. 周峰:《金代的圣节》2002 年第 4 期 53 页。

48. 葛华廷:《中元节与辽朝皇帝的“迎节”、“送节”》2002 年第 4 期 80 页。

49. 陈雷:《黑龙江出土金代铜坐龙的雕刻艺术特色》2002 年第 4 期 100 页。

50. 刘晓东、胡秀杰:《渤海陶器的分类、分期与传承渊源研究》2003 年第 1 期 25 页。

51. 王可宾:《岳飞印辨析》2003 年第 1 期 39 页。

52. 伊葆力:《“上京鞋火千户铜牌”质疑》2003 年第 1 期 41 页。

53. 王春雷:《金上京博物馆藏宋金人物纹饰铜镜》2003 年第 1 期 45 页。

54. 武玉环:《辽代的赋役制度》2003 年第 1 期 64 页。

55. 徐俐力、张泰湘:《辽代边墙考》2003 年第 1 期 70 页。

56. 黑龙江省文物考古研究所:《黑龙江省宁安市东莲花村渤海墓葬》2003 年第 2 期 31 页。

57. 陈璐:《海林羊草沟征集的几件渤海时期文物》2003 年第 2 期 33 页。

58. 陈金梅:《辽宁北票坤头波罗村发现一辽代石棺》2003 年第 2 期 34 页。

59. 杨海鹏:《铜玉壶春瓶刍议》2003 年第 2 期 42 页。

60. 胡兴东:《辽代后妃与辽代政治》2003 年第 2 期 68 页。

61. 徐学毅:《敦化六顶山“珍陵”新考》2003 年第 2 期 95 页。文中认为,“珍陵”是渤海第三代王大钦茂之王妃的陵寝。

62. 沈一民:《金朝史实对清初政治的影响》2003 年第 2 期 99 页。

63. 齐齐哈尔市文物管理站:《齐齐哈尔富拉尔基辽代砖室墓》2003 年第 3 期 35 页。

64. 黄雪寅:《契丹族金银器的动物纹饰》2003 年第 3 期 38 页。

65. 陈杰:《从“仁和馆”铭四系瓶谈起》2003 年第 3 期 44 页。

66. 韩光辉、张清华:《关于辽朝户口类型考察》2003 年第 3 期 71 页。

67. 晓辰:《也谈渤海五京制的起始年代》2003 年第 3 期 80 页。

68. 葛华廷:《羊与契丹人的葬俗》2003 年第 3 期 82 页。

69. 李强、侯莉闽:《延边地区渤海遗存之我见》2003 年第 4 期 26 页。

70. 许晓东:《辽代的琥珀工艺》2003 年第 4 期 35 页。

71. 朝阳市博物馆:《辽宁朝阳重型机械厂辽金墓》2003 年第 4 期 43 页。

72. 肖爱民:《耶律阿保机“盐池宴”考辩》2003 年第 4 期 53 页。

73. 夏宇旭:《试论赵秉文的治世思想》2003 年第 4 期 75 页。

74. 周峰:《金人绰号琐谈》2003 年第 4 期 80 页。

75. 辽宁省文物考古研究所、阜新市文物管理办公室:《辽宁阜新梯子庙二、三号辽墓发掘简报》2004 年第 1 期 31 页。

76. 张杰、朱涛:《黑龙江省肇东市涝洲镇安业村发现的辽代墓葬》2004 年第 1 期 38 页。

77. 华阳:《东北地区古代火炕初探》2004 年第 1 期 40 页。

78. 刘景文、王秀兰:《辽金兵器研究》2004 年第 1 期 50 页。

79. 张淑华、李成、张璐：《吉林出土的多孔器及相关问题》2004 年第 1 期 61 页。

80. 赵永春：《完颜宗翰对宋政策述论》2004 年第 1 期 81 页。

81. 肖红：《从渤海国和中央皇朝关系的演变看渤海国的归属性质》2004 年第 1 期 89 页。

82. 李陈奇、赵红光：《渤海上京城考古的四个阶段》2004 年第 2 期 44 页。

83. 胡秀杰、刘晓东：《渤海佛教的发现与研究》2004 年第 2 期 50 页。

84. 晓辰：《谈渤海文王钦茂时期的都城建制》2004 年第 2 期 60 页。

85. 朝阳博物馆、朝阳市龙城区博物馆：《辽宁朝阳召都巴辽墓壁画》2004 年第 2 期 64 页。

86. 邢国言：《双城市东利村发现“滨州邢家”银锭》2004 年第 2 期 67 页。

87. 张志勇：《辽金对野生动物的保护及启示》2004 年第 2 期 81 页。

88. 赵明星：《论鸡冠壶上的塑猴习俗》2004 年第 3 期 29 页。

89. 徐志国：《金大定七年沈阳双城县北范家庄西山道院宗主禅师石塔考略》2004 年第 3 期 36 页。

90. 鞍山市岫岩满族博物馆：《辽宁岫岩镇辽金遗址》2004 年第 3 期 41 页。

91. 马一虹：《古代日本对靺鞨的认识》2004 年第 3 期 61 页。

92. 孟古托力：《金朝儒家民族观探微》2004 年第 3 期 68 页。

93. 冯永谦：《三韩略说》2004 年第 3 期 88 页。

94. 宋玉祥：《释读渤日交往国书中的一些关键词语》2004 年第 3 期 98 页。

95. 李辉：《金代金银牌制度的再考述》2004 年第 4 期 35 页。

96. 景爱：《金中都的规划及影响——纪念金中都建立 850 年》2004 年第 4 期 40 页。

97. 付彤：《宁安市虹鳟鱼场渤海墓地征集的几件陶器》2004 年第 4 期 43 页。

98. 佳木斯市博物馆：《佳木斯市黎明村辽金墓群出土的文物》2004 年第 4 期 44 页。

99. 张庆国：《宁安市莲花村金代墓葬清理简报》2004 年第 4 期 46 页。

100. 刘晓东：《渤海国语言初探》2004 年第 4 期 57 页。

101. 李蜀蕾：《渤海墓葬类型演变再探讨》2005 年第 1 期 35 页。

102. 彭善国：《“渤海县官□”镜及“毫古猛安□”镜小考》2005 年第 1 期 46 页。

103. 乌力基德力根：《辽代庆陵皇族墓发现小型木雕件》2005 年第 1 期 48 页。

104 武亚琴、孟祥昆：《库伦旗出土一方辽代墓志》2005 年第 1 期 51 页。

105. 王胤卿：《试论辽瓷鸡冠壶是否适用的问题》2005 年第 2 期 29 页。

106. 朝阳市博物馆：《辽宁朝阳南塔街出土的金代窖藏文物》2005 年第 2 期 44 页。

107. 辽宁省文物考古研究所：《辽宁北票黑睛子城址出土的部分文物》2005 年第 2 期 48 页。

108. 勾海燕：《黑龙江省博物馆征集的二件石碾轮》2005 年第 2 期 51 页。

109. 杜成辉：《山西应县木塔建于辽代的又一佐证——元好问的几首吟应县木塔诗》2005 年第 2 期 62 页。

110. 韩世明：《金史女真史研究的新进展——第三届全国金史女真史学术研讨会综述》2005 年第 2 期 71 页。

111. 朝阳市博物馆、朝阳市龙城区博物馆：《辽宁朝阳召都巴金墓》2005 年第 3 期 29 页。

112. 黑龙江省文物考古研究所：《渤海上京龙泉府出土的几件文物》2005 年第 3 期 36 页。

113. 刘晓东：《中国渤海史研究的四次热潮及其代表成果》2005 年第 3 期 50 页。

114. 冯恩学：《辽墓启门图之探讨》2005 年第 4 期 30 页。

115. 孙国龙：《朝阳出土两座辽墓壁画管窥》2005 年第 4 期 35 页。

116. 张军：《契丹覆面、毁器、焚物习俗小议》2005 年第 4 期 40 页。

117. 杨海鹏：《俄罗斯沙伊金古城出土的金代玉石器》2005 年第 4 期 44 页。

118. 孟凡云：《耶律阿保机的神话活动及特点》2005 年第 4 期 66 页。

119. 张志勇：《辽代阜新地区头下军州刍议》2005 年第 4 期 74 页。

120. 刘晓东、李陈奇：《渤海上京城"三朝"制建制探讨》2006 年第 1 期 38 页。

121. 辽宁省文物考古研究所：《辽宁康平姜家沟出土的一组石雕佛像》2006 年第 1 期 48 页。

122. 天津市历史博物馆：《天津地区出土的古代铜镜》2006 年第 1 期 52 页。

123. 梁玉多：《简析渤海国对其周边民族实行的羁縻政策》2006 年第 1 期 66 页。

124. 肖爱民：《关于契丹迭剌部的几个问题》2006 年第 1 期 70 页。

125. 曹显征：《辽宋实现首次交聘之背景分析》2006 年第 1 期 76 页。

126. 贾鸿恩、李俊义：《辽萧孝恭萧孝资墓志铭考释》2006 年第 1 期 81 页。

127. 申佐军：《牡丹江地区金代古城述论》2006 年第 2 期 47 页。

128. 邹继和：《绥滨农场九团二十连墓地出土及征集的几件陶器》2006 年第 2 期 53 页。

129. 韩锋：《阿城市双城村发现一座金代墓葬》2006 年第 2 期 56 页。

130. 汤原县文物管理所：《桃温万户府故城的出土文物》2006 年第 2 期 58 页。

131. 杨军：《渤海"土人"新解》2006 年第 2 期 74 页。

132. 李秀莲：《关于金源文化分期问题初探》2006 年第 2 期 77 页。

133. 董新林：《辽上京城址的发现和研究述论》2006 年第 3 期 23 页。

134. 吉林省文物考古研究所、公主岭市文物管理站：《吉林省公主岭市永青辽墓清理简报》2006 年第 2 期 32 页。

135. 吉林省文物考古研究所、四平市文物管理委员会办公室：《四平市前坡林子遗址发掘简报》2006 年第 3 期 35 页。

136. 乌力基德力根：《巴林右旗博物馆收藏的几件辽代石枕和瓷枕》2006 年第 3 期 43 页。

137. 张亚平：《富锦市出土的金代文物》2006 年第 3 期 45 页。

138. 王孝华:《浅论完颜希尹》2006 年第 3 期 69 页。

139. 葛华廷:《辽代木叶山之我见》2006 年第 3 期 77 页。本文认为，辽代木叶山在今鲁尔虎山脉敖汉旗一侧。

140. 冯恩学:《特罗伊茨基靺鞨墓地的陶器来原》2006 年第 4 期 32 页。

141. 卢伟:《渤海国湖州治所及湄沱湖问题》2006 年第 4 期 37 页。

142. 杨海涛:《罕见的辽代金丝面具》2006 年第 4 期 41 页。

143. 鹤岗市文物管理站:《鹤岗地区发现的几处辽金时期遗址》2006 年第 4 期 44 页。

144. 郭长海:《金上京发现开国庆典所献礼器——人面犁头》2006 年第 4 期 55 页。

145. 宋卿:《日本接待渤海国使者的外交礼仪初探》2006 年第 4 期 81 页。

146. 乔梁:《契丹陶器的编年》2007 年第 1 期 33 页。

147. 方殿春:《金代〈通惠圆明大师塔铭〉再证》2007 年第 1 期 44 页。

148. 刘欣鑫:《渤海上京城发现的童子骑鸟铜像》2007 年第 1 期 52 页。

149. 刘晓东:《渤海“振国”、“震国”名源考察》2007 年第 1 期 61 页。

150. 赵永春:《辽金时期的黄龙府》2007 年第 1 期 69 页。

151. 吴凤霞:《金代〈通鉴〉学及其特点》2007 年第 1 期 83 页。

152. 姜玉珂:《镜泊湖边墙为渤海说兼谈渤海遗迹的甄别》2007 年第 2 期 23 页。

153. 阴淑梅:《宁安市渤海上京城发现的铜佛像》2007 年第 2 期 27 页。

154. 孙秀仁:《关于金长城（界壕边堡）的研究与相关问题》2007 年第 2 期 29 页。

155. 周峰:《辽金藏书家》2007 年第 2 期 56 页。

156. 徐晓东:《辽代琥珀来源的探讨》2007 年第 3 期 38 页。

157. 义县文物保管所:《辽宁义县头台乡亮甲山辽墓清理简报》2007 年第 3 期 45 页。

158. 黑龙江省博物馆:《哈尔滨香坊墓地出土的金代文物》2007 年第 3 期 48 页。

159. 王孝华:《金代女真人与酒》2007 年第 3 期 62 页。

160. 李西亚、杨卫东:《金代东北边疆的官员管理》2007 年第 3 期 69 页。

161. 刘淼:《北方辽金遗址出土定窑平底碟初探》2007 年第 4 期 45 页。

162. 王久宇、王锴:《阿城金代贵族墓的发现和考证》2007 年第 4 期 50 页。

163. 张韬:《试析渤海大钦茂时期与唐、日之间的交往——兼论渤海朝唐聘日观的形成》2007 年第 4 期 55 页。

164. 张帆:《王寂所著行部志中辽金美术史料举隅》2007 年第 4 期 63 页。

165. 王德朋:《论金代的禁榷制度》2007 年第 4 期 69 页。

166. 董四礼、王金玲:《金代质子制度探析》2007 年第 4 期 76 页。

167. 白光:《论辽代军乐》2007 年第 4 期 80 页。

168. 姜念思:《辽金元三代懿州治所考》2007 年第 4 期 85 页。

169. 吴树国:《试论金代黑龙江流域的盐业》2007 年第 4 期 90 页。

170. 杨茂盛:《简评〈辽代社会史研究〉》2007 年第 4 期 105 页。

171. 景爱、孙文政：《辽代石刻概述》2008 年第 1 期 27 页。

172. 辛蔚：《辽代“临潢府军器库之印”考》2008 年第 1 期 34 页。

173. 阴淑梅：《黑龙江泰来发现的几件辽代陶器》2008 年第 1 期 38 页。

174. 吴敬：《辽金都城防御特点的对比研究》2008 年第 1 期 40 页。

175. 陈杰：《宋元时期东北亚海上交流的考古学观察》2008 年第 1 期 45 页。

176. 河北省隆化县文物管理所：《河北省隆化县土城子城址 2005 年试掘简报》2008 年第 1 期 49 页。

177. 王玉亭：《从辽代韩知古家族墓志看韩氏家族契丹化的问题》2008 年第 1 期 59 页。

178. 龙小松：《金代书法风格的嬗变》2008 年第 1 期 65 页。

179. 尹铉哲：《渤海国港口考》2008 年第 1 期 69 页。

180. 于庆东：《五国部越里吉地望考》2008 年第 1 期 73 页。

181. 李陈奇：《渤海史研究的新起点——〈渤海文化研究〉读后》2008 年第 1 期 94 页。

182. 姜玉珂、赵永军：《渤海国北界的考古学观察》2008 年第 2 期 28 页。

183. 梁启政：《金毓黻之渤海上京城研究与东京城访古》2008 年第 2 期 37 页。

184. 董新林：《辽上京城址考古发掘和研究新识》2008 年第 2 期 43 页。

185. 夏曦：《介绍两件金三彩器物》2008 年第 2 期 46 页。

186. 孟凡云：《辽述律后的“人神合一”活动及其采取的宗教形式》2008 年第 2 期 66 页。

187. 夏宇旭：《论金代女真人与契丹人的婚姻关系》2008 年第 2 期 71 页。

188. 李浩楠：《论金代的忠孝军》2008 年第 2 期 74 页。

189. 宁波：《浅议金代致仕官员重新被启用现象》2008 年第 2 期 80 页。

190. 周喜峰：《论唐代渤海国的教育形式》2008 年第 2 期 86 页。

191. 徐志国：《辽宁省调兵山市城子村两座辽墓清理》2008 年第 3 期 47 页。

192. 辽西博物馆：《辽宁朝阳发现两座辽墓》2008 年第 3 期 51 页。

193. 曲艳丽：《哈尔滨市博物馆收藏的金代铜镜》2008 年第 3 期 57 页。

194. 孙伯君：《圣彼得堡藏女真文草书残叶汇考》2008 年第 3 期 78 页。

195. 赵越：《渤海瓦当类型学考察及分期》2008 年第 4 期 30 页。

196. 辽西博物馆、北票市博物馆：《辽宁北票白家窝铺辽代墓葬》2008 年第 4 期 38 页。

197. 金永田：《辽弘法寺僧志柔壁画墓》2008 年第 4 期 44 页。

198. 王鑫：《宁安市沙兰镇发现的女真族遗物》2008 年第 4 期 47 页。

199. 张国庆：《辽代“墓志人”之年寿状况及死亡原因考略》2008 年第 4 期 66 页。

200. 黄震云：《辽代法令考》2008 年第 4 期 76 页。

201. 彭艳芬、于淼：《论阿保机与李克用的会盟》2008 年第 4 期 80 页。

202. 葛华廷：《辽代四楼研究》2008 年第 4 期 92 页。

203. 苗天娥、景爱：《黑龙江双城完颜氏家谱考释》2008 年第 4 期 100 页。

204. 李凤举：《喀喇沁旗二道沟辽墓清理简报》2009 年第 1 期 32 页。

205. 辽宁省文物考古研究所：《辽宁朝阳西三家辽代遗址发掘简报》2009 年第 1 期 34 页。

206. 刘希言：《浅谈辽代墓室壁画从中期到晚期的发展——以陈国公主与驸马合葬 3 号墓和库伦 1 号墓墓道壁画为例》2009 年第 1 期 41 页。

207. 杨海鹏：《金代铜坐龙的发现与研究》2009 年第 1 期 44 页。

208. 周峰：《〈贞观政要〉在辽、西夏、金、元四朝》2009 年第 1 期 75 页。

209. 李秀莲、韩亚男：《女真人崇柳习俗源流探微》2009 年第 1 期 79 页。

210. 魏耕云：《辽代迁徙后所置渌州故址考》2009 年第 1 期 91 页。

211. 李锦萍、王金令：《金代曷苏馆路治所的考辨》2009 年第 1 期 95 页。

212. 苗天娥：《简评〈历史上的金兀术〉》2009 年第 1 期 107 页。

213. 王世杰：《渤海上京城发现的泥佛像》2009 年第 2 期 46 页。

214. 赵哲夫、韩亚男：《渤海国"暗摸靴"研究》2009 年第 2 期 47 页。

215. 董健丽：《辽代宗教瓷器述论》2009 年第 2 期 52 页。

216. 郑永振：《论渤海国的种族构成与主体民族》2009 年第 2 期 71 页。

217. 葛华廷：《辽奚迭剌部及相关问题浅析》2009 年第 2 期 87 页。

218. 宋德辉：《城四家子古城为辽代长春州金代新泰州》2009 年第 2 期 92 页。

219. 吉林省文物考古研究所、扶余县博物馆：《吉林省扶余县西车家店金代遗址的发掘》2009 年第 3 期 15 页。

220. 黑龙江大学考古专业调查组：《黑龙江省肇源县大青山遗址发现一批建筑构件》2009 年第 3 期 25 页。

221. 吉林省文物考古研究所、德惠市文物管理所：《吉林省德惠市朱城子七对遗址发掘简报》2009 年第 3 期 27 页。

222. 吉林省文物考古研究所、扶余县博物馆：《吉林省扶余县陶西林场遗址发掘简报》2009 年第 3 期 33 页。

223. 吉林省文物考古研究所、德惠市文物管理所：《吉林省德惠市李春江遗址发掘报告》2009 年第 3 期 47 页。

224. 石金民：《儒家思想对辽代契丹女性的影响》2009 年第 3 期 67 页。

225. 王玉亭：《辽代韩德昌及其子嗣官职述略》2009 年第 3 期 71 页。

226. 董四礼：《金世宗参与海陵王弑君夺权史事考》2009 年第 3 期 76 页。

227. 孙猛：《北京石景山出土金代吕嗣延墓志考释》2009 年第 3 期 79 页。

228. 林玉军：《〈金史〉行盐地理探微》2009 年第 3 期 86 页。

229. 梁启政：《金毓黻藏书印初考》2009 年第 3 期 89 页。

230. 刘晓东：《靺鞨文化遗存浅析》2009 年第 4 期 6 页。

231. 赵虹光：《渤海上京城建置研究》2009 年第 4 期 16 页。

232. 吉林省文物考古研究所等：《吉林省农安草房王遗址发掘简报》2009 年第 4 期 23 页。

233. 吉林省文物考古研究所等：《吉林省梨树县八棵树金代遗址发掘报告》2009 年第 4 期 31 页。

234. 吉林省文物考古研究所、德惠市文物管理所：《吉林省德惠市迎新遗址考古发掘报告》2009 年第 4 期 36 页。

235. 张玉春、王志刚：《德惠市迎新遗址金代双鱼镜的检测与研究》2009 年第 4 期 48 页。

236. 程尼娜：《金代社会与文化的探讨——〈宋德金集〉评介》2009 年第 4 期 53 页。

237. 吴凤霞：《金代王若虚的“史例”思想》2009 年第 4 期 60 页。

238. 杜成辉：《“西使记”作者刘郁事迹考》2009 年第 4 期 64 页。

239. 霍明琨、胡晔：《试析金宣宗迁都开封》2009 年第 4 期 69 页。

240. 景爱：《金代石刻概述》2009 年第 4 期 88 页。

241. 乔梁：《三江平原北部女真陶器的编年研究》2010 年第 1 期 43 页。

242. 彭善国：《试论东北地区出土的金代瓷器》2010 年第 1 期 50 页。

243. 梁玉多：《定安国小考》2010 年第 1 期 68 页。

244. 李玉君、杨柳：《金代皇族赃罪考述》2010 年第 1 期 73 页。

245. 黑龙江省文物考古研究所：《黑龙江省哈尔滨市阿城区赵家崴子遗址发掘报告》2010 年第 2 期 17 页。

246. 曾分良：《从椅子看辽代家具风格的多元化》2010 年第 2 期 46 页。

247. 蒋金玲：《路振〈乘轺录〉所记“韩氏子”考辨》2010 年第 2 期 69 页。

248. 康鹏：《东丹国废罢时间新探》2010 年第 2 期 73 页。

249. 高宇：《契丹长寿公主婚姻考析》2010 年第 2 期 78 页。

250. 孙建权：《〈金史〉勘误三则》2010 年第 2 期 80 页。

251. 穆崟臣、穆鸿利：《金完颜希尹神道碑研究述略》2010 年第 2 期 81 页。

252. 郑永振：《对渤海的建国年代和建国地的讨论》2010 年第 2 期 86 页。

253. 任爱君：《辽上京皇城西山坡建筑群落的属性及其功能——从辽太祖营建西楼与皇都的线索与动机说起》2010 年第 2 期 91 页。

254. 金永田：《辽“建冢塔记”残碑考释》2010 年第 2 期 96 页。

255. 李西亚：《金代刻书地点考》2010 年第 2 期 99 页。

256. 刘辉、刘丹：《论辽代陶瓷鸡冠壶的实用性》2010 年第 3 期 49 页。

257. 姜勇：《黑龙江省双城市金代银器窖藏》2010 年第 3 期 53 页。

258. 爱新觉罗・乌拉熙春：《敌辇岩木古与室鲁子嗣新考》2010 年第 3 期 63 页。

259. 高福顺、陶莎：《辽朝举进士、业进士考》2010 年第 3 期 72 页。

260. 李浩楠：《山西屯留宋村金代壁画墓题记考释》2010 年第 3 期 76 页。

261. 辛蔚：《金代“北库合同”印考》2010年第3期79页。

262. 都兴智：《〈宣以回纥国国信使墓志〉考释》2010年第3期83页。

263. 李俊义、庞昊：《辽上京松山州刘氏家族墓地经幢残文考释》2010年第3期87页。

264. 朱国臣：《重大收获 丰硕成果——祝贺〈渤海上京城〉出版》2010年第3期107页。

265. 韩宝鑫：《金代齐国王墓“象牙篦”的修复》2010年第3期111页。

266. 杨春、梁会丽、孙东文、赵志军：《吉林省德惠市李春江遗址浮选结果分析报告》2010年第4期52页。

267. 王惠宇：《上古至隋唐时期辽宁与日本的文化交流》2010年第4期54页。

268. 郑永振：《论渤海国的建国集团与国号、年号》2010年第4期62页。

269. 赵虹光：《渤海上京城补遗》2010年第4期68页。

270. 任爱君：《辽代的乌马山奚》2010年第4期75页。

271. 李秀莲：《亚沟摩崖石刻族属考释》2010年第4期77页。

272. 张士尊：《千山灵岩寺考——〈鸭绿江行部志〉注释补正》2010年第4期93页。

273. 内蒙古自治区文物考古研究所：《内蒙古林西县刘家大院辽墓发掘简报》2011年第1期13页。

274. 冯恩学：《奈费尔德类型的文化来源》2011年第1期32页。

275. 赵永军：《金上京城址发现与研究》2011年第1期37页。

276. 徐杰：《金上京太庙考述》2011年第1期47页。

277. 周峰：《辽代前期汉人重臣高勋生平发微》2011年第1期52页。

278. 何天明：《辽代头下军州若干问题探讨》2011年第1期82页。

279. 郭锐：《金代文学家王寂与佛教》2011年第1期87页。

280. 陶然：《黑龙江双城市房身泡窖藏出土的几件文物》2011年第2期14页。

281. 万大勇：《黑龙江嘉荫县靠江屯金代墓葬调查简报》2011年第2期15页。

282. 刘晓东：《“渤海乐”性质的文献学考察》2011年第2期48页。

283. 马洪：《渤海压印瓦“仏”字的构形来源》2011年第2期56页。

284. 张国庆：《辽代经幢及其宗教功能》2011年第2期60页。

285. 李丽新：《浅谈辽代年号钱》2011年第2期65页。

286. 杜成辉：《从应县木塔秘藏题记看辽代的雕刻印刷业》2011年第2期70页。

287. 武玉环、孙孝伟：《宋金关系中的崔与之——以嘉靖年间为中心的考察》2011年第2期75页。

288. 刘肃永：《完颜亮改革及其历史地位》2011年第2期80页。

289. 赵永军、李陈奇：《黑龙江金代考古述论》2011年第3期25页。

290. 吕军、陈颖：《吉林地区出土的玉壶春瓶及其相关问题》2011年第3期36页。

291. 葛华廷：《契丹“焚骨咒”含义浅析》2011年第3期59页。

292. 陈晓伟、苗润博：《辽代“杨皙（绩）”问题考辨》2011年第3期62页。

293. 田高、王利华、王玉亭：《辽代〈张懿墓志〉补考》2011 年第 3 期 67 页。

294. 王孝华：《驴在金代交通工具中的作用初议》2011 年第 3 期 69 页。

295. 朱蕾、胡健、秦星、于洋：《辽朝时期阜新地区的教育状况研究》2011 年第 3 期 90 页。

296. 吉林省文物考古研究所：《吉林省镇赉县乌鸦山村发现两座辽墓》2011 年第 4 期 14 页。

297. 李琦：《黑龙江省双城市出土的石翁仲》2011 年第 4 期 45 页。

298. 夏宇旭：《金朝初期对战争中降金契丹将士的军事活动及作用》2011 年第 4 期 55 页。

299. 杨柏怡：《从宋金关系看辽对宋诗酒文化的影响》2011 年第 4 期 59 页。

300. 吕昕娱、杨福瑞：《契丹建国前城邑建置考论》2011 年第 4 期 65 页。

301. 赵磊：《渤海上京城莲花纹瓦当的修复》2011 年第 4 期 104 页。

302. 黑龙江省文物考古研究所：《黑龙江省海林市山咀子渤海墓葬》2012 年第 1 期 11 页。

303. 刘晓飞：《试论金代汉族家庭教育方式》2012 年第 1 期 58 页。

304. 周思成：《“金世宗好道术”问题考实》2012 年第 1 期 63 页。

305. 铁颜颜、黄为放：《辽太祖传说研究》2012 年第 1 期 76 页。

306. 程俊东：《金代石刻文献对〈金史〉中官职的补正》2012 年第 1 期 82 页。

307. 孙建权：《金代石刻辑校》评介 2012 年第 1 期 100 页。

308. 赵湘萍：《渤海上京城发现的鹰纹铜带銙》2012 年第 2 期 21 页。

309. 赵红光：《渤海上京城考古发掘随笔》2012 年第 2 期 22 页。

310. 勾海燕、杨海鹏、刘丽萍：《黑龙江省博物馆征集的一批金代文物》2012 年第 2 期 30 页。

311. 杨茂盛：《粟末靺鞨民族政权的作用与贡献》2012 年第 2 期 37 页。

312. 綦中明：《唐代渤海国人名及其文化内涵》2012 年第 2 期 47 页。

313. 刘梓：《辽道宗与天祚帝对辽朝灭亡的影响》2012 年第 2 期 51 页。

314. 杜成辉：《应县木塔秘藏中的辽代讲经文》2012 年第 2 期 55 页。

315. 陈术石、佟强：《从兴城白塔峪塔看辽代佛教的密显圆通思想》2012 年第 2 期 57 页。

316. 孟丹：《辽代平原公主墓出土壁画揭取经验谈》2012 年第 2 期 106 页。

文物考古发现

北京大兴辽金塔林遗址考古发掘

北京市文物研究所 于璞

塔林遗址位于北京市大兴区黄村镇西北部，芦城镇东芦城村以东0.9公里处，北距碱河1.87公里，西距永定河5.04公里，地势平坦。2008年5月9日至6月19日，为配合北京市大兴区康庄项目两限房工程建设，北京市文物研究所对工程用地进行了考古勘探，发现地下有大片类似墓葬的遗迹。经国家文物局批准，2008年11月10日至12月15日，北京市文物研究所联合大兴区文物管理所对发现的遗迹现象进行了考古发掘，发掘面积1040平方米，共发掘塔基25座，从而确认这是一处辽金时代塔林遗址。

由于永定河曾多次泛滥，塔林遗址被淤积的泥沙深埋于地下。地层堆积自上而下可分为4层：第1层为现代建筑废料堆积，第2层为黄褐色沙土层，第3层为红褐色冲积层，第4层为灰褐色冲积层，第4层以下为生土。塔基均开口于第4层下。从地层堆积可以看出，塔林遗址曾遭受过至少3次泥沙淤积。我们发现一些经幢等石构件叠压于第4层之上，且塔基周围很少发现散落的砖块，种种迹象表明塔林遭到第1次河水泛滥后毁弃，而塔身有可能被洪水冲塌后，其上的砖块被人为拆运搬走，经幢等石构件被翻动。

塔林遗址内发现的25座塔的上部均已被破坏，而塔的基础部分保存较完整。塔基均为砖砌，形状可分为长方形、六边形、圆形，东西宽0.80~4.80米，南北长1.22~4.84米。塔基转角处用经过加工磨制成各种样式的砖砌成，部分塔基四周还有散水，一些塔基砖块上还残留有白灰痕迹。25座塔中有19座在塔基前发现有踏步，踏步均位于塔基的南侧，南北长0.64~2.74米，东西宽0.60~2.35米。9号塔基规模最大，不仅有踏步，而且有祭台和经幢座。

根据塔基前的踏步可知塔基的为坐北朝南，方向略有偏差。塔林遗址内的塔基分布不均匀，无明显的排列规则。不过从整体上可将这25座塔基分为11排，每排少则1座塔基，多则4座塔基，各排之间的距离不尽一致，远则数米，近则几十厘米。塔基的疏密程度也不尽相同，多数塔基集中在南部，其中13号塔基周围有10座塔基，是最为密集之处。另外，从塔林遗址出土的经幢纪年等情况分析，未发现塔基的排列与年代早晚之间的特殊关系。

塔基下方为地宫基槽，基槽为一长方形竖穴土坑，东西长 1.14～2.86 米，南北宽 1～2.43 米，深 0.86～2.64 米。大多数地宫基槽的底部中央铺砖或石板，四壁由砖砌成，顶部或覆盖石板，或由砖叠涩而成，自顶至地面为砖垒砌的空心柱子；也有的地宫整个底面铺石板，四壁由石板立砌，或由砖砌，顶部盖石板。内置木函，木函有的已朽，有的保存完好。

木函内放置有骨殖，在骨殖下铺有 1 层铜钱，大多数在木函内还放置有鹅卵石，有的木函东西及南侧放置随葬品。10 号、18 号和 25 号塔地宫内出土器物较为精美，而且有成组出土情况。出土瓷器有定窑白瓷、景德镇青白瓷、龙泉窑青瓷、龙泉务白瓷等，器形主要有香炉、白釉杯、黑釉茶盏、白瓷盘、白釉印花瓷碟、白釉印花瓷碗、白瓷杯、白釉长颈瓶。另外还出土有石菩萨像、铜菩萨像、舍利盒、描金皮盒、灰陶罐等。25 号塔基内出土的瓷器有明显使用痕迹，且瓷器质量上乘，瓷香炉内还残留有一堆香灰，应为平时生活所用之物。而 18 号塔基内出土的随葬器物较为粗糙，未发现使用痕迹，可能是专为随葬而制。

部分塔基周围还散落有经幢等石构件，经幢皆倒地，幢座、幢身、幢顶分离。根据幢身文字排列情况分析，幢身下部均朝向塔基，上部向外，因此我们判断所发现的 4 座经幢本应立于塔基之上，塔身之内。

经幢上的题刻为汉文和梵文，内容是《佛顶尊胜陀罗尼经》和尼姑的生平事迹。经过初步释读，发现经幢题记内容具有重要的史料价值。经幢题记中所载的“持净院”应为塔林遗址所属的寺院名称。13 号塔基经幢题记“负柩归于析津县招贤乡西綦里附先大师之茔”据此记载可知“持净院”可能与塔林有一定距离。2003 年北京辽金城垣博物馆在塔林以西约 0.9 公里的大兴区芦城镇东芦城村发现了一座纪念性质的辽代乾统九年经幢，题记中所记述者亦为持净院的尼姑。因此我们推测“持净院”可能位于塔林以西东芦城村附近。

经幢题记中提及塔林遗址在辽金时代的古地名为“析津县招贤乡西綦里”。析津县唐代称为蓟县，辽开泰元年（1012）改为此称。而在塔林的东北约 5 公里的大兴区西红门镇曾发现辽代马直温夫妻合葬墓，墓志中记载墓葬地点为“燕京析津县招贤乡东綦里”，亦属“招贤乡”。另外，房山石经所发现的唐人题记中有“幽州蓟县招贤乡西綦村”，而“析津县”唐时为“幽州蓟县”，因此塔林出土经幢题记中的古代地名与房山石经所记地点相同。

经幢题记上的年号的变迁和北京地名的变迁反映了辽宋金时期的史实。12 号塔的经幢题记“清宁六年”即公元 1060 年，为辽道宗年号。13 号塔的经幢题记“宣和六年”即为公元 1124 年，是宋徽宗年号。北宋末年，宋金订立海上之盟，南北夹击辽朝。金灭辽后，将燕京归还北宋，北宋改中都为燕山府。因此经幢纪年由辽年号改为北宋年号。另外，15 号与 19 号塔经幢上有“大金燕京……皇统九年”、“大金中都”

与“贞元三年”等题记。金熙宗皇统九年为公元1141年。燕京为辽和金早期对北京的旧称，当时北京为陪都地位，号称南京，又名燕京。金帝完颜亮贞元元年即公元1153年，金帝完颜亮正式迁都，改南京为中都，这是北京正式建都的开始，因此经幢上改称原“燕京”为“中都”。关于持净院塔林遗址的时代，亦可从经幢题记上有所了解。经幢题记上最早的年代为辽道宗清宁六年（1060），到最晚年代金帝完颜亮贞元三年（1155），相差95年，这说明“持净院”及其塔林的存续时间超过百年。

新中国成立以来，考古发掘的多为大型塔基，而此次发掘的辽金时代塔林遗址以数量较多的中小型塔基为主，这为中国佛教考古提供了重要的新资料。塔林内发掘出土的经幢的题记，对于研究北京建都史、辽金时期的佛教文化，以及北京地区历史地理具有重要的意义。

北京市大兴区辽金墓发掘获重要收获

北京市文物研究所　于璞

北京市文物研究所、山西大学考古学系与大兴区文物管理所于2008年5月至6月对北京市大兴新城北区16号地进行了抢救性发掘。发掘地点位于大兴区黄村镇北部，京开高速以西。此次发掘墓葬48座，时代分属北魏、唐、辽金、清，其中辽金墓葬26座。辽金墓均为火葬，可以分为带长方形墓道的圆形砖室墓、长方形竖穴土坑砖室墓、圆形砖室墓，其中带墓道的圆形砖室墓保存较好，出土器物较为丰富，我们将会在这里作为重点介绍。

带墓道的圆形砖室墓均为南北向，墓向177°~200°，由祭台、墓道、墓门、甬道和墓室等部分组成。祭台全部位于墓道南端，用青砖垒砌，剖面形状呈梯形或长方形。如M41的祭台用四层青砖垒砌，剖面呈梯形，底长56厘米，顶长29厘米，宽39厘米，残高23厘米。墓道均朝南，绝大多数为阶梯式墓道，长1.4~3.38米，台阶2~6级不等。如M18的墓道全长3.05米，上口宽0.55~1.5米，下口宽0.5~1.15米，南端较窄，北端靠近墓门处较宽，共有6级台阶。

墓门为仿木结构，底部正中为砖券门洞，砖墙封门；门洞两侧用砖砌出立颊和倚柱，门洞上为上额和阑额，突出2枚断面长方形的门簪；倚柱和阑额之上为普拍枋，上有3组一斗三升的斗拱，斗拱上为撩檐枋及檐椽，墓门顶部排列瓦垄，最顶部是用青砖平砌的门脊。筒瓦、板瓦、斗拱等建筑构件均是用青砖磨制而成。墓门表面刷有一层约0.02厘米的白灰，上有红、黑彩绘，立颊、倚柱、上额、阑额、门簪、普柏枋、斗拱、撩檐枋和檐椽等部分施以红彩，门洞亦用红彩描出轮廓；立颊、倚柱、阑额、门簪、普柏枋、斗拱和撩檐枋等相对突出墓门立面的部分都用黑彩勾勒轮廓，檩椽间、栱间以及立颊和门洞之间留白。檩椽间和栱间原先可能绘有云朵、花卉等图案，但是保存较差，难以辨认，门簪正面绘有十字条带纹等。有的门洞两侧各用黑彩绘一只展翅飞翔的喜鹊或一朵牡丹等。

甬道位于墓门与墓室之间。墓室平面均为圆形单室，墓底未铺砖，墓顶为穹隆顶，直径1.42~3.95米，高1.08~2.45米。墓室内周壁面齐整，砖块间用灰泥勾缝，并有壁画或砖雕家具等装饰。M17、M18等中绘有立柱、斗拱、灯檠、直棂假窗、屏风等壁画，M21、M26、M41、M42、M43 和 M44 等的墓壁上有砖雕影作桌、椅等，M18 的墓室后壁砌有假门。不过壁画和砖雕家具未见于同一座墓葬。

棺床均设在墓室北部，形状有半圆形和长方形二种，做法多是在墓室底部预留生土台，然后包砖，少数为熟土堆筑再包砖。墓主均为火葬，骨灰多直接出土于棺床上，个别墓葬在棺床上砌有骨灰台、池或函，有的存在木制骨灰盒。随葬器物多置于棺床前方左右两侧，墓主骨灰附近仅出土铜钱及小饰品等。出土器物以陶、瓷器等为主。瓷器有白瓷碗、白瓷盘、白瓷碟、白瓷盏托、白瓷灯盏、青瓷罐、青瓷灯盏、黑瓷碗等，陶器以明器为主，有带盖罐、三足罐、双系罐、折沿盆、刻槽盆、炭盆、鏊、甑、鏊锅、釜、执壶、钵、碗、勺、把杯、水斗、器盖、箕、剪、熨斗等。

在所发掘的墓葬中，M18 出土器物较多，具有有代表性。M18 墓室平面近圆，东西径 2.8 米，南北径 3.02 米，高 2.45 米，墓室北部设半圆形棺床，高 0.92 米，骨灰散布在棺床之上，骨灰附近出土铜钱等。墓室内壁均匀涂抹着一层白灰，并用红、黑彩绘制了 4 组立柱和一斗三升的斗拱，西南立柱与墓门之间绘有灯檠，仅灯盏部分用青砖雕成，放置白瓷灯盏，西北立柱和东北立柱之间左右对称的绘有直棂假窗和屏风，正中砌有假门，假门涂成红色，并用黑彩描绘出铺首和门钉。墓室正中树立一根木柱，腐朽严重，残高 2.02 米，应是支撑墓顶的立柱。M18 出土器物 26 件，除铜钱外均出土于棺床与墓壁之间的角落，瓷器有白瓷碗 2 件、白瓷灯盏 1 件；陶器有带盖罐 3 件，其中 1 件盛有芝麻，三足罐 1 件、鏊 3 件、甑 1 件、釜 1 件、执壶 1 件、钵 6 件、碗 1 件、勺 1 件、器盖 1 件、剪 1 件以及 2 件残破不可复原的陶器；铜钱 10 枚，有“开元通宝”、“咸平通宝”、“祥符元宝”、“皇宋通宝”、“嘉佑元宝”、“嘉佑通宝”和“熙宁元宝”等。

由于墓地西距永定河仅数公里，墓地被永定河泛滥的泥沙掩埋，因此保存较好，多数辽金墓以原状保存。北京地区发掘的辽金墓葬多数被破坏，因此这批墓葬的发掘资料尤显重要。这批辽金墓规模较大、保存较好且内涵较丰富，而出土的瓷器和富有浓郁生活气息的陶明器丰富和拓展了我们对这一地区墓葬形制、丧葬习俗、建筑形制、经济状况、社会生活等多方面的认识。根据墓葬形制、出土器物等方面的依据，我们推测这批墓葬的墓主人身份可能为中小型地主，族属基本为汉族，时代应为辽中晚期至金初。

辽金时期医疗器械的发现与研究

黑龙江省萝北县黑龙江流域博物馆　邓树平

一、发现经过

2009年5月，黑龙江流域博物馆在征集文物期间，于哈尔滨市文物市场征集到一批文物标本。据笔者了解，2006年泰来县塔子城乡塔子城村一户农民在春翻起垄时，于耕地中偶然发现一堆各式铁器以及铁铧、车辖和少量的“皇宋通宝、圣宋元宝、政和通宝、元丰通宝”钱币，还有青铜锅残片等文物标本。同年7月，在整理这批文物标本时发现有几件装在一个残破的长方形铁盒子内形制奇特的铁器标本，笔者从其形状揣测很可能是医疗器械。

回顾以往，辽金史学界虽然有人作过医学方面的研究，但真正的医疗器械实物标本却不见报道。这是以往辽金史界同类研究中极其罕见的实物标本。

二、实物描述

这四件医疗器械分别为刮刀、镊子、手术刀、启子。均为铁质、锻造，后经过抛磨加工而成。下面按顺序予以介绍。

1. **刮刀**：通体长12.5厘米，铁质，采用生铁锻造，该标本保存完整。刃部尖端顶背拐角上扬，刃部呈侧锋凹陷状、锋利，刃端长4.3厘米，长方形顶背（刃的上部）长4.7厘米。该标本的刃根部位向后至柄端呈下伸的“V”字形。从“V”字形向后由片状后延至柄部呈单片方形。柄端末尾部有突出环节，向后呈方形。该标本现通体附着一层很厚的斑锈。

2. **镊子**：通体长9.0厘米，铁质、锻造，通体呈片状。由两个宽约0.5厘米的铁片在尾部经过锤锻后黏合在一起，而后由向前逐渐展开前伸至尖端内收的两个薄片组成一个有机整体。在该标本的尾端有两个环箍，便于前后推拉，同时也是为了便于夹取物件固定之用。详细观察该标本时发现，这件标本较现代铁质镊子仅多了尾端的两道环箍，其余与现代同类器物略同，其功用均是为了便于夹取物件。

3. **手术刀**：通体长 11.2 厘米，铁质、锻造，该标本刃部锋利，中锋直注。刀刃的后部顶端采用方铁锻造，向后延至柄端成麻花状，尾端呈圆形至顶端渐收呈馒头状。整体观察与现代医用手术刀相仿，只是医学发展到了现代，手术刀早已发展成为复合型两位一体的专用工具了。而我们本次描述的手术刀，是一件完整一体的铁制工具。该标本刃部长 3.7 厘米，柄部长 7.7 厘米，厚（宽）0.5 厘米。刃部呈中锋弧形至前端呈尖刃。刃部锋利，通体有很厚的斑锈。

4. **启子**：通体长 13 厘米，铁质、锻造。该标本为一个前后连贯的有机整体，该标本前端有两个前伸的双齿。双齿的尖头呈正方形。齿的根部由二合一向后变成一圆形柄。腰部扁平，腰部后端有一凸出根节向后变成方形。前伸的两个双齿间距宽约 0.6 厘米。双齿通长 5.3 厘米。该标本通体附着一层很厚的斑锈。

三、结论

黑龙江流域博物馆收藏的这套医疗器械标本，是辽金时期及稍后一段时间外科手术所必备的工具之一，通过有关文物方面权威专家的鉴定，将这组医疗器械推荐为国家一级文物。又鉴于与其伴生出土的宋代货币（主要是北宋时期）和典型的辽金时期的各式铁镞和农具，也就为这套医疗器械的年代鉴定提供了可供参考的佐证，故断定这套医疗器械为辽金时期所造。

三、结论

2011年论著目录索引

辽史论著目录

中国社会科学院民族学与人类学研究所 周峰

一、专著

1.《契丹史若干问题研究》，陈永志著，文物出版社，2011 年。

2.《宋辽战争论考》，王晓波著，四川大学出版社，2011 年。

3.《辽金军制》，王曾瑜著，河北大学出版社，2011 年。

4.《白话精华二十四史·辽史》，李锡厚译，现代教育出版社，2011 年。

5.《白话精华二十四史·辽史》，顾全芳、宋德金译，现代教育出版社，2011 年。

6.《辽金西夏史》，蔡美彪、吴天墀著，中国大百科全书出版社，2011 年。

7.《契丹大辽九帝》（全三册），刘喜民编著，内蒙古人民出版社，2011 年。

8.《白话精评辽史纪事本末》，武玉环译评，辽海出版社，2011 年。

9.《中古时代·五代辽宋夏金时期》，白至德编著，中国友谊出版公司，2011 年。

10.《隋唐辽宋金元史论丛》，中国社会科学院历史所隋唐辽宋金元史研究室编，紫禁城出版社，2011 年。

11.《天下大同 北魏平城辽金西京城市建筑史纲》，段智钧、赵娜冬著，中国建筑工业出版社，2011 年。

12.《辽代北镇踪涵》，董明编著，辽宁教育出版社，2011 年。

13.《木叶春秋——翁牛特境内的契丹辽文化》，任爱君、李月新著，内蒙古文化出版社，2011 年。

14.《宋辽金时期的河北经济》，邢铁著，科学出版社，2011 年。

15.《辽夏金元体育文化史》，王俊奇著，人民出版社，2011 年。

16.《辽史选译》（修订版），郭齐、吴洪泽译注，曾枣庄审阅，凤凰出版社，2011 年。

17.《北京考古工作报告（2000—2009 年）南水北调卷》，王清林执笔，上海古籍出版社，2011 年。

18.《沈阳八王寺地区考古发掘报告》，沈阳市文物考古研究所编著，辽海出版社，

2011 年。

19.《辽文化·庆陵一带调查报告书》(2011),京都大学大学院文学研究科,2011 年。

20.《契丹风韵——内蒙古辽代文物珍品展》,深圳博物馆、内蒙古博物院,文物出版社,2011 年。

21.《草原の王朝契丹:美しき3 人のプリンセス》(The Splendor of the Khitan Dynasty),九州国立博物館編集,西日本新聞社,2011 年。

22.《辽金历史与考古》(第三辑),辽宁省辽金契丹女真史研究会编,辽宁教育出版社,2011 年。

23.《古代中国东北民族地区建置史》,程妮娜著,中华书局,2011 年。

24.《辽金元史十五讲》,蔡美彪著,中华书局,2011 年。

25.《一本书读懂辽金》,宋德金著,中华书局,2011 年。

26.《宋辽金元建制城市研究》,韩光辉著,北京大学出版社,2011 年。

27.《中国妇女通史·辽金西夏卷》,张国庆、韩志远、史金波著,杭州出版社,2011 年。

28. Women of the Conquest Dynasties: Gender and Identity in Liao and Jin China, Linda Cooke Johnson, University of Hawaii Press, 2011.

29.《达斡尔族源于契丹论》,巴图宝音、孟志东、杜兴华主编,中国社会科学出版社,2011 年。

30.《战争史笔记(五代—宋辽金夏)》,朱增泉著,人民文学出版社,2011 年。

31.《辽代金银器研究》,张景明著,文物出版社,2011 年。

32.《有容乃大——辽宋金元时期饮食器具研究》,韩荣著,江苏大学出版社,2011 年。

33.《善化寺大雄宝殿彩塑艺术研究》,张明远等著,人民美术出版社,2011 年。

34.《故宫博物院藏品大系·玉器编(5)唐宋辽金元》,赵桂玲主编,紫禁城出版社、安徽美术出版社,2011 年。

35.《佛教文化与辽代社会》,张国庆著,辽宁民族出版社,2011 年。

36.《契丹人》,或跃在渊著,云南人民出版社,2011 年。

37.《查干湖畔的辽帝春捺钵》,李旭光著,吉林人民出版社,2011 年。

38.《关山辽墓》,辽宁省文物考古研究所编著,文物出版社,2011 年。

39.《契丹语诸形态の研究》,乌拉熙春著,日本文部省科研成果报告书,2011 年。

40.《韓半島から眺めた契丹·女真》,乌拉熙春、吉本道雅著,京都大学学術出会,2011 年。

41.《萧太后身世之谜》,李俊领、汪犟、汤诗艺著,人民日报出版社,2011 年。

42.《铁马红颜萧太后》,姜霓编著,吉林文史出版社,2011 年。

43.《辽太祖》，王占君著，华夏出版社，2011 年。

44.《契丹遗珍》，唐彩兰著，线装书局，2011 年。

45.《民间藏中国古玉全集·宋辽金元编卷一》，周南泉主编，紫禁城出版社，2011 年。

46.《宋辽金元方志辑佚》（全二册），刘纬毅、王朝华、郑梅玲、赵树婷辑，上海古籍出版社，2011 年。

47.《中国墓室壁画全集 3（宋辽金元）》，《中国墓室壁画全集》编辑委员会编，河北教育出版社，2011 年。

48.《辽金元时期北方民族汉文诗歌创作研究》，尹晓琳著，民族出版社，2011 年。

49.《中国变法史料通编：秦—清．一三，宋朝的变法辽朝的改革金朝的改革》，赵联赏主编，（香港）蝠池书院出版有限公司，2011 年。

二、总论

研究综述

50.《20 世纪 80 年代以来奚族研究综述》，王凯，《东北史地》，2011 年第 1 期。

51.《近十年宋辽金元宗族研究综述》，常建华，《安徽史学》，2011 年第 1 期。

52.《2010 年辽金西夏史研究综述》，尤李，《中国史研究动态》，2011 年第 4 期。

53.《2010 年辽宋西夏金元经济史研究述评》，李华瑞，《中国经济史研究》，2011 年第 2 期。

54.《“中国多元一体”与辽金史研究》，赵永春，《中央民族大学学报》（哲学社会科学版），2011 年第 3 期。

学术活动

55.《“辽金历史与考古国际学术研讨会”在沈阳召开》，陶亮，《中国文物报》，2011 年 9 月 28 日第 2 版。

56.《辽金历史与考古国际学术研讨会述评》，高正，《东北史地》，2011 年第 6 期。

57.《“辽金历史与考古国际学术研讨会”摘要》，《中国文物报》，2011 年 11 月 11 日第 6、7 版。

58.《中韩学者聚焦宋辽夏金元史》，张春兰，《中国社会科学报》，2011 年 11 月 24 日第 3 版。

59.《纪念辽金史学大师陈述百年诞辰——呼唤民族平等，为古代“蛮夷”正名》，牛锐，《中国民族报》，2011 年 10 月 28 日第 11 版。

60.《“辽金元文学研讨会暨中国辽金文学学会第六届年会”在兰州召开》，毛巧晖，《民族文学研究》，2011 年第 5 期。

61.《辽金元瓷器的整合研究——记2010吉林大学考古学术论坛》，《国际学术动态》，2011年第4期。

62.《辽金史研究人力资源分配不均》，高颖，《中国社会科学报》，2011年9月27日第2版。

63.《“山西宋辽金壁画暨山西档案珍品·古代书画精品展”在太原开展》，孔跃宏、侯建军，《云南档案》，2011年第2期。

学者介绍

64.《忆陈述先生的学术活动》，景爱，《东北史地》，2011年第3期。

65.《陈述与当前辽金史研究的进展》，宋德金，《中国社会科学报》，2011年11月17日第18版。

66.《陈述：为达斡尔人正源》，吴刚，《中国民族报》，2011年10月21日第7版。

67.《唐长孺教授眼中的陈述先生》，景爱，《中国社会科学报》，2011年5月31日第18版。

68.《陈述先生民国年间论著叙录》，景爱，《辽金历史与考古》（第三辑），辽宁教育出版社，2011年。

书评、序、出版信息

69.《10～13世纪中国历史的全景式展现——〈辽宋西夏金代通史〉简评》，孙继民、张春兰，《人民日报》，2011年10月20日第7版。

70.《辽金元史十五讲》，娄建勇，《书品》，2011年第6期。

71.《〈辽代石刻文续编〉读后》，乌拉熙春，《东北史地》，2011年第1期。

72.《评〈中国辽瓷研究〉》，景爱，《辽金历史与考古》（第三辑），辽宁教育出版社，2011年。

73.《达斡尔族源新论》，景爱，《中国社会科学报》，2011年12月8日第8版。

74.《历史上的萧太后与萧太后的历史——〈历史上的萧太后〉评介》，李西亚，《黑龙江民族丛刊》，2011年第2期。

75.《贵在成“一家之言”——〈中国历史·喀喇汗王朝史　西辽史〉评述》，田卫疆，《中国社会科学报》，2011年2月24日第18版。

76.《贵在成“一家之言”——〈喀喇汗王朝史　西辽史〉（修订版）评述》，田卫疆，《新疆大学学报》（哲学人文社会科学版），2011年第3期。

77.《汉文史料与穆斯林史料的结合——魏良弢老师新版〈喀喇汗王朝史　西辽史〉学习札记》，华涛，《新疆大学学报》（哲学人文社会科学版），2011年第3期。

78.《〈中国历史·喀喇汗王朝史　西辽史〉读后感》，奇曼·乃吉米丁，《新疆大学学报》（哲学人文社会科学版），2011年第3期。

79. 《我国第一部研究喀喇汗王朝专著再版——〈中国历史 · 喀喇汗王朝史　西辽史〉评介》，阿合买提 · 苏来曼，《新疆大学学报》（哲学人文社会科学版），2011 年第 3 期。

80. 《博学 慎思 笃行——读魏良弢师〈喀喇汗王朝史　西辽史〉》，孟楠，《新疆大学学报》（哲学人文社会科学版），2011 年第 3 期。

81. 《辽代文学史》，陈才智，《中国文学年鉴》，2011 年。

82. 《北方民族政权历史文化认同的典型案例——〈辽金元史学研究〉评价》，高福顺，《辽宁工程技术大学学报》（社会科学版），2011 年第 1 期。

83. 《辽西地区文化研究进展——评〈朝阳佛教史〉》，李勤璞，《辽金历史与考古》（第三辑），辽宁教育出版社，2011 年。

84. 《〈契丹小字的新资料〉读后》，聂鸿音，《满语研究》，2011 年第 2 期。

85. 《彭晓燕〈欧亚历史中的哈喇契丹〉述评》，邱轶皓，《元史及民族与边疆研究》（第二十三辑），上海古籍出版社，2011 年。

86. 《〈大兴北程庄墓地：北魏、唐、辽、金、清代墓葬发掘报告〉简介》，雨珩，《考古》，2011 年第 2 期。

87. 《不羁之忠——评介 Naomi Standen，Unbounded Loyalty：Frontier Crossings in Liao China》，吴国圣，《新史学》（第 22 卷第 3 期），2011 年。

三、史料与文献

《辽　史》

88. 《关于辽金元三史校点的讨论——与翁独健谈话纪要》，赵守俨，《书品》，2011 年第 2 期。

89. 《本组对于辽金元三史校点问题的讨论》，《书品》，2011 年第 2 期。

90. 《辽金元三史校点工作座谈纪要》，《书品》，2011 年第 2 期。

91. 《耶律俨〈皇朝实录〉与〈辽史〉》，杨军，《史学史研究》，2011 年第 3 期。

92. 《辽史世表疏证》，吉本道雅，《京都大学文学部研究纪要》（50），2011 年 3 月。

93. 《〈辽史 · 世表〉史源考》，李月新，《赤峰学院学报》（汉文哲学社会科学版），2011 年第 8 期。

94. 《〈辽史〉公主表新补》，李宇峰，《东北史研究》，2011 年第 4 期。

95. 《补辽汉臣世系表》，向南，《辽金历史与考古》（第三辑），辽宁教育出版社，2011 年。

96. 《〈辽史 · 地理志〉东京辽阳府条记事谬误探源》，姜维公，《中国边疆史地研究》，2011 年第 2 期。

97. 《〈辽史 · 百官志〉补遗二则》，秋风，《辽宁大学学报》（哲学社会科学版），

2011 年第 4 期。

98.《〈辽史〉“阻卜”名称的演变》，那顺乌力吉，《西部蒙古论坛》，2011 年第 4 期。

99.《百年略看辽代传记》，廖启照，《国文天地》（第 27 卷第 7 期），2011 年 12 月。

100.《清初辽、金、元三史满文、蒙古文翻译研究述评》，乌兰巴根，《民族研究》，2011 年第 4 期。

其他史料与文献

101.《〈焚椒录〉及其史料价值考释》，尤李，《古籍整理研究学刊》，2011 年第 6 期。

102.《〈三朝北盟会编〉与解释性报道的写作》，冯瑞珍、王彩梅采写编，2011 年第 3 期。

103.《独创的“会编体”——〈三朝北盟会编〉编辑体例探析》，冯瑞珍，《东南传播》，2011 年第 4 期。

104.《〈全辽金文〉校补——孟攀鳞生平、交游及佚文辑考》，罗海燕，《集宁师专学报》，2011 年第 1 期。

105.《〈全辽金文〉辑佚 11 篇》，罗海燕，《西南交通大学学报》（社会科学版），2011 年第 5 期。

四、政治

政　治

106.《辽朝“因俗而治”政策的作用及思考》，孙任之，《内蒙古农业大学学报》（社会科学版），2011 年第 6 期。

107.《北方民族政权年号寓意初探——以辽、西夏年号为中心的考察》，孙伟祥，《东北史地》，2011 年第 3 期。

108.《〈辽史〉与辽人语境中的契丹西楼》，田广林，《辽宁师范大学学报》（社会科学版），2011 年第 6 期。

109.《辽朝东京海事问题研究》，孙玮，辽宁师范大学硕士学位论文，2011 年。

110.《辽朝中京地区海事研究》，张宏利，辽宁师范大学硕士学位论文，2011 年。

111.《辽南京地区海事问题研究》，陈晓菲，辽宁师范大学硕士学位论文，2011 年。

112.《辽朝社会保障措施述论》，陈德洋，《阴山学刊》，2011 年第 5 期。

113.《汉族武装与辽初政治》，郑毅、李鑫，《辽金历史与考古》（第三辑），辽宁教育出版社，2011 年。

114.《辽初对中原政策浅议（907—959）》，张儒婷，《辽金历史与考古》（第三辑），辽宁教育出版社，2011 年。

115.《平州入辽时间之我见》，陈晓菲，《沧桑》，2011 年第 1 期。

116.《五代变局与契丹肇兴——以辽初统治者进取幽州为中心》，郑毅、张儒婷，《社会科学战线》，2011 年第 5 期。

117.《契丹对辽海地区经略探析》，郑毅，《东北史地》，2011 年第 2 期。

118.《辽代的皇权争夺与玉田韩氏家族》，齐伟，《辽金历史与考古》（第三辑），辽宁教育出版社，2011 年。

119.《辽朝汉族官员政治地位变迁分析》，宋丹、曹喜顺，《商业文化》（上半月），2011 年第 4 期。

120.《浅析契丹与北宋的正统之争》，温中华，《文史杂志》，2011 年第 6 期。

121.《箭笴山与奚国政权》，姚德昌，《文史精华》，2011 年增刊第 1 期。

122.《西辽统治下的喀什噶尔》，贺继宏、李雪梅，《新疆地方志》，2011 年第 3 期。

123.《西辽灭亡的原因探析》，刘刚，《赤峰学院学报》（科学教育版），2011 年第 9 期。

制　度

124.《辽代公主及其封赏制度》，张敏，《赤峰学院学报》（汉文哲学社会科学版），2011 年第 8 期。

125.《南北面官制对辽朝文化的影响》，李斯、任向阳，《文史博览》（理论），2011 年第 6 期。

126.《辽代北面宰相的渊源》，黄为放，《齐齐哈尔师范高等专科学校学报》，2011 年第 1 期。

127.《契丹诸行宫都部署院初探》，黄为放，《牡丹江大学学报》，2011 年第 6 期。

128.《〈辽史·西夏外纪〉中的“团练使”和“刺史”》，聂鸿音，《东北史地》，2011 年第 2 期。

129.《石刻所见辽代财经系统职官——〈辽史·百官志〉补遗之一》，张国庆，《辽金历史与考古》（第三辑），辽宁教育出版社，2011 年。

130.《石刻所见辽代监察狱案警巡系统职官考——〈辽史·百官志〉补遗之三》，张国庆，《黑龙江社会科学》，2011 年第 2 期。

131.《辽代西南面安抚使司研究》，康鹏，《隋唐辽宋金元史论丛》（第一辑），紫禁城出版社，2011 年。

132.《辽金殿前都点检比较研究》，靳静，河北大学硕士学位论文，2011 年。

133.《辽代死刑述略》，项春松，《辽金历史与考古》（第三辑），辽宁教育出版社，2011 年。

对外关系

134.《略述契丹、奚、地豆于、室韦等古族与北朝的朝贡关系》，王茜，《兰台世界》，2011 年第 25 期。

135.《唐前期营州都督府治所的变迁——兼论唐朝与奚、契丹的关系》，郭继武，《首届中国民族史研究生论坛论文集》，中央民族大学出版社，2011 年。

136.《后晋“岁输”浅议》，张金铣，《史学月刊》，2011 年第 1 期。

137.《辽代对外关系中的南京》，张儒婷，《现代交际》，2011 年第 5 期。

138.《关于圣宗朝辽朝与高丽关系的几个问题》，李贵英，辽宁师范大学硕士学位论文，2011 年。

139.《辽宋竞争与西京大华严寺》，齐平，《大同日报》，2011 年 10 月 1 日第 3 版。

140.《面对契丹的军事理论家宋太宗》，黄如一，《当代人》（下半月），2011 年第 1 期。

141.《北宋时期边境管理制度研究——以宋辽沿边地区为中心》，王会敏，河南大学硕士学位论文，2011 年。

142.《宋辽国书考述》，苗润博，《辽金历史与考古》（第三辑），辽宁教育出版社，2011 年。

143.《宋朝遣辽使节对宋辽关系的影响》，王慧杰，《宋史研究论丛》（第十二辑），河北大学出版社，2011 年。

144.《宋辽帝后生辰与哀丧的交聘活动——以宋真宗、辽承天太后、辽圣宗为主》，蒋武雄，《东吴历史学报》（第二十五卷），2011 年 6 月。

145.《试论北宋出使使臣的外交情报搜集活动》，袁良勇，《宋史研究论丛》（第十二辑），河北大学出版社，2011 年。

146.《北宋赴辽使节“辞不行”现象初探》，韩利琴，《重庆交通大学学报》（社会科学版），2011 年第 1 期。

147.《宋辽交聘背景下的彭汝砺使辽诗》，沈文凡、陈大远，《学习与探索》，2011 年第 6 期。

148.《辽使儒化现象研究》，姜维东，《社会科学战线》，2011 年第 5 期。

149.《宋代翰林学士与契丹（辽）及金的交聘》，唐春生、孟颖，《重庆师范大学学报》（哲学社会科学版），2011 年第 5 期。

150.《从辽宋关系看辽对宋诗酒文化的影响》，杨柏怡，《北方文物》，2011 年第 4 期。

151.《楊家将「五郎為僧」故事に関する一考察》，松浦智子，日本アジア研究（8），2011 年。

152.《“澶渊之盟”平议》，杨国宜，《黄河科技大学学报》，2011 年第 1 期。

153.《澶渊之盟与宋词之兴》，段永强，《名作欣赏》，2011 年第 26 期。

154.《论北宋晚期徽宗君臣收复燕雲之国策》，杨小敏、张自福，《天水师范学院学报》，2011 年第 1 期。

155.《碑志所见辽代赴西夏外交使臣事略考述》，李宇峰，《西夏学》（第七辑），上海古籍出版社，2011 年。

军　事

156.《后突厥时期唐、突厥、契丹在北疆的军事角逐及其影响》，边保应，内蒙古师范大学硕士学位论文，2011 年。

157.《契丹军制史稿》，陈述，《辽金历史与考古》（第三辑），辽宁教育出版社，2011 年。

158.《辽金西京大同的军事地位》，石维娜，《山西大同大学学报》（社会科学版），2011 年第 2 期。

159.《宋辽战争》，朱增泉，《神剑》，2011 年第 6 期。

160.《宋太宗朝“将从中御”政策施行考——以宋辽、宋夏间著名战役为例》，田志光，《军事历史研究》，2011 年第 2 期。

161.《金朝初期对辽战争中降金契丹将士的军事活动及作用》，夏宇旭，《北方文物》，2011 年第 4 期。

五、经济

概　论

162.《论辽从游牧经济向农耕与游牧并重的转变与农牧和谐关系的实现》，陈啟喆，《文山学院学报》，2011 年第 5 期。

163.《辽代幽云地区土地买卖的几个问题——以辽代石刻资料为中心》，王晔，《中国经济史研究》，2011 年第 3 期。

164.《浅议历史上的利率问题——以辽金元为研究对象》，杨小敏、王中良，《东京文学》，2011 年第 5 期。

农牧业

165.《辽朝上京、中京地区农业发展研究》，陶莎，吉林大学硕士学位论文，2011 年。

166.《试论辽西京农业的发展与辽朝民族融合的关系》，冯兆国，《考试周刊》，2011 年第 50 期。

手工业

167.《辽代制瓷业对历史的贡献》，罗平、余虹，《收藏界》，2011 年第 2 期。

货　币

168.《浅谈辽代年号钱》，李丽新，《北方文物》，2011 年第 2 期。

169.《辽代年号钱赏析》，李丽新，《辽金历史与考古》（第三辑），辽宁教育出版社，2011 年。

170.《从五枚辽钱谈起》，杨益，《收藏参考》，2011 年第 6 期。

171.《双龙村出土 143 公斤辽代窖藏钱币》，康立军，《辽上京文化遗产》，2011 年 7 月 1 日，总第 1 期。

172.《辽钱珍品荟萃——“天显通宝”、“天禄通宝”、“应历通宝”、“保宁通宝”》，王建国，《收藏界》，2011 年第 5 期。

173.《“天朝万顺”契丹文大钱》，王志荣，《收藏界》，2011 年第 11 期。

174.《也谈“助国元宝”和“壮国元宝”钱的归属问题》，董国新，《江苏钱币》，2011 年第 2 期。

175.《“大元通宝”与“壮国元宝”》，黄明东，《收藏界》，2011 年第 1 期。

176.《亦谈辽太祖立国开元大银币》，陈瑞海，《收藏界》，2011 年第 5 期。

177.《辽“应历通宝”背高浮雕龙纹金钱》，苏国治，《收藏界》，2011 年第 9 期。

178.《两种“天庆”两重天》，海泉，《收藏界》，2011 年第 1 期。

179.《古币三品》，天雨，《收藏界》，2011 年第 1 期。

180.《珍币二品》，刘盛全，《收藏界》，2011 年第 10 期。

181.《西辽钱币小议》，黎凤歧，《收藏界》，2011 年第 3 期。

六、民族

契丹族

182.《走进平泉，追寻遥远的契丹始祖》，王翠琴，《乡音》，2011 年第 11 期。

183.《神秘而遥远的契丹人》，国峰，《科学大观园》，2011 年第 20 期。

184.《56 个民族中为何没有契丹族》，《神州民俗》（通俗版），2011 年第 9 期。

185.《〈天盛律令〉中的“契丹”和“女直”》，孙伯君，《东北史地》，2011 年第 2 期。

186.《浅析契丹走出西辽河流域的原因》，冯兆国，《黑龙江史志》，2011 年第 11 期。

187.《契丹部族组织中的石烈》，杨军，《黑龙江社会科学》，2011 年第 6 期。

188.《走出契丹族发祥地马盂山误区，还辽史研究以清白》，李景瑞，《赤峰学院学报》（汉文哲学社会科学版），2011 年第 6 期。

189.《走出契丹族发祥地马盂山误区》，李景瑞，《承德民族师专学报》，2011 年第 1 期。

190.《揭秘云南的契丹后裔》，邓建华，《西部时报》，2011 年 10 月 21 日第 12 版。

191.《契丹后裔在辽上京的三次访祖活动》，王未想，《辽上京文化遗产》，2011 年 9 月 30 日总第 2 期。

192.《辽亡后契丹族的流向》，李丽新，《东北史研究》，2011 年第 2 期。

193.《族称“达斡尔”释名》，孟盛彬，《大连民族学院学报》，2011 年第 4 期。

奚　族

194.《古代民族文献所见“奚”考》，洪勇明，《民族研究》，2011 年第 1 期。

195.《试论辽代奚族的基层管理问题》，张光娟，《乐山师范学院学报》，2011 年第 8 期。

196.《辽代奚人的生活探析》，李月新、梁磊，《长春师范学院学报》，2011 年第 7 期。

197.《奚人历史文化遗存考述》，毕德广、曾祥江，《河北师范大学学报》（哲学社会科学版），2011 年第 3 期。

其他民族和部族

198.《论五国部与东北古代文明》（上、中、下），滕绍箴，《东北史研究》，2011 年第 2、3、4 期。

民族关系

199.《宋元时期民族间道德生活的斗争与融合》，鲁芳，《伦理学研究》，2011 年第 6 期。

民族政策

200.《略论辽朝民族政策的区域性特征》，纪楠楠，《东北师大学报》（哲学社会科学版），2011 年第 4 期。

201.《辽兴宗民族关系思想初探》，马晓丽、孙政，《烟台大学学报》（哲学社会科学版），2011 年第 2 期。

202.《试论辽对渤海遗民的统治政策》，秦菲，《黑河学刊》，2011 年第 12 期。

民族融合

203.《辽朝时期阜新地区的民族构成与民族融合》，朱蕾，《辽金历史与考古》（第三辑），辽宁教育出版社，2011 年。

204.《辽朝时期阜新地区的民族构成与民族融合》，朱蕾，《东北史研究》，2011 年第 4 期。

205.《辽墓反映的契丹人汉化与汉人契丹化》，冯恩学，《吉林大学社会科学学报》，2011 年第 3 期。

206.《辽代契丹人与金代女真人汉化过程的对比研究：以陵墓材料为线索的考古学观察》，邵海波、吴敬，《草原文物》，2011 年第 2 期。

207.《辽代“汉人”契丹化研究——以韩知古家族为例》，付璐，中南民族大学硕士学位论文，2011 年。

七、人物

帝 后

208.《耶律阿保机民族关系思想初探》，孙政，《烟台大学学报》（哲学社会科学版），2011 年第 4 期。

209.《皇帝的绰号：帝羓》，李大鸣，《紫禁城》，2011 年第 8 期。

210.《腌腊皇帝》，陶士云，《廉政瞭望》，2011 年第 4 期。

211.《中国的木乃伊皇帝》，翡翠，《龙门阵》，2011 年第 3 期。

212.《浅论辽宋“女主临朝”》，马元元、齐磊，《兰台世界》，2011 年第 28 期，《山西日报》，2011 年 12 月 12 日 A02 版。

213.《辽述律后史迹初探》，王丽娟，内蒙古大学硕士学位论文，2011 年。

214.《“谁教生得满身香”——读纳兰词漫谈懿德皇后萧观音人品诗作》，陈子彬，《承德民族师专学报》，2011 年第 4 期。

215.《辽道宗懿德皇后萧观音留世作品探析》，王荣华，《陕西广播电视大学学报》，2011 年第 3 期。

216.《辽道宗冤杀懿德皇后萧观音》，刘肃勇，《各界》，2011 年第 7 期。

217.《辽代女诗豪萧观音的冤案》，刘其印，《当代人》，2011 年第 8 期。

218.《萧燕燕：成为契丹太后还与旧情人同居》，段战江，《当代人》（下半月），2011 年第 8 期。

其他人物

219.《契丹可突于被杀考》，孟凡云，《中南民族大学学报》（人文社会科学版），2011 年第 5 期。

220.《画图难忘故园情：流落的贵族画家耶律倍》，秦朗，《收藏参考》，2011 年第 8 期。

221.《辽代前期汉人重臣高勋生平发微》，周峰，《北方文物》，2011 年第 1 期。

222.《辽代“杨皙（绩）”问题考辨》，陈晓伟、苗润博，《北方文物》，2011 年第 3 期。

223.《王鼎其人考证》，张永翠，《衡水学院学报》，2011 年第 2 期。

224.《元契丹人石抹宜孙交游考》，罗海燕，《青岛大学师范学院学报》，2011 年第 2 期。

225.《契丹人石抹宜孙与元末浙东文坛》，罗海燕，《民族文学研究》，2011 年第 5 期。

八、社会

社会习俗

226.《北方游牧民族的骑射习俗》，房磊，《兰台世界》，2011 年第 11 期。

227.《辽代契丹人骑射文化考论》，张国庆，《朔方论丛》（第一辑），内蒙古大学出版社，2011 年。

228.《为什么契丹人崇拜太阳》，徐秋艳，《辽上京文化遗产》，2011 年 9 月 30 日总第 2 期。

229.《论辽代丧葬习俗中的佛教因素》，铁颜颜，《活力》，2011 年第 22 期。

230.《契丹“焚骨咒”含义浅谈》，葛华廷，《北方文物》，2011 年第 3 期。

231.《契丹人的端午习俗》，孟令婧，《辽上京文化遗产》，2011 年 9 月 30 日总第 2 期。

232.《辽朝的孝亲观念》，高福顺，《华夏文化论坛》（第六辑），吉林文史出版社，2011 年。

233.《略论辽代契丹髡发的样式》，李甍，《考古与文物》，2011 年第 1 期。

234.《辽国的灭亡与鹰的关系》，张国新、于起柱，《神州民俗》（通俗版），2011 年第 9 期。

235.《辽金时期的皇家猎鹰——海东青（矛隼）》，聂传平，陕西师范大学硕士学位论文，2011 年。

姓氏、婚姻、家庭与宗族

236.《再论契丹人的父子连名制——以近年出土的契丹大小字石刻为中心》，刘浦江，《清华元史》（第一辑），商务印书馆，2011 年。

237.《国舅夷离毕帐と耶律［ケッ］家族》，乌拉熙春，《立命馆文学》（621），2011 年 3 月。

238.《契丹外戚房属世次考》，史风春，《内蒙古社会科学》（汉文版），2011 年第 6 期。

239.《辽代后族的四萧》，王玉亭，《辽上京文化遗产》，2011 年 7 月 1 日总第 1 期。

240.《浅议玉田韩氏家族对辽朝经略河西的贡献》，齐伟，《西夏学》（第七辑），上海古籍出版社，2011 年。

241.《辽代汉人墓志中体现的契丹婚俗特征》，齐伟，《宋史研究论丛》（第十二辑)，河北大学出版社，2011 年。

242.《辽代耿崇美家族的婚姻与政治》，齐伟，《东北史地》，2011 年第 5 期。

243.《试析辽代贵族婚姻对政权的影响及其妇女地位的变迁——以皇族、后族为中心》，胡方艳，《甘肃民族研究》，2011 年第 2 期。

244.《辽金时期幽燕地区吕氏家族历史的初步研究》，孙勐，《北京文博论丛》，2011 年第 4 期。

245.《韩佚墓解开的韩姓大族之谜》，王德恒，《知识就是力量》，2011 年第 4 期。

246.《契丹石抹家族在元代的变迁》，罗海燕，《黑龙江民族丛刊》，2011 年第 3 期。

妇 女

247.《草原巾帼——论契丹女性对辽代民族关系的影响》，张敏，《赤峰学院学报》(汉文哲学社会科学版)，2011 年第 11 期。

248.《辽金贵族女性社会地位比较研究》，范歆玥，辽宁大学硕士学位论文，2011 年。

捺 钵

249.《论辽朝“四时捺钵”的性质及其地位——从中国古代北方游牧民族的生产生活方式谈起》，肖爱民，《论草原文化》(第八辑)，内蒙古教育出版社，2011 年。

250.《从辽代皇帝春捺钵看泰州的中心地位》，聂翔雁，《白城师范学院学报》，2011 年第 2 期。

251.《东北草原民族服饰中所体现的契丹捺钵文化精神》，孙立梅、富红秋，《白城师范学院学报》，2011 年第 1 期。

252.《关于老爷洞沟即凉淀的探考》，金永田，《辽上京文化遗产》，2011 年 9 月 30 日总第 2 期。

253.《“混同江行宫”秘事》(上)，陈景波、刘永生，《大庆日报》，2011 年 11 月 29 日第 19 版。

254.《混江行宫秘事》(下)，陈景波、刘永生，《大庆日报》，2011 年 12 月 6 日第 19 版。

255.《湖畔草原上的帝宫》，李旭光，《美文》(上半月)，2011 年第 11 期。

衣食住行

256.《简述辽代服饰》，王国庆，《辽上京文化遗产》，2011 年 9 月 30 日总第 2 期。

257.《从服装的适应性解析契丹与蒙古民族服装》，郭莲莲，《神州》，2011 年第 9 期。

258.《契丹族的礼仪风俗与服饰》，朱新，《深交所》，2011 年第 4 期。

259.《辽墓壁画展现的契丹服饰文化》，孙立梅，《赤峰学院学报》(汉文哲学社会科学版)，2011 年第 7 期。

260.《建都伊始衣冠变——辽代南京（今北京）服饰研究》，王子怡，《艺术设计研究》，2011 年第 4 期。

261.《辽金元时期北方游牧民族的渔猎饮食》，王赛时，《中华饮食文化基金会会讯》（第 17 卷第 3 期），2011 年 8 月。

262.《从辽代饮食用语看当时东北各民族饮食文化——以〈辽史〉〈契丹国志〉〈渤海国记〉〈三朝北盟会编〉〈松漠纪闻〉为例》，于为、李菲，《现代语文》（下旬·语言研究），2011 年第 5 期。

263.《北宋时期中原汉族与契丹族、党项族的饮食文化交流》，刘朴兵，《中华饮食文化基金会会讯》（第 17 卷第 3 期），2011 年 8 月。

264.《从辽金饮食词语对比看金朝东北地区饮食文化》，于为，《长春师范学院学报》，2011 年第 7 期。

265.《辽人的铁脚菜》，王玉亭，《辽上京文化遗产》，2011 年 9 月 30 日总第 2 期。

266.《斫冰烧酒赤》，张兴国，《辽上京文化遗产》，2011 年 7 月 1 日总第 1 期。

267.《辽代饮食器具造型艺术考》，韩荣、尹悦，《艺术与设计》（理论），2011 年第 1 期。

268.《辽代饮食器具仿制与融合创新的研究》，韩荣，《美术大观》，2011 年第 9 期。

九、文化

概 论

269.《〈契丹始祖传说〉入国家级非物质文化遗产名录》，刘建军、东文，《承德日报》，2011 年 6 月 18 日第 1 版。

270.《契丹辽文化的历史意义与现实意义》，任爱君，《朔方论丛》（第一辑），内蒙古大学出版社，2011 年。

271.《论辽文化对唐文化的继承》，郭康松，《辽宁工程技术大学学报》（社会科学版），2011 年第 3 期。

272.《略论汉文化对辽金文化的影响》，潘淑艳，《文学与艺术》，2011 年第 2 期。

273.《辽朝行政伦理文化的特色》，张志勇，《辽宁工程技术大学学报》（社会科学版），2011 年第 4 期。

274.《辽代文化：沈阳特色文化的“金矿”》，陈凤军，《沈阳日报》，2011 年 12 月 1 日 A11 版。

275.《探索契丹文化习俗奥秘》，《沈阳日报》，2011 年 1 月 10 日第 1 版。

276.《契丹社会河流文化的历史解读》，吴树国，《黑龙江民族丛刊》，2011 年第 4 期。

277.《我市召开契丹辽文化产业发展领导小组第一次会议》，付占营、孙敏敏，《赤峰日报》，2011 年 7 月 23 第 1 版。

278.《未尽的辽文化 X 档案——宝马契丹文化探秘之旅》，Leon，《车时代》，2011 年第 12 期。

279.《儒学对辽代社会的影响》，桑秋杰，《长春师范学院学报》，2011 年第 5 期。

280.《元代契丹女真人的汉学》，王明荪，《史学汇刊》（第 28 期），2011 年。

教育与科举

281.《浅析辽朝的教育》，黄楠，《赤峰学院学报》，2011 年第 6 期。

282.《辽朝时期阜新地区的教育状况研究》，朱蕾、胡健、秦星、于洋，《北方文物》，2011 年第 3 期。

283.《辽朝科举应试对象述论》，高福顺《科举学论丛》，2011 年第 1 辑，线装书局，2011 年 5 月。

284.《辽朝历科状元考论：以圣宗统和六年以后开科考试为中心》，高福顺，《科举学论丛》，2011 年第 2 辑，线装书局，2011 年 5 月。

285.《辽朝礼部贡院与知贡举考论》，高福顺，《考试研究》，2011 年第 2 期。

史　学

286.《民族交融的五代辽金元时期历史编纂的文化取向》，王耀明、施建雄，《陕西师范大学学报》（哲学社会科学版），2011 年第 6 期。

287.《契丹族史官与金代史学的发展》，吴凤霞，《史学史研究》，2011 年第 2 期。

语言文字

288.《从楚简新出字看〈龙龛手镜〉增收字的构成》，蒋德平，《天中学刊》，2011 年第 1 期。

289.《德藏吐鲁番文献〈龙龛手鉴・禾部〉残页小考》，秦桦林，《文献》，2011 年第 3 期。

290.《试析契丹语和蒙古语的共用语言》，吉日嘎拉，《赤峰学院学报》（汉文哲学社会科学版），2011 年第 4 期。

291.《北京地区首现契丹文字石刻》，金适，《东北史地》，2011 年第 5 期。

292.《再论契丹“五色纪年说”——以契丹小字[illegible]（这是契丹字）为中心》，陈晓伟，《文史》，2011 年第 4 辑。

293.《契丹小字“迭剌部”考释》，吴英喆，《民族语文》，2011 年第 5 期。

294.《契丹小字〈耶律副部署墓志铭〉与契丹大字〈耶律祺墓志铭〉比较研究》，伊日贵，内蒙古大学硕士学位论文，2011 年。

295.《契丹小字〈萧敌鲁墓志铭〉和〈耶律廉宁墓志铭〉均为赝品》，刘凤翥，《中国社会科学报》，2011 年 5 月 19 日第 5 版。

296.《再论〈萧敌鲁墓志铭〉为赝品说》，刘凤翥，《中国社会科学报》，2011 年 6 月 16 日第 5 版。

297.《契丹小字墓志真伪辩——兼与刘凤翥先生商榷》，聂鸿音，《中国社会科学报》，2011 年 6 月 16 日第 5 版。

298.《契丹小字〈萧敌鲁墓志铭〉及〈耶律详稳墓志〉绝非赝品——与刘凤翥先生商榷》，《中国社会科学报》，2011 年 12 月 8 日第 5 版。

299.《契丹小字碑铭真伪辨——答刘凤翥先生》，杨虎嫩撰，唐均译，《中国社会科学报》，2011 年 12 月 8 日第 5 版。

300.《再论〈耶律廉宁墓志〉为赝品》，刘凤翥，《中国社会科学报》，2011 年 11 月 10 日第 5 版。

301.《给文物热泼点冷水——从〈萧敌鲁墓志铭〉真伪之辨说起》，陈智超，《中国社会科学报》，2011 年 11 月 10 日第 5 版。

302. On the Terms for "Goat" recorded in Khitan and Jurchen Scripts, John Tang, Journal of the Altaic Society of Korea (N0. 21), June 2011。

303.《金代的女真文和契丹文阅读》，王龙，《图书馆理论与实践》，2011 年第 4 期。

艺 术

304.《辽代散乐与酒礼文化》，祝波，《贵州大学学报》（艺术版），2011 年第 1 期。

305.《宣化辽墓乐器与乐种图像的音乐学释读》，胡小满、邢洁，《中国音乐学》，2011 年第 4 期。

306.《契丹（辽）音乐文化考查研究报告》，陈秉义、杨娜妮，《乐府新声》（沈阳音乐学院学报），2011 年第 3、4 期。

307.《兼收并蓄　博采众长——试论契丹音乐中的西域色彩》，洪博涵，《乐府新声》（沈阳音乐学院学报），2011 年第 4 期。

308.《浅谈契丹音乐与北方少数民族音乐间的交流与传承》，刘羽迪，《乐府新声》（沈阳音乐学院学报），2011 年第 3 期。

309.《南北朝时期契丹音乐的历史寻踪》，原媛，《乐府新声》（沈阳音乐学院学报），2011 年第 3 期。

310.《关于契丹细腰鼓的考查与初步认识》，陈秉义、杨娜妮，《乐府新声》（沈阳音乐学院学报），2011 年第 1 期。

311.《舞动"镔铁"之美——契丹（辽）宫廷乐舞概览》，杨育新，《乐府新声》（沈阳音乐学院学报），2011 年第 4 期。

312.《契丹乐舞》，于静波，《辽上京文化遗产》，2011 年 7 月 1 日总第 1 期。

313.《契丹乐舞（续一）》，于静波，《辽上京文化遗产》，2011 年 9 月 30 日总第 2 期。

314.《论辽代散乐乐舞的酬神功能》，祝波，《贵州师范学院学报》，2011 年第 5 期。

315.《契丹族舞蹈艺术的形成过程与表现形式及特征》，文华，《中央民族大学学报》（哲学社会科学版），2011 年第 3 期。

316.《耶律羽之墓彩绘乐舞人物艺术形象的探讨》，冯恩学，《边疆考古研究》（第十辑），科学出版社，2011 年。

317.《契丹大字、契丹小字及其书法》，李巨炎，《书法赏评》，2011 年第 2 期。

318.《浅谈北京辽代墓室壁画的特征》，孙勐，《文物世界》，2011 年第 1 期。

319.《阜新地区辽墓壁画及相关问题》，梁姝丹，《辽宁工程技术大学学报》（社会科学版），2011 年第 3 期。

320.《辽代契丹贵族生活的真实写照——长幅画卷库伦一号辽墓壁画》，来雅苓，《东方收藏》，2011 年第 6 期。

321.《辽代库伦墓室壁画艺术初探》，杨飞，《美与时代》（上），2011 年第 12 期。

322.《对辽契丹墓室壁画出行图与归来图的探索与思考》，张明星、苏晓明，《文艺争鸣》，2011 年第 18 期。

323.《浅析“宣化辽墓星象图”——论中西文化的汇通与融合》，赵本钧，《书画世界》，2011 年第 3 期。

324.《应县木塔辽代秘藏之佛画研究》，杨俊芳，《山西大同大学学报》（社会科学版），2011 年第 5 期。

325.《论“辽画”在番马画收藏定名上的标签式影响暨探因——以胡瓌、李赞华为例探析》，于瑞强、谢艳娟，《设计艺术》（山东工艺美术学院学报），2011 年第 4 期。

326.《论辽金鞍马绘画的艺术品格——兼谈草原文化感性思维方式》，乌兰托娅、海日汗，《论草原文化》（第八辑），内蒙古教育出版社，2011 年。

327.《辽、金、西夏造像艺术》，林保尧，《东方收藏》，2011 年第 2 期。

328.《善化寺“五方佛”塑像的创建年代及其相关问题研究》，张明远，《2010 年三晋文化研讨会论文集》，三晋文化研究会，2011 年。

329.《善化寺辽金彩塑艺术的历史人文价值》，张明远，《中国国家博物馆馆刊》，2011 年第 5 期。

330.《大同善化寺二十四诸天像考辨》，袁志伟，《世界宗教研究》，2011 年第 4 期。

体 育

331.《宋辽时期足球与马球运动之比较》，刘刚，《赤峰学院学报》（自然科学版），2011 年第 8 期。

图书、印刷

332.《辽代外交中的书籍流通》，张儒婷，《神州》（下旬刊），2011 年第 11 期。

333.《从应县木塔秘藏题记看辽代的雕版印刷业》，杜成辉，《北方文物》，2011 年第 2 期。

十、文学

综　论

334.《论辽金元时期北方民族汉文创作三维模式的建构》，尹晓琳，《延边大学学报》（社会科学版），2011 年第 6 期。

诗

335.《赵延寿所作〈塞上〉释考》，张兴国，《东北史研究》，2011 年第 2 期。

336.《历代诗话中的“曹植论”研究：以宋辽金元明诗话为范围》，陈盈妃，国立彰化师范大学国文研究所博士论文，2011 年。

词

337.《萧观音〈回心院〉是否为“词”》，王荣华，《陕西广播电视大学学报》，2011 年第 1 期。

十一、宗教

概　论

338.《辽朝宗教文化现象刍议》，康建国、李月新，《赤峰学院学报》（汉文哲学社会科学版），2011 年第 1 期。

佛　教

339.《辽代佛教“涉政”现象探析——“佛教文化与辽代社会变迁”研究之一》，张国庆，《社会科学战线》，2011 年第 5 期。

340.《辽代僧尼法号、师德号与“学位”称号考——以石刻资料为中心》，张国庆，《民族研究》，2011 年第 6 期。

341.《辽代僧尼出家“具戒”考——以石刻文字资料为中心》，张国庆，《浙江学刊》，2011 年第 6 期。

342.《辽代高僧“杖锡”“挂锡”及相关问题探究——以石刻文字资料为中心》，张国庆、陶莉，《辽宁大学学报》（哲学社会科学版），2011 年第 6 期。

343.《辽代僧官的俗职研究》，姚远，《内蒙古农业大学学报》（社会科学版），2011 年第 3 期。

344.《辽代僧官的俗职研究》，姚远，《五台山研究》，2011 年第 6 期。

345.《论唐幽州佛俗对辽代佛教的影响》，尤李，《兰州学刊》，2011 年第 1 期。

346.《辽代华严思想研究》，袁志伟，西北大学硕士学位论文，2011 年。

347.《辽延昌寺塔佛教文物产地探源》，王志华，《辽金历史与考古》（第三辑），辽宁教育出版社，2011 年。

348.《从阜新塔营子塔看辽代懿州萧氏家族的早期密宗信仰》，陈术石，《辽金历史与考古》（第三辑），辽宁教育出版社，2011 年。

349.《〈俄藏黑水城文献〉中通理大师著作考》，冯国栋、李辉，《文献》，2011 年第 3 期。

350.《法均与燕京马鞍山的菩萨戒坛——大乘菩萨戒在契丹（辽）的流行》，古松崇志著，姚义田译，《辽金历史与考古》（第三辑），辽宁教育出版社，2011 年。

351.《辽代高僧非浊の行状に関する资料考（一）：「奉福寺仏顶尊胜陀罗尼幢记」について》，李铭敬，《成城國文學論集》（34），2011 年 3 月。

352.《乐得苦离》，邢淑兰，《佛教文化》，2011 年第 5 期。

353.《辽代经幢及其宗教功能——以石刻资料为中心》，张国庆，《北方文物》，2011 年第 2 期。

354.《从经幢看辽代佛教发展的时段性特征》，王姗姗，《赤峰学院学报》（科学教育版），2011 年第 8 期。

355.《北塔発现文物に见る11 世纪辽西の仏教的诸相》，藤原崇人，《関西大学东西学术研究所纪要》（44），2011 年 4 月。

356.《辽朝佛教中独特的文化现象初探》，康建国，《内蒙古社会科学》（汉文版），2011 年第 1 期。

357.《北京宣南地区的辽金寺庙与碑刻》，王岗，《北京联合大学学报》（人文社会科学版），2011 年第 4 期。

358.《辽金时期燕京清水院探微》，张蕴芬，《北京文博论丛》，2011 年第 4 辑。

359.《北京房山十字寺的研究及存疑》，唐晓峰，《世界宗教研究》，2011 年第 6 期。

360.《仰山栖隐寺》，马垒，《北京档案》，2011 年第 8 期。

361.《华严寺文化传承中的古代寺僧们》，齐平，《大同日报》，2011 年 10 月 8 日第 3 版。

362.《应县木塔〈大乘杂宝藏经劝善文〉变文浅析》，杜成辉，《山西大同大学学报》（社会科学版），2011 年第 4 期。

363.《宁城大明塔的佛像》，陈术石、佟强，《中国文化遗产》，2011 年第 6 期。

364.《论辽代密教的来源》，尤李，《国学研究》（第二十七卷），北京大学出版社，2011 年。

伊斯兰教

365.《辽金元时期呼和浩特地区的回回人与伊斯兰教的传入》，马宁，《内蒙古统战理论研究》，2011 年第 3 期。

十二、科学技术

366.《浅析辽代农业科学发展状况》，夏宇旭，《安徽农业科学》，2011 年第 14 期。

367.《三晋地区宋辽金元时期的农具》，胡泽学，《当代农机》，2011 年第 7 期。

十三、历史地理

地方行政建置

368.《契丹建国前城邑建置考论》，吕昕娱、杨福瑞，《北方文物》，2011 年第 4 期。

369.《辽代五京建置研究》，姜含，辽宁大学硕士学位论文，2011 年。

370.《〈亡辽录〉与〈辽史·地理志〉所载节镇州比较研究》，曹流，《首届中国民族史研究生论坛论文集》，中央民族大学出版社，2011 年。

371.《辽朝地方州县行政区划体系的形成及其特点》，杨福瑞，《宋史研究论丛》（第十二辑），河北大学出版社，2011 年。

372.《辽代显州的建置及其政治、军事地位》，吴凤霞，《内蒙古社会科学》（汉文版），2011 年第 2 期。

373.《历史地理视角下的辽代城市研究》，王淑兰，东北师范大学博士学位论文，2011 年。

374.《论辽代草原地区城市群体的特点——以上京道城市为例》，王淑兰、韩宾娜，《中南大学学报》（社会科学版），2011 年第 1 期。

375.《辽代头下军州若干问题探讨》，何天明，《北方文物》，2011 年第 1 期。

376.《辽代沈州属下未辨三县文献与考古学探证》，王绵厚，《辽金历史与考古》（第三辑），辽宁教育出版社，2011 年。

都　城

377.《辽上京的发现及其遗址的确定》，王未想，《辽上京文化遗产》，2011 年 9

月 30 日总第 2 期。

378.《感悟上京话临潢》，葛华廷，《辽上京文化遗产》，2011 年 7 月 1 日总第 1 期。

379.《赤峰市国家级重点文物保护单位——辽中京遗址简介》，孙国军，《赤峰学院学报》（汉文哲学社会科学版），2011 年第 3 期。

380.《奈良大学创立 40 周年记念事业 平成 21 年度総合研究所特别研究概要报告 モンゴル辽代城郭都市の构造と环境变动——モンゴル国チントルゴイ遗跡 2009 年调查报告》，千田嘉博，《総合研究所所报》（19），2011 年。

381.《北京的辽代古城遗迹》，侯晓晨，《科学大观园》，2011 年第 8 期。

城 址

382.《辽宁地区辽、金古城的分布概要（一）》，王禹浪、刘述欣，《哈尔滨学院学报》，2011 年第 1 期。

383.《辽宁地区辽、金古城的分布概要（二）》，王禹浪、李福军，《哈尔滨学院学报》，2011 年第 2 期。

384.《辽宁地区辽、金古城的分布概要（三）》，王禹浪、郭丛丛，《哈尔滨学院学报》，2011 年第 3 期。

385.《辽金王朝与渤海国时期吉林城镇比较研究》，杨雨舒，《辽宁工程技术大学学报》（社会科学版），2011 年第 5 期。

386.《莫力庙发现古城遗址 疑是辽代州城》，周静，《通辽日报》，2011 年 6 月 27 日第 5 版。

387.《长春州　永恒的历史坐标》（上），李旭光，《吉林日报》，2011 年 5 月 14 日第 5 版。

388.《长春州　永恒的历史坐标》（下），李旭光，《吉林日报》，2011 年 7 月 2 日第 8 版。

389.《辽金泰州在东北亚的历史地位》，孙文政、王硕，《理论观察》，2011 年第 6 期。

山 川

390.《医巫闾山与辽文化》，任仲书，《辽宁工程技术大学学报》（社会科学版），2011 年第 6 期。

交 通

391.《五代、宋时期陆上丝绸之路研究述评》，杨蕤，《西域研究》，2011 年第 3 期。

十四、考古

综　述

392.《近十年来东北、内蒙古东部辽金元考古的发现与研究》，彭善国、吕婴馨，《辽金历史与考古》（第三辑），辽宁教育出版社，2011 年。

393.《近年来吉林省辽金时期考古发现与研究述略》，吴敬，《博物馆研究》，2011 年第 4 期。

394.《辽代契丹文化与汉文化的考古学观察》，吴敬，《社会科学战线》，2011 年第 5 期。

395.《大连地区辽代考古发现与研究》，张翠敏，《辽金历史与考古》（第三辑），辽宁教育出版社，2011 年。

396.《营口地区辽金时期的文化遗迹》，崔艳茹，《辽金历史与考古》（第三辑），辽宁教育出版社，2011 年。

帝　陵

397.《赤峰市国家级重点文物保护单位③——辽陵及奉陵邑简介》，孙国军，《赤峰学院学报》（汉文哲学社会科学版），2011 年第 4 期。

398.《帝陵中的特例——辽祖陵》（上），王德恒，《知识就是力量》，2011 年第 1 期。

399.《辽祖陵是述律后的作品》（下），王德恒，《知识就是力量》，2011 年第 2 期。

400.《令人感慨良多的辽怀陵》，王德恒，《知识就是力量》，2011 年第 3 期。

401.《辽代祖陵陵园考古发现和研究述论》，董新林，《草原文物》，2011 年第 1 期。

402.《内蒙古巴林左旗辽代祖陵陵园黑龙门址和四号建筑基址》，中国社会科学院考古研究所内蒙古第二工作队、内蒙古文物考古研究所，《考古》，2011 年第 1 期。

403.《内蒙古巴林左旗辽代祖陵龟趺山建筑基址》，中国社会科学院考古研究所内蒙古第二工作队、内蒙古文物考古研究所，《考古》，2011 年第 8 期。

404.《中国内モンゴル遼代祖陵陵園遺跡における考古学的新発見——遼初代皇帝「耶律阿保機」陵を探る》，董新林著，佐川正敏訳，アジア文化史研究（11），2011 年 3 月。

405.《訳者后記（中国内モンゴル遼代祖陵陵園遺跡における考古学的新発見——遼初代皇帝「耶律阿保機」陵を探る）》，佐川正敏，アジア文化史研究（11），2011 年 3 月。

406.《辽祖州石室探秘》，葛华廷，《辽上京文化遗产》，2011 年 9 月 30 日总第 2 期。

407.《冬至日的辽祖州石室》，金永田，《辽上京文化遗产》，2011 年 7 月 1 日总第 1 期。

408.《饥民挖掘辽帝后“哀册”》，王丹，《科学大观园》，2011年第22期。

409.《“盗墓”风波下的“和陵”之疑》，贾子建，《三联生活周刊》，2011年第46期。

墓 葬

410.《辽墓“礼乐”制度探微》，梅鹏云，《边疆考古研究》（第十辑），科学出版社，2011年。

411.《北京地区辽金壁画墓研究》，董坤玉，《北京文博论丛》，2011年第3辑。

412.《北京东白塔辽墓发掘简报》，刘风亮，《文物春秋》，2011年第6期。

413.《时尚纺织品有限公司壁画墓考古发掘报告》，尚珩，《北京考古工作报告（2000—2009年）延庆卷》，上海古籍出版社，2011年。

414.《南菜园北二区三期工程（住宅楼）考古勘探报告》，尚珩，《北京考古工作报告（2000—2009年）延庆卷》，上海古籍出版社，2011年。

415.《南菜园北二区三期工程（住宅楼）考古发掘报告》，尚珩，《北京考古工作报告（2000—2009年）延庆卷》，上海古籍出版社，2011年。

416.《延庆镇西屯村西南地块一级开发项目西区（Ⅰ区）考古发掘报告》，尚珩，《北京考古工作报告（2000—2009年）延庆卷》，上海古籍出版社，2011年。

417.《密云县大唐庄新景家园住宅区考古勘探报告》，郭历展、尚珩，《北京考古工作报告（2000—2009年）密云、怀柔、昌平卷》，上海古籍出版社，2011年。

418.《密云县大唐庄新景家园住宅区考古发掘报告》，郭历展、尚珩，《北京考古工作报告（2000—2009年）密云、怀柔、昌平卷》，上海古籍出版社，2011年。

419.《密云县第七中学工程考古勘探报告》，郭历展、尚珩，《北京考古工作报告（2000—2009年）密云、怀柔、昌平卷》，上海古籍出版社，2011年。

420.《密云县第七中学工程考古发掘报告》，郭历展、尚珩，《北京考古工作报告（2000—2009年）密云、怀柔、昌平卷》，上海古籍出版社，2011年。

421.《昌平区南邵镇张营遗址考古勘探报告》，郭历展、尚珩，《北京考古工作报告（2000—2009年）密云、怀柔、昌平卷》，上海古籍出版社，2011年。

422.《昌平区南邵镇张营遗址考古发掘报告》，郭历展、尚珩，《北京考古工作报告（2000—2009年）密云、怀柔、昌平卷》，上海古籍出版社，2011年。

423.《昌平区民福置业集团旅游度假休闲居住工程考古勘探报告》，郭历展、尚珩，《北京考古工作报告（2000—2009年）密云、怀柔、昌平卷》，上海古籍出版社，2011年。

424.《昌平区民福置业集团旅游度假休闲居住工程考古发掘报告》，郭历展、尚珩，《北京考古工作报告（2000—2009年）密云、怀柔、昌平卷》，上海古籍出版社，2011年。

425.《昌平区小汤山镇常兴庄B地块考古勘探报告》，郭历展、尚珩，《北京考古工作报告（2000—2009 年）密云、怀柔、昌平卷》，上海古籍出版社，2011 年。

426.《昌平区小汤山镇常兴庄 B 地块考古发掘报告》，郭历展、尚珩，《北京考古工作报告（2000—2009 年）密云、怀柔、昌平卷》，上海古籍出版社，2011 年。

427.《五环路二期工程考古勘探报告》，郭历展，《北京考古工作报告（2000—2009 年）海淀卷》，上海古籍出版社，2011 年。

428.《五环路二期工程考古发掘报告》，郭历展，《北京考古工作报告（2000—2009 年）海淀卷》，上海古籍出版社，2011 年。

429.《丰台银河星座居住小区住宅工程考古发掘报告》，韩鸿业，《北京考古工作报告（2000—2009 年）房山、丰台、门头沟、石景山卷》，上海古籍出版社，2011 年。

430.《龙泉务村搬迁用地考古勘探报告》，韩鸿业，《北京考古工作报告（2000—2009 年）房山、丰台、门头沟、石景山卷》，上海古籍出版社，2011 年。

431.《鲁谷远洋山水小区考古勘探报告》，韩鸿业，《北京考古工作报告（2000—2009 年）房山、丰台、门头沟、石景山卷》，上海古籍出版社，2011 年。

432.《鲁谷远洋山水小区考古发掘报告》，韩鸿业，《北京考古工作报告（2000—2009 年）房山、丰台、门头沟、石景山卷》，上海古籍出版社，2011 年。

433.《2007 石景山银河商务区二期商业金融工程考古勘探报告》，韩鸿业，《北京考古工作报告（2000—2009 年）房山、丰台、门头沟、石景山卷》，上海古籍出版社，2011 年。

434.《2007 石景山银河商务区二期商业金融工程考古发掘报告》，韩鸿业，《北京考古工作报告（2000—2009 年）房山、丰台、门头沟、石景山卷》，上海古籍出版社，2011 年。

435.《石景山鲁谷商业金融（M 地块）项目考古勘探报告》，韩鸿业，《北京考古工作报告（2000—2009 年）房山、丰台、门头沟、石景山卷》，上海古籍出版社，2011 年。

436.《北京尚青云工艺美术厂考古勘探报告》，刘乃涛，《北京考古工作报告（2000—2009 年）大兴卷》，上海古籍出版社，2011 年。

437.《北京尚青云工艺美术厂考古发掘报告》，刘乃涛，《北京考古工作报告（2000—2009 年）大兴卷》，上海古籍出版社，2011 年。

438.《大兴青云店镇杨各庄村古墓葬考古勘探报告》，刘乃涛，《北京考古工作报告（2000—2009 年）大兴卷》，上海古籍出版社，2011 年。

439.《大兴青云店镇杨各庄村古墓群考古发掘报告》，刘乃涛，《北京考古工作报告（2000—2009 年）大兴卷》，上海古籍出版社，2011 年。

440.《翡翠苑四期工程考古勘探报告》，刘乃涛，《北京考古工作报告（2000—2009 年）大兴卷》，上海古籍出版社，2011 年。

441.《翡翠苑四期工程考古发掘报告》，刘乃涛，《北京考古工作报告（2000—

2009年）大兴卷》，上海古籍出版社，2011年。

442.《北京联宾客塑胶印刷有限公司生产车间、综合楼扩建工程考古发掘报告》，刘乃涛，《北京考古工作报告（2000—2009年）大兴卷》，上海古籍出版社，2011年。

443.《大兴区新城北区16号地工程考古勘探报告》，刘乃涛，《北京考古工作报告（2000—2009年）大兴卷》，上海古籍出版社，2011年。

444.《大兴区新城北区16号地工程考古发掘报告》，刘乃涛，《北京考古工作报告（2000—2009年）大兴卷》，上海古籍出版社，2011年。

445.《大兴康庄项目两限房地块工程考古勘探报告》，刘乃涛，《北京考古工作报告（2000—2009年）大兴卷》，上海古籍出版社，2011年。

446.《大兴康庄项目两限房地块工程考古发掘报告》，刘乃涛，《北京考古工作报告（2000—2009年）大兴卷》，上海古籍出版社，2011年。

447.《大兴区轨道交通大兴线枣园路站土地一级开发项目一期工程考古勘探报告》，刘乃涛，《北京考古工作报告（2000—2009年）大兴卷》，上海古籍出版社，2011年。

448.《大兴区轨道交通大兴线枣园路站土地一级开发项目一期工程考古勘探报告》，刘乃涛，《北京考古工作报告（2000—2009年）大兴卷》，上海古籍出版社，2011年。

449.《大兴区轨道交通大兴线枣园路站土地一级开发项目一期工程考古发掘报告》，刘乃涛，《北京考古工作报告（2000—2009年）大兴卷》，上海古籍出版社，2011年。

450.《大兴区轨道交通大兴线枣园路站土地一级开发项目二期工程考古勘探报告》，刘乃涛，《北京考古工作报告（2000—2009年）大兴卷》，上海古籍出版社，2011年。

451.《大兴区轨道交通大兴线枣园路站土地一级开发项目二期工程考古发掘报告》，刘乃涛，《北京考古工作报告（2000—2009年）大兴卷》，上海古籍出版社，2011年。

452.《大兴区轨道交通大兴线枣园路站土地一级开发项目三期工程考古勘探报告》，刘乃涛，《北京考古工作报告（2000—2009年）大兴卷》，上海古籍出版社，2011年。

453.《大兴区轨道交通大兴线枣园路站土地一级开发项目三期工程考古发掘报告》，刘乃涛，《北京考古工作报告（2000—2009年）大兴卷》，上海古籍出版社，2011年。

454.《五棵松篮球馆工程考古勘探报告》，杨菊，《北京考古工作报告（2000—2009年）奥运卷》，上海古籍出版社，2011年。

455.《五棵松篮球馆工程考古发掘报告》，杨菊，《北京考古工作报告（2000—

2009 年）奥运卷》，上海古籍出版社，2011 年。

456.《草桥燃气联合循环热电厂考古勘探报告》，杨菊，《北京考古工作报告（2000—2009 年）奥运卷》，上海古籍出版社，2011 年。

457.《草桥燃气联合循环热电厂考古发掘报告》，杨菊，《北京考古工作报告（2000—2009 年）奥运卷》，上海古籍出版社，2011 年。

458.《国家体育总局射击射箭运动管理中心飞碟靶场工程考古勘探报告》，杨菊，《北京考古工作报告（2000—2009 年）奥运卷》，上海古籍出版社，2011 年。

459.《国家体育总局射击射箭运动管理中心飞碟靶场区工程考古发掘报告》，杨菊，《北京考古工作报告（2000—2009 年）奥运卷》，上海古籍出版社，2011 年。

460.《北京市亦庄经济技术开发区 80 号地考古勘探报告》，董育纲、刘乃涛，《北京考古工作报告（2000—2009 年）亦庄卷》，上海古籍出版社，2011 年。

461.《北京市亦庄经济技术开发区 80 号地考古发掘报告》，董育纲、刘乃涛，《北京考古工作报告（2000—2009 年）亦庄卷》，上海古籍出版社，2011 年。

462.《北京市经济开发区协作配套区雨水下水管道和 41 号区考古勘探报告》，董育纲、刘乃涛，《北京考古工作报告（2000—2009 年）亦庄卷》，上海古籍出版社，2011 年。

463.《北吉汽车有限公司亦庄开发区联合车间考古发掘报告》，董育纲、刘乃涛，《北京考古工作报告（2000—2009 年）亦庄卷》，上海古籍出版社，2011 年。

464.《博世力士乐液压有限公司（一期）考古发掘报告》，董育纲、刘乃涛，《北京考古工作报告（2000—2009 年）亦庄卷》，上海古籍出版社，2011 年。

465.《北京奔驰戴姆勒克莱斯勒公司实验室等四项工程考古勘探报告》，董育纲、刘乃涛，《北京考古工作报告（2000—2009 年）亦庄卷》，上海古籍出版社，2011 年。

466.《北京市经济技术开发区东部新区经海路四、五标段工程考古勘探报告》，董育纲、刘乃涛，《北京考古工作报告（2000—2009 年）亦庄卷》，上海古籍出版社，2011 年。

467.《北京市经济技术开发区东部新区经海路四、五标段工程考古发掘报告》，董育纲、刘乃涛，《北京考古工作报告（2000—2009 年）亦庄卷》，上海古籍出版社，2011 年。

468.《北京市亦庄新城实业有限公司鹿圈拆迁安置用房工程（10 号地）考古勘探报告》，董育纲、刘乃涛，《北京考古工作报告（2000—2009 年）亦庄卷》，上海古籍出版社，2011 年。

469.《亦庄兴海路 8 号标段工程考古勘探报告》，董育纲、刘乃涛，《北京考古工作报告（2000—2009 年）亦庄卷》，上海古籍出版社，2011 年。

470.《亦庄兴海路 8 号标段工程考古发掘报告》，董育纲、刘乃涛，《北京考古工作报告（2000—2009 年）亦庄卷》，上海古籍出版社，2011 年。

471.《亦庄泽通水务泰和三街工程考古勘探报告》，董育纲、刘乃涛，《北京考古工作报告（2000—2009年）亦庄卷》，上海古籍出版社，2011年。

472.《亦庄泽通水务泰和三街工程考古发掘报告》，董育纲、刘乃涛，《北京考古工作报告（2000—2009年）亦庄卷》，上海古籍出版社，2011年。

473.《北京市亦庄经济技术开发区博兴路东雨水下水管道区墓葬发掘报告》，董育纲、刘乃涛，《北京考古工作报告（2000—2009年）亦庄卷》，上海古籍出版社，2011年。

474.《北京市亦庄经济技术开发区81号地考古发掘报告》，董育纲、刘乃涛，《北京考古工作报告（2000—2009年）亦庄卷》，上海古籍出版社，2011年。

475.《亦庄鹿圈拆迁安置用房工程（x10号地）考古发掘报告》，董育纲、刘乃涛，《北京考古工作报告（2000—2009年）亦庄卷》，上海古籍出版社，2011年。

476.《王四营乡观音堂居住区二期工程考古勘探报告》，朱志刚，《北京考古工作报告（2000—2009年）朝阳卷》，上海古籍出版社，2011年。

477.《华能北京热电有限责任公司二期工程考古勘探报告》，朱志刚，《北京考古工作报告（2000—2009年）朝阳卷》，上海古籍出版社，2011年。

478.《华能北京热电厂二期工程考古发掘报告》，朱志刚，《北京考古工作报告（2000—2009年）朝阳卷》，上海古籍出版社，2011年。

479.《京平高速公路工程考古勘探报告》，刘凤亮，《北京考古工作报告（2000—2009年）平谷、通州、顺义卷》，上海古籍出版社，2011年。

480.《京平高速公路工程考古发掘报告》，刘凤亮，《北京考古工作报告（2000—2009年）平谷、通州、顺义卷》，上海古籍出版社，2011年。

481.《平谷区平三路扩建工程考古勘探报告》，刘凤亮，《北京考古工作报告（2000—2009年）平谷、通州、顺义卷》，上海古籍出版社，2011年。

482.《北京地铁土桥车辆段墓葬、窑址发掘报告》，刘凤亮，《北京考古工作报告（2000—2009年）平谷、通州、顺义卷》，上海古籍出版社，2011年。

483.《京津磁悬浮铁路工程考古勘探报告》，刘凤亮，《北京考古工作报告（2000—2009年）平谷、通州、顺义卷》，上海古籍出版社，2011年。

484.《京津磁悬浮铁路工程考古发掘报告》，刘凤亮，《北京考古工作报告（2000—2009年）平谷、通州、顺义卷》，上海古籍出版社，2011年。

485.《内蒙古凉城县水泉辽代墓葬》，内蒙古文物考古研究所，《考古》，2011年第8期。

486.《内蒙古林西县刘家大院辽墓发掘简报》，内蒙古自治区文物考古研究所，《北方文物》，2011年第1期。

487.《清水河县塔尔梁壁画墓发掘述要》，曹建恩、党郁、孙金松、李力，《草原文物》，2011年第2期。

488.《古老文明终见天日》，王德恒，《知识就是力量》，2011 年 5 期。

489.《辽宁朝阳市姑营子辽代耿氏家族 3、4 号墓发掘简报》，朝阳博物馆、朝阳市城区博物馆，《考古》，2011 年第 8 期。

490.《辽宁阜新县辽代平原公主墓与梯子庙 4 号墓》，辽宁省文物考古研究所、阜新市考古队，《考古》，2011 年第 8 期。

491.《吉林省镇赉县乌鸦山村发现两座辽墓》，吉林省文物考古研究所，《北方文物》，2011 年第 4 期。

492.《巴林左旗林东镇架子山发现辽代龙兴寺僧人墓葬》，左利军，《辽上京文化遗产》，2011 年 7 月 1 日总第 1 期。

493.《哈拉海场辽代壁画墓》，王青煜，《辽上京文化遗产》，2011 年 7 月 1 日总第 1 期。

遗　址

494.《房山云居寺南塔遗址考古发掘报告》，黄娟、刘锐，《北京考古工作报告（2000—2009 年）建筑遗址卷》，上海古籍出版社，2011 年。

495.《房山云居寺南塔遗址考古发掘报告》，韩鸿业，《北京考古工作报告（2000—2009 年）房山、丰台、门头沟、石景山卷》，上海古籍出版社，2011 年。

496.《天宁寺钟鼓楼遗址勘探及试掘报告》，黄娟、刘锐，《北京考古工作报告（2000—2009 年）建筑遗址卷》，上海古籍出版社，2011 年。

497.《兴海家园住宅小区（一期）考古勘探报告》，刘乃涛，《北京考古工作报告（2000—2009 年）大兴卷》，上海古籍出版社，2011 年。

498.《兴海家园住宅小区（一期）考古发掘报告》，刘乃涛，《北京考古工作报告（2000—2009 年）大兴卷》，上海古籍出版社，2011 年。

499.《大兴新城北区 19 号地块项目考古勘探报告》，刘乃涛，《北京考古工作报告（2000—2009 年）大兴卷》，上海古籍出版社，2011 年。

500.《大兴新城北区 19 号地考古发掘报告》，刘乃涛，《北京考古工作报告（2000—2009 年）大兴卷》，上海古籍出版社，2011 年。

501.《宣武区大吉片 2 号地块考古试掘报告》，李华、李贝，《北京考古工作报告（2000—2009 年）城区卷》，上海古籍出版社，2011 年。

502.《顺义区赵全营镇忻州营北小中河交界考古发掘报告》，刘凤亮，《北京考古工作报告（2000—2009 年）平谷、通州、顺义卷》，上海古籍出版社，2011 年。

503.《北京延庆水泉沟冶铁遗址》，郭京宁、刘乃涛，《中国文物报》，2011 年 12 月 2 日第 4 版。

504.《北京发现最完整的辽代冶铁遗址》，李雪、范学新，《中国文化报》，2011 年 11 月 29 日第 2 版。

505.《辽代“首钢”延庆重见天日》，刘冕，《北京日报》，2011 年 11 月 25 日第 9 版。

506.《〈天工开物〉冶铸　描述云冈考古实景再现——大同出土辽金铸造工场》，孟苗，《山西日报》，2011 年 12 月 12 日 A02 版。

507.《沈阳市新民偏堡子遗址辽金时期遗存发掘简报》，沈阳市文物考古研究所、吉林大学边疆考古研究中心、新民市文物管理所、吉林大学，《边疆考古研究》（第 10 辑），科学出版社，2011 年。

508.《本溪考古又有新发现——省市考古工作者联合发掘偏滴台金代遗址》，姜大鹏，《本溪日报》，2011 年 5 月 30 日第 5 版。

509.《昌图四面城城址 2010 年调查及城址东北角探沟发掘简报》，辽宁省文物考古研究所、铁岭市博物馆，《辽金历史与考古》（第三辑），辽宁教育出版社，2011 年。

510.《黑龙江省绥滨县二九〇农场一队古遗址调查》，黑龙江省文物考古研究所，《北方文物》，2011 年第 1 期。

511.《辽上京遗址“暗藏”辽代高超建筑技术》，于嘉，《新华每日电讯》，2011 年 10 月 31 日第 2 版。

512.《内蒙赤峰、辽西辽代遗迹考察散记》，周峰，《中国人文田野》（第四辑），巴蜀书社，2011 年。

513.《赤峰市国家级重点文物保护单位⑥——缸瓦窑遗址简介》，孙国军，《赤峰学院学报》（汉文哲学社会科学版），2011 年第 7 期。

514.《张家口地区辽金元时期城址勘查报告》，河北省文物研究所，《河北省考古文集》（四），科学出版社，2011 年。

515.《大同云冈窟顶再次发现北魏至辽金佛教寺院遗址》，张庆捷、江伟伟，《中国文物报》，2011 年 12 月 2 日第 4 版。

十六、文物

建筑、寺院、佛塔

516.《辽代建筑分期略论》，丁垚、刘翔宇、张思锐，《中国科技论文在线》，2011 年第 5 期。

517.《辽代砖塔建筑形制初步研究》，张晓东，吉林大学博士学位论文，2011 年。

518.《浅析唐、宋、辽三代建筑风格》，王佳，《兰台世界》，2011 年第 20 期。

519.《山西存有大量宋辽金前古建筑》，王学涛、刘翔霄，《中国建设报》，2011 年 5 月 16 日第 4 版。

520.《地方孔庙的普及与覆盖：宋·辽·金·元》，沈旸，《南方建筑》，2011 年第 4 期。

521.《唐代殿堂建筑到金代厅堂建筑——从山西五台山佛光寺大殿到文殊殿》，李欣、陈璐，《城市建设》（下旬），2011 年第 4 期。

522.《天宁寺和慈寿寺》，李晔，《旅游》，2011 年第 8 期。

523.《北京名刹天宁寺（Ⅰ）》，汪艺朋、汪建民，《首都师范大学学报》（自然科学版），2011 年第 5 期。

524.《北京名刹天宁寺（Ⅱ）》，汪艺朋、汪建民，《首都师范大学学报》（自然科学版），2011 年第 6 期。

525.《“十字寺”的由来》，郝福才，《北京纪事》，2011 年第 3 期。

526.《辽金珍品：山西大同华严寺》，彭和莺，《中国民族报》，2011 年 6 月 28 日第 7 版。

527.《大同华严寺薄伽教藏殿建筑风格略论》，白勇，《文物世界》，2011 年第 3 期。

528.《从上华严寺看辽代建筑装饰艺术》，赵黛丽，太原理工大学硕士学位论文，2011 年。

529.《唐风古韵善化寺》，丛燕丽，《中国民族报》，2011 年 5 月 31 日第 7 版。

530.《辽代建筑杰作：义县奉国寺》，王飞，《中国民族报》，2011 年 4 月 19 日第 7 版。

531.《辽代奉国寺后法堂复原探讨》，王剑、赵兵兵，《辽金历史与考古》（第三辑），辽宁教育出版社，2011 年。

532.《奉国寺伽蓝堂复原推想》，田波、刘俭、王剑，《辽金历史与考古》（第三辑），辽宁教育出版社，2011 年。

533.《辽代奉国寺观音阁复原探讨》，王剑、赵兵兵，《辽金历史与考古》（第三辑），辽宁教育出版社，2011 年。

534.《奉国寺弥陀阁复原探讨》，赵兵兵、刘俭、王剑，《辽金历史与考古》（第三辑），辽宁教育出版社，2011 年。

535.《奉国寺山门复原探讨》，赵兵兵、王剑，《辽金历史与考古》（第三辑），辽宁教育出版社，2011 年。

536.《辽代奉国寺中院布局探析》，赵兵兵、王剑，《辽金历史与考古》（第三辑），辽宁教育出版社，2011 年。

537.《中国古建筑传统数字观念分析——以河北蓟县独乐寺观音阁为例》，蒋雪峰、杨大禹，《华中建筑》，2011 年第 2 期。

538.《木德参天：千年不倒的应县木塔》，《长三角》，2011 年第 2 期。

539.《应县佛宫寺释迦塔图像解析》，程乃莲、张敏，《美术大观》，2011 年第 2 期。

540.《应县释迦塔的龙图案》，程乃莲，《文艺研究》，2011 年第 7 期。

541.《浅谈应县木塔之艺术美》，程乃莲、杜丽君，《文物世界》，2011 年第 4 期。

542.《庆州白塔的千年光阴》，杨瑛，《老年世界》，2011 年第 13 期。

543.《农安辽寺、辽塔考》，姜维东，《东北史地》，2011 年第 6 期。

544.《香岩寺双峰塔初探》，李刚、李芳、张旗，《辽金历史与考古》（第三辑），辽宁教育出版社，2011 年。

545.《开原崇寿寺塔年代考》，陈术石、佟强，《辽金历史与考古》（第三辑），辽宁教育出版社，2011 年。

546.《浅谈朝阳城内的七座辽代砖塔》，佟强，《辽金历史与考古》（第三辑），辽宁教育出版社，2011 年。

547.《略议密宗对辽塔佛教艺术的影响——以朝阳北塔为例》，王冬冬，《辽金历史与考古》（第三辑），辽宁教育出版社，2011 年。

548.《辽代砖石塔的演变发展与特点》，赵兵兵、陈伯超，《华中建筑》，2011 年第 3 期。

549.《龙城区三辽塔入围国保单位名录》，姜野，《朝阳日报》，2011 年 2 月 13 日第 1 版。

550.《试论真寂之寺石窟的开凿年代》，王青煜，《辽上京文化遗产》，2011 年 9 月 30 日总第 2 期。

551.《崇福寺的前世今生》，荣浪、徐蕾，《中华文化画报》，2011 年第 9 期。

552.《古建寻踪罗汉堂》，王宗征，《天津档案》，2011 年第 3 期。

碑刻、墓志

553.《〈辽代石刻档案研究〉补正》，李宇峰，《辽金历史与考古》（第三辑），辽宁教育出版社，2011 年。

554.《辽代平原公主墓志考释》，李龙彬、樊圣英、李宇峰，《考古》，2011 年第 8 期。

555.《巴林左旗辽韩匡嗣家族墓地发现耶律度剌墓志》，张兴国，《辽金历史与考古》（第三辑），辽宁教育出版社，2011 年。

556.《辽代平州节度使耶律胡咄石棺及墓志》，项春松，《辽金历史与考古》（第三辑），辽宁教育出版社，2011 年。

557.《辽〈耶律宗福墓志〉校勘补述》，王利华、王青煜、李宇峰，《辽金历史与考古》（第三辑），辽宁教育出版社，2011 年。

558.《〈萧琳墓志铭考释〉补述》，穆启文，《辽金历史与考古》（第三辑），辽宁教育出版社，2011 年。

559.《辽代〈张懿墓志〉补考》，田高、王利华、王玉亭，《北方文物》，2011 年第 3 期。

560.《辽朝梁颖墓志铭考释》，杨卫东，《文史》，2011 年第 1 期。

561.《辽〈高士宁墓志〉考释》，左利军，《辽金历史与考古》（第三辑），辽宁教育出版社，2011 年。

562.《辽〈张守节墓志〉考》，张力，《辽金历史与考古》（第三辑），辽宁教育出版社，2011 年。

563.《辽张公恕妻陈氏墓志考释》，齐伟、都惜青，《苏州文博论丛》（总第 2 辑），文物出版社，2011 年。

564.《辽〈秦晋国妃墓志铭〉所记地名及达褡琐议》，罗树坤，《辽上京文化遗产》，2011 年 9 月 30 日总第 2 期。

565.《巴林左旗发现两处辽代墓幢》，李学良，《辽金历史与考古》（第三辑），辽宁教育出版社，2011 年。

566.《阜新地区辽代石经幢及其相关问题的研究》，梁姝丹，《辽金历史与考古》（第三辑），辽宁教育出版社，2011 年。

567.《旅顺博物馆〈佛顶尊胜陀罗尼真言经幢〉新解读》，宋艳秋，《辽金历史与考古》（第三辑），辽宁教育出版社，2011 年。

568.《固安王龙村经幢不是金代文物》，孙建权，《文物春秋》，2011 年第 6 期。

官印、印章

569.《一枚人物肖像画押印》，张兴国，《辽上京文化遗产》，2011 年 9 月 30 日总第 2 期。

铜　镜

570.《渐趋于艺术生活化的宋辽金铜镜》，赵春安，《东方收藏》，2011 年第 4 期。

571.《宋辽金元铜镜略论》（上、下），耿纪朋，《收藏参考》，2011 年第 2、3 期。

572.《辽金青铜镜鉴赏》，夏曦，《华章》，2011 年第 1 期。

573.《辽金铜镜的艺术风格比较探究》，潘春利，《艺术・生活》，2011 年第 3 期。

574.《凝聚华夏多元民族情结的辽代铜龙镜》，张治学，《东方收藏》，2011 年第 4 期。

575.《辽代四神纹镜探究》，李建廷，《收藏参考》，2011 年第 8 期。

陶　瓷

576.《浅谈辽、金陶瓷文化》，金爱英，《美术大观》，2011 年第 5 期。

577.《辽上京汉城瓷窑址踏查记》，李恩友，《辽上京文化遗产》，2011 年 9 月 30 日总第 2 期。

578.《北京地区辽金时期陶瓷器分期》，李华，《文物春秋》，2011 年第 6 期。

579.《北京出土的辽代输入瓷器　以墓葬、塔基中发现的器物为中心》，孙勐，《收藏家》，2011 年第 4 期。

580.《辽代釉陶初步研究》，徐戎戎，吉林大学硕士学位论文，2011 年。

581.《辽宁出土辽代陶瓷初探——以近十年新出材料为中心》，张树范，吉林大学硕士学位论文，2011 年。

582.《沈阳地区出土辽产陶瓷的类型简析》，张树范，《辽金历史与考古》（第三辑），辽宁教育出版社，2011 年。

583.《北通天街发现辽元时期瓷片》，陈凤军，《沈阳日报》，2011 年 5 月 2 日第 4 版。

584.《内蒙古地区出土青白釉瓷器研究》，张红星，《草原文物》，2011 年第 2 期。

585.《论鸡冠壶的造型特色》，吕金泉、孟蕾，《大众文艺》，2011 年第 23 期。

586.《辽金时期游牧、渔猎民族陶瓷饮具研究》，韩荣、吴文苑，《江苏大学学报》（社会科学版），2011 年第 3 期。

587.《净美达真远——浅析辽代陶瓷酒具之美》，李芳，景德镇陶瓷学院硕士学位论文，2011 年。

588.《辽宋金元时期葫芦形注壶比较研究》，韩荣、尹悦，《中国陶瓷》，2011 年第 2 期。

589.《试析辽境出土的陶瓷穿带瓶》，彭善国，《边疆考古研究》（第十辑），科学出版社，2011 年。

590.《辽代的白釉荷叶陶瓷吊灯》，清淤，《辽上京文化遗产》，2011 年 9 月 30 日总第 2 期。

591.《葫芦式壶与倒灌式壶及其全一的一件辽器》，王荣增，《中国文物报》，2011 年 11 月 9 日第 8 版。

592.《收藏和考古的互补与缺失》，赵芬明，《收藏参考》，2011 年第 4 期。

593.《吉林地区出土的玉壶春瓶及其相关问题》，吕军、陈颖，《北方文物》，2011 年第 3 期。

玉　器

594.《情有独钟辽金玉》，张斌、孙洁，《检察风云》，2011 年第 24 期。

595.《辽代瓔珞佩饰研究》，周琳，辽宁师范大学硕士学位论文，2011 年。

596.《辽代出土琥珀初步研究》，王春燕，内蒙古大学硕士学位论文，2011 年。

597.《宋元和田玉》，薛援朝，《兵团建设》，2011 年第 4 期。

598.《玉器中的春水杂识》，邹伟初，《收藏·拍卖》，2011 年第 4 期。

石雕、石棺、石函

599.《横山墓群八面乐舞浮雕石幢简析》，万大勇，《剧作家》，2011 年第 2 期。

600.《沈阳市出土的辽代石棺》，孙继艳，《中国地名》，2011 年第 6 期。

木　器

601.《浅谈一组辽代契丹族木乐俑》，董晓琳，《收藏界》，2011 年第 11 期。

602.《木偶奇遇记》，梦斋主人，《收藏界》，2011年第1期。

丝 绸

603.《宋辽金的丝绸饰金》，陈彦姝，《装饰》，2011年第12期。

604.《辽代契丹民族繁荣的丝绸文化解读》，王富松、龙佳义，《大众文艺》，2011年第12期。

605.《蝶梦双飞》，李晶晶，《三联生活周刊》，2011年第1期。

606.《新发现辽代丝绸装饰材料及工艺研究》，路智勇，《文物》，2011年第2期。

607.《二阶导数红外光谱分析辽代丝绸的降解特征》，陈华锋、龚德才、刘博，《丝绸》，2011年第1期。

608.《褐绿地全枝梅金锦绵褡裙的研究与仿制》，韩宝鑫、沈惠、朱艳、丁怀进、孙晓敏，《现代丝绸科学与技术》，2011年第3期。

609.《文化学園服飾博物館蔵『古錦帖』所収の平安様緯錦にみられる中国遼代染織品からの影響》，福本有寿子，美学論究（26），2011年3月。

金属器物

610.《辽代金冠》，贾玺增，《紫禁城》，2011年第11期。

611.《从辽代莲花童子金耳坠看契丹人的经济生活》，梁姝丹，《辽金历史与考古》（第三辑），辽宁教育出版社，2011年。

612.《梦蝶轩藏辽代金银器精选》，本刊编辑部，《三联生活周刊》，2011年第1期。

613.《辽金金银器》，青柠，《少儿书画》（综合版），2011年第4期。

614.《关于吐尔基山辽墓出土银壶所饰人物故事图》，扬之水，《收藏家》，2011年第10期。

615.《辽墓出土的金属面具和网络》，刘荣荣，《中国文物报》，2011年2月18日第六版。

616.《辽代鎏金龙纹银骨朵考释》，师小群、杭志宏，《文博》，2011年第2期。

其他文物

617.《阿纳尼耶夫斯克古城址出土的两件文物》，（俄）A. л. 伊夫利耶夫、B. A. 霍列夫著，杨振福译，《北方文物》，2011年第1期。

618.《陕西历史博物馆新征集辽代文物》，杭志宏，《文博》，2011年第2期。

619.《泰来县辽金元时期的主要文物》，刘德珍，《黑龙江科技信息》，2011年第1期。

博物馆

620.《赤峰博物馆巡礼②——辽上京博物馆》，《赤峰学院学报》（汉文哲学社会科学版)，2011 年第 4 期。

621.《契丹人也曾“一国两制”？——深博 12 日起展出内蒙古契丹文物向市民揭示契丹文明》，王宇，《深圳商报》，2011 年 5 月 11 日 C01 版。

622.《Art News 大草原に花開いた王朝、契丹の秘宝を見よ!》，芸術新潮 62 (11)，2011 年 11 月。

文物保护

623.《“世界最古老木塔”不能拿来换眼前利益》，柳新勇、王学涛，《中国民族报》，2011 年 5 月 17 日第 5 版。

624.《千年古塔为何成了“没妈的孩子”?》，李颖，《广州日报》，2011 年 9 月 27 日第 13 版。

625.《全方位监测齐云塔》，秦福军、王红闯，《中国测绘报》，2011 年 9 月 30 日第 3 版。

626.《齐云塔激光点云三维重建》，卢小平、王玉鹏、卢遥、葛晓天、宋碧波，《测绘通报》，2011 年第 9 期。

627.《辽塔保护工程基本完工》，王研，《辽宁日报》，2011 年 12 月 23 日第 1 版。

628.《109 件文物被追回——河北蔚县南安寺塔地宫盗案告破》，赵梓斌，《人民日报》，2011 年 10 月 19 日第 9 版。

629.《南安寺文物盗窃案告破》，刘萍，《河北日报》，2011 年 10 月 22 日第 2 版。

630.《招标为辽代古城“换颜”》，孟苗，《山西日报》，2011 年 8 月 15 日 A02 版。

631.《如何修复辽代平原公主墓壁画》，王敏娜，《辽宁日报》，2011 年 8 月 31 日第 11 版。

632.《质疑云居寺地宫工程》，李茂林，《中国绿色画报》，2011 年第 5 期

金史论著目录

中国社会科学院　周　峰

一、专著

1.《辽金军制》，王曾瑜著，河北大学出版社，2011 年。

2.《宋金元诗通论》，王辉斌著，黄山书社，2011 年。

3.《辽金西夏史》，蔡美彪、吴天墀著，中国大百科全书出版社，2011 年。

4.《白话精评金史纪事本末》，蒋秀松译评，辽海出版社，2011 年。

5.《中古时代·五代辽宋夏金时期》，白至德编著，中国友谊出版公司，2011 年。

6.《隋唐辽宋金元史论丛》，中国社会科学院历史所隋唐辽宋金元史研究室编，紫禁城出版社，2011 年。

7.《天下大同，北魏平城辽金西京城市建筑史纲》，段智钧、赵娜冬著，中国建筑工业出版社，2011 年。

8.《宋辽金时期的河北经济》，邢铁著，科学出版社，2011 年。

9.《辽夏金元体育文化史》，王俊奇著，人民出版社，2011 年。

10.《金史选译（修订版）》，杨世文、祝尚书、李文泽、王晓波译注，曾枣庄审阅，凤凰出版社，2011 年。

11.《辽金历史与考古》（第三辑），辽宁省辽金契丹女真史研究会编，辽宁教育出版社，2011 年。

12.《古代中国东北民族地区建置史》，程妮娜著，中华书局，2011 年。

13.《辽金元史十五讲》，蔡美彪著，中华书局，2011 年。

14.《一本书读懂辽金》，宋德金著，中华书局，2011 年。

15.《宋辽金元建制城市研究》，韩光辉著，北京大学出版社，2011 年。

16.《中国妇女通史·辽金西夏卷》，张国庆、韩志远、史金波著，杭州出版社，2011 年。

17. Women of the Conquest Dynasties：Gender and Identity in Liao and Jin China，Linda Cooke Johnson，University of Hawaii Press，2011。

18.《战争史笔记（五代—宋辽金夏)》，朱增泉著，人民文学出版社，2011 年。

19.《金代文学编年史》（上、下），牛贵琥著，安徽大学出版社，2011 年。

20.《有容乃大——辽宋金元时期饮食器具研究》，韩荣著，2011 年。

21.《〈全金诗〉韵部研究》，崔彦著，大连出版社，2011 年。

22.《金元词一百首》，陶然编纂，岳麓书社，2011 年。

23.《善化寺大雄宝殿彩塑艺术研究》，张明远等著，人民美术出版社，2011 年。

24.《故宫博物院藏品大系·玉器编（5）唐宋辽金元》，赵桂玲主编，紫禁城出版社、安徽美术出版社，2011 年。

25.《金代散文研究》，王永著，中国社会科学出版社，2011 年。

26.《韓半島から眺めた契丹·女真》，乌拉熙春、吉本道雅著，京都大学学術出版会，2011 年。

27.《金初汉族士人的政治参与》，陈昭扬著，花木兰文化出版社，2011 年。

28.《全真脊梁——丘处机大传》，常大群著，宗教文化出版社，2011 年。

29.《金代商业经济研究》，王德朋著，社会科学文献出版社，2011 年。

30.《民间藏中国古玉全集·宋辽金元编卷一》，周南泉主编，紫禁城出版社，2011 年。

31.《宋辽金元方志辑佚》（全二册），刘纬毅、王朝华、郑梅玲、赵树婷辑，上海古籍出版社，2011 年。

32.《中国墓室壁画全集 3（宋辽金元)》，《中国墓室壁画全集》编辑委员会编，河北教育出版社，2011 年。

33.《辽金元时期北方民族汉文诗歌创作研究》，尹晓琳著，民族出版社，2011 年。

34.《遗山先生文集》，元好问撰，台湾商务印书馆股份有限公司，2011 年。

35.《中州集》，元好问撰，台湾商务印书馆股份有限公司，2011 年。

36.《元好问诗编年校注》（全四册)，狄宝心校注，中华书局，2011 年。

37.《元好问诗选译（修订版)》，郑力民注译、宗福邦审阅，凤凰出版社，2011 年。

38.《元好问 萨都剌集》，龙德寿编选，凤凰出版社，2011 年。

39.《中国变法史料通编：秦—清．一三，宋朝的变法辽朝的改革金朝的改革》，赵联赏主编，（香港）蝠池书院出版有限公司，2011 年。

40.《中国变法史料通编：秦—清．一四，金朝的改革元朝的改革明朝的改革》，赵联赏主编，（香港）蝠池书院出版有限公司，2011 年。

二、总论

研究综述

41.《20 世纪 80 年代以来奚族研究综述》，王凯，《东北史地》，2011 年第 1 期。

42.《近十年宋辽金元宗族研究综述》，常建华，《安徽史学》，2011 年第 1 期。

43.《2010 年辽金西夏史研究综述》，尤李，《中国史研究动态》，2011 年第 4 期。

44.《2010 年金史研究综述》，孙红梅，《东北史地》，2011 年第 6 期。

45.《2010 年辽宋西夏金元经济史研究述评》，李华瑞，《中国经济史研究》，2011 年第 2 期。

46.《“中国多元一体”与辽金史研究》，赵永春，《中央民族大学学报》（哲学社会科学版），2011 年第 3 期。

47.《20 世纪欧美学界的女真研究——以〈女真统治下的中国：金代思想与文化史〉为例》，霍明琨、武志明，《东北史地》，2011 年第 1 期。

48.《20 世纪 40 年代以来欧美学者金史研究概述》，赵永春、赵燕，《东北史地》，2011 年第 1 期。

学术活动

49.《“辽金历史与考古国际学术研讨会”在沈阳召开》，陶亮，《中国文物报》，2011 年 9 月 28 日第 2 版。

50.《辽金历史与考古国际学术研讨会述评》，高正，《东北史地》，2011 年第 6 期。

51.《“辽金历史与考古国际学术研讨会”摘要》，《中国文物报》，2011 年 11 月 11 日第 6、7 版。

52.《中韩学者聚焦宋辽夏金元史》，张春兰，《中国社会科学报》，2011 年 11 月 24 日第 3 版。

53.《纪念辽金史学大师陈述百年诞辰——呼唤民族平等，为古代“蛮夷”正名》，牛锐，《中国民族报》，2011 年 10 月 28 日第 11 版。

54.《“辽金元文学研讨会暨中国辽金文学学会第六届年会”在兰州召开》，毛巧晖，《民族文学研究》，2011 年第 5 期。

55.《辽金元瓷器的整合研究——记 2010 吉林大学考古学术论坛》，《国际学术动态》，2011 年第 4 期。

56.《辽金史研究人力资源分配不均》，高颖，《中国社会科学报》，2011 年 9 月 27 日第 2 版。

57.《〈山西宋辽金壁画暨山西档案珍品·古代书画精品展〉在太原开展》，孔跃宏、侯建军，《云南档案》，2011 年第 2 期。

58.《民国百年金代传记与人物研究作者》，陈昭扬，《国文天地》（第 27 卷第 7 期）2011 年 12 月。

学者介绍

59.《忆陈述先生的学术活动》，景爱，《东北史地》，2011 年第 3 期。

60.《陈述与当前辽金史研究的进展》，宋德金，《中国社会科学报》，2011 年 11 月 17 日第 18 版。

61.《陈述：为达斡尔人正源》，吴刚，《中国民族报》，2011 年 10 月 21 日第 7 版。

62.《唐长孺教授眼中的陈述先生》，景爱，《中国社会科学报》，2011 年 5 月 31 日第 18 版。

63.《陈述先生民国年间论著叙录》，景爱，《辽金历史与考古》（第三辑），辽宁教育出版社，2011 年。

书评、序、出版信息

64.《10—13 世纪中国历史的全景式展现——〈辽宋西夏金代通史〉简评》，孙继民、张春兰，《人民日报》，2011 年 10 月 20 日第 7 版。

65.《辽金元史十五讲》，娄建勇，《书品》，2011 年第 6 期。

66.《北方民族政权历史文化认同的典型案例——〈辽金元史学研究〉评价》，高福顺，《辽宁工程技术大学学报》（社会科学版），2011 年第 1 期。

67.《拓展金文学研究疆域的思考——从〈佛禅与金朝文学〉谈起》，周惠泉，《社会科学战线》，2011 年第 6 期。

68.《辽西地区文化研究进展——评〈朝阳佛教史〉》，李勤璞，《辽金历史与考古》（第三辑），辽宁教育出版社，2011 年。

69.《〈大兴北程庄墓地：北魏、唐、辽、金、清代墓葬发掘报告〉简介》，雨珩，《考古》，2011 年第 2 期。

70.《新刊紹介 飯山知保著『金元時代の華北社会と科挙制度：もう一つの士人層』》，史滴（33），2011 年 12 月。

三、史料与文献

《辽史》、《金史》

71.《关于辽金元三史校点的讨论——与翁独健谈话纪要》，赵守俨，《书品》，2011 年第 2 期。

72.《本组对于辽金元三史校点问题的讨论》，《书品》，2011 年第 2 期。

73.《辽金元三史校点工作座谈纪要》，《书品》，2011 年第 2 期。

74.《勘正〈金史·太祖纪〉标点之错一则》，刘肃勇，《江海学刊》，2011 年第 6 期。

75.《〈金史〉校点工作进行情况与问题》，《书品》，2011 年第 5 期。

76.《〈金史〉正误十则》，孙建权，《书品》，2011 年第 3 期。

77.《〈金史·百官志〉统军司条探析》，王峤，《齐齐哈尔师范高等专科学校学报》，2011 年第 6 期。

78.《沙剌班与〈金史〉编修》，尚衍斌，《史学史研究》，2011 年第 3 期。

79.《王鹗与元代金史撰述》，赵梅春，《史学集刊》，2011 年第 6 期。

80.《清初辽、金、元三史满文、蒙古文翻译研究述评》，乌兰巴根，《民族研究》，2011 年第 4 期。

其他史料与文献

81.《〈金文最〉校札——署名问题及其他》，薛瑞兆，《江苏大学学报》（社会科学版），2011 年第 1 期。

82.《〈三朝北盟会编〉与解释性报道的写作》，冯瑞珍、王彩梅采写编，2011 年第 3 期。

83.《独创的"会编体"——〈三朝北盟会编〉编辑体例探析》，冯瑞珍，《东南传播》，2011 年第 4 期。

84.《〈全辽金文〉校补——孟攀鳞生平、交游及佚文辑考》，罗海燕，《集宁师专学报》，2011 年第 1 期。

85.《〈全辽金文〉辑佚 11 篇》，罗海燕，《西南交通大学学报》（社会科学版），2011 年第 5 期。

86.《金元庄学文献考》，李瑞振，《图书馆学刊》，2011 年第 1 期。

四、政治

政　治

87.《女真崛起的经验——"借才异代"》，王昕，《兰台世界》，2011 年第 25 期。

88.《浅析金朝的建立与其内地建制》，栗红，《黑龙江史志》，2011 年第 13 期。

89.《刘齐阜昌改元始年小考》，许正弘，《中国史研究》，2011 年第 2 期。

90.《金代后妃的选纳范围与标准》，张宏，《兰台世界》，2011 年第 11 期。

91.《金朝宰执与台谏关系略论》，孙孝伟，《长春师范学院学报》，2011 年第 1 期。

92.《金朝的拆迁与群体性事件》，思晨，《决策与信息》，2011 年第 6 期。

93.《宋金时期西北地缘政治的变化及特点》，杜文玉，《史学月刊》，2011年第7期。

94.《金末统治者对汉族宰执的任用研究》，侯震，《鸡西大学学报》，2011年第3期。

95.《金末汉族宰执品格素质研究》，侯震，《兰台世界》，2011年第25期。

96.《金末元初汉人地主武装初探——以今山东、河北地区为例》，李迎春，《渤海大学学报》（哲学社会科学版），2011年第5期。

97.《金元之际儒生社会地位考论》，申喜萍，《孔子研究》，2011年第5期。

98.《关于金末山东淮海红袄军的若干问题》，赵文坦，《齐鲁学刊》，2011年第1期。

99.《金元时期冀州社会管窥（三）》，默书民，《衡水日报》，2011年3月16日B03版。

100.《蒙古灭金史事研究》，金宝丽，中央民族大学博士学位论文，2011年。

制 度

101.《辽金殿前都点检比较研究》，靳静，河北大学硕士学位论文，2011年。

102.《金代招讨司研究》，王尚，吉林大学硕士学位论文，2011年。

103.《赵翼“金中叶以后宰相不与兵事”考辨——兼论金朝中后期尚书省与枢密院的关系》，武玉环、孙孝伟，《学习与探索》，2011年第4期。

104.《金代前期散官制度——以〈三朝北盟会编〉中的〈揽辔录〉为线索》，李鸣飞，《汉学研究》，2011年第4期。

105.《金朝“郎君”新探》，赵永春、李玉君，《史学汇刊》，2011年第1期。

106.《金上京太庙考述》，徐洁，《北方文物》，2011年第1期。

107.《金中都太庙之制解读》，徐洁，《学习与探索》，2011年第1期。

108.《金汴京太庙探微》，徐洁，《黑龙江民族丛刊》，2011年第4期。

109.《金代的杖刑、杖具与用杖规范》，陈昭扬，《新史料·新观点·新视角——天圣令论集》，（台北）元照出版公司，2011年。

对外关系

110.《金朝与西夏关系初探》，袁晓阳，《黄河科技大学学报》，2011年第3期。

111.《论宋金〈海上之盟〉的平等性》，冷秉程，《世纪桥》，2011年第7期。

112.《宇文虚中间谍案述评》，熊剑平，《军事历史》，2011年第1期。

113.《宋金关系中的崔与之——以嘉定年间为中心的考察》，武玉环、孙孝伟，《北方文物》，2011年第2期。

114.《嘉定绝币与宋金关系之变化》，王高飞，《绵阳师范学院学报》，2011年第12期。

115.《从“觇国”视角探析南宋使金诗文》，刘珺珺，《殷都学刊》，2011年第3期。

116.《论杨万里接送金使诗》，胡传志，《宋代文学国际研讨会论文集（第六届）》，巴蜀书社，2011年。

117.《宋金关系变化与斥堠铺、摆铺的置废》，郭磊，《德州学院学报》，2011 年第 3 期。

118.《童贯：大金帝国真正的国父》，黄如一，《旧闻新知》，2011 年第 3 期。

119.《徽钦二帝在金“行宫”及其境遇状况考》，那海洲、张相和、郭长海，《满族研究》，2011 年第 3 期。

120.《五国城与徽钦二帝的死地》，张克、刘威，《寻根》，2011 年第 4 期。

121.《金丽交聘路线考》，孙建权，《东北史地》2011 年第 6 期。

122.《金代东北与中亚有关问题研究》，张然，《华章》，2011 年第 1 期。

123.《从联金灭辽到联蒙灭金》，闫涛，《试题与研究》（新课程论坛），2011 年第 5 期。

军事

124.《辽金西京大同的军事地位》，石维娜，《山西大同大学学报》（社会科学版），2011 年第 2 期。

125.《金朝初期对辽战争中降金契丹将士的军事活动及作用》，夏宇旭，《北方文物》，2011 年第 4 期。

126.《金中都城驻军初探》，姜宾，《首都师范大学学报》（社会科学版），2011 年增刊。

127.《金代前期军事心理战论析》，贾淑荣，《北方论丛》，2011 年第 6 期。

128.《金代兵器浅谈》，刘丽萍，《东北史地》，2011 年第 5 期。

129.《试探宋金和战与高宗心态的转折》，黄繁光，《宋史研究论文集（2010）》，湖北人民出版社，2011 年。

130.《史浩与宋金和战——以德顺之败和隆兴北伐为中心》，汪圣铎、乔东山，《浙江学刊》，2011 年第 2 期。

131.《隆兴元年的宋金宿州之役》，李天鸣，《宋史研究论文集（2010）》，湖北人民出版社，2011 年。

132.《金朝的灭亡：决定金朝命运的三次大战》，本刊编辑部，《当代人·历史解密》，2011 年第 12 期。

五、经济

概　论

133.《试论金世宗时期临潢府（路）经济发展的动因》，贾淑荣，《内蒙古民族大学学报》（社会科学版），2011 年第 3 期。

134.《论金世宗时期临潢府（路）经济的发展》，贾淑荣，《兰台世界》，2011年第22期。

135.《浅议历史上的利率问题——以辽金元为研究对象》，杨小敏、王中良，《东京文学》，2011年第5期。

136.《金代吏员集团对经济的影响》，王雷、赵少军，《黑龙江史志》，2011年第17期。

人口、户籍与移民

137.《简论金代契丹族二税户及驱奴》，夏宇旭，《吉林师范大学学报》（人文社会科学版），2011年第1期。

贸易、商业

138.《金代北京地区粮食物流实践研究》，陈喜波，《中国储运》，2011年第10期。

139.《论南宋与金对峙时期淮河下游的榷场贸易》，曹小波，《南昌教育学院学报》，2011年第3期。

农牧业

140.《论金代的粮食生产与粮食交易》，王德朋，《黑龙江社会科学》，2011年第4期。

141.《论金朝女真族农业平民经济状况的特殊表现》，宋立恒，《内蒙古社会科学》（汉文版），2011年第3期。

手工业

142.《金朝船只的建造与监察》，曹凛，《中国船检》，2011年第1期。

143.《从金代遗存看女真冶铁业的发展》，李莹，《黑龙江史志》，2011年第11期。

货　币

144.《金代窖藏铜钱研究》，张崴、王德朋，《辽金历史与考古》（第三辑），辽宁教育出版社，2011年。

145.《大庆地区金代窖藏铜钱的几个问题》，唐国文，《大庆社会科学》，2011年第2期。

146.《“大定通宝”龙首连钱品赏》，袁华惠，《收藏界》，2011年第4期。

147.《收藏“泰和通宝”试辨金元之别》，黄明东，《收藏界》，2011年第4期。

148.《“泰和通宝”折十大钱》，马勇，《收藏界》，2011年第3期。

149.《金“泰和重宝”折十大钱》，唐养文、周燕伟，《收藏参考》，2011年第7期。

150.《精美绝伦的“泰和通宝”楷书折十银质大钱》，刘冠成，《收藏界》，2011年第6期。

151.《篆书小平“泰和通宝”赏析》，海泉，《收藏界》，2011 年第 8 期。

152.《素心无痕拥泰和》，隋翰羽，《收藏界》，2011 年第 7 期。

153.《金代银铤考》，金德平，《中国钱币》，2011 年第 2 期。

154.《金代银币“承安宝货”》，刘连茂，《收藏界》，2011 年第 11 期。

155.《金代“重贰拾肆两壹钱”中型银锭》，屠燕治，《中国钱币》，2011 年第 2 期。

156.《汾阳金墓壁画与中国古代钱币兑换业》，刘建民，《中国钱币》，2011 年第 3 期。

157.《金代交钞制度新议》，王德朋，《河南大学学报》（社会科学版），2011 年第 6 期。

158.《珍贵的金代崇庆交钞钞版》，刘存忠，《收藏界》，2011 年第 7 期。

159.《金章宗时期货币制度改革失败原因探析》，黄金东，《史学集刊》，2011 年第 4 期。

六、民族

契丹族

160.《〈天盛律令〉中的“契丹”和“女真”》，孙伯君，《东北史地》，2011 年第 2 期。

女真族

161.《中国女真族的领土意识初探》，陈慧，《史学集刊》，2011 年第 1 期。

162.《泾川女真完颜氏与汉族女神皇甫圣母之情缘——对泾川女真完颜氏皇甫圣母信仰的人类学调查》，杨田、赵利生，《社科纵横》，2011 年第 11 期。

163.《金女真完颜氏祭祖初探——对泾川完颜氏的人类学调查》，杨田，《甘肃理论学刊》，2011 年第 5 期。

164.《粘姓，出自完颜粘罕乃女真贵族》，鲁商，《西部时报》，2010 年 12 月 24 日第 12 版。

奚 族

165.《古代民族文献所见“奚”考》，洪勇明，《民族研究》，2011 年第 1 期。

166.《奚人历史文化遗存考述》，毕德广、曾祥江，《河北师范大学学报》（哲学社会科学版），2011 年第 3 期。

其他民族和部族

167.《论五国部与东北古代文明》（上、中、下），滕绍箴，《东北史研究》，2011 年第 2、3、4 期。

民族关系

168. 《宋元时期民族间道德生活的斗争与融合》，鲁芳，《伦理学研究》，2011 年第 6 期。

169. 《从女真贵族完颜晏墓葬出土文物看汉文化对女真族的影响》，贾英哲，《黑龙江史志》，2011 年第 8 期。

民族融合

170. 《辽代契丹人与金代女真人汉化过程的对比研究：以陵墓材料为线索的考古学观察》，邵海波、吴敬，《草原文物》，2011 年第 2 期。

七、人物

帝　后

171. 《金代十始祖研究之“绥可”问题略考》，綦岩，《佳木斯大学社会科学学报》，2011 年第 4 期。

172. 《完颜亮并非无道主》，刘肃勇，《传奇故事》（百家讲坛中旬），2011 年第 10 期。

173. 《完颜亮改革及其历史地位》，刘肃勇，《北方文物》，2011 年第 2 期。

174. 《完颜亮“邂逅”汴京开封》，刘肃勇，《中国社会科学报》，2011 年 2 月 10 日第 17 版。

175. 《一代霸主的遗世之作——金主完颜亮仅存八首诗词》，张福勋，《南阳师范学院学报》，2011 年第 7 期。

176. 《金世宗北巡黑龙江金源故地》，刘肃勇，《东北史研究》，2011 年第 2 期。

177. 《略论金世宗的北疆经略——以对契丹、蒙古政策为例》，黄鹏，《佳木斯大学社会科学学报》，2011 年第 1 期。

178. 《金世宗推行的安边保境策》，刘肃勇，《辽金历史与考古》（第三辑），辽宁教育出版社，2011 年。

179. 《金世宗的用人之道》，刘建明，《湖北教育》（领导科学论坛），2011 年第 4 期。

180. 《金世宗的用人高招》，刘建明，《廉政瞭望》，2011 年第 15 期。

181. 《金章宗对宋政策论析》，赵永春、夏莉，《吉林师范大学学报》（人文社会科学版），2011 年第 6 期。

其他人物

182. 《金源文学的奠基人》，贺勇峰，《内蒙古民族大学学报》，2011 年第 6 期。

183.《赵秉文研究述评》，王昕，《古籍整理研究学刊》，2011 年第 3 期。

184.《赵秉文仁政思想述论》，王宏海，《衡水学院学报》，2011 年第 2 期。

185.《金儒赵秉文与宋儒叶适的比较研究》，王昕，《文艺评论》，2011 年第 2 期。

186.《金人赵秉文拟作论析》，王昕，《哈尔滨学院学报》，2011 年第 1 期。

187.《王寂生平与思想考辨》，许鹤，《阜阳师范学院学报》（社会科学版），2011 年第 3 期。

188.《金代文学家王寂与佛教》，郭锐，《北方文物》，2011 年第 1 期。

189.《论“以意为主”文艺思想在先唐时期的衍变——王若虚文艺思想（一）》，胡蓉，《时代文学》，2011 年第 2 期。

190.《论〈滹南诗话〉“以意为主”文艺思想——王若虚文艺思想研究（二）》，胡蓉，《时代文学》，2011 年第 3 期。

191.《出经入史　尚疑好辨——也谈王若虚的文学观》，苏利国，《河北北方学院学报》（社会科学版），2011 年第 6 期。

192.《王若虚校勘方法论析》，王其秀，《东岳论丛》，2011 年第 11 期。

193.《论王若虚〈史记辨惑〉之史评》，张建伟，《渭南师范学院学报》，2011 年第 9 期。

194.《浅析王若虚对黄庭坚与江西诗派的批判思想》，靳丽维，《太原城市职业技术学院学报》，2011 年第 7 期。

195.《浅析王若虚的诗文批评思想》，靳丽维，《山西农业大学学报》（社会科学版），2011 年第 10 期。

196.《论王若虚〈尚书义粹〉的解经特色》，陈良中，《重庆师范大学学报》（哲学社会科学版），2011 年第 1 期。

197.《金代文人刘祁〈归潜志〉对女真人的认同心理及文学活动》，白显鹏，《满族研究》，2011 年第 1 期。

198.《行身立志　卓尔不群——论金代文人刘祁〈归潜志〉士人群体品评的价值取向》，白显鹏，《东北师大学报》（哲学社会科学版），2011 年第 1 期。

199.《金代遗民文人李俊民生平行迹述考》，于东新、张婧，《重庆师范大学学报》（哲学社会科学版），2011 年第 5 期。

200.《金代遗臣李俊民诗中所表现的“淡泊”思想》，林宜陵，《中国语文》（108 卷第 3 期），2011 年 3 月。

201.《金末遗臣李俊民诗歌中的忠贞思想与积极精神》，林宜陵，《中国语文》（108 卷第 6 期），2011 年 6 月。

202.《文化视域下的金代词家李俊民研究》，郭凤明，内蒙古民族大学硕士学位论文，2011 年。

203.《金代词家李俊民的遗民情怀》，郭凤明、李艳春，《内蒙古民族大学学报》

（社会科学版），2011 年第 3 期。

204.《金末元初的泽州长官段直与大儒士李俊民》，段永贤，《太行日报》，2011 年 11 月 27 日第 2 版。

205.《金朝党怀英泰山行迹考述》，聂立申，《山东农业大学学报》（社会科学版），2011 年第 4 期。

206.《金代书法第一名家党怀英述略》，黄纬中，《中华书道》（第 73 卷），2011 年 8 月。

207.《刘从益在河南政绩述评》，杜成辉，《商丘师范学院学报》，2011 年第 5 期。

208.《从人际交往中看雷渊其人》，李瑞，《安徽文学》（下半月），2011 年第 2 期。

209.《浅析金代辽东诗人王庭筠》，张春梅，《青年文学》，2011 年第 4 期。

210.《论金代渤海词人王庭筠——兼论民族融合语境下词人的艺术取向》，于东新，《黑龙江民族丛刊》，2011 年第 5 期。

211.《王庭筠与湖州竹派》，史宏云，《文艺研究》，2011 年第 5 期。

212.《论金源词坛的“南派”——渤海族王庭筠的词》，李强、于东新，《时代文学》（下半月），2011 年第 8 期。

213.《白朴生平与创作研究综述》，王轶萍，《大众文艺》，2011 年第 4 期。

214.《金代状元刘撝娶转运使雷思之女献疑》，李润民，《山西大同大学学报》（社会科学版），2011 年第 1 期。

215.《金末元初名士魏璠考论》，李润民，《三晋文化研究会》，2011 年。

216.《金元之际杨果诗文创作初论》，张艳，《濮阳职业技术学院学报》，2011 年第 3 期。

八、元好问

生　平

217.《八百年中第一人——略论元好问的历史地位》，李正民，《三晋文化研究会》，2011 年。

218.《元好问的“通达”和“守节”——以〈内翰王公墓表〉为例》，杨辰，《时代文学》（上半月），2011 年第 8 期。

219.《试论元好问对儒家思想文化的传承》，赵丽，《吉林师范大学学报》（人文社会科学版），2011 年第 2 期。

220.《论元好问的跨民族交往》，胡传志，《民族文学研究》，2011 年第 5 期。

221.《国可亡而史不可灭——论元遗山治史之文学方法》，张文澍，《民族文学研究》，2011 年第 3 期。

222.《论元好问与金代的乐府诗》，王辉斌，《贵州师范学院学报》，2011 年第 5 期。

223.《元遗山诘江西诗派辨》，张文澍，《文艺研究》，2011 年第 3 期。

224.《元好问墓之修葺与题诗考述》，詹杭伦，《北京化工大学学报》（社会科学版），2011 年第 3 期。

225.《元好问杜诗学研究》，王飞，西南大学硕士学位论文，2011 年。

226.《元好问在历史文献学上的成就》，李瑞，安徽大学硕士学位论文，2011 年。

作 品

227.《元遗山阙题残诗考释》，赵兴勤、赵韡，《民族文学研究》，2011 年第 5 期。

228.《元好问〈论诗三十首〉的师承探析》，方满锦，《忻州师范学院学报》，2011 年第 1 期。

229.《元好问〈诗三十首·其二〉评析》，孙异娟，《考试周刊》，2011 年第 55 期。

230.《从元好问〈论诗绝句三十首〉等诗歌理论看论诗诗》，孙芳芳，《鸡西大学学报》，2011 年第 2 期。

231.《元好问"排比铺张"论诗绝句审读补议》，邝健行，《忻州师范学院学报》，2011 年第 1 期。

232.《卷中正有家山在 一片伤心画不成——元好问题画七绝刍议》，吴照明，《安徽理工大学学报》（社会科学版），2011 年第 4 期。

233.《元好问赠酬七绝的抒情色彩》，吴照明，《安徽科技学院学报》，2011 年第 6 期。

234.《元好问〈鹧鸪天〉薄命妾辞三阕析论》，郭妍伶，《昆山科技大学人文暨社会科学学报》，2011 年第 3 期。

235.《"万里黄河万卷书"系列之十〈雁丘辞〉沧桑元好问》，陈为人，《社会科学论坛》，2011 年第 10 期。

236.《"问世间情为何物，来访太原雁丘处"》，万玲艳，《太原日报》，2011 年 3 月 12 日第 2 版。

237.《清雅幽静山居图——元好问〈山居杂诗〉（其一）赏析》，姚晓明，《小学生之友·阅读写作版》（下旬刊），2011 年第 9 期。

238.《矜持也是一种美德——元好问〈同儿辈赋未开海棠〉》，《辅导员》（教学版），2011 年第 13 期。

239.《由儒观释，以释鉴儒——金元之际释儒互动文化视野下的元好问〈威德院功德记〉》，王萌筱，《文教资料》，2011 年第 23 期。

240.《元好问诗歌理论浅析》，叶俊莉，《西昌学院学报》（社会科学版），2011 年第 4 期。

241.《元好问丧乱诗的突破》，王素美，《忻州师范学院学报》，2011 年第 1 期。

242.《论元好问以传奇为词现象》，赵维江、夏令伟，《文学遗产》，2011 年第 2 期。

243.《论宋词对元好问词的影响》，黄春梅，《长春理工大学学报》（社会科学版），2011年第7期。

244.《从〈诗文自警〉看元好问的散文审美理论》，王树林，《江苏大学学报》（社会科学版），2011年第1期。

245.《〈中州集〉编纂体例的开创性和示范性》，裴兴荣，三晋文化研究会，2011年。

246.《〈中州集〉小传所载诗句篇什述略——兼论其文献价值》，裴兴荣，《山西大同大学学报》（社会科学版），2011年第3期。

247.《〈遗山文集〉原本讹误考》，狄宝心、陈艳秋，《江苏大学学报》（社会科学版），2011年第5期。

248.《今人校勘〈遗山文集〉盲从四库本之失》，狄宝心，《民族文学研究》，2011年第6期。

249.《近现代学者对元遗山的接受与诠释——以诗话为中心》，赵兴勤、赵韡，《河池学院学报》，2011年第1期。

250.《清人对元好问论诗绝句的仿效及其意义》，张静，《社会科学辑刊》，2011年第5期。

九、社会

社会性质、社会阶层

251.《女真建国前社会组织研究》，孙昊，吉林大学博士学位论文，2011年。

社会习俗

252.《北方游牧民族的骑射习俗》，房磊，《兰台世界》，2011年第11期。

253.《辽金时期的皇家猎鹰——海东青（矛隼）》，聂传平，陕西师范大学硕士学位论文，2011年。

254.《论女真人面具——面罩的功能和用途》，（俄）A. A. 科拉特琴科夫、O. C. 加拉客克季奥诺夫、B. A. 霍列夫著，盖莉萍译，《北方文物》，2011年第4期。

姓氏、婚姻、家庭与宗族

255.《浅论女真人收继婚的演变》，吕微，《东北史研究》，2011年第4期。

256.《辽金时期幽燕地区吕氏家族历史的初步研究》，孙勐，《北京文博论丛》，2011年第4辑。

257.《论金源皇族的文学创作》，李玉君、黄震云，《民族文学研究》，2011年第5期。

258.《最后的奚人——金元时期石抹也先家族考》，周峰，《东北史地》，2011 年第 6 期。

妇　女

259.《辽金贵族女性社会地位比较研究》，范歆玥，辽宁大学硕士学位论文，2011 年。

260.《论金代女性的政治作为》，王对萍，《内蒙古农业大学学报》（社会科学版），2011 年第 1 期。

261.《金朝贵族女性涉政问题初探》，范歆玥，《东北史地》，2011 年第 1 期。

衣食住行

262.《金代齐国王墓出土的靴鞋袜与冠巾》，尚咏黎，《哈尔滨学院学报》，2011 年第 6 期。

263.《辽金元时期北方游牧民族的渔猎饮食》，王赛时，《中华饮食文化基金会会讯》（第 17 卷第 3 期），2011 年 8 月。

264.《从辽金饮食词语对比看金朝东北地区饮食文化》，于为，《长春师范学院学报》，2011 年第 7 期。

265.《金代东北地区家具初探》，刘亚萍、朱毅，《艺术与设计》（理论），2011 年第 2 期。

十、文化

概　论

266.《浅谈金代文化是中华民族文化的重要组成部分》，孙莹莹，《华章》，2011 年第 5 期。

267.《金代文化遗产探秘》，张英，《艺术市场》，2011 年第 1 期。

268.《金源文化与城市旅游产业》，郑永梅，《中国房地产业》，2011 年第 2 期。

269.《关彦斌代表建议 保护好金源文化》，刘伟，《黑龙江日报》，2011 年 3 月 11 日第 4 期。

270.《建好金源文化生态保护区》，王风光，《中国县域经济报》，2011 年 3 月 14 日第 8 版。

271.《洛学在金代的流传与影响》，刘辉，《东北史地》，2011 年第 1 期。

272.《东平王公渊家族与金元学风的变迁》，张建伟，《宋史研究论丛》（第十二辑），河北大学出版社，2011 年。

273.《元代契丹女真人的汉学》，王明荪，《史学汇刊》，2011 年第 28 期。

教育与科举

274.《金代书院考》，兰婷、王一竹，《史学集刊》，2011 年第 6 期。

275.《金代教材体系成因探析》，兰婷、王一竹，《吉林师范大学学报》（人文社会科学版），2011 年第 5 期。

276.《金朝女真族科举制度考试内容研究》，赵鹏，《科教导刊》，2011 年第 30 期。

277.《金朝河东北路辖区的进士述论》，李静平，《沧桑》，2011 年第 6 期。

史 学

278.《民族交融的五代辽金元时期历史编纂的文化取向》，王耀明、施建雄，《陕西师范大学学报》（哲学社会科学版），2011 年第 6 期。

279.《契丹族史官与金代史学的发展》，吴凤霞，《史学史研究》，2011 年第 2 期。

语言文字

280.《〈新修玉篇〉编纂体例探究》，胡平、陈春风、王晓朴，《保定学院学报》，2011 年第 2 期。

281.《〈新修玉篇〉异体字研究》，孙磊，河北大学硕士学位论文，2011 年。

282.《“东西”起源于金代考》，张靖人，《河南教育学院学报》（哲学社会科学版），2011 年第 5 期。

283.《宋元东西变化考察》，张靖人，《内蒙古农业大学学报》（社会科学版），2011 年第 3 期。

284.《中古时期唇音韵字开合在金元时期的演变》，张平忠，《湖南城市学院学报》，2011 年第 3 期。

285.《金代两种诸宫调中外来语成分考察》，张海媚，《河南理工大学学报》（社会科学版），2011 年第 3 期。

286.《两种诸宫调和〈朱子语类〉词语的地域差别比较研究》，张海媚，《宁夏大学学报》（人文社会科学版），2011 年第 4 期。

287.《〈董解元西厢记〉中的动态助词》，袁卫华，《理论月刊》，2011 年第 8 期。

288.《〈董解元西厢记〉中的程度副词》，李慧，《现代语文》（语言研究版），2011 年第 9 期。

289.《楔形文字和女真文字中音补结构比较研究》，唐均，《中国海洋大学学报》（社会科学版），2011 年第 3 期。

290. On the Terms for “Goat” Recorded in Khitan and Jurchen Scripts, John Tang, Journal of the Altaic Society of Korea（N0. 21），June 2011.

291.《“女真”译音考》，聂鸿音，《宁夏社会科学》，2011年第5期。

292.《论女真字文化的兴衰》，薛瑞兆，《民族文学研究》，2011年第6期。

293.《金代的女真文和契丹文阅读》，王龙，《图书馆理论与实践》，2011年第4期。

艺 术

294.《略论金元时期诸宫调音乐作品》，于新洁，《南昌教育学院学报》，2011年第7期。

295.《〈虎头牌〉中女真音乐特色及思想主题探究》，王方，《潍坊教育学院学报》，2011年第3期。

296.《金代郝经、元好问书学比较略论》，王守民，《中国书法》，2011年第2期。

297.《党怀英书法及其篆书艺术之创新》，王守民，《艺苑》，2011年第3期。

298.《论金代党怀英书法及其篆书艺术之创新》，王守民，《书法赏评》，2011年第1期。

299.《宋金中原地区壁画墓“墓主人对（并）坐”图像探析》，易晴，《中原文物》，2011年第2期。

300.《从山西省汾阳市东龙观金代墓葬壁画“男子执扇”图再论金人张瑀〈文姬归汉图〉的时代问题》，王俊，《丝绸之路——图像与历史》，东华大学出版社，2011年。

301.《朔州崇福寺弥陀殿壁画研究》，李国华，太原理工大学硕士学位论文，2011年。

302.《朔州崇福寺弥陀殿壁画内容浅探》，王时敏、李国华，《文物世界》，2011年第1期。

303.《金代重彩壁画颜料与施色技法的探索及复原临摹实验——以朔州崇福寺弥陀殿壁画为例》，焦媛媛，首都师范大学硕士学位论文，2011年。

304.《浅析大同华严寺大雄宝殿壁画内容及艺术价值》，杜慧娥，《文博》，2011年第1期。

305.《关于资寿寺金代壁画的考证》，郭华，《名作欣赏》，2011年第27期。

306.《论辽金鞍马绘画的艺术品格——兼谈草原文化感性思维方式》，乌兰托娅、海日汗，《论草原文化》（第八辑），内蒙古教育出版社，2011年。

307.《吉林省博物院镇院之宝〈文姬归汉图卷〉》，闫立群，《吉林日报》，2011年12月27日。

308.《辽、金、西夏造像艺术》，林保尧，《东方收藏》，2011年第2期。

309.《善化寺“五方佛”塑像的创建年代及其相关问题研究》，张明远，《2010年三晋文化研讨会论文集》，三晋文化研究会，2011年。

310.《善化寺辽金彩塑艺术的历史人文价值》，张明远，《中国国家博物馆馆刊》，2011 年第 5 期。

311.《大同善化寺二十四诸天像考辨》，袁志伟，《世界宗教研究》，2011 年第 4 期。

312.《汾阳太符观金代彩塑艺术》，张明远、杜菁菁，《2010 年三晋文化研讨会论文集》，三晋文化研究会，2011 年。

313.《金源女真设计风貌探析》，李艳红，《美与时代》（上），2011 年第 6 期。

314.《金代金源设计艺术初探》，李艳红，《民族艺术》，2011 年第 3 期。

315.《试论金代金源地区女真人设计观念》，李艳红，《美术大观》，2011 年第 7 期。

体 育

316.《金代女真人的骑射体育活动》，朱期林、魏彪，《山西大同大学学报》（自然科学版），2011 年第 2 期。

317.《宋金元时期的少林拳研究》，张冬，河南大学硕士学位论文，2011 年。

图书、印刷

318.《金代图书出版研究》，李西亚，吉林大学博士学位论文，2011 年。

319.《金元时期平阳成为刻书中心的背景分析》，王永胜，《晋图学刊》，2011 年第 3 期。

320.《从应县木塔秘藏题记看辽代的雕版印刷业》，杜成辉，《北方文物》，2011 年第 2 期。

321.《当代出版史作中的〈金藏〉募刻问题》，咸增强，《运城学院学报》，2011 年第 4 期。

322.《中国社科院专家到绛县考察证实——太阴寺是〈赵城金藏〉重要雕印地》，张广瑞、李金平，《山西日报》，2011 年 11 月 18 日 B02 版。

十一、文学

综 论

323.《论辽金元时期北方民族汉文创作三维模式的建构》，尹晓琳，《延边大学学报》（社会科学版），2011 年第 6 期。

324.《金代文学研究》，孙莹莹，《经济技术协作信息》，2011 年第 4 期。

325.《金代文学与北宋的传统》，颜庆余，《民族文学研究》，2011 年第 6 期。

326.《宋金文学交流初探》，郭鹏，《鲁东大学学报》（哲学社会科学版），2011 年第 1 期。

327.《“仕金宋儒”之心态与创作》，杨爱敏，河北大学硕士学位论文，2011 年。

328.《金元柳宗元文章接受史》，莫军苗，《柳州师专学报》，2011 年第 2 期。

诗

329.《故国莺花前朝风月——〈金诗人王寂描写阜新的那些诗〉连载之一》，艾荫范，《今日辽宁》，2011 年第 1 期。

330.《故国莺花前朝风月——〈金诗人王寂描写阜新的那些诗〉连载之二》，艾荫范，《今日辽宁》，2011 年第 2 期。

331.《论赵秉文拟诗中的三重文化身份》，苏静，《石家庄学院学报》，2011 年第 1 期。

332.《金人学杜特点及其原因初探》，赫兰国，《中华文化论坛》，2011 年第 3 期。

333.《金末“宗唐得古”之风的历史考察》，樊运景，《兰台世界》，2011 年第 19 期。

334.《〈北征〉一曲叹陆沉，文化交汇有余情——析范成大使金诗的文化内涵》，温斌，《阴山学刊》，2011 年第 6 期。

335.《金末遗臣杨宏道诗学对〈诗经〉的承继》，林宜陵，《东吴中文学报》（第 22 期），2011 年。

336.《历代诗话中的“曹植论”研究：以宋辽金元明诗话为范围》，陈盈妃，国立彰化师范大学国文研究所博士论文，2011 年。

词

337.《胸中嵬隗何能平　一酌春风都灭——浅析蔡松年〈念奴娇·离骚痛饮〉》，曹焕焕，《学理论》，2011 年第 6 期。

338.《论金朝初年“贰臣”文人词》，白显鹏、于东新，《民族文学研究》，2011 年第 3 期。

339.《汉文化影响下的金大定、明昌词》，武勇，《安庆师范学院学报》（社会科学版），2011 年第 5 期。

340.《金代寿词论纲》，王定勇，《山东青年政治学院学报》，2011 年第 3 期。

341.《小议金词由“缘情”向“言志”的转化》，郭丽琴，《青年文学家》，2011 年第 24 期。

342.《论金源词坛的“南派”：渤海族王庭筠的词》，李强、于东新，《时代文学》，2011 年第 16 期。

343.《论金代全真道士词人对柳词的接受》，王昊，《兰州大学学报》（社会科学版），2011 年第 1 期。

344.《论金代全真道词的通俗化创作倾向》，李艺，《语文学刊》，2011 年第 11 期。

345.《论多民族文化语境下的金代词文学》，于东新，《北方民族大学学报》（哲学社会科学版），2011 年第 4 期。

346.《论金朝末年“南渡”词风》，李强、于东新，《飞天》，2011年第22期。

347.《金初词人群体的心理认同与词的创作》，李静，《文学评论》，2011年第1期。

348.《“盛世”气象与金代中期本土词人群体》，李静，《文艺研究》，2011年第6期。

349.《金元词体诗化理论发皇》，许伯卿，《中国韵文学刊》，2011年第3期。

350.《论金词与元词的异质性——兼析“词衰于元”传统命题》，王昊，《文学遗产》，2011年第2期。

351.《王喆词韵考》，张建坤，《唐山师范学院学报》，2011年第3期。

352.《抓特点 拓新域——浅谈刘扬忠先生的金词研究》，刘锋焘，《天中学刊》，2011年第3期。

散 文

353.《金代散文分期与特色新论》，王永，《中国海洋大学学报》（社会科学版），2011年第4期。

354.《金代前中期赋钩沉与探析》，牛海蓉，《南京大学学报》（哲学·人文科学·社会科学版），2011年第3期。

355.《金元碑志体散文的文化价值考察——以道教人士碑志为中心》，蒋振华，《学术研究》，2011年第7期。

小 说

356.《〈简帖和尚〉成文于金代考》，张靖人、张静，《商丘职业技术学院学报》，2011年第1期。

戏 剧

357.《〈西厢记诸宫调〉为金人所作新考》，张靖人、张静，《大庆师范学院学报》，2011年第4期。

358.《由悲转喜的艺术成就——从〈莺莺传〉到〈董西厢〉》，余倩，《剑南文学》（经典阅读），2011年第6期。

359.《青出于蓝而胜于蓝——〈王西厢〉对〈董西厢〉主题意蕴的升华》，余倩，《时代报告》（下半月），2011年第7期。

360.《论董解元〈西厢记诸宫调〉与金代社会及文坛的关系》，牛贵琥，《太原理工大学学报》（社会科学版），2011年第1期。

361.《文化交汇树新风，“西厢”故事奏奇声——金代草原文化对〈董西厢〉创作的影响》，温斌，《论草原文化》（第八辑），内蒙古教育出版社，2011年。

362.《金西厢的戏曲美学思想探究：当西厢记遭遇金圣叹》，张秋景，《黄河之声》，2011年第11期。

363.《宋金时期并州地区戏剧及舞台考略》，牛白琳，《沧桑》，2011 年第 4 期。

364.《宋金元时期北方农村神庙剧场的演进》，延保全，《文艺研究》，2011 年第 5 期。

365.《宋金元戏曲化妆考略》，延保全，《戏剧艺术》，2011 年第 1 期。

366.《金代晋南地区墓葬中杂剧人物的艺术表现》，彭超、穆宝风，《艺苑》，2011 年第 2 期。

367.《河南宋墓戏曲图像与山西金墓戏曲图像的初步梳理》，彭超，《戏剧》（中央戏剧学院学报），2011 年第 3 期。

十二、宗教

概　论

368.《金代墓饰中的宗教因素》，刘晓飞，《青海民族大学学报》（社会科学版），2011 年第 4 期。

萨满教

369.《萨满教在金代社会中的作用》，赵湘萍，《黑龙江史志》，2011 年第 13 期。

佛　教

370.《北京宣南地区的辽金寺庙与碑刻》，王岗，《北京联合大学学报》（人文社会科学版），2011 年第 4 期。

371.《辽金时期燕京清水院探微》，张蕴芬，《北京文博论丛》，2011 年第 4 辑。

372.《北京房山十字寺的研究及存疑》，唐晓峰，《世界宗教研究》，2011 年第 6 期。

373.《仰山栖隐寺》，马垒，《北京档案》，2011 年第 8 期。

374.《华严寺文化传承中的古代寺僧们》，齐平，《大同日报》，2011 年 10 月 8 日第 3 版。

375.《南宋・金の衰亡と禅（上）要説・中国禅思想史（29）》，伊吹敦，禅文化（220），2011 年。

376.《南宋・金の衰亡と禅（中）要説・中国禅思想史（30）》，伊吹敦，禅文化（221），2011 年。

377.《南宋・金の衰亡と禅（下之上）要説・中国禅思想史（31）》，伊吹敦，禅文化（222），2011 年。

378.《金朝临济宗源流考》，李辉，《世界宗教研究》，2011 年第 1 期。

379.《〈赵城金藏〉档案文献和保护资金捐赠国图》，马子雷，《中国文化报》，2011 年 6 月 20 日第 1 版。

380.《〈赵城金藏〉劫波》，艾方容，《东西南北》，2011年第21期。

道　教

381.《多重视野下的西方全真教研究》，张广保，《中国史研究动态》，2011年第1期。

382.《女性视角下的全真教修道观》，夏当英，《安徽大学学报》（哲学社会科学版），2011年第6期。

383.《全真道三教合一的理论特征》，韩星，《兰州大学学报》（社会科学版），2011年第5期。

384.《论金元全真道"性命双修"的内在意涵》，张莞苓，《思辨集》（14），2011年3月。

385.《浅论王喆创建全真教的历史背景》，王长喜，《商业文化》（上半月），2011年第6期。

386.《马钰之摒弃尘累探析》，王玲、张强，《名作欣赏》，2011年第11期。

387.《丘处机与全真道教团管理制度的创建和成熟》，钟海连，《学海》，2011年第3期。

388.《尹志平及其全真道思想研究》，侯照民，山东师范大学硕士学位论文，2011年。

389.《全真道士尹志平（1169—1251年）的宗教实践》，郑素春，《辅仁宗教研究》（11卷第2期），2011年3月。

390.《祁志诚全真道思想探究》，王云燕，山东师范大学硕士学位论文，2011年。

伊斯兰教

391.《辽金元时期呼和浩特地区的回回人与伊斯兰教的传入》，马宁，《内蒙古统战理论研究》，2011年第3期。

392.《金代伊斯兰教初探》，陈广恩、黄橙华，《北方民族大学学报》（社会科学版），2011年第3期。

十三、科学技术

概　论

393.《三晋地区宋辽金元时期的农具》，胡泽学，《当代农机》，2011年第7期。

394.《对山西屯留宋村金代墓葬壁画所绘农具的分析》，史晓雷，《文物世界》，2011年第1期。

395.《我国至晚在金代初年已经出现砘车》，史晓雷，《中国科技史杂志》，2011年第3期。

医　学

396.《金元时期医学流派发展的历史反思》，温长路，《环球中医药》，2011 年第 1 期。

397.《宋金元时期方剂学发展特点探讨》，李成文、马艳春、王琳，《中华中医药杂志》，2011 年第 3 期。

398.《易水开山张元素的脏腑辨证》，张铁晖、董尚朴，《赤峰学院学报》（自然科学版），2011 年第 1 期。

399.《金代医家张元素组方思想的研究》，盛励，北京中医药大学硕士学位论文，2011 年。

400.《张元素医学思想及临证经验探析》，杨丽莎、王彤，《北京中医药大学学报》（中医临床版），2011 年第 2 期。

401.《赵献可对易水学派的贡献》，安艳秋，《中医研究》，2011 年第 6 期。

402.《金朝的移民和酒与医之关系——兼论河间寒凉派的起源》，王广军、石学敏，《中医药文化》，2011 年第 1 期。

403.《刘完素医易思想初探》，姚春鹏、姚丹，《周易研究》，2011 年第 2 期。

404.《浅谈张从正的补益观》，毕颖斐，《四川中医》，2011 年第 1 期。

405.《张从正：乱补是“以粮资寇”》，鲁湾，《科学养生》，2011 年第 5 期。

406.《元中统三年刻本〈儒门事亲〉的文献价值》，苏春梅，《兰州学刊》，2011 年第 10 期。

407.《〈儒门事亲〉的文学渊源》，苏春梅，《黑龙江社会科学》，2011 年第 4 期。

408.《金元四大家对经方 50 味常用药物的临床用量研究》，宋延强，北京中医药大学博士学位论文，2011 年。

409.《论〈正续一切经音义〉病证名兼考“癫痫”“痰饮”》，王育林、李曌华、于雷，《北京中医药大学学报》，2011 年第 3 期。

十四、历史地理

概　论

410.《金中都地区军事地理研究》，姜宾，首都师范大学硕士学位论文，2011 年。

411.《宋金时期黄河下游自然环境与人口变迁关系初探》，苏兆翟，《传承》，2011 年第 5 期。

地方行政建置

412.《金元之际“十道”变迁考论——兼论元代腹里地区的形成》，温海清，《中国史研究》，2011 年第 3 期。

都　城

413.《金上京城址发现与研究》，赵永军，《北方文物》，2011年第1期。

城　址

414.《辽宁地区辽、金古城的分布概要（一）》，王禹浪、刘述欣，《哈尔滨学院学报》，2011年第1期。

415.《辽宁地区辽、金古城的分布概要（二）》，王禹浪、李福军，《哈尔滨学院学报》，2011年第2期。

416.《辽宁地区辽、金古城的分布概要（三）》，王禹浪、郭丛丛，《哈尔滨学院学报》，2011年第3期。

417.《辽金王朝与渤海国时期吉林城镇比较研究》，杨雨舒，《辽宁工程技术大学学报》（社会科学版），2011年第5期。

418.《长春州 永恒的历史坐标》（上），李旭光，《吉林日报》，2011年5月14日第5版。

419.《长春州 永恒的历史坐标》（下），李旭光，《吉林日报》，2011年7月2日第8版。

420.《辽金泰州在东北亚的历史地位》，孙文政、王硕，《理论观察》，2011年第6期。

421.《沿海地方における渤海と女真の古城遺跡（「環日本海地域の歴史に関する実践的教育」（2009年）の概要報告）——（第二回「環日本海地域の歴史」スプリングセミナー）》，Ivliev Alexander L.，小嶋芳孝訳，《金沢学院大学紀要》，文学・美術・社会学編（9），2011年3月。

长　城

422.《塞外雄关万里长城》，付惟光、庄丽华，《东北史研究》，2011年第1期。

423.《金长城文化研究》，王怡，《黑龙江史志》，2011年第5期。

山　川

424.《浑源龙山考》，李润民，《山西大同大学学报》（社会科学版），2011年第2期。

交　通

425.《驴在金代交通工具中的作用初议》，王孝华，《北方文物》，2011年第3期。

十五、考古

综　述

426.《近十年来东北、内蒙古东部辽金元考古的发现与研究》，彭善国、吕婴馨，《辽金历史与考古》（第三辑），辽宁教育出版社，2011 年。

427.《近年来吉林省辽金时期考古发现与研究述略》，吴敬，《博物馆研究》，2011 年第 4 期。

428.《浅谈北京地区金代佛教考古的发现》，孙勐，《北京联合大学学报》（人文社会科学版），2011 年第 1 期。

429.《黑龙江金代考古述论》，赵永军、李陈奇，《北方文物》，2011 年第 3 期。

430.《沈阳城市考古之金代遗存》，赵晓刚，《辽金历史与考古》（第三辑），辽宁教育出版社，2011 年。

431.《营口地区辽金时期的文化遗迹》，崔艳茹，《辽金历史与考古》（第三辑），辽宁教育出版社，2011 年。

432.《靺鞨・渤海・女真の考古学（アイヌ史を問いなおす——生態・交流・文化継承）——（北方世界を行きかうヒトとモノ）》，木山克彦，《アジア遊学》(139),2011 年 3 月。

帝　陵

433.《"盗墓"风波下的"和陵"之疑》，贾子建，《三联生活周刊》，2011 年第 46 期。

墓　葬

434.《北京地区辽金壁画墓研究》，董坤玉，《北京文博论丛》，2011 年第 3 辑。

435.《黑龙江嘉荫县靠江屯金代墓葬调查简报》，万大勇，《北方文物》，2011 年第 2 期。

436.《山西金墓分区分期研究》，许若茜，中央民族大学硕士学位论文，2011 年。

437.《稷山县化肥厂金墓发掘报告》，山西省考古研究所侯马工作站，《文物世界》，2011 年第 4 期。

438.《临夏市红园路金代砖雕墓清理简报》，临夏州博物馆，《陇右文博》，2011 年第 1 期。

439.《屯留宋村金墓题记考释》，关树东，《隋唐辽宋金元史论丛》（第一辑），紫禁城出版社，2011 年。

遗 址

440.《南马连道道路工程（金中都鱼藻池遗址区）考古勘探报告》，黄娟、刘锐，《北京考古工作报告（2000—2009 年）建筑遗址卷》，上海古籍出版社，2011 年。

441.《南马连道道路工程（金中都鱼藻池遗址区）考古发掘报告》，黄娟、刘锐，《北京考古工作报告（2000—2009 年）建筑遗址卷》，上海古籍出版社，2011 年。

442.《金宫花园工程（金中都鱼藻池遗址区）考古勘探报告》，黄娟、刘锐，《北京考古工作报告（2000—2009 年）建筑遗址卷》，上海古籍出版社，2011 年。

443.《金宫花园工程（金中都鱼藻池遗址区）考古发掘报告》，黄娟、刘锐，《北京考古工作报告（2000—2009 年）建筑遗址卷》，上海古籍出版社，2011 年。

444.《〈天工开物〉冶铸描述　云冈考古实景再现——大同出土辽金铸造工场》，孟苗，《山西日报》，2011 年 12 月 12 日 A02 版。

445.《沈阳市新民偏堡子遗址辽金时期遗存发掘简报》，沈阳市文物考古研究所、吉林大学边疆考古研究中心、新民市文物管理所、吉林大学，《边疆考古研究》（第十辑），科学出版社，2011 年。

446.《本溪考古又有新发现——省市考古工作者联合发掘偏滴台金代遗址》，姜大鹏，《本溪日报》，2011 年 5 月 30 日第 5 版。

447.《昌图四面城城址 2010 年调查及城址东北角探沟发掘简报》，辽宁省文物考古研究所、铁岭市博物馆，《辽金历史与考古》（第三辑），辽宁教育出版社，2011 年。

448.《黑龙江省绥滨县二九〇农场一队古遗址调查》，黑龙江省文物考古研究所，《北方文物》，2011 年第 1 期。

449.《河北邱县邱城宋金遗址发掘简报》，河北省文物研究所，《河北省考古文集（四）》，科学出版社，2011 年。

450.《张家口地区辽金元时期城址勘查报告》，河北省文物研究所，《河北省考古文集（四）》，科学出版社，2011 年。

451.《丰润 800 年前路屋“重现”掀开河北金元考古新篇》，李菖鹏，《唐山劳动日报》，2011 年 6 月 29 日第 3 版。

452.《大同云冈窟顶再次发现北魏至辽金佛教寺院遗址》，张庆捷、江伟伟，《中国文物报》，2011 年 12 月 2 日第 4 版。

十六、文物

建筑、寺院、佛塔

453.《山西存有大量宋辽金前古建筑》，王学涛、刘翔霄，《中国建设报》，2011

年5月16日第4版。

454.《宋金桥梁建造与维护管理研究》，张杨，河北大学硕士学位论文，2011年。

455.《地方孔庙的普及与覆盖：宋·辽·金·元》，沈旸，《南方建筑》，2011年第4期。

456.《唐代殿堂建筑到金代厅堂建筑——从山西五台山佛光寺大殿到文殊殿》，李欣、陈璐，《城市建设》（下旬），2011年第4期。

457.《“十字寺”的由来》，郝福才，《北京纪事》，2011年第3期。

458.《辽金珍品：山西大同华严寺》，彭和莺，《中国民族报》，2011年6月28日第7版。

459.《大同华严寺薄伽教藏殿建筑风格略论》，白勇，《文物世界》，2011年第3期。

460.《中国现存最古老的戏台》，车文明，《中国社会科学报》，2011年11月8日第12版。

461.《清源文庙大成殿建筑特征分析》，肖迎九，《文物世界》，2011年第4期。

462.《山西汾阳太符观昊天殿建筑特征分析》，朱向东、刘旭峰，《中外建筑》，2011年第1期。

463.《崇福寺的前世今生》，荣浪、徐蕾，《中华文化画报》，2011年第9期。

碑刻、墓志

464.《山西介休发现的几块重要碑刻》，师又源，《文物世界》，2011年第5期。

465.《关于大金得胜陀颂碑“身首反向”等问题的辨析》，王国学，《松花江》，2011年第4期。

466.《金代韩景神道碑考释》，孙建权，《北京文博文丛》，2011年第2辑。

467.《山西翼城乔泽庙金元水利碑考——以〈大朝断定使水日时记〉为中心》，井黑忍，《山西大学学报》（哲学社会科学版），2011年第3期。

468.《代县发现金代墓志铭考释》，王海英，《文物世界》，2011年第2期。

469.《甘肃合水安定寺石窟金代党项人题记考释》，周峰，上海古籍出版社，2011年。

官印、印章

470.《一方珍贵的金代铜印》，马玲，《民族日报》，2011年8月1日W03版。

471.《金代总领之印考》，孟庆沄，《文物鉴定与鉴赏》，2011年第1期。

472.《河南新安县博物馆藏金代官印》，高耀伟，《文物》，2011年第10期。

铜　镜

473.《渐趋于艺术生活化的宋辽金铜镜》，赵春安，《东方收藏》，2011年第4期。

474.《宋辽金元铜镜略论》（上、下），耿纪朋，《收藏参考》，2011年第2、3期。

475.《辽金青铜镜鉴赏》，夏曦，《华章》，2011年第1期。

476.《辽金铜镜的艺术风格比较探究》，潘春利，《艺术·生活》，2011年第3期。

477.《略谈金代的铜镜文化》，张庆峰，《才智》，2011年第13期。

478.《丹东市发现"官"字款瑞兽镜辨伪》，陈章龙，《辽金历史与考古》（第三辑），辽宁教育出版社，2011年。

479.《"鱼"、"余"谐音 吉庆有余——解读金代双鱼纹镜》，周卫国、宋康年，《中国文物报》，2011年10月26日第8版。

陶 瓷

480.《浅谈辽、金陶瓷文化》，金爱英，《美术大观》，2011年第5期。

481.《北京地区辽金时期陶瓷器分期》，李华，《文物春秋》，2011年第6期。

482.《辽金时期游牧、渔猎民族陶瓷饮具研究》，韩荣、吴文苑，《江苏大学学报》（社会科学版），2011年第3期。

483.《辽宋金元时期葫芦形注壶比较研究》，韩荣、尹悦，《中国陶瓷》，2011年第2期。

484.《收藏和考古的互补与缺失》，赵芬明，《收藏参考》，2011年第4期。

485.《宋金元三彩枕的分类与产地》，王卫丹，《收藏》，2011年第9期。

486.《金代红绿彩的考古发现及其历史传承》，吕军、周高亮，《中原文物》，2011年第3期。

487.《金代红绿彩瓷塑艺术的民俗性体现》，李晓宇、冯冕，《中国陶瓷工业》，2011年第3期。

488.《山西、河北地区出土的金代红绿彩瓷器的比较研究》，吕军、周高亮，《文物世界》，2011年第2期。

489.《从红绿彩题词装饰探源其世俗化审美倾向》，郭玉川，《陶瓷》，2011年第6期。

490.《河南出土的红绿彩瓷俑》，张帅峰，《收藏界》，2011年第10期。

491.《西安地区发现的红绿彩器》，王冬华，《收藏界》，2011年第10期。

492.《宋代红绿彩中的民俗情感》，杨冰、曹凯，《景德镇陶瓷》，2011年第6期。

493.《宋金瓷器娃娃纹艺术特征及成因分析》，白亚松，景德镇陶瓷学院硕士学位论文，2011年。

494.《金代定窑瓷器研究》，孙莹莹，《华章》，2011年第10期。

495.《黄骅市海丰镇遗址出土的金代定窑瓷片》，张宝刚，《文物春秋》，2011年第3期。

496.《金元时期四种钧釉瓷器断代研究》，张桂莲，《文物世界》，2011年第1期。

497.《咫尺方圆天地 尽展"花鸟"魅力——金元磁州窑瓷枕"花鸟"装饰浅析》，张丽萍，《东方收藏》，2011年第3期。

498.《女真文化与磁州窑瓷器》，赵学锋，《收藏》，2011年第6期。

499.《书于瓷枕——金代磁州窑文字枕研究》，常存，中央美术学院硕士学位论文，2011年。

500.《浑源青瓷窑瓷塑举例》，孟耀虎，《故宫博物院院刊》，2011年第5期。

501.《河南平顶山文集遗址出土的金元瓷》，杨峰涛，《收藏界》，2011年第10期。

502.《山西吕梁汉画像石馆藏宋金元瓷器选介》，王凯、王俊，《文物世界》，2011年第6期。

503.《吉林地区出土的玉壶春瓶及其相关问题》，吕军、陈颖，《北方文物》，2011年第3期。

玉　器

504.《情有独钟辽金玉》，张斌、孙洁，《检察风云》，2011年第24期。

505.《民族美玉——试论金代女真玉器》，桂星星，《艺术与设计》（理论），2011年第6期。

506.《宋元和田玉》，薛援朝，《兵团建设》，2011年第4期。

507.《玉器中的春水杂识》，邹伟初，《收藏·拍卖》，2011年第4期。

石雕、石棺、石函

508.《浅谈金代石雕》，穆长青，《华章》，2011年第1期。

509.《横山墓群八面乐舞浮雕石幢简析》，万大勇，《剧作家》，2011年第2期。

510.《黑龙江省双城市出土的石翁仲》，李琦，《北方文物》，2011年第4期。

511.《关于卢沟桥金代石狮的商榷》，吉磊，《装饰》，2011年第7期。

丝　绸

512.《宋辽金的丝绸饰金》，陈彦姝，《装饰》，2011年第12期。

金属器物

513.《辽金金银器》，青柠，《少儿书画》（综合版），2011年第4期。

514.《杨茂公铜灯与墓葬年代修正——兼谈宋金交替之际祖厉河流域文化面貌的转变》，王科社、陈辅泰，《丝绸之路》，2011年第20期。

515.《吉县安平村天眷元年三月八日所铸铁钟》，郑国平、阎雅梅，《文物世界》，2011年第1期。

516.《唤醒小铜人》，李钺，《今日中国·中文版》，2011年第3期。

其他文物

517.《阿纳尼耶夫斯克古城址出土的两件文物》，（俄）А. л. 伊夫利耶夫、B. A.

霍列夫著，杨振福译，《北方文物》，2011 年第 1 期。

518. 《黑龙江出土的金代文物》，王丽梅，《黑龙江史志》，2011 年第 23 期。

519. 《黑龙江双城市房身泡窖藏出土的几件文物》，陶然，《北方文物》，2011 年第 2 期。

520. 《泰来县辽金元时期的主要文物》，刘德珍，《黑龙江科技信息》，2011 年第 1 期。

521. 《洛阳古代艺术博物馆藏山西金墓画像雕砖》，徐婵菲、王爱文，《中国国家博物馆馆刊》，2011 年第 5 期。

522. 《旅途中偶得金代砖雕》，改之，《收藏》，2011 年第 8 期。

博物馆

523. 《黑龙江省博物馆　松花江的记忆——金源文化展》，李玲，《中国文物报》，2011 年 3 月 2 日总第 1908 期第 6 ~ 7 版。

文物保护

524. 《全方位监测齐云塔》，秦福军、王红闯，《中国测绘报》，2011 年 9 月 30 日第 3 版。

525. 《齐云塔激光点云三维重建》，卢小平、王玉鹏、卢遥、葛晓天、宋碧波，《测绘通报》，2011 年第 9 期。

526. 《丽泽金融商务区金中都西营遗址起取保护》，董育纲，《北京文博文丛》，2011 年第 2 辑。

527. 《在遗址公园看金朝那些事儿》，金森，《哈尔滨日报》，2011 年 5 月 19 日第 1 版。

528. 《金代皇陵遭盗掘　盗墓者用卫星定位》，冯秋红，《老来乐》，2011 年第 12 期。

529. 《质疑云居寺地宫工程》，李茂林，《中国绿色画报》，2011 年第 5 期。

西夏学论著目录

中国社会科学院　周　峰

一、著作

1.《俄藏黑水城文献（14）》，俄国科学院东方研究所、中国社会科学院民族学与人类学研究所、上海古籍出版社编，上海古籍出版社，2011 年。

2.《日本藏西夏文文献》（全二册），武宇林、荒川慎太郎主编，中华书局，2011 年。

3.《辽金西夏史》，蔡美彪、吴天墀著，中国大百科全书出版社，2011 年。

4.《白话精评西夏纪事本末》，黄中业、田禾译评，辽海出版社，2011 年。

5.《西夏帝国传奇》，唐荣尧著，中国国际广播公司，2011 年。

6.《中古时代·五代辽宋夏金时期》，白至德编著，中国友谊出版公司，2011 年。

7.《辽夏金元体育文化史》，王俊奇著，人民出版社，2011 年。

8.《西夏学》（第七辑），杜建录主编，上海古籍出版社，2011 年。

9.《西夏学》（第八辑），杜建录主编，上海古籍出版社，2011 年。

二、研究综述

10.《21 世纪西夏文献整理与考释述略》，马淑萍，《西夏研究》，2011 年第 2 期。

11.《近十年来西夏地理研究综述》，王晓磊，《西夏研究》，2011 年第 2 期。

12.《2010 年西夏学研究综述》，翟丽萍，《宁夏社会科学》，2011 年第 6 期。

13.《2010 年辽宋西夏金元经济史研究述评》，李华瑞，《中国经济史研究》，2011 年第 2 期。

14.《第二届西夏学国际学术论坛综述》，杜建录，《西夏学》（第七辑），上海古籍出版社，2011 年。

15.《第二届西夏学国际学术论坛在武威隆重召开》，满宏民、刘忠，《发展》，

2011年第9期。

16.《第二届西夏学国际论坛在甘肃举行——西夏文数字化前景受关注》，张春海，《中国社会科学报》，2011年8月23日第1版。

17.《“黑水城文献与西夏学国际学术论坛”综述》，樊丽沙、张海娟，《甘肃民族研究》，2011年第1期。

18.《“黑水城文献整理与研究学术研讨会”综述》，陈瑞青、张重艳，《西夏研究》，2011年第1期。

19.《西夏户籍研究综述》，韩潇锐，《东北史地》，2011年第2期。

20.《西夏学科建设与发展的未来：西夏学人才高地》，魏淑霞，《西夏研究》，2011年第4期。

21.《西夏学研究的盛会——武威西夏学国际学术论坛综述》，赵天英，《西夏研究》，2011年第4期。

22.《2008—2010年西夏学研究文献统计分析》，马淑萍，《西夏学》（第七辑），上海古籍出版社，2011年。

23.《黑水城出土法律文献的整理与研究概述》，姜歆，《西夏研究》，2011年第3期。

24.《跨世纪西夏佛教美术研究述略》，王晓玲，《大众文艺》，2011年第23期。

25.《西夏语研究的发展历程》，西田龙雄著，鲁忠慧译，《西夏研究》，2011年第3期。

26.《黄振华先生西夏学研究述评》，唐均，《西夏学》（第七辑），上海古籍出版社，2011年。

27.《陈炳应先生对西夏学的贡献与垂范》，赵天英、陈虎，《西夏学》（第七辑），上海古籍出版社，2011年。

28.《スタイン將來黒水城出土西夏文獻について》，松澤博，東洋史苑（77），2011年3月。

三、书评、序、跋、学术信息

29.《〈西夏与周边关系研究〉序》，史金波，《西夏研究》，2011年第2期。

30.《评〈宋夏关系史〉》，焦荣，《剑南文学》（下半月），2011年第8期。

31.《西夏史研究的新成果——评李蔚著〈西夏史〉》，陇夫，《西夏研究》，2011年第3期。

32.《〈西夏语语法〉绪论》，（俄）索弗罗诺夫著，孙颖新译，《西夏学》（第七辑），上海古籍出版社，2011年。

33.《〈俄藏黑水城西夏文佛经文献叙录·绪论〉》，（俄）叶·伊·克恰诺夫著，崔红芬译，《西夏研究》，2011年第4期。

34.《〈辽史西夏外记〉“西夏纪事”探源》，陈晓伟，《西夏学》（第八辑），上海古籍出版社，2011 年。

35.《〈续资治通鉴长编〉人名标点勘误八则》，翟丽萍，《西夏学》（第八辑），上海古籍出版社，2011 年。

36.《宁夏大学西夏学研究院与中国社科院西夏文化研究中心联合举办西夏文研修班》，王培培，《西夏研究》，2011 年第 2 期。

37.《俄中西夏学联合研究所在俄罗斯圣彼得堡揭牌成立》，《西夏学》（第八辑），上海古籍出版社，2011 年。

四、文献考释

38.《西夏文本学》，（俄）克恰诺夫著，闫廷亮译，《西夏学》（第八辑），上海古籍出版社，2011 年。

39.《俄藏黑水城发愿文研究》，范立君，兰州大学硕士论文，2011 年。

40.《中国藏黑水城 83H · F1：W14/0014 号文书残片定名及其他》，邱志诚，《首都师范大学学报》（社会科学版），2011 年第 2 期。

41.《西夏文〈禅源诸诠集都序〉译证》（上），聂鸿音，《西夏研究》，2011 年第 1 期。

42.《西夏文〈禅源诸诠集都序〉译证》（下），聂鸿音，《西夏研究》，2011 年第 2 期。

43.《〈佛说阿弥陀经〉的西夏译本》，孙伯君，《西夏研究》，2011 年第 1 期。

44.《〈俄藏黑水城西夏文佛经文献叙录 · 绪论（2）〉》，（俄）叶 · 伊 · 克恰诺夫著，崔红芬译，《西夏研究》，2011 年第 1 期。

45.《西夏文〈佛说斋经〉译证》，孙颖新，《西夏研究》，2011 年第 1 期。

46.《普宁藏本〈密咒圆因往生集〉的梵文——八思巴文对音研究》，安娅，《西夏研究》，2011 年第 1 期。

47.《西夏语译〈尊胜经（Usn īsa Vijaya Dhāranī）〉释文》，林英津，《西夏学》（第八辑），上海古籍出版社，2011 年。

48.《西夏文〈妙法莲花心经〉考释》，孙伯君，《西夏学》（第八辑），上海古籍出版社，2011 年。

49.《西夏文藏传〈守护大千国土经〉研究》，安娅，中国社会科学院研究生院博士学位论文，2011 年。

50.《内蒙古文物考古研究所收藏的西夏文陀罗尼残片考》，（日）荒川慎太郎，《西夏学》（第八辑），上海古籍出版社，2011 年。

51.《西夏文〈七功德谭〉及〈佛说止息贼难经〉译注》，胡进杉，《西夏学》（第八辑），上海古籍出版社，2011 年。

52.《西夏文〈十界心图注〉考》，刘景云，《西夏学》（第八辑），上海古籍出版社，2011 年。

53.《图书馆藏西夏文慈悲道场忏法序译考》，杨志高，《西夏学》（第八辑），上海古籍出版社，2011 年。

54.《〈圣胜慧到彼岸功德宝集偈〉梵藏夏汉本对勘研究》，苏航，《西夏学》（第八辑），上海古籍出版社，2011 年。

55.《武威博物馆藏 6746 号西夏文佛经〈圣胜慧到彼岸功德宝集偈〉考释》，于光建、黎大祥，《敦煌研究》，2011 年第 5 期。

56.《俄藏黑水城西夏文〈佛说金耀童子经〉考释》，黄延军，《西夏学》（第八辑），上海古籍出版社，2011 年。

57.《武威亥母洞遗址出土的几件西夏文献考释》，段玉泉，《西夏学》（第八辑），上海古籍出版社，2011 年。

58.《武威博物馆藏西夏文〈金刚经〉及赞颂残经译释研究》，崔红芬，《西夏学》（第八辑），上海古籍出版社，2011 年。

59.《武威藏西夏文〈志公大师十二时歌注解〉考释》，梁继红、陆文娟，《西夏学》（第八辑），上海古籍出版社，2011 年。

60.《武威博物馆藏 6721 号西夏文佛经定名新考》，于光建、徐玉萍，《西夏学》（第八辑），上海古籍出版社，2011 年。

61.《英藏黑水城出土大手印引定残片考》，韩潇锐，《西夏学》（第八辑），上海古籍出版社，2011 年。

62.《英藏西夏文〈七宝华踏佛陀罗尼经〉的误定与考证》，李晓明，《西夏学》（第八辑），上海古籍出版社，2011 年。

63.《英藏西夏文〈华严普贤行愿品〉残页考》，于业勋，《西夏学》（第八辑），上海古籍出版社，2011 年。

64.《英藏黑水城文献〈法华经〉残页考释》，王龙，《西夏学》（第八辑），上海古籍出版社，2011 年。

65.《英藏西夏文〈大般涅槃经〉写本残页考》，邹仁迪，《西夏学》（第八辑），上海古籍出版社，2011 年。

66.《プリンストン大学所蔵西夏文華厳経巻七十七訳注》，荒川慎太郎，アジア・アフリカ言語文化研究（第 81 号），2011 年 3 月 31 日。

67.《夏圣根赞歌》，（俄）克恰诺夫著，张海娟、王培培译，《西夏学》（第八辑），上海古籍出版社，2011 年。

68.《黑水城所出 1224 年的西夏文书》，（俄）克恰诺夫著，王培培译，《西夏学》（第八辑），上海古籍出版社，2011 年。

69.《俄藏黑水城〈孙真人千金方〉残页考释》，毛永娟，《学理论》，2011 年第 12 期。

70.《西夏文医方“消风散”考释》，惠宏、段玉泉，《西夏学》（第八辑），上海古籍出版社，2011 年。

71.《俄藏 ИНВ. No. 911 号医书第 14—2 药方考释——兼论西夏医药文献的来源及特点》，梁松涛，《西夏学》（第八辑），上海古籍出版社，2011 年。

72.《俄藏黑水城西夏文医药文献“治偏头疾方”破释探析》，汤晓龙、张如青、刘景云、丁媛，《河南中医》，2011 年第 12 期。

73.《黑水城出土西夏文医药文献价值刍议》，梁松涛，《保定学院学报》，2011 年第 6 期。

74.《元代白云宗译刊西夏文文献综考》，孙伯君，《文献》，2011 年第 2 期。

75.《西夏文〈正行集〉考释》，孙伯君，《宁夏社会科学》，2011 年第 1 期。

76.《英藏西夏文残叶考补》，文志勇、崔红芬，2011 年第 2 期。

77.《英藏西夏文〈维摩诘经〉考释》，王培培，《宁夏社会科学》，2011 年第 3 期。

78.《西夏文译本〈六韬〉解读》，贾常业，《西夏研究》，2011 年第 2 期。

79.《英藏西夏文〈金光明最胜王经〉残叶考》，惠宏，《西夏研究》，2011 年第 4 期。

80.《俄藏西夏文〈佛说诸佛经〉考释》，王培培，《宁夏社会科学》，2011 年第 6 期。

81.《〈佛顶尊胜陀罗尼经〉西夏文诸本的比较研究》，李杨，中国社会科学院研究生院硕士学位论文，2011 年。

82.《英藏黑水城出土西夏历书概述》，许生根，《西夏研究》，2011 年第 4 期。

83.《西夏文〈宫廷诗集〉用典分析》，梁松涛，《西夏研究》，2011 年第 3 期。

84.《西夏京房易汉文写本残佚爻象考略》，胡若飞，《西夏研究》，2011 年第 4 期。

85.《对黑城出土的一件祭祀文书的考释》，屈耀琦，《西夏研究》，2011 年第 4 期。

86.《黑水城出土西夏文〈大手印定引导略文〉考释》，孙伯君，《西夏研究》，2011 年第 4 期。

87.《西夏文韵书〈同音〉残片的整理》，韩小忙，《西夏研究》，2011 年第 3 期。

88.《未刊俄藏西夏文〈天盛律令〉印本残片》，佐藤贵保著，刘宏梅译，《西夏研究》，2011 年第 3 期。

89.《甘肃合水安定寺石窟金代党项人题记考释》，周峰，《西夏学》（第八辑），上海古籍出版社，2011 年。

90.《后晋定难军摄节度判官兼掌书记毛汶墓志铭考释》，陈玮，《西夏学》（第八辑），上海古籍出版社，2011 年。

91.《“凉州重修护国寺感通塔碑铭”再认识》，吴峰天，《西夏学》（第八辑），上海古籍出版社，2011 年。

92.《〈打剌赤碑记〉考释》，张玉海、张琰玲，《西夏学》（第八辑），上海古籍出版社，2011 年。

五、政治、法律、对外关系

93.《西夏历史与文化》，李蔚，《西夏研究》，2011 年第 2 期。

94.《西夏立国长久原因探析》，李清凌，《丝绸之路》，2011 年第 8 期。

95.《从晚唐墓志中的党项史料看唐朝与党项的关系》，保宏彪，《西夏研究》，2011 年第 2 期。

96.《自然灾害与党项社会——论宋初夏州政权的经营》，王东，《宁夏社会科学》，2011 年第 5 期。

97.《唐古特国的起源问题》，（俄）克恰诺夫著，王颖、张笑峰译，《西夏学》（第七辑），上海古籍出版社，2011 年。

98.《〈蒙古秘史〉中的西夏》，杨浣、王军辉，《西夏学》（第七辑），上海古籍出版社，2011 年。

99.《大白高国　千年黑水——西夏故国怀古揽胜》，黄鹤，《中国西部》，2011 年第 7 期。

100.《党项羌魂　大白高国》，《中国西部》，2011 年第 13 期。

101.《一代名君自乱家　杀妻斩子子伤父》，刘肃勇，《文史月刊》，2011 年第 12 期。

102.《“东方金字塔”之殇——一代枭雄李元昊祭》，禾青，《丝绸之路》，2011 年第 17 期。

103.《西夏相权初探》，魏淑霞，《西夏研究》，2011 年第 4 期。

104.《论西夏皇室婚姻的几个问题》，刘兴亮，《西夏研究》，2011 年第 4 期。

105.《西夏法典对中华法系的传承与创新——以〈天盛律令〉为视角》，邵方，《政法论坛》，2011 年第 1 期。

106.《〈天盛律令〉中的比附制度——以〈天盛律令〉“盗窃法”为例》，董昊宇，《宁夏社会科学》，2011 年第 5 期。

107.《论西夏的“以赃断盗”——以〈天盛律令〉为中心》，董昊宇，《西夏学》（第七辑），上海古籍出版社，2011 年。

108.《从天盛律令看西夏官库的收支》，董昊宇，董雅慧，《承德民族师专学报》，2011 年第 4 期。

109.《略论西夏妇女的法律地位——基于〈天盛改旧新定律令〉分析》，李娜，《内蒙古农业大学学报》（社会科学版），2011 年第 2 期。

110.《简论西夏法典对买卖契约的规制》，孟庆霞、刘庆国，《北方民族大学学报》（哲学社会科学版），2011 年第 6 期。

111.《论西夏法典中的拘捕制度》，宋国华，《宁夏社会科学》，2011 年第 5 期。

112.《西夏厩牧法简议》，邵方，《法学评论》，2011 年第 4 期。

113. 《〈内宫待命等头项门〉中的职官问题》，许伟伟，《西夏学》（第七辑），上海古籍出版社，2011 年。

114. 《〈辽史·西夏外纪〉中的“团练使”和“刺史”》，聂鸿音，《东北史地》，2011 年第 2 期。

115. 《关于西夏文书档案保密制度的一些探讨》，尹江伟，《宁夏社会科学》，2011 年 4 期。

116. 《试论西夏的科技档案》，赵彦龙、杨绮，《西夏研究》，2011 年第 4 期。

117. 《论西夏外交文书》，李晶，宁夏大学硕士学位论文，2011 年。

118. 《西夏公文与宋公文比较研究》，江菊玉，宁夏大学硕士学位论文，2011 年。

119. 《西夏公文程式初探》，赵彦龙、李晶，《西夏学》（第八辑），上海古籍出版社，2011 年。

120. 《西夏榷场使文书所见西夏尺度关系研究》，孙继民、许会玲，《西夏研究》，2011 年第 2 期。

121. 《宋太宗朝“将从中御”政策施行考——以宋辽、宋夏间著名战役为例》，田志光，《军事历史研究》，2011 年第 2 期。

122. 《从古渭寨到通远军——北宋御夏政策转变的个案分析》，李永磊，《西夏研究》，2011 年第 1 期。

123. 《北宋在环庆原诸州的防御措施》，刘治立，《西夏研究》，2011 年第 3 期。

124. 《北宋泾原路在今宁夏南部的军事防御体系——宋夏时期北宋泾原路历史军事地理节选（一）》，徐兴亚，《宁夏史志》，2011 年第 1 期。

125. 《范仲淹知庆州的措施和影响》，毛雅琴，《内蒙古农业大学学报》（社会科学版），2011 年第 5 期。

126. 《北宋前期宋夏关系对北宋吐蕃招抚政策的影响》，张雅静，《宁夏社会科学》，2011 年第 6 期。

127. 《气候变化对宋夏战事的影响再议》，金勇强，《宁夏社会科学》，2011 年第 5 期。

128. 《宋代大顺城址与大顺城防御系统》，张多勇，《西夏学》（第七辑），上海古籍出版社，2011 年。

129. 《熙豊年間の对西夏政策：北栄·西夏の横山領有を廻って 》，與座良一，《歷史学部論集》（1），2011 年 3 月 1 日。

130. 《碑志所见辽代赴西夏外交使臣事略考述》，李宇峰，《西夏学》（第七辑），上海古籍出版社，2011 年。

131. 《浅议玉田韩氏家族对辽朝经略河西的贡献》，齐伟，《西夏学》（第七辑），上海古籍出版社，2011 年。

132. 《金朝与西夏关系初探》，袁晓阳，《黄河科技大学学报》，2011 年第 3 期。

六、社会、经济

133.《西夏河西地区基层社会考察》，王晓晖，《西夏学》（第七辑），上海古籍出版社，2011 年。

134.《西夏姓氏考论》，佟建荣，宁夏大学博士学位论文，2011 年。

135.《西夏皇族研究》，陈玮，宁夏大学硕士学位论文，2011 年。

136.《浅谈西夏人的孝道观念》，李志鹏，《传承》，2011 年第 31 期。

137.《从武威的西夏墓看西夏葬俗》，蔡晓樱，《西夏学》（第七辑），上海古籍出版社，2011 年。

138.《黑水城文献中的豌豆小考》，潘洁，《西夏学》（第八辑），上海古籍出版社，2011 年。

139.《西夏酒都——西夏时期武威的酿酒业》，孙寿岭，《发展》，2011 年第 9 期。

140.《定数制式蕴藏神妙 方外圆内触摸乾坤——西夏国钱币初探》，渐敏，《东方收藏》，2011 年 12 期。

141.《西夏“大德通宝”》，黄绍锦，《收藏界》，2011 年第 3 期。

142.《两种“天庆”两重天》，海泉，《收藏界》，2011 年第 1 期。

七、民族、西夏遗民

143.《宗教视域下西夏人与普米族的族属关系》，熊永翔，《宗教学研究》，2011 年第 2 期。

144.《鲜卑折掘氏与党项折氏》，赵海霞，《西北民族研究》，2011 年第 2 期。

145.《〈天盛律令〉中的“契丹”和“女直”》，孙伯君，《东北史地》，2011 年第 2 期。

146.《蒙元西夏遗民唐兀崇喜及其家族历史文化变迁散论》，黄顺义，郑州大学硕士学位论文，2011 年。

147.《浅谈西夏后裔高智耀和察罕家族的汉化及原因》，马云，山东大学硕士学位论文，2011 年。

148.《元代西夏遗民踪迹的新发现——元〈重修鹿泉神应庙碑〉考释》，孙继民，宋坤，《宁夏社会科学》，2011 年第 2 期。

149.《元人沙剌班考》，王力春，《北方论丛》，2011 年第 3 期。

八、语言文字

150.《试论西夏语的[illegible] sju^2 与[illegible] dzjo^1 及其相关问题》，林英津，《西夏学》（第七

辑)，上海古籍出版社，2011 年。

151.《从西夏文记录审视中文“能”部字》，唐均，《华西语文学刊》(第五辑)，四川文艺出版社，2011 年。

152.《论西夏语“不知云何作记”》，林英津，《西夏研究》，2011 年第 3 期。

153.《西夏语的动词，К. Б.》克平著，段玉泉译，《西夏研究》，2011 年第 1 期。

154.《论西夏语动词的态范畴》，张珮琪，《西夏学》(第七辑)，上海古籍出版社，2011 年。

155.《西夏文齿音、喉音佚失字形结构的复原》，贾常业，《西夏学》(第七辑)，上海古籍出版社，2011 年。

156.《夏译本〈论语全解〉、〈孝经传〉中的避讳字》，贾常业，《宁夏社会科学》，2011 年 4 期。

157.《夏译汉籍中的“颠倒”译法》，彭向前，《民族语文》，2011 年第 5 期。

158.《汉文文献中党项与西夏人名、族名异译字的语音分析》，佟建荣，《西夏学》(第七辑)，上海古籍出版社，2011 年。

159.《贺兰山拜寺沟方塔所出佚名诗集用韵考》，孙颖新，《西夏学》(第七辑)，上海古籍出版社，2011 年。

160.《从八思巴字文献看〈蒙古字韵〉及元代北方官话中“观”系字的读音》，宋洪民，《西夏学》(第七辑)，上海古籍出版社，2011 年。

161.《黑城出土汉文文书量词初探》，张重艳、胡妮，《西夏学》(第七辑)，上海古籍出版社，2011 年。

162.《西夏文数字化的现状与未来》，景永时，《西夏学》(第七辑)，上海古籍出版社，2011 年。

163.《西夏文计算机数字化现状与展望》，柳长青，《西夏学》(第七辑)，上海古籍出版社，2011 年。

164.《基于弹性网格的西夏文字识别》，门光福、潘晨、柳长青，《中文信息学报》，2011 年第 5 期。

165.《在线夏汉电子字典的设计与实现》，柳长青，《宁夏大学学报》(自然科学版)，2011 年第 4 期。

166.《汉语西北方言泥来混读的早期资料》，聂鸿音，《方言》，2011 年第 1 期。

167.《释“负赡”》，彭向前，《东北史地》，2011 年第 2 期。

168.《后吐蕃时代藏语文在西域河西西夏的行用与影响》，武内绍人著，杨富学译，《敦煌研究》，2011 年第 5 期。

169.《西夏〈黑河建桥敕碑〉藏文碑铭补注》，彭向前，《西夏学》(第八辑)，上海古籍出版社，2011 年。

170.《关于俄藏 TK225 号文书的朝代归属问题》，孙继民，《西夏学》(第八辑)，上海古籍出版社，2011 年。

171.《西夏社会文书补释》，李华瑞，《西夏学》（第八辑），上海古籍出版社，2011 年。

172.《西夏汉文“南边榷场使文书”再研究》，孙继民、许会玲，《历史研究》，2011 年第 4 期。

173.《黑水城所出南宋初年施行敕书文书考释》，陈瑞青，《西夏学》（第八辑），上海古籍出版社，2011 年。

174.《关于两件黑水城西夏汉文文书的初步研究》，杜立晖，《西夏学》（第八辑），上海古籍出版社，2011 年。

175.《黑水城所出 TK261V 号文书〈窭庯献蝇拂子启〉考释》，毛永娟，《西夏学》（第八辑），上海古籍出版社，2011 年。

176.《黑水城所出两件与养老制度有关的文书研究》，郭兆斌，《西夏学》（第八辑），上海古籍出版社，2011 年。

177.《黑水城所出元代礼仪文书考释三则》，蔡伟政，《西夏学》（第八辑），上海古籍出版社，2011 年。

178.《黑水城文献汉文普礼类型礼忏文研究》，韦兵，《西夏学》（第八辑），上海古籍出版社，2011 年。

179.《〈俄藏黑水城文献〉辽代高僧海山思孝著作考》，冯国栋、李辉，《西夏学》（第八辑），上海古籍出版社，2011 年。

180.《从俄藏黑水城所出〈慈觉禅师劝化集〉看宗赜佛教思想的世俗化倾向》，宋坤，《西夏学》（第八辑），上海古籍出版社，2011 年。

181.《黑水城所出八件佛经残片定名及复原》，彭海涛，《西夏学》（第八辑），上海古籍出版社，2011 年。

182.《西夏曲子词〈杨柳枝〉初探》，张清秀、孙伯君，《宁夏社会科学》，2011 年第 6 期。

九、文化、宗教

183.《略论仁宗时期的西夏文化》，张瑞敏，《陕西社会科学论丛》，2011 年第 3 期。

184.《浅谈西夏文化的溯源与发展》，俞召武，《大众文艺》（学术版），2011 年第 11 期。

185.《西夏艺术研究及特征认识》，陈育宁、汤晓芳，《西夏研究》，2011 年第 1 期。

186.《西夏文诗歌所反映的西夏建筑特点及其文化特质》，梁松涛，《宋史研究论丛》（第十二辑），河北大学出版社，2011 年。

187.《宁夏的西夏文化遗产与旅游产业》，周媛，华中师范大学硕士学位论文，2011 年。

188.《中国和世界西夏学的滥觞——凉州西夏文化述略》，王其英，《发展》，2011年第3期。

189.《西夏文明，在破解古文献中“复活”》，杨雪梅，《人民日报》，2011年9月2日第19版。

190.《孙寿龄：痴心研究西夏文化》，马顺龙、黄海本，《甘肃日报》，2011年11月8日第7版。

191.《吞吐有方 善化己用——略论西夏佛教艺术》，马宁新，《艺海》，2011年第12期。

192.《西夏酒文化述略》，杨满忠，《西夏学》（第七辑），上海古籍出版社，2011年。

193.《黑水城艺术品的藏式风格和影响，丝绸之路——图像与历史》，东华大学出版社，2011年。

194.《西夏贡举钩沉》，周腊生，《孝感学院学报》，2011年第2期。

195.《党项族史学研究》，魏清华，兰州大学硕士学位论文，2011年。

196.《西夏军事体育对当代中国国防教育的启迪》，刘旭东，《体育世界》（学术版）2011年第2期。

197.《西夏民族——羌民族体育文化研究初探》，黑生林，《才智》，2011年第15期。

198.《浅谈对西夏体育研究的现实意义》，黑生林，《科学时代》，2011年第9期。

199.《西夏军事体育文化的探析》，王平，《才智》，2011年第33期。

200.《对西夏军事体育文化的内涵、外延的思考》，王平，《才智》，2011年第33期。

201.《论党项夏国的骑射文化》，崔星、崔凤祥，《黑龙江民族丛刊》，2011年第5期。

202.《西夏党项族骑射文化考》，崔凤祥、崔星，《西夏研究》，2011年第3期。

203.《华严“三偈”考》，聂鸿音，《西夏学》（第八辑），上海古籍出版社，2011年。

204.《白云释子三观九门初探》，（俄）索罗宁，《西夏学》（第八辑），上海古籍出版社，2011年。

205.《〈俄藏黑水城文献〉中通理大师著作考》，冯国栋、李辉，《文献》，2011年第3期。

206.《西夏文殊菩萨像唐卡辨析》，梁继红，《陇右文博》，2011年第2期。

207.《西夏河西石窟壁画中的绿度母探源》，史伟，《西夏学》（第七辑），上海古籍出版社，2011年。

208.《泉州清源山三世佛造像记考论》，崔红芬，《民族研究》，2011年第3期。

209.《圣容寺研究——以黑水城出土文书为中心》，张笑峰，《西夏研究》，2011年第1期。

210.《13~14世纪黑水城的景教信仰》，陈玮，《寻根》，2011年第1期。

十、历史地理

211.《萨拉乌苏河两岸宋（西夏）元前后的环境变化与人类活动》，胡珂、莫多闻、王辉、张翼飞，《北京大学学报》(自然科学版)，2011 年第 1 期。

212.《浅析环境的变迁对党项政权都城选择的影响》，陈冠男，《宝鸡文理学院学报》(社会科学版)，2011 年第 2 期。

213.《西夏都城兴庆府建制小考》，许伟伟，《西夏学》（第七辑），上海古籍出版社，2011 年。

214.《宋夏吐蕃间的西凉府》，孙颖慧、余目，《西夏研究》，2011 年第 4 期。

215.《西夏时期的武威》，史金波，《西夏学》(第七辑)，上海古籍出版社，2011 年。

216.《细腰胡芦诸寨地望考辨》，高仁，《西夏学》（第七辑），上海古籍出版社，2011 年。

十一、文物考古

217.《西夏皇陵何处寻》，张笑峰，《寻根》，2011 年第 6 期。

218.《西夏陵其制度不“仿巩县宋陵而作”》，张雯，《西夏学》（第七辑），上海古籍出版社，2011 年。

219.《神奇的西夏王陵（一)》，王德恒，《知识就是力量》，2011 年第 6 期。

220.《神奇的西夏王陵（二)》，王德恒，《知识就是力量》，2011 年第 7 期。

221.《神奇的西夏王陵（三)》，王德恒，《知识就是力量》，2011 年第 8 期。

222.《神奇的西夏王陵（四）——6 号陵地宫探秘》，王德恒，《知识就是力量》，2011 年第 9 期。

223.《神奇的西夏王陵（五）——陵主的再认定》，王德恒，《知识就是力量》，2011 年第 10 期。

224.《西夏王陵挖掘 30 年的“东方金字塔”》，唐荣尧，《银川晚报》，2011 年 6 月 13 日第 4 版。

225.《宁夏西夏陵申遗工作启动》，解明，《中国文化报》，2011 年 11 月 25 日第 1 版。

226.《西夏陵、贺兰山岩画的保护与开发》，张宜，《银川晚报》，2011 年 12 月 5 日第 3 版。

227.《宁夏举行西夏王陵申报世界文化遗产暨国家考古遗址公园建设启动仪式》，《中国文物报》，2011 年 11 月 30 日第 1 版。

228.《我国著名专家学者献计西夏陵申遗》，郑峥、王子璇，《宁夏日报》，2011 年 11 月 24 日第 1 版。

229.《宁夏西夏陵申遗工作启动》，解明，《中国文化报》，2011年11月25日第1版。

230.《西夏陵申遗正式启动》，房名名、李东梅，《宁夏日报》，2011年11月24日第1版。

231.《基于文化遗产视角的陵墓遗址旅游开发——以乾陵、西夏王陵和明十三陵为例》，张建忠、孙根年，《经济地理》，2011年第11期。

232.《西夏官式建筑再探》，陈育宁、唐晓芳，《西夏学》（第七辑），上海古籍出版社，2011年。

233.《西夏时期佛教建筑研究》，王海，宁夏大学硕士学位论文，2011年。

234.《西夏建筑文化小探》，陈冠男，《渭南师范学院学报》，2011年第3期。

235.《敦煌西夏洞窟分期及存在的问题》，王惠民，《西夏研究》，2011年第1期。

236.《敦煌西夏石窟断代的新证据——三珠火焰纹和阴阳珠火焰纹》，岳健，《西夏学》（第七辑），上海古籍出版社，2011年。

237.《敦煌莫高窟第465窟主室壁画绘于西夏补考》，公维章，《西夏学》（第七辑），上海古籍出版社，2011年。

238.《敦煌西夏石窟分期研究之思考》，沙武田，《西夏研究》，2011年第2期。

239.《榆林窟第29窟西夏武官服饰考》，曲小萌，《敦煌研究》，2011年第3期。

240.《榆林29窟西夏供养人侍从服饰复原研究》，李文倩、贾一亮，《大舞台》，2011年第10期。

241.《榆林窟〈文殊变〉、〈普贤变〉绘画艺术探赜》，卯芳，《西北美术——西安美术学院学报》，2011年第3期。

242.《宁静的西夏——瓜州东千佛洞扫描》，胡杨，《丝绸之路》，2011年第15期。

243.《瓜州东千佛洞第2窟供养人身份新探》，张先堂，《丝绸之路》，2011年第18期。

244.《西夏瓜州旱峡石窟》，张宝玺，《西夏学》（第七辑），上海古籍出版社，2011年。

245.《被埋没的西夏千佛阁遗址》，党寿山，《西夏学》（第七辑），上海古籍出版社，2011年。

246.《西夏建张掖龙王庙史迹考述》，崔云胜，《西夏学》（第七辑），上海古籍出版社，2011年。

247.《“炳灵寺”得名臆谈》、崔永利、刘再聪，《西夏学》（第七辑），上海古籍出版社，2011年。

248.《室内涅槃佛像之最——张掖大佛寺卧佛》，张多金，《文物鉴定与鉴赏》，2011年第11期。

249.《西夏文残碑》，白振峰，《集邮博览》，2011年第4期。

250.《民族融合的见证——唐兀公碑》，牛素然、刘素阁，《东京文学》，2011年第8期。

251.《保定出土明代西夏文石幢名称考》，彭向前、杨浣，《宁夏社会科学》，2011年第4期。

252.《河北大学博物馆藏西夏文铜牌考释》，梁松涛、李文龙，《文物春秋》，2011年第6期。

253.《拯救千年海宝塔》，张晓雪，《银川晚报》，2011年11月16日第25版。

254.《张掖大佛寺大佛殿建筑砖雕木雕》，张多金，《文物鉴定与鉴赏》，2011年第11期。

255.《天斧凿石 肆意强悍——西夏牡丹纹饰瓷器》，汤兆基，《上海工艺美术》，2011年第4期。

256.《西夏瓷器的民族艺术特色》，金韵，《检察风云》，2011年第16期。

257.《我是怎样复活西夏瓷器的》，孙寿龄，《西夏学》（第七辑），上海古籍出版社，2011年。

258.《新石器彩陶制作风格对西夏制瓷工艺的影响》，李进兴，《东方收藏》，2011年第9期。

259.《武威出土的西夏铜壶、铜观音像、石磨》，党菊红，《西夏学》（第七辑），上海古籍出版社，2011年。

260.《浅谈西夏文物中的花卉纹装饰艺术》，苏银梅、张惠霞，《西夏学》（第七辑），上海古籍出版社，2011年。

261.《辽、金、西夏造像艺术》，林保尧，《东方收藏》，2011年第2期。

262.《西夏文献版式设计中的小装饰》，王艳云，《装饰》，2011年第3期。

263.《武威西夏木板画的重要价值——以五女侍、五男侍木板画为例》，徐玉萍，《陇右文博》，2011年第2期。

264.《西夏版画中的吐蕃和印度法师肖像》，К. Б. 克平著，彭向前译，《西夏研究》，2011年第3期。

265.《英藏西夏文献中的一幅版画及发愿文考证》，段玉泉，《宁夏社会科学》，2011年第3期。

266.《丰富多彩的西夏纸品》，牛达生，《西夏学》（第七辑），上海古籍出版社，2011年。

267.《西夏竹笔新解，赵生泉》，《西夏学》（第七辑），上海古籍出版社，2011年。

268.《浅谈几件中国藏黑水城文书所反映的元代用纸》，魏琳，《西夏学》（第七辑），上海古籍出版社，2011年。

269.《大夏辅郡——武威西夏历史文物陈列展》，黎大祥、于光建，《陇右文博》，2011年第1期。

编后记

本书的编辑出版，得到了海内外许多专家学者的重视和支持，认真撰稿，并提出了许多良好的建议，保证了本书能连续出版问世。然而我们的资源有限，为了保证连续出版，只好缩减篇幅。今后，长稿（如年度研究综述、新世纪研究综述和专稿）原则上每篇以1.5万字为限，其他各类稿件也要缩减篇幅，长话短说，精炼文字。文物考古新发现，可附电子版照片，随文发送。照片必须清晰，便于制版。请各位专家学者予以谅解，积极撰稿支持本书的连续出版，多谢多谢！

编　者

2012年11月30日

图书在版编目（CIP）数据

辽金西夏研究．2011／景爱主编．—北京：同心出版社，2013.1
ISBN 978-7-5477-0659-6

Ⅰ.①辽…　Ⅱ.①景…　Ⅲ.①中国历史-研究-辽金时代-2011
②中国历史-研究-西夏（1038～1227）-2011　Ⅳ.①K246.07

中国版本图书馆CIP数据核字（2012）第204563号

辽金西夏研究2011

出版发行：同心出版社
地　　址：北京市东城区东单三条8-16号东方广场东配楼4层
邮　　编：100005
电　　话：发行部：（010）65255876
　　　　　总编室：（010）65252135-8015
网　　址：www.bjd.com.cn/txcbs/
印　　刷：北京昌联印刷有限公司
经　　销：各地新华书店
版　　次：2013年1月第1版
　　　　　2013年1月第1次印刷
开　　本：787毫米×1092毫米　1/16
印　　张：24.25
字　　数：450千字
定　　价：60.00元
